감각사회학

The Senses in Self, Society, and Culture: A Sociology of the Senses
by Phillip Vannini, Dennis Waskul and Simon Gottschalk

감각사회학

The Senses in Self, Society, Culture: A Sociology of the Senses

자아, 사회, 문화에서의 감각

필립 바니니 Phillip Vannini
데니스 와스쿨 Dennis Waskul
사이먼 고트샬크 Simon Gottschalk 지음

박형신 옮김

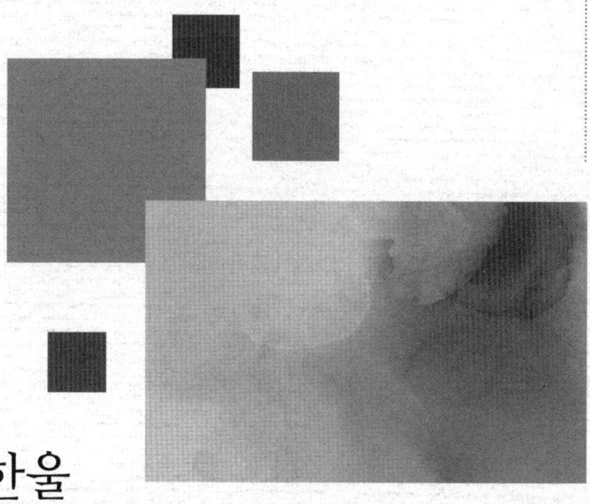

한울
아카데미

차례

머리말과 감사의 글 7

제1부 감각 연구 이해하기

제1장 감각사회학을 향하여 13

사회적 감각 17
이 책의 목적 24
감각에 대한 사회학적·인류학적 연구의 역사적 진화 27
우리의 이론적 접근방식: 신체 작업 36

제2장 감각적 몸 50

몸동작 55
건강, 질병, 죽음 62
젠더 66
성적 육체화 71
감각적 앎의 방식 75

제3장 감각적 의례와 수행 84

의례와 의례화 91
수행성과 드라마 96

신화, 의식, 그리고 감각의 사회화 100
예술과 마술에서의 변형 105
와인 페스티벌에서 시음 수행하기 109

제4장 감각학 128

감각학이라는 성장하는 분야 132
감각 지능의 정치학과 미학 137
감각적 자료수집 방법 142
감각적으로 글쓰기 156
신체 작업으로서의 성찰성 163

제2부 감각 연구 수행하기

제5장 감각적 자아와 감각적 정체성 171

감각적 자아 177
상기하기와 기억하기를 통한 감각적 자아성과 감각적 정체성의 형성 183
감각적 자아의 표현 202

제6장 장소 감각, 시간 감각 210

시각 형성하기 212
시온주의 감각하기 216
바뀐 것 냄새 맡기 219
정체성 맛보기 223
이데올로기 소리내기 230

	체제 걷기	238
	몸 작동시키기	244
	상호작용 만지기	247
	후기	250
제7장	**감각 질서**	255
	공통 감각과 감각 질서	258
	통제와 일탈: 감각의 정렬	270
	감각 낙인	278
	결론적 생각: 권력, 그리고 육체화된 감각 질서의 정치	293
제8장	**미디어, 소비자, 그리고 물질문화**	298
	감각 지향 자극하기	303
	하이퍼모더니즘	309
	초소비: 감각의 포화·강화·분할	311
	가상화: 감각의 위축과 단절	316
	결론	336
	참고문헌	340
	찾아보기	364
	역자 후기	370

머리말과 감사의 글

지난 10년간 사회과학에서는 문화적 전환(cultural turn)과 육체적 전환(bodily turn)에 힘입어 몸의 사회학과 몸의 인류학, 감각사회학과 감각인류학 같은 새로운 하위 연구 분야가 급속히 성장해 왔다. 몸에 관한 연구는 지난 몇십 년 동안 엄청난 성장을 구가해 왔고 지금은 성숙기에 접어든 것으로 보이지만, 감각에 관한 연구는 최근에 동료 평가 저널인 ≪감각과 사회(The Senses and Society)≫(2006년)가 발간되고 몇 권의 학제 간 독본이 출간되고 몇몇 기초적인 학술 에세이와 모노그래프가 출판되면서 이제야 그 모습을 드러내고 있다. 하지만 이 분야에는 이 분야를 집중적·포괄적으로 다룸으로써 이 분야에 대한 하나의 지도(map) 역할을 하는 그리고 더 많은 지적 성장을 위한 엔진 역할을 하는 책은 아직 존재하지 않는다. 이 책은 감각사회학에서의 주요 참고 도구의 하나가 되는 것을 목적으로 한다. 이를 위해 우리는 감각사회학에 대한 관심을 불러일으키고 감각에 대한 검토와 분석을 심화하기 위한 전략의 하나로, 감각 문제를 다룬 고전 학문과 최근의 학문은 물론 신생 학문까지 철저하게 검토하고 그러한 논의에 확실한 근거를 가진 독창적인 경험적 자료를 결합시킨다.

이 책은 다른 책들처럼 다섯 가지 감각(또는 여섯 가지 감각 또는 일곱 가지 감각)을 각 장에서 따로따로 분리해서 다루는 형식을 취하지 않는다. 그 대신에 우리는 사회학 및 인류학의 기존 연구 분야와 감각이 교차하는 지점을 축으로 하여 이 책의 각 장을 구성했다. 우리는 그렇게 함으로써 감각 이외의 특정한 연구 분야를 관심사로 하면서도 감각과 자신의 연구 간의 연관성을 탐구하는 데 많은 관심이 있는 다양한 분야의 학자와 학생들에게 어필하고자 한다. 따라서 우리가 다양한 문헌을 검토하는 방식은 물론 우리 자신이 산출한 경험적 자료를 활용하는 방식 모두는 각 학문 간을 '연결 짓기' 위한 노력의 일환으로 이루어진다. 더 나아가 우리는 우리의 관심의 대상인 감각뿐만 아니라 하나의 범례로서의 감각함(sensuousness)에도 중요성을 부여한다. 따라서 이 책은 문헌을 검토하는 데 그치지 않고 가능할 때마다 일상의 삶으로부터 구체적인 사례들을 감각적으로 끌어냄으로써 육체화된 지식이 형성되는 과정을 포착한다.

우리는 이 책 전체에서 사회학과 인류학에서 과거에 있었던, 현재 진행 중인, 그리고 앞으로 있을 '감각적(sensory/sensual/sensuous)* 전

---

* sense라는 단어는 매우 복합적인 측면을 포함하고 있어, 각기의 측면을 표현하는 여러 형용사를 가지고 있다. 이 책에서는 감각 대상에 대한 신체 반응적 측면을 강조해서 표현할 때는 sensual을 사용하고 감각 대상에 대한 지각 반응적 측면을 부각시킬 때는 sensuous를 사용하고 있는 것으로 보이지만, 각각에 정확하게 대응하는 우리말 단어가 아직까지 마련되어 있지 않기 때문에, 이 책에서 인용된 학자들도 각 단어를 엄격하게 구분하여 사용하지 않고 있기 때문에, 그리고 우리가 그 형용사와 결합되는 명사 및 문맥을 통해 그 의미를 알 수 있기 때문에 모두 '감각적'으로 번역했다._

환' 및/또는 '신체적 전환(somatic turn)'이 갖는 의미를 감각에 **의거하여** 그리고 감각을 **통해** 하나로 엮어낸다. 우리는 질적 사회학, 사회인류학과 문화인류학, 인문지리학, 문화연구와 같은 문화과학들을 이음으로써 그 경계를 의도적으로 흐려놓고자 한다(이 영역에서는 많은 연구가 질적 연구, 현상학적 연구, 해석학적 연구, 민족지적 연구를 수행하고 있다는 점에서 그 경계에 특히 많은 구멍이 뚫려 있다). 동시에 우리가 감각 연구에 대한 사회학적 접근방식을 발전시키는 데 관심이 있기 때문에, 우리는 이 책이 **감각사회학**을 세상에 알릴 수 있기를 바란다. 요컨대 이 책은 이 분야를 처음 접하거나 이 분야에 대해 이미 잘 알고 있지만 가장 최근의 발전 상황에 대해서는 알지 못하는 실력 있는 학부생, 대학원생, 학자 등 폭넓은 독자를 위해 집필되었다. 우리가 폭넓은 독자를 염두에 두었기 때문에 우리의 접근방식은 포괄적이며, 따라서 우리는 가능한 한 다채로운 문헌을 이용하기 위해 애썼다.

이 책은 많은 분의 도움과 지원이 없었다면 불가능했을 것이다. 우리는 교내 연구비를 통해 현지 조사 비용의 일부는 물론 연구 결과와 아이디어를 공유하는 컨퍼런스에 참석하기 위한 여비까지 지원해 준 로열 로드 대학교(Royal Roads University: RRU)에 감사한다. 루틀리지(Routledge) 출판사의 조디 오브라이언(Jodi O'Brien)과 스티브 루터(Steve Rutter)는 우리에게 조언하고 방향을 제시하고 우리를 지원해 주었다. 구피 알루왈리아-로페즈(Guppy Ahluwalia-Lopez)는 자료수집과 분석은 물론 집필까지 도와주었다. 이 책에 인용된 연구의 일부는 저넬 월

옮긴이

슨(Janelle Wilson), 캐럴 램보(Carol Rambo), 토비 엘리스-뉴스테드(Toby Ellis-Newstead), 데지레 비젠(Desiree Wiesen)을 비롯한 여러 공동 저자의 협력을 받았다. 그들의 의견은 매우 귀중한 것이었다.

우리는 또한 아래의 출판물로부터 발췌한 부분을 전제할 수 있게 해 준 캘리포니아 대학교 출판부, 버그 출판사(Berg Publishers), 애시게이트 퍼블리싱(Ashgate Publishing), SAGE에 감사를 표하고 싶다.

- "Sound Acts: Elocution, Somatic Work, and the Performance of Sonic Alignment," *Journal of Contemporary Ethnography*, (2010) 39: 328~353.
- "Toward a Sensuous Understanding of Material Culture: Representing and Performing Taste at Wine Festivals," *Qualitative Inquiry*, (2010) 16: 378~396.
- "The Aroma of Recollection: Olfaction, Nostalgia, and the Shaping of the Sensuous Self," *The Senses and Society*, (2008) 4: 5~22.
- "Smell, Odor, and Somatic Work: Sense-Making and Sensory Management," *Social Psychology Quarterly*, (2008) 71: 53~71.
- "Women and Their Clitoris: Personal Discovery, Signification, and Use," *Symbolic Interaction*, (2007) 30: 151~174.
- "Paddle and Portage: The Travail of BWCA Canoe Travel," in P. Vannini (ed.) (2009), *The Cultures of Alternative Mobility: Routes Less Travelled*, 21~37.

제1부 감각 연구 이해하기

01

감각사회학을 향하여

병원 진료 예약을 하고 집으로 돌아온 나(데니스)는 차고에 차를 주차하고 뒤편 현관을 통해 집으로 들어간다. 집에는 아무도 없다. 현관에 들어서자마자 강하고 독한 냄새가 난다. 아드레날린이 분출하고 심장 박동이 빨라지고 호흡이 가빠진다. 나는 즉각 "천연가스"라고 판단한다. 예전에 네 살배기 아들이 가스레인지의 점화기를 돌려서 치명적인 가스를 집에 누출시킨 적이 있었다. 나는 실내로 급히 들어와서 즉시 가스레인지로 달려가 그것이 유독한 냄새의 근원인지를 확인한다. 이번에는 아니다. 오븐과 버너가 꺼져 있다. 점화 불씨가 제대로 작동하는지를 확인한다. 아무런 문제가 없다. 모든 것이 정상인 것으로 보인다. 계속해서 집을 살펴보고 지하실로 간다. 어쩌면 보일러의 점화 불꽃이 꺼졌을 수도 있다. 아니면 온수기가 문제일까? 이제 유독한 냄새가 사라졌다. 더 이상 이상하거나 특이한 냄새는 나지 않지만 여전히 불안하다. 그 후 15분 동안 집안 곳곳을 돌아다니며 냄새를 맡아본다. 뭔가가 냄새를 일으켰다. 대체 뭐였을까?

나는 여전히 냄새의 원인을 찾기 위해 집 안을 이곳저곳 왔다 갔다 하고 있다. 그러던 중 우리 집 개가 또다시 고양이 사료를 다 먹어치운 것을 발견한다. 살찐 개에게 짜증이 난 나는 고양이의 작은 밥그릇을 집어 들고 사료를 보관하는 뒤편 현관으로 돌아간다. 현관문을 열자마자 다시 독한 냄새가 나를 덮쳤다. 하지만 이번에는 앞서 놓친 것을 발견한다. 최근에 쇼핑 갔다가 아이들이 샀던 대형 라텍스 풍선 네 개를 발견한다. 전날 아내와 나는 아이들의 시끄럽고 소란스러운 풍선 놀이로부터 잠시 벗어나고 싶었다. 따라서 우리는 아이들이 다른 일에 몰두하고 있는 틈을 타서 재빨리 풍선을 뒤편 현관으로 몰래 옮겨 놓았었다. 그 후 풍선은 그곳에 그대로 남아 있었고, 이제 밀폐된 작은 현관은 라텍스의 강한 냄새로 가득 차게 되었다. 미스터리가 풀렸다. 안심한 나는 다시 일상 활동을 시작했다.

냄새는 무엇을 가리키는가? 우리는 냄새의 의미를 어떻게 이해하는가? 우리가 예상하지 못하거나 기대하지 않은 냄새를 지각할 경우 그것은 우리로 하여금 우리가 감각하는 것을 어떻게 **이해(인식)하게**(make sense)* 하는가? 나는 어떻게 라텍스 냄새를 천연가스 냄새로 착각할

---

* sense라는 영어 단어는 감각이라는 뜻 외에 지각, 인식, 의식, 의미 등의 뜻도 담고 있다. 이 단어가 이러한 복합적인 의미를 가지는 까닭은, 감각한다는 것은 단지 대상의 존재를 감지한다는 것을 넘어 그것을 인식하고 이해하는 과정을 포함하고 그 결과 그 대상에 의미를 부여하는 것까지를 포함하는 복합적인 과정이기 때문이다. 이 책에서 저자들은 sense라는 단어의 이러한 복합적 의미를 십분 활용하여, 감각이 갖는 사회적 의미를 함축적으로 드러내주는 sense를 어근으로 하는 영어 단어를 의도적으로 선택하여 사용하고 있다. 그렇기 때문에 그 단어 및 용어들을 우리말로 번역

수 있었으며, 그것이 왜 그렇게도 신경 쓰였을까? 어쩌면 그것은 내가 방금 집에 돌아오기 전에 병원과 진료실에서 동일한 소독용 라텍스 냄새를 감지했고 또 그 냄새가 나쁜 기억을 연상시키는 싫어하는 냄새이기 때문일 수도 있다. 어쩌면 예전에 아들이 가스레인지의 점화기를 돌려놓은 채로 놓아둔 적이 있었기 때문일 수도 있다. 두 경우 모두에서 기억은 어떻게 감각적 지각에 영향을 미치는가? 이 후각적 불확실성의 순간에 내가 혼자가 아니었다면, 다시 말해 아내가 집에 있었다면 어떠했을까? 아마도 이런 대화가 오갔을 것이다.

"여보, 무슨 냄새야?"

"모르겠어. 무슨 냄새가 나는데?"

"이리 와봐. 냄새 안 나? 가스 냄새 같은데."

[킁킁, 킁킁] "오, 이제 냄새가 나요. 나는 고무 냄새인 거 같은데."

그리고 우리는 그 상황에 대해 공통된 신체 정의(somatic definition)에 도달할 때까지 대화를 계속했을 것이다. 아니면 아예 그러한 시도 자체를 포기했을 수도 있다. 그 냄새를 식별하는 것이 나한테 왜 그렇게 중요했을까? 애초에 나는 어째서 그 냄새를 알아챘을까? 어쨌든 간에 풍선은 며칠 동안 우리 집에 있었고, 그때까지 나는 그 냄새를 알아채지 못했었다. 분명한 것은 전기적·상황적·사회적·문화적 요인이 나의 감각형성/의미부여(sense-making) 관행에 개입한다는 것이다(우

하기가 쉽지 않다. 물론 문맥에 따라 적절하게 번역하면 되지만, 특히 make sense와 sense-making 같은 경우 저자들이 전자는 '감각을 형성하다'와 '이해(인식)하다'의 의미를 동시에 함의하는 것으로 사용하고, 후자는 '감각형성'과 '의미부여'를 동시에 뜻하는 용어로 사용한다. 이러한 경우 옮긴이는 이를테면 '감각형성/의미부여'처럼 두 번역어를 병기하여 표현했다._옮긴이

리는 그 같은 순간이 오기 전까지는 그것을 거의 알아채지 못한다). 인류학자 폴 스톨러(Paul Stoller)가 예증하듯이, 우리는 아마도 **모든** 감각 경험에 대해서도 같은 말을 할 수 있을 것이다.

감각에 대한 이해와 인식을 폴 스톨러보다 더 열정적으로 촉구한 학자는 거의 없다. '감각적 자각(sensuous awakening)'에 대한 그의 통찰은 이 책에서 우리가 가지고 있는 야망과 아주 유사하다. 스톨러에 따르면, 이 과제를 수행하기 위해서는 두 가지의 일이 요구된다. 첫째, 학자들은 감각작용(sensation)이 갖는 심층적인 의미를 재발견하는 법을 배울 필요가 있다. 이는 감각하는 법을 다시 습득할 것을 요구할 수도 있다. 연구자에게 낯선 환경일 경우 특히 더 그러하다. 둘째, 학자들은 감각작용을 기억을 떠올리게 하는 방식으로 상상력을 발휘하여 열정적으로 그리고 육체적으로 묘사할 필요가 있다. 이는 우리에게 지금까지와는 다른 글쓰기 방식, 연구의 조직화, 다양한 표현 양식(이를테면 영화, 공연 예술 등)을 실험해 보도록 요구할 수도 있다.

> 연구 활동으로 인해 오랫동안 수면 상태에 있는 경직된 학자의 몸은 근육 운동을 원한다. 장시간 움직이지 않아 기력이 없는 이 학자의 몸은 감성을 회복하고 싶어 한다. 반쪽 삶의 바다에서 표류하는 그 몸은 사회생활의 자극적인 냄새를 들이마시고 싶어 하고, 사회 현실의 깔쭉깔쭉한 표면을 손바닥으로 문지르고 싶어 하고, 사회적 경험이라는 경이로운 교향곡을 듣고 싶어 하고, 의식의 창을 채우는 감각적인 모양과 색을 보고 싶어 한다. 그 몸은 상상력을 일깨우고 학문을 "물(物) 그 자체"로 되돌리고 싶어 한다. 하지만 원하는 것과 행위하는 것 간에는 거리가 있다. 왜냐하면 오랫동안 정신이 육체와 분리되고 감각이 감성과 단

절되어 온 학계에서 감각적으로 자각하라는 것은 매우 어려운 주문이기 때문이다. 이러한 학문적 단절은 모주드(Mojud)가 감각적인 삶을 찬양하는 것과는 정반대이다. 이 모주드의 육체화된 사례는 세기말의 학자들에게 무엇을 의미할 수 있는가?(Stoller, 1997: xii)

사회적 감각

'오감'은 공통 감각(common sense)의 문제인 것처럼 보이지만, 이보다 더 사회적으로 구성되는 경험은 거의 없다. 어쩌면 우리가 보고 듣고 냄새 맡고 맛보고 촉각을 통해 느낄 수 있다는 사실이 우리가 그러한 감각작용을 겉으로 드러나는 것보다 훨씬 더 '오염된' 방식으로 경험한다는 사실을 인식하기 어렵게 만들지도 모른다. 이를테면 나는 매일 아침 진한 커피를 한두 잔 즐기는데, 이것은 단지 카페인으로 혼미한 정신을 깨우기 위해서만이 아니다. 나는 갓 내린 모닝커피가 주는 감각 경험 전체를 진정으로 즐기고 있다. 커피의 맛은 그 냄새를 포함하지만, 내가 마시는 커피의 냄새는 커피를 내리는 감질나는 향과는 상당히 다른, 사실 나의 감각을 일깨우는 듯한 향기이다. 두 가지 향은 다르지만, 나는 커피를 내리는 냄새가 커피를 마실 때 느끼는 맛과 향을 예상하게 하고 그러한 감각에 윤활유 역할을 한다는 것을 알고 있다. 여행하면서 아침에 마시는 한 잔의 커피는 그리 만족스럽지 않다. 그 이유는 부분적으로는 나는 보통 레스토랑이나 주유소에서 커피를 내릴 때 나는 향에는 매료되지 않기 때문이다.

커피의 풍미는 뜨거운 액체가 주는 느낌도 포함한다. 아침에 마시는 커피는 뜨거워야 한다. 나는 가끔 아이스커피를 즐기기도 하지만, 아침에 마시는 아이스커피에는 주변 온도와 상관없이 전혀 만족하지 못한다. 머그잔의 무게와 촉감도 중요하다. 앙증맞고 작은 부르주아적인 에스프레소 잔으로는 만족스럽게 한 모금을 꿀꺽 마시기가 어렵다. 반대로 머그잔이 너무 크면 커피를 다 마시기 전에 커피가 식어버린다. 유리 머그잔은 귀엽기는 하지만 단열이 전혀 되지 않아 금방 델 정도로 뜨거워져서 손으로 잡는 데 애로가 있다. 나는 중간 크기의 두꺼운 세라믹 머그잔을 좋아한다.

아침 커피의 맛, 향, 촉감—이 모든 감각작용이 어우러져 전체가 부분의 합보다 더 큰 하나의 총체적인 감각 경험을 선사한다.

제3장에서 살펴보듯이, 우리는 와인 감정가들에 대해서도 같은 말을 할 수 있으며, 우리 모두는 삶에서 이와 동일한 종류의 총체적인 감각 경험—다시 말해 하나의 감각 경험이 다른 감각들과 분리될 수 없는 다감각성(multi-sensuality)의 순간—을 하고 있음을 인지할 수 있다. 게다가 이러한 경험이 공감각(synesthesia)*과 정확히 같은 것도 아니다. '공통감각(common sense)'이라는 말이 암시하듯이, 우리는 '오감'을 서로 분리되지 않는 채로 경험할 뿐이다. 사실 대부분의 상황에서 한 가지 감각하기(sensing) 양식에 전적으로 의존하여 감각 경험을 특정할 수 있는 경우는 거의 없다. 당신은 그렇게 할 수 있는가? 누구나 그렇게 할 수 있는가? 실제로 감각작용과 느낌을 정확하게 특성화할 수 있다면,

---

* 공감각(共感覺)은 하나의 감각이 자극받을 때 다른 감각도 동시에 활성화되어 감지되는 현상을 말한다. 이를테면 음악을 듣는 것과 동시에 그 소리가 색깔 패턴으로 감지되는 것을 들 수 있다._옮긴이

시(詩)라는 것이 계속 존재할 수 있을까? 그렇다면 언어가 수학처럼 작동하지는 않을까? 모든 예술이 실증과학처럼 느껴지지는 않을까?

감각이 사회적으로 구성된다고 제시하는 것은 오랜 은유를 다시 한 번 불러내기 위한 하나의 구실이 아니다. 어쨌든 간에 대부분의 사회과학자는 자신의 관심 주제가 무엇이든 간에 그것이 사회적 구성, 협상, 규제 및 통제의 대상이라는 데 동의한다. 오히려 감각이 구성물이라는 주장은 감각이 수동적인 수용체가 아니라는 것, 그리고 감각작용이 그러한 수용체에 수동적으로 예속되지 않는다는 것을 시사한다. 감각이 구성물이라고 주장함으로써 우리는 감각이 갖는 하나의 산물과 관행, 행위와 상호작용, 노동과 수행(performance)으로서의 속성을 부각시킨다. 감각이 어떤 감각 영역이 더 '중요한지'를 규정하는 감각 질서(sensory order)에 의해 구성되든(이를테면 Classen, 1993; 1998), 감각작용이 완벽한 맛을 찾는 쾌락주의적 와인 애호가들에 의해 적극적으로 추구되든(이를테면 Hennion, 2007), 또는 감각 문화가 신체 규칙과 감각 수행을 규정하는 의례를 통해 구축되든(이를테면 Stoller, 1989) 간에, 인간의 감각과 감각작용은 분명 생리학과 인지의 영역이기만 한 것이 아니라 문화과학자 및 사회과학자들의 주제이기도 하다.

게다가 거기에 **다섯 가지** 감각이 존재한다는 관념 자체는 아주 자의적이다(Classen, 1993; Geurts, 2003을 보라). 왜 다섯 가지뿐인가? 원한다면 우리는 적어도 여덟 가지 감각을 식별할 수도 있고, 어쩌면 그것들을 두 가지 범주로 나눌 수도 있다. 당연하게 여겨지는 다섯 가지 감각은 우리에게 우리의 **외부**에 존재하는 세계에 대한 정보를 제공하는 감각 양식들이다. 이들 다섯 가지 감각, 즉 시각, 청각, 미각, 후각, 촉각은 외수용(外受容) 감각이다. 우리는 그 같은 감각들 외에도 우리의 인체 **내**

부의 세계에 대한 정보를 제공하는 감각, 즉 우리의 내수용(內受容) 감각으로 적어도 세 가지—고통의 감각(통각), 갈증의 감각, 배고픔의 감각—를 쉽게 식별할 수 있다. 하지만 여덟 가지로도 충분하지 않다. 그럼 우리 내부의 근육과 기관이 가지고 있는 감각[자기수용감각(proprioception)]은 어떻게 할 것인가? 그리고 평형감각(equilibrioception), 운동감각(kinesthesia), 열감각(thermoception), 또는 심지어 시간감각[적어도 복합시간성(polychronicity)과 단일시간성(monochronicity)*과 관련한]과 같이 외부 세계의 조건과 신체 내부를 매개하는 감각작용은 어떻게 할 것인가? 이제 우리의 감각 리스트가 다섯 가지에서 열세 가지로 늘어났지만, 여전히 우리는 이들 범주로는 명확하게 설명되지 않는 감각들을 경험한다. 대체 어떤 범주가 오르가슴이라는 감각적인 경험을 설명하는가? 어떤 사람이 답을 내놓을 수 있다고 가정하더라도(이 가정 자체가 의심스럽다), 우리가 그 답에 동의할 것 같지는 않다. 한 개인의 경험 내에서도 모든 오르가슴이 똑같지 않다는 점을 고려할 때 특히 그렇다.

감각을 범주로 나누는 것 자체가 우리의 문화적 준거틀을 재생산하는 하나의 자의적인 행위라고 할 수도 있다. 실제로 대체 왜 우리는 감각을 '외부' 감각과 '내부' 감각으로 구분하는가? 그것은 서구 문화에 전형적인 이원론, 원자론, 개인주의를 실행하는 것 아닌가? 그리고 우리의 감각작용 대부분에 대한 우리의 이해—그리하여 우리의 감각 대부분에 대한 우리의 이해—가 우리가 사용하는 언어에 크게 의존하기 때문

* 단일시간성은 하나의 업무가 끝이 나면 다른 업무로 넘어가는 식으로 시간을 순차적으로 이용하는 방식을 뜻하며, 복합시간성은 특정 시간대에 여러 가지 일을 동시적으로 진행하는 방식을 말한다._옮긴이

에(Geurts, 2003), 우리는 감각을 그 감각이 이루어지는 문화적 맥락 속에서 그리고 "그 세계를 …… 하나의 연속적인 전체로 감지하는 그 문화의 기본 도식"(Edwards, Gosden and Phillips, 2006: 6) 내에서 다루어야 하지 않을까? 마지막으로, 우리는 감각작용이 감정과, 또는 심지어는 감각작용의 대상인 물질적 자극과도, 그렇게 명확하게 분리될 수 있다고 확신할 수 있는가?(Geurts, 2003; Ingold, 2000; Thrift, 2008을 보라) 우리가 확실히 아는 것은, 감각을 다섯 가지 외수용 감각 양식에만 국한해서 생각하는 것은 개별 문화에서는 물론 모든 문화에서 인간의 감각 경험을 극도로 지나치게 단순화한다는 것이다. 어쩌면 핵심적인 요점은 우리의 감각하기 양식들은 필연적으로 서로 섞이며 서로를 모호하게 만들 수밖에 없고 그리하여 우리는 그것들에 가정된 경계를 흐릿하고 불분명하게 경험할 수밖에 없다는 것일 것이다. 우리가 주목해야 할 것은 바로 이러한 정서적 관계의 생태학이다(Howes, 2003; Ingold, 2000; Thrift, 2008을 보라).

반대로 우리가 감각 경험을 분류하는 데 사용하는 코드는 겉으로 보기에 무한한 방식으로 변형될 수 있으며, 그러한 과정을 통해 제루바벨(Zerubavel, 1991)이 '의미의 섬(islands of meaning)'이라고 불렀던 것을 사회적·문화적으로 만들어낸다. 사실 이 의미의 섬들이 자신을 하나의 (임의적이기는 하지만) 중요한 상징으로 변형시킴으로써(Mead, 1934) 우리로 하여금 감각 경험 (전부는 아니지만) 대부분을 지각할 수 있게 해준다. 제루바벨(Zerubavel, 1996)이 주장했듯이, 우리가 살고 있는 세계는 본질적으로 연속적이지만 우리는 세계를 불연속적인 덩어리로 경험한다. 우리의 감각적인 몸이 감각 대상을 끊임없이 식별해 낼 때, 그리고 우리가 감각 경험을 통해 끊임없이 대상을 선택할 때 특히 그러하다. 우리는 제루바벨(Zerubavel, 1996)이 '합치기(lumping)'와 '나누기(splitting)'라고 부르는 과정을 통해 별개의 정신적 클러스터(mental cluster)들을 만들어 감각 경험을 이해한다. 합치기는 "'유사한' 것들을 하나의 정신적 클러스터로 묶는 것을 수반하는" 반면, 나누기는 "'서로 다른' 클러스터를 서로 분리된 것으로 인식하는 것을 포함한다"(Zerubavel, 1996: 421). 합치기와 나누기의 과정은 '자연스러운' 것처럼 보일 수도 있지만, 그 과정은 중요한 구별을 적극적으로 구성한다. 일단 그 구별이 (대부분 자주 언어적 구성을 통해) 이루어지고 나면 "우리는 그 구별을 '깨닫도록(to see)' 사회화되어 왔기" 때문에 "그 과정을 마치 자연의 일부인 것처럼" 취급한다(Zerubavel, 1996: 426~427). 이를테면 제루바벨이 지적했듯이, 우리가 포도 주스를 오렌지 주스와 비슷하고 와인과는 다르다고 인식하는 것은 순전히 관습에 의한 것이다. 이러한 구별은 와인이나 포도 주스의 맛과는 거의 관련이 없으며, 오히려 '알코올'이라는 분리된 구성물로 인해 가능한 문화적 합치기 과정과 관련되어 있다. 음료에 대한 우리의 감각 경험이 아니라 알코올이라는 개념이 우리로 하여금 와인을 포도 주스보다 위스키와 더 유사한 것으로 인식하게 한다. 그러나 합치고 나누는 능력이 없다면 어떤 정신적 클러스터도 구상할 수 없다(Zerubavel, 1996). 정신은 현실을 별개의 덩어리들로 조직하지만, 우리는 개인으로서가 아니라 사회적·문화적 '사고 공동체(thought community)'의 성원으로서(Zerubavel, 1996), 그리고 제루바벨로부터 외삽하면 사회적·문화적 **감각 공동체**(sensory community)—즉, 감각을 이용하고 감각작용을 이해하는 공통된 방식을 공유하는 사람들의 집단—의 성원으로서 그러한 조직화를 수행한다.

모든 문화와 사회에서 감각 공동체는 인간의 감각에 무수한 방식으로 영향을 미친다. 이를테면 우리의 개인적·집단적 기억에는 우리가 무엇을 먹고 마시는지, 우리가 어떻게 음식과 음료를 맛보고 느끼는지, 그리고 가까운 사람들이 우리가 선택한 음식을 우리와 함께 어떻게 맛을 보고 그것을 축으로 하여 어떻게 공동체 의식을 확립하는지가 들어있다(Serematakis, 1994). 조리된 음식의 맛—레시피가 잘 준비되어 있든 그렇지 않든 간에, 또는 화려하게 만들어졌든 소박하게 만들어졌든 간에—역시 대대로 전해 내려오는 그리고 함께 식사하는 상황에서 관찰되는 사회적 규범·역할·각본에 예속된다(Choo, 2004; Stoller, 1989; Sutton, 2001). 특정한 감각작용과 관련하여 특정 감각 공동체가 가지고 있는 심미적 선호 또한 자아 표현을 규정하는 규범—이를테면 사람의 몸에서 어떤 냄새가 나야 하는지(Classen, 1992; Largey and Watson, 1972; Waskul and Vannini, 2008), 그리고 다른 민족인 사람의 몸에서 어떤 냄새가 나거나 나지 않아야 하는지를 규정하는 규범(Low, 2005; 2006)—에 영향을 미친다. 감각 공동체는 또한 가족 식탁에서의 식사(Sutton, 2001)에서부터 장소를 의미 있게 만드는 소리풍경(soundscape)에까지 이르는(Feld, 1982; Feld and Basso, 1996; Jackson, 1968; Panopoulos, 2003), 그리고 통근이라는 일상적인 경험(Edensor, 2003)에서부터 질병 경험(Chuengsatiansup, 1999), 힐링(Desjarlais, 2003), 건강한 신체 활동(Sparkes, 2009)에까지 이르는 다양한 '감각 의례(sensory ritual)'(Howes, 1987)를 구성하는 데에도 관여한다. 이 리스트는 끝없이 이어질 수 있지만, 요점은 감각이 "문화적 표현의 가장 근본적인 영역이고, 모든 가치와 관행을 실행하는 매체"이며(Howes, 2003: xi), "우리로 하여금 세상을 이해하고 움직일 수 있게 해주는 (생리학에 근거한) 일단의 인간 스킬의 일부"라는 것(Edwards, Gosden and Phillips, 2006: 5), 따라서 그 자체로 인간 경험과 상호작용의 기반이라는 것이다(Dewey, 1934; Merleau-Ponty, 1962; Serres, 2008).

이 책의 목적

일상생활에서 우리 대부분은 우리가 **어떻게** 감각하는지에 대해 거의 의식적으로 주의를 기울이지 않는다. 물론 이 서론의 첫 문단이 보여주듯이, 우리는 감각하는 **것**에 많은 주의를 기울이지만, 우리가 감각하는 **방식**은 아주 자주 우리의 인식의 배경 속으로 퇴각한다. 레더(Leder, 1990)가 관찰한 것처럼, 우리의 일상적인 신체적 경험 대부분은 성찰되지 않으며, 일상과 습관이 방해받을 때, 이를테면 갑자기 몸이 아프거나 감각작용에 압도당할 때만 우리의 감각적 경험이 우리의 육체화된 의식을 '깨운다'. 이처럼 우리가 주의를 기울이지 않는 까닭에 우리 대부분은 우리의 감각이 제대로 작동하는 경우 감각을 외부의 자극이 들어오는 통로처럼 작동하는 중립적인 매체로 생각하는 데 익숙해져 왔다. 이 책을 예로 들어보자. 당신이 들고 있는 책의 질감, 색깔, 모양, 크기는 (마치 정보 비트처럼) 당신의 시각과 촉각이 처리를 위해 뇌로 '전달'하는 기본적인 자극에 지나지 않는 것으로 생각된다. 이 과정에서 **사회적** 의미는 어디서도 전혀 작용하지 않는 것처럼 보인다. 아마도 이것이 결국 대부분의 사람이 지각을 다소 인지적 문제로 보고 감각작용을 순전히 생리적 문제로 보는 이유일 것이다.

이 책의 목적은 인간의 감각작용과 지각에 관한 이원론적 존재론에 기반한 모델들—이를테면 앞에서 간략하게 설명한 전달과 처리에 기반한 모델—을 넘어서는 것이다. 이분법적 대비에 기초한 이원론적 존재론은 육체와 정신을 분리하는 경우가 많다(Williams and Bendelow, 1998). 이러한 관점에서 보면, 정신은 육체의 생리적 기관이 제공하는 날 정보(raw information)를 복잡한 인지적 문제로 가공·처리하는 도구이다. 이 모델에서는 육체와 정신이 서로 분리되고 구별될 뿐만 아니라 (날) 감각작용과 (인지적) 지각도 구별되고, 개인과 (자극이 발생하는) 객관적인 세계도 구별된다. 이런 종류의 이원론—그리고 다른 많은 이원론도 존재한다—은 복잡한 그리고 새로 출현하고 있는 (다행스럽게도 예측 가능성에 기반한 모델이 제안하는 것보다 훨씬 더 흥미로운) 생태계를 크게 단순화한 것이다. 감각과 지각, 육체와 정신, 개인과 '외부 자극'을 분리하는 것을 거부하는, 감각과 감각작용에 대한 우리의 접근방식은 듀이(Dewey, 1934)의 경험에 관한 고전적 연구 이후 사회과학 전반을 점차 휩쓸어온 탈이원론적(post-dualist) 및 탈표상적(post-representational) 존재론(이를테면 Thrift, 2008)을 진전시킨다. 그렇게 함으로써 우리는 감각과 감각작용에 대한 철저하게 **사회적**인 접근방식을 상정한다.

우리가 처음으로 인간의 감각과 감각작용이 사회적 의미를 지닌다고 제시한 것은 아니다. 다음 절에서 자세히 설명하겠지만, 많은 인류학자가 적어도 20년 동안 감각이 갖는 매우 중요한 문화적 차원들을 인식해 왔으며, 일부 철학자(이를테면 Lingis, 1996; Merleau-Ponty, 1962; Serres, 2008), 역사가(이를테면 Harvey, 2006; Hoffer, 2003; Smith, 2007), 비즈니스 관리자와 디자이너(이를테면 Lindstrom, 2005; Malnar and Vodvarka, 2004), 지리학자(이를테면 Adams and Guy, 2007; Rodaway, 1994), 심리학자(이를테면 Gibson, 1983), 커뮤니케이션 학자(이를테면 Banes and Lepecki, 2006; Bull and Back, 2003; Finnegan, 2002; Ong, 1982), 사회학자(이를테면 Fine, 1995; Low, 2006; Synnott, 1993)도 그러했다. 그

러나 감각에 대한 기존의 학문적 연구는 좁은 연구 관심들을 이어주는 넓은 다리와 분석적 성찰을 결여하고 있는 것으로 보인다. 따라서 이를테면 후각(이를테면 Drobnick, 2006), 시각(이를테면 Edwards and Bhaumik, 2008), 청각(이를테면 Bull and Back, 2003), 촉각(이를테면 Classen, 2005), 미각(이를테면 Korsmeyer, 2005), 또는 심지어 '여섯 번째 감각'(이를테면 Howes, 2009)에 관심 있는 연구자와 학자들은 이제 자신이 관심을 가지고 있는 특정한 감각을 다룬 학술적 연구를 접할 기회가 있을 것이지만, 인간의 감각, 감각작용, 감각형성의 사회적 측면에 대해 보다 포괄적이고 근본적으로 접근하는 데 관심이 있는 사람은 아마도 유용한 자원을 찾는 데 어려움을 겪을 것이다.

오늘날 학제 간 연구 및 초학제적 연구에 관해 많은 주장이 제기되어 왔지만, 실제로 그러한 연구가 실현되는 경우는 거의 없다. 따라서 우리처럼 학문의 경계를 넘나들려는 시도는 우선 자격을 갖춘 다음에 신중하게 실행될 필요가 있다. 우리 세 사람은 사회학을 전공했다. 우리 중 두 사람(데니스와 사이먼)은 사회학과에서, 그리고 나머지 한 사람(필립)은 커뮤니케이션 및 문화학부에서 일하고 있다. 우리가 발표한 연구는 미디어 연구, 문화연구, 커뮤니케이션 연구, 인문지리학, 사회인류학에 걸쳐 있지만, 대부분의 출판물은 (폭넓게 정의된 의미에서의) 사회학적 성격을 띠고 있다. 게다가 우리 세 사람은 상징적 상호작용주의(symbolic interactionism)—다소 학제적이지만 고전사회학적 관점인—와 강력하게 제휴되어 있다. 요약하면, '감각 연구'라는 초학제적 분야의 기초 서적을 내려 한다고 주장하고 싶은 것도 사실이기는 하지만, (주류 사회학과 달리) 사회학에 한정하는 것이 아니라 문화과학 전반을 포괄하는 '감각사회학'에 우리의 노력을 집중하는 것이 훨씬 더 분별 있고 현실적이다. 실제로 누군가는 이 분야를 문화사회학과 사회인류학의 자연스러운 결합이라고 일컬을 수도 있다.

우리가 보기에, 사회학과 인류학 사이의 경계가 모호해지는 것은 이론적으로 아주 보수적인 독자들에게도 별다른 불안감을 유발하지 않을 만큼 자연스러우며, 보다 진보적인 독자들에게는 사회학과 인류학은 물론 커뮤니케이션학, 인문지리학, 문화학을 자유롭게 넘나드는 탈학문적(post-disciplinary) 여정에 동참하게 하기에 충분할 만큼 모험적이다. 실제로 앞으로의 장들에서 자세히 설명하듯이, 이 책의 핵심적인 개념적 목적은 **감각을 하나의 상호작용으로** 바라보고 접근하는 방식의 분석적 토대를 마련하는 것이다. 우리는 감각을 상호작용으로 간주함으로써 감각성(sensuality)을 사회성으로, 그리고 인간의 경험을 감각함(sensuousness)으로 이해하고자 하는 (학문적 소속에 관계없이) 누구에게나 이 분야를 개방한다. 이러한 입장에서 우리는 특정 분과학문의 최첨단을 지향하기보다는 하나의 주제와 그것을 연구하는 하나의 특정한 접근방식을 진척시킨다.

감각에 대한 사회학적·인류학적 연구의 역사적 진화

감각인류학의 범위와 역사를 개괄적으로 설명하려는 시도가 요즘 일어날 수도 있지만, 그렇다고 해도 그것은 분명 더 이상 새로운 것이 아니다. 인류학자들은 그들의 학문 내에서는 데이비드 하우스(David Howes)가 편집한 『감각 경험의 다양성(The Varieties of Sensory Experience)』(1991)을 시작으로 이전에 수집한 자료의 선집[이를테면 Howes, 2005와

버그(Berg) 출판사가 출판하는 '감각형성(Sensory Formations)' 시리즈], 방법론적 성찰(이를테면 Pink, 2006; Stoller, 1997), 이론적 개입(이를테면 Howes, 2003) 및 다양한 저널의 특별호[이를테면 ≪에스노스(Ethnos)≫ 2008(4)과 ≪에스노퍼(Etnofoor)≫ 2007(1)]를 통해, 그리고 인류학 밖에서는 ≪문화와 조직(Culture and Organization)≫ 2006(3)과 ≪사회사(Journal of Social History)≫ 2007(summer)을 통해 성장하고 있는 이 분야의 발전에 대해 주기적으로 성찰해 왔다. 인류학 및 관련 분야에 관한 유용한 역사적 자료는 새로 개설된 감각 연구 웹사이트(sensorystudies.org)에서도 찾아볼 수 있다. 하지만 감각사회학자들에게는 똑같은 말을 할 수 없다. 우리가 이제 그들과 함께 이 분야에 대한 간략한 개관을 시작해야 하는 실정이다.

다른 학자들과 마찬가지로 사회학자들은 자신들의 주요 전문직 협회 가운데 하나에 새로운 연구 그룹이나 세션이 마련되면 새로운 하위 분과가 확고하게 자리 잡았다고 느끼는 경향이 있다. 미국사회학회, 영국사회학회, 국제사회학회, 유럽사회학회에서는 아직 감각 연구에 전념하는 그룹이 생겨나지 않았다. 그런 까닭에 사회학 전체가 감각 연구자들이 제기하는 이론적·방법론적 문제를 다룰 준비가 덜 되어 있는 것은 아닌가 하는 의문이 들지도 모른다. 주요 전문 조직 내에 세션이 존재하는 것이 너무 엄격한 기준인 것 같다면, 어쩌면 다른 기준을 고려해 볼 필요가 있을 수도 있다. 이를테면 연구자들은 특정 연구 및 교육에 중점을 두는 대학 학과, 독립적으로 운영되거나 소규모 전문 조직을 중심으로 구축된 소규모 연구 네트워크, 또는 정기적인 테마별 컨퍼런스 등을 중심으로 자신들의 하위 분야별 관심사에 기반하여 연합을 형성할 수도 있다. 그러나 사람들은 이러한 기준에 의거해서도 이를테면 오늘날의 몸의 사회학처럼 명확하게 인식되는 완전한 하나의 실제적 하위 분야로서의 감각사회학을 찾기란 어려울 것이다. 이쯤 되면 독자들은 존재한다고 말하기도 어려울 정도로 새로운 이 분야에 이 책의 저자들인 우리가 꼭 전념해야만 하는가 하는 의문을 품을 수도 있다. 하지만 그 외양과 달리 감각사회학이 감각인류학에 그렇게 크게 뒤처져 있지는 않다. 또한 우리는 감각사회학과 감각인류학을 결합하는 것이 두 분야의 발전을 촉진할 것이라고 믿는다.

그렇다면 방금 말한 것을 전제로 할 경우 감각사회학은 존재하는가? 우리의 대답은 "그렇다"이다. 감각사회학은 게오르크 짐멜(Georg Simmel), 조지 허버트 미드(George Herbert Mead), 윌리엄 제임스(William James), 그리고 특히 존 듀이(John Dewey)의 고전사회이론에 뿌리를 두고 있다. 사회학적 미학, 식사의 사회학, 그리고 감각 자체에 관한 짐멜의 에세이(Simmel, 1997)는 사회학자들이 심미적 범주를 사회의 형식들로까지 확장함으로써 어떻게 사회적 관계를 더 잘 이해할 수 있는지를 보여준다(De la Fuente, 2007을 보라). 다른 한편 미드, 듀이, 제임스 같은 미국의 실용주의 철학자들은 감각하기가 (이미 형성된 특정한 의미를 부여받고 있는) 외부 자극에 대해 수동적으로 이루어지는 반응이 아니라 능동적이고 해석적인 과정이라는 것을 자신들의 학문적 연구 도처에서 보여준다. 우리는 미드(Mead, 1938)의 행위철학에서, 경험을 개인과 세계 간의 심미적 교류(aesthetic transaction)의 한 형태로 바라보는 듀이(Dewey, 1934)의 반(反)이원론적 이해에서, 제임스(James, 1983)의 감정심리학에서 감각에 대한 사회학적 이론의 기원을 찾을 수 있다. 상징적 상호작용 이론의 창시자로 자주 인용되는 이들 외에도 감각사회학은 지각과 사회적 존재양식의 육체화에 관한 모리스 메를로퐁티(Maurice Merleau-Ponty, 1962)의 현상학적 저술에도 그 뿌리를 두고 있다.

오늘날 우리가 숨어 있는 감각사회학(cryptosociology of the senses)으로 정의할 수 있는 이러한 매우 초기의 관심은 이후 하워드 베커(Howard Becker)와 어빙 고프먼(Erving Goffman) 같은 상호작용주의자들에 의해 발전했다. 두 사람 모두 감각사회학자로 규정할 수는 없지만, 이 근대 사회학의 창시자들 모두는 감각사회학에 대한 현대적 관심에 영감을 주었다. 이를테면 재즈(Becker, 1951)와 마리화나 흡연(Becker, 1963)에 관한 베커의 에세이는 청각과 미각이 사회화, 수련, 대인관계 조절 등의 과정을 거친다는 것, 따라서 감각작용이 육체화된 스킬 및 기법처럼 기능한다는 것을 보여준다. 상호작용의 시각적 측면에 대한 고프먼의 관심은 그의 저작 전체에서 두드러지지만, 특히 『젠더 광고(Gender Advertisements)』(1979)—젠더 각본 및 젠더와 관련된 시각적 소품이 젠더화된 신체를 어떻게 연기할 수 있게 해주는지를 시각적 측면에서 고찰한 책—에서 최고점에 달했다. 서구 사회에서 상호작용의 감각적 요소에 관한 관심이 그리 많지 않았던 이 시기(1950~1970년대)에, 후각의 사회학에 관한 라지와 왓슨(Largey and Watson, 1972)의 논문과 같은, 드물지만 시사하는 바가 많은 연구들이 발표되기도 했다.

1990년대에 이르러서야 대서양 양편의 사회학자들은 먼저 몸의 사회학에, 그리고 그다음으로 감각사회학과 같은 새로운 주제에 점차 친숙해지기 시작했다(이를테면 Synnott, 1993). 탈근대 이론, 후기구조주의, 문화연구가 선도한 1980년대의 문화적 전환은 다양한 형태의 비(非)실증주의 사회학을 정당화하지는 못했지만 더욱 공고화했다. 새로운 담론의 출현은 문화사회학, 젠더사회학, 감정사회학, 음식사회학,

음악사회학, 예술사회학, 대중문화사회학, 미디어사회학과 같은 분야의 급속한 성장을 촉진했으며, 또한 해석적 민족지학 및 시각적 방법론과 같은 질적 연구 전통의 제도화를 빠르게 촉진했다. 동시에 이러한 전환은 상징적 상호작용주의의 다양한 가닥으로 대표되는 질적인 사회심리학적 관점에 관한 관심을 새롭게 부활시키기도 했다. 사회학에서 거시 대 미시, 양적 대 질적, 구조 대 행위의 구분을 그리 개의치 않게 됨에 따라 파인(Fine)과 같은 질적 사회학자들은 요리사(Fine, 1996)와 버섯 채취자(Fine, 2003)를 감각과 관련하여 민족지학적으로 연구함으로써 빠르게 두각을 나타내기 시작했다. 동시에 시각사회학을 수용하라는 하워드 베커의 요구(Becker, 2000)와 노먼 덴진(Norman Denzin)의 성찰적이고 서사적이며 탈실재론적인 인식론 선언(이를테면 Denzin, 1996)은 전통적인 과학적 글쓰기와 보다 감각적이고—또는 적어도 감수성 있는—육체화된 사회학적 작업 간의 경계를 더욱 모호하게 만들었다. 중요한 것은 1993년에 앤서니 시놋(Anthony Synnott)이 당시 몸 전반에 대한 초기 사회학적 관심의 연장선상에서 감각에 대한 역사사회학적 접근방식의 토대를 마련한 모노그래프를 발표했다는 것이다.

하지만 1990년대와 새천년 초 동안에 몸의 사회학이 계속 성장함에 따라, 초기의 '육체화 전환(embodied turn)'은 점점 더 몸을 체험과 분리된 하나의 기호로 취급하는 사회학 속으로 용해되었다. 체험하는 몸에 대한 현상학적 조사에 의거한 문헌이 현재 존재하기는 하지만, 실제 인간의 신체적 감각작용 및 인간이 타인과 맺는 육체화된 관계를 무시하는 다른 접근방식들에 비해서는 그 수가 훨씬 적다. 후자 방식의 연구들 대부분은 몸의 기호학적 의미를 규제하는 코드를 해체하는 것들이거나, '사회적 몸(body social)'에 대해 거시적인 측면에서 비판적으로 고찰하는 것들이거나, '몸'에 대해 철학적으로 사변하는(다시 말해 몸을 경험과 환경으로부터 분리하여 이해하는) 것들이다. 따라서 감각사회학은 몸을 부재하는 존재(absent presence)(Shilling, 1993을 참조하라)에서 이론적 소음에 의해 침묵을 강요받은 존재로 변형시켜 버린 몸의 사회학의 이론적 과잉에 대한 반발로 이해되어야 한다(Shilling, 1993을 참조하라). 따라서 감각사회학은 대체로 인간 서로 간의 그리고 인간과 환경 간의 감각적이고 에로틱하고 심미적인 교류를 재발견하고자 시도한다.

지난 몇 년 동안 감각에 대한 하나의 일관성 있는 사회학적 접근방식이 등장한 것은 분명하지만, 그 지형은 전혀 평탄하지 않다. 이를테면 감각에 대한 사회적 연구는 문화인류학과 질적 사회학이 민족지라는 방법론을 오랫동안 공유하면서도 서로 무시하는 북미에서보다 사회인류학과 문화사회학 간의 경계가 오랫동안 매우 느슨하게 그려져 있던 영국에서 더 빠르게 성장해 온 분야이다. 게다가 앞서 언급했듯이, 분할된 학문 사이에 다리를 놓는 데 토대가 될 수 있는 텍스트가 부재하다는 것은 하나의 통일된 전선을 구축하는 것을 방해해 왔다.

북미에서 글쓰기를 한 탓에 우리는 감각에 대한 사회학적 접근방식을 옹호하는 데서 흥미로운 입장에 놓이게 되었다. 우리는 영국에서 이 주제를 중심으로 모인 소수의 느슨하고 비공식적인 그룹과는 얼마간 다르다. 하지만 최근에 민족지적 방법론과 [상징적 상호작용주의와 수행이론(performance theory)과 같은] 해석적인 사회심리학적 및 사회문화적 관점이 발전한 것은 북미에서이다. 물론 우리가 이러한 진술을 통해 두 대륙 간을 발칸화하려는 것은 아니다. 오히려 우리는 2006년에 처음 출간된 ≪감각과 사회≫라는 이 분야의 학술지 편집자들의 견해, 즉 사회학이 대륙 및 학문의 경계를 더욱 모호하게 만드는 데서 중요한 역할을 한다는 견해에 동의한다. 그리고 그렇게 하는 핵심적 조치가 바로 감각인류학의 공헌에 기반하여 그 간격을 메우기 위해 노력하는 것이다.

감각인류학

감각사회학은 기껏해야 초기 단계에 불과하지만, 감각인류학은 거의 성숙 단계에 이르렀다. 데이비드 하우스(David Howes, 2003)가 이미 감각인류학의 지적 발전 과정을 면밀하게 설명했기 때문에, 여기서는 그러한 작업을 반복하지 않고 간략하게 요약하는 것이 최선일 것으로 보인다. 하우스에 따르면, 인류학자들은 감각에 대해 항상 잠재적으로 관심을 가지고 있었다. 처음에는 그 같은 관심은 시각을 세계를 인식하는 보다 객관적인 양식으로 간주했던 그리고 그렇기 때문에 시각을 우월한 감각으로 여겼던 서구의 시각 문화와 나머지 세계의 보다 '동물적인' 감각 문화 간을 나누는 것과 같은 감각의 위계적 분류에서 나타났다. 초기 인류학 텍스트를 살펴보면, 비백인 인종집단에게 예민한 촉각·미각·후각 경험은 그 감각들이 갖는 압도적인 감정성, '야만적인' 육체성, 공존의 필요성 등의 특성을 이유로 하여 (특히 시각과 청각이라는 '대상과 거리 있는' 감각이 인지적이고 추상적인 힘을 제공하는 것과 대비되어) 폄하되었다(Synnott, 1993을 보라).

인류학에서 초기의 자주 심히 인종차별적이었던 감각 분류와 서열화가 가라앉으면서 인류학자들의 감각에 대한 관심은 텍스트로서의 감각작용에 대한 관심으로 옮겨갔다. 물론 이러한 움직임은 클리퍼드

기어츠(Clifford Geertz, 1973)가 발리에서 수행한 현장 조사가 엄청난 영향을 미친 데서 비롯되었다. 문화에 대한 기어츠의 해석학적·기호학적 접근방식은 경험을 특정 상황과 맥락에서 작동하는 규칙과 코드에 따라 읽어야 하는 하나의 텍스트로 간주했다. 그의 상징인류학(symbolic anthropology)은 당시 큰 인기를 끌었던 다른 이론적 관점, 즉 레비-스트로스(Levi-Strauss)식의 구조주의와 달랐지만, 문화의 토대로 여겨지는 상징체계를 해독하는 데 최우선으로 관심을 두는 구조주의를 얼마간 답습했다. 초르다스(Csordas, 1993)가 나중에 통찰력 있게 지적했듯이, 구조주의와 상징인류학 모두는 대체로 신체적 경험의 육체성과 실제 가치를 경시하고 그 경험이 갖는 인지적·추상적 의미를 과도하게 강조하는 경향이 있다. 하지만 초르다스가 제기한 강력한 비판이 미친 영향은 새천년이 시작될 때까지 감지되지 않았다. 왜냐하면 하우스(Howes, 2003)가 지적했듯이, 1990년대의 인류학은 민족지적 재현의 정치, 텍스트의 권위, 그리고 성찰성을 놓고 고투하고 있었기 때문이다.

하우스는 민족지적 글쓰기에서의 탈근대적 전환(postmodern turn)에 대해 회의적이었고 심지어는 비판적이었다. 그가 보기에, 클리퍼드와 마커스(Clifford and Marcus, 1986)의 영향력 있는 편집서가 출간된 후 민족지적 글쓰기에서 성찰성을 추구한 것은 다른 어떤 것보다도 관심을 다른 곳으로 돌리게 만드는 것이었다. 하우스가 볼 때, 1990년대 인류학의 끝이 없어 보이는 실존적 위기는 스티븐 타일러(Stephen Tyler, 1986: 137)가 민족지적 글쓰기와 "지각은 전혀 관계가 없다"라고 주장한 것에서 가장 가시적으로 드러났다. 그러나 하우스는 타일러의 주장을 민족지학이 공허한 심미주의(aestheticism)로 타락했다는 신호로 보는 반면, 스톨러(Stoller, 1997을 보라)와 같은 다른 인류학자들은 민족지학에서 성찰적 전환(reflexive turn)이 이루어진 것을 연구자가 현장에 체현된 존재에 의존하는 감각학(sensuous scholarship)을 확립하는 기회로, 따라서 감각을 분석적 정밀조사의 대상으로만 취급하는 것을 넘어 감각성을 환기시키는 표현 양식들을 실험할 수 있게 해주는 기회로 바라본다. 민족지적 글쓰기와 지각이 전혀 관계가 없다고 주장하는 것은 명백히 실수이다. 그러나 이 주장은 더 이상 하나의 '진정한' 객관적 지각의 원리에 의해 틀 지어지지 않고 오히려 탈실재론적 양식—이 입장에서 볼 때는 **다양한 지각**이 서로 다른 형태, 대상, 장르의 민족지학적 지식을 더욱 풍부하게 만들어준다—에 의해 인도되는 인식론에 문을 열어준다.

현재 감각인류학이 어디로 향하고 있는지는 분명하지 않다. 단지 두 가지 방향만을 확인할 수 있다. 하나는 위험한 방향이고, 다른 하나는 무한히 더 유망한 방향이다. 첫째 방향은 학문적 고립을 지향하는 방향이다. 인문지리학, 문화연구, 커뮤니케이션 연구 학자들은 탈분과학문적이고 탈실재론적인 지향을 전적으로 수용해 온 반면, 너무나도 많은 인류학자가 감각 연구를 자신의 학문 '외부'에서 일어나는 발전과는 별개로 존재하는 것으로 보고 있다. 그 결과 이 연구집단은 '몸' 연구에서 일어난 것과 마찬가지의 상태에 봉착할 위험, 즉 정체에 빠지거나 '감각'의 본질(또는 더욱 나쁘게는 각 감각의 본질)에 집착할 위험에 처해 있다. 둘째 추세는 훨씬 더 장밋빛이다. 점점 더 많은 인류학적 연구가 새로운 이론적·개념적·실제적·방법론적·학제적 융합을 실험하기 시작해 왔고, 따라서 언어적 인식보다는 육체화되고 다(多)감각적이고 전(前)객관적이고 육체적인 앎의 방식에 기반하는 새로운 인식론과 존재론을 추구해 왔다.

우리는 사회학만으로는 또는 인류학만으로는—그리고 이 문제라면 전통적 학문이든 그렇지 않든 간에 어떤 다른 하나의 학문만으로는—매우 복잡한 감각과 감각작용 모두에 관한 연구를 효과적으로 수행할 수 없다고 생각한다. 그렇기 때문에 우리는 이 책에서 진부한 정설들을 재생하는 것이 아니라 진정으로 보편적인 관점을 제시하고자 한다. 사람들이 감각과 감각작용을 지리적 공간, 역사적 시간, 기술 매체, 문화, 사회구조의 관점에서 연구하든 아니면 개인의 관점에서 연구하든 간에, 우리는 감각과 감각작용을 육체화된 사회성과 물질성의 근원으로, 인간 행위자와 비인간 행위자 간의 교류를 가능하게 하는 도구와 기법으로, 그리고 자아성(selfhood), 사회, 문화를 육체적으로 경험하기 위한 조건으로 이해한다. 물론 우리는 어떤 관점이 그 사람의 관심사나 철학적 성향과 무관하게 모든 사람을 수용할 수 있을 만큼 충분히 광대할 수 있다고 착각하지는 않는다. 하지만 우리는 감각과 감각작용을 인간이 세계를 능동적으로 구성하는 핵심적인 형태로 가정하고 개념적 작업을 시작함으로써 가능한 한 폭넓은 스펙트럼에 호소하고자 한다. 우리는 **작업**(work)이라는 은유가 감각을 이해하는 데 특히 유용하다는 것을 발견한 까닭에 이제 신체 작업(somatic work)을 논의하는 데로 넘어간다.

우리의 이론적 접근방식: 신체 작업

감각적 경험은 감정, 의미, 기억과 얽혀 서로 결합하면서 생성되고 실

행되고 지각된다.(Hsu, 2008: 440)

이 책의 기본 전제는 다음과 같이 진술될 수 있다. **인간은 감각할 뿐만 아니라 감각을 형성하기도 한다**(humans sense as well as make sense). 이러한 감각형성(sense-making) 과정은 생리적 과정만으로 설명하거나 환원할 수 없는 정신화·육체화된 사회적·문화적 관행을 수반한다. 감각은 "개인성(personhood)에 근본적"이다. 그리고 감각은 "세계에 몸으로 참여하는 것"과 관련되며, 따라서 "인간 주체에게 가능성을 제공하기도 하고 제한하기도 하는" 구조를 만들어낸다(Edwards, Gosden and Phillips, 2006: 23). 감각은 의미(meaning)와 물질성(materiality)을 매개한다. 즉, "감각적 경험은 사회적으로 만들어지고 매개된다"(Hsu, 2008: 433). 그리고 감각은 "자아와 사회, 정신과 육체, 관념과 대상의 관계를 매개한다"(Bull, Gilroy, Howes and Kahn, 2006: 5). 감각은 우리가 세상을 해석하고 평가하는 데서 적극적으로 이용하는 스킬이다(Ingold, 2000). 이를테면 보는 것은 단순히 눈을 떠서 빛이 망막에 수동적으로 반사되도록 하는 것 이상을 수반한다. 우리는 보이는 것을 능동적으로 지각하여 신체의 경험을 **이해해**야(make sense) 한다(Howes, 2003; Rodaway, 1994를 보라). 이러한 방식으로 감각하기(sensing)와 이해하기(sense-making)는 필연적으로 결합되어 있고, 공동으로 결정되며, [우리 자신이 우리가 지각하는 (또는 이 문제에서라면 인지하지 못하는) 감각작용의 주체이자 객체를 이루는] 능동적이고 성찰적인 관행 속에서 상호적으로 일어난다. 다음 쪽에 제시한 이미지를 하나의 예로 들어보자.

르네 데카르트(Rene Descartes, 2010: 12)는 다음과 같은 유명한 말을 했다. "감각은 때때로 우리를 속인다. 그리고 우리가 한 번이라도 우리

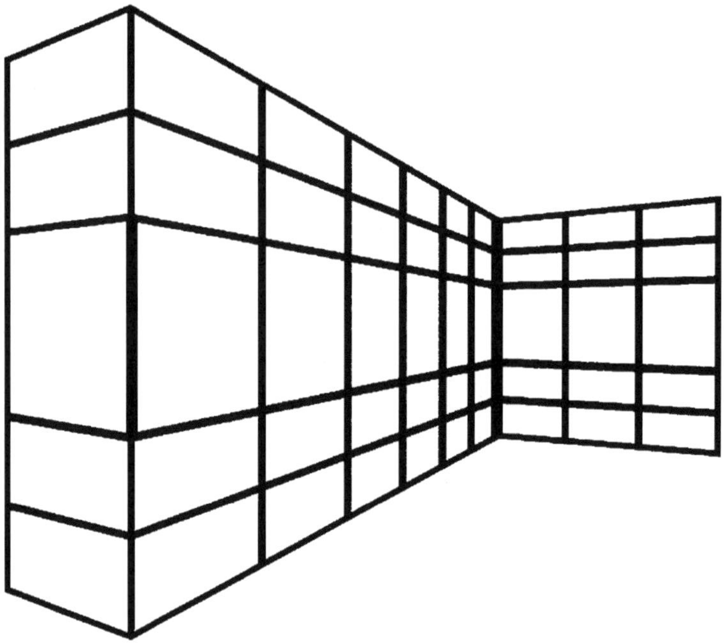

를 속인 사람들을 결코 전적으로 신뢰하지 않는 것은 신중함의 표시이다." 실제로 사물은 항상 보이는 그대로가 아니다. 위 이미지에서 왼쪽의 굵은 선은 오른쪽의 굵은 선과 길이가 같지만, 우리가 보는 것을 해석하는 데 사용하는 감각 관행은 오른쪽의 선이 훨씬 더 길게 보이도록 만든다. 이는 시각적 감각 데이터 자체가 아니라 우리가 그것을 해석하는 방식이 만들어내는 착시 현상이다. 이 사례가 예증하듯이, 감각 양식(sensory mode)과 감각 부호(sensory code) 간에는 차이가 존재한다(Stroeken, 2008). 전자는 감각 기관의 신체적 자극에서 비롯되는 반면, 후자는 상황적·사회적으로 틀 지어진다. 감각 지각(sensory perception)은 감각 양식과 감각 부호 사이에서 일어난다. 이 이미지에서 두 개의 굵은 선을 부호화하는 방식은 우리로 하여금 그것을 보이는 것과 다른 어떤 것으로 지각하게 한다. 어쩌면 라텍스 냄새를 천연가스 냄새로 착각하는 것과 같다. 간결하게 진술하면, 감각형성 관행은 우리가 사회적·문화적·기호학적 자원들을 활용하여 신체 자각(somatic awareness)을 해석하고 그것에 의미를 부여하는 과정에서 만들어지는, 창조적이면서도 의례화되는 감각 습관을 수반한다. 아래에서 살펴보듯이, 이동학은 복잡하고 다층적이며 미묘한 차이를 드러낸다.

감각사회학에 관한 자신의 고전적인 에세이에서 게오르크 짐멜은 사회과학—특히 사회학—이 "매우 크고 눈에 명확히 보이는 사회구조만을 고려할 수 있는, 그리고 그러한 고려로부터 사회적 삶 전체에 대한 통찰력을 산출하기 위해 노력하는 단계에 있다"(Simmel, 1997: 109)고 제시했다. 그렇다고 해서 짐멜이 사회과학이 거시적 측면을 강조하는 것에 대해 반드시 의문을 제기하는 것은 아니다. 하지만 그는 그러한 입장을 경직적으로 고수하는 것에 대해서는 이의를 제기한다. 사회적·문화적 질서의 중심 요소는 "인간 존재들을 서로 잇는", 즉 개인들을 사회적 존재와 감각적인 육체화된 방식으로 연결하는 "고동치는 삶" 속에서 구체화된다(Simmel, 1997: 109). 따라서 "우리의 사회성은 비록 신체적 경험을 통해 획득되고 유지되지는 않더라도" 감각과 감각 경험에서 "자신의 신체적 표현을 발견한다"(Hsu, 2008: 438). 실제로 감각적 삶은 우리의 개별적 및 집합적인 사회문화적 존재와 함께 고동치며 우리가 차지하고 있는 시간, 공간, 상징세계에서 우리의 육체화된 자아를 몸으로 표현한다.

이 책은 이러한 전제에 살을 붙이고자 시도하면서 감각이 어떻게 더 큰 도식과 맞아떨어지는 경험인지를 탐구한다. 이 더 큰 문화적 도식이 반드시 "개별 행위자의 고유한 특성에 의존하는 것은 아니나 가장 작은 사회적 힘과 가장 큰 사회적 힘을 연결하고 가장 좁은 상호작용의 장을 더 넓은 상호작용의 장과 연결한다"(Fine and Hallett, 2003: 2).

헉슬리의 교훈

감각형성 관행은 주로 우리가 '신체 작업'이라고 부르는 과정에서 만들어진다. 신체 작업은 일상적이고 의례화되고 대체로 당연시되는 관행을 지칭한다. 우리가 신체 작업으로 무엇을 말하고자 하는지는 잠시 후에 자세히 설명하겠지만, 먼저 하나의 서사적 서문으로 올더스 헉슬리(Aldous Huxley)로부터 배운 교훈의 맥락에서 그것을 설명해 보자. 헉슬리(Huxley, 1942: vii)는 『보기의 기술(The Art of Seeing)』에서 자신이 열여섯 살 때 어떻게 "점상각막염에 심하게 걸렸"는지를 이야기한다. 그는 그 질병으로 인해 "거의 실명 상태였던 18개월 동안 점자에 의존하여 책을 읽고 안내자에게 의지하여 걸은 다음에야 한쪽 눈은 간신히 빛을 감지할 수 있었고, 다른 한쪽 눈은 10피트 거리에서 스넬렌 시력표에 있는 200피트 글자를 알아볼 수 있을 만큼 시력이 좋아졌다"라고 썼다. 그 후 몇 년 동안 의사들은 (나중에 안경을 쓸 것을 권하기 이전까지는) 헉슬리에게 도수가 높은 휴대용 돋보기를 이용하여 책을 읽도록 조언했다. 그는 "항상 아트로핀으로 동공을 확장하여 각막 중앙의 특히 심한 혼탁 부위를 우회하여 볼 수 있게 만들면 돋보기를 통해 웬만큼 잘 읽을 수 있었다"(Huxley, 1942: vii). 책을 읽는 일은 헉슬리에게 상당한 긴장과 피로를 유발했고, 마침내 자신의 "시력이 꾸준히 그리고 아주 빨리 저하되고 있다"는 사실을 인정했을 때, 그는 시력을 다시 좋아지게 만드는 방법을 발견했다(Huxley, 1942: viii). 몇 달 만에 그는 안경 없이도—그리고 긴장감이나 피로감 없이도—책을 읽을 수 있게 되었다. 마침내 "25년 이상 변하지 않았던" 각막의 혼탁 부위가 "맑아지기 시작했다"(Huxley, 1942: viii~ix). 비록 그의 시력이 정상과는 거리가 멀었지만, 헉슬리는 시력을 다시 좋아지게 만드는 과정을 통해 보는 법을 스스로 배우는 데 성공했고, "안경을 썼을 때보다 약 2배 더 좋은" 선명한 시력을 갖게 되었다(Huxley, 1942: ix).

나빠진 시력을 다시 좋아지게 만드는 헉슬리의 능력은 그로 하여금 이전의 안과 치료가 어떻게 그리고 왜 그렇게 처참하게 실패했는지에 대해 의문을 가지게 했다. 그는 다음과 같이 결론 내렸다. 안과학은 "복잡한 전체 시각 과정의 한 측면—즉, 생리적 측면—에만 강박적으로 집착해 왔다. 안과 의사들은 오로지 눈에만 관심을 기울였지, 눈을 사용하여 보게 만드는 정신에는 전혀 관심을 기울이지 않았다"(Huxley, 1942: x). 헉슬리는 책의 나머지 부분에서 표준 안과학에 대해 신랄하게 비판한다. 그는 시각이 단지 적절히 기능하는 기관의 수동적인 산물에 불과하다는 손쉬운 가정을 거부하고 '보는 기술'을 능동적이고 정신적인 과정—우리가 습관적이지만 창조적인 방식으로 행하는 어떤 것(이를 통해 보는 것이 일어나도록 만들어진다)—으로 보는 입장을 지지하는 식으로 시력을 다시 좋아지게 만드는 기법과 그것을 실행하는 방법에 대해 자세히 기술한다.

헉슬리(Huxley, 1942: 35)에게서 '보는 기술'은 "주로 무의식적인 자기 훈련 과정을 통해 초기 유아기나 유년기에 습득되는" 정신-신체적 스킬과 습관을 뜻한다. 시각의 경우에 이러한 감각 습관은 "세 가지 하위 과정—감각하는 과정, 선택하는 과정, 지각하는 과정—"을 수반한다

(Huxley, 1942: 42). 헉슬리는 이러한 과정 중 마지막 과정은 반드시 성찰적이라는 점을 강조하며 다음과 같이 결론짓는다.

> 감각하기는 지각하기와 다르다. 감각하기는 눈과 신경계가 하고, 지각하기는 정신이 한다. 지각하는 능력은 개인의 축적된 경험, 달리 말하면 기억과 관련되어 있다. …… 지각하는 능력이 향상될 경우 이는 감각하는 능력의 향상과 감각하기와 지각하기의 산물인 보는 능력의 향상을 동반하는 경향이 있다.(Huxley, 1942: 42)

비록 헉슬리의 언어가 분명히 이원론적이기는 하지만, 그가 말하는 '보는 기술'은 우리가 보다 일반적으로 '신체 작업'이라는 신조어로 표현한 것—비록 분명하게 드러나지는 않지만 당연시되는 감각형성 관행—의 한 가지 적용 사례이다. 헉슬리는 자신의 시력을 회복하기 위한 수단으로 우리가 신체 작업이라고 부르는 것을 발견했지만, 우리—개인들로서의, 집단들로서의, 사회들로서의, 그리고 문화들로서의 우리—**모두**는 우리가 살고 있는 일상생활 세계의 일부로서의 다양한 형태의 신체 작업을 일상적으로 수행한다.

신체 작업: 감각적 성찰성, 교류, 그리고 감각

> sen-sa-tion: 명사. 1. 감각 기관의 자극 또는 특정한 신체 상태와 관련된 지각. 2. 느끼거나 지각하는 능력.

정의에 따르면, 감각작용은 교류(transaction)를 함축한다. 감각한다는 것은 **지각하는** 것이며, 지각 행위는 느끼거나 지각하는 **능력**을 필요로 한다. 다시 말해 감각작용(sensation, 명사)은 감각하는(sensing, 동사) 행위 속에서 발생한다. 감각과 감각작용은 감각형성의 실제 관행들은 물론 감각을 형성하는 상징적·전(前)언어적 감각형성의 수단들에 의해 맥락화되는 촉각, 후각, 미각, 시각, 청각 및 여타 감각의 구체적인 양식 간의 관계 속에서 일어난다. 감각과 감각형성은

> 서로 밀접하게 관련되어 있으며 자주 서로에 의해 암시되기도 한다. 감각은 하나의 정보의 원천으로서의 세계에 도달하는 것이자 그렇게 수집된 세계를 이해하는 것이다. 이러한 감각적 경험과 이해는 이전의 경험과 기대에 기반을 두고 있으며, 이전의 경험과 기대 각각도 감각 능력, 교육 훈련 및 문화적 조건에 의존한다.(Rodaway, 1994: 5)

감각은 우리의 감각작용을 객관화하는 과정을 통해 일어난다. 요컨대 육체적 경험은 상징적 수준과 비언어적 수준 모두에서 성찰성에 의해 매개된다. 신체의 감각작용은 "우리 자신에게 하나의 대상이 된다"(Mead, 1938: 429). 신체와 기관은 감각에 능력을 부여하지만, 그것들은 우리가 신체 경험을 형성하는 원료일 뿐이다. 헉슬리의 예가 보여주듯이, 감각은 ['신체 규칙(somatic rule)'에 의해 구조화되는] 문화 세계와 [감각적 변형(sensorial transformation), 다중 양식(multimodality), 돌발성(emergence)으로 구성되는] 실존 세계 모두에 자리하는 신체적 상호작용 체계의 대상이자 구성요소이다. 문화 세계와 실존 세계 사이에서 일어나는 인간의 감각 경험은 **신체 작업**에 달려 있거나 신체 작업에 의해 매개된다.

우리는 정체성 작업(identity work)(Snow and Anderson, 1987)과 감정 노동(emotional labor)(Hochschild, 1983)과 같은 널리 알려진 사회학적 개념에서 영감을 받아 신체 작업을 다음과 같이 정의한다. 신체 작업은 개인이 도덕적·심미적·논리적 바람직함에 대한 개인적, 대인관계적, 그리고/또는 문화적 관념과 부합하는 신체 감각을 만들어내고 제거하고 유지하고 방해하고 그리고/또는 전달하는 일련의 언어적·비언어적인 성찰적 경험과 활동을 가리킨다.

우리는 개인적·대인관계적·맥락적·사회적·문화적·물질적·지리적·역사적 상황에 따라 다르게 협상되는 '신체 규칙'에 의거하여 신체 작업을 수행한다. 이들 상황은 육체적인 것만큼이나 상징적이고, 물리적인 것만큼이나 문화적이며, 그때그때 만들어지는 것만큼이나 의례화되어 있다. 요컨대 우리는 협상된 신체 규칙에 따라 신체 작업을 수행함으로써 육체적 감각작용을 관리한다.

신체 작업은 얼마간 독창적인 명칭이다. 그것은 상호작용주의적 사상 및 고전 실용주의적 사상의 역사 깊숙이에 기원을 두고 있으며, 이러한 전통과 관련된 몇몇 학자는 우리가 신체 작업 개념으로 암시하는 것에 가까이까지 접근해 왔다. 이를테면 마리화나 사용자를 다룬 연구에서 하워드 베커(Howard Becker, 1963)는 마리화나의 효과를 인지하고 해석하는 데 요구되는 '미각'이 성찰적 과정에 의해 매개된다고 제시한다. 감각하기는 순전히 화학적 또는 생리적 효과라기보다는 하나의 사회적 관행이다. 따라서 마리화나 사용자는 마리화나가 제공하는 종류의 감각 경험에 대한 "막연한 충동과 욕구", 그 경험이 해석될 수 있는 방식, 그리고 그 경험이 의미하는 바 등을 평가하는 다각적인 감각을 계발하는 성찰 작업을 수행해야 한다(Becker, 1963: 42). 마리화나 사용의 감각 경험이 "마리화나에 대해 개인이 가진 생각과 마리화나가 그에게서 갖는 용도와 함수관계에 있는" 것처럼, 다른 모든 감각적 경험도 마찬가지이다(Becker, 1963: 42). 감각 경험은 [성찰적이고 실용적이고 현상학적인, 그리고 변증법적인 신체 스킬(Ingold, 2000)에 기반하여 행해지는] 신체 작업에 달려 있고, 그러한 감각 경험이 갖는 의미는 지각자의 감각 전기(傳記)와 기존의 사회적 '감각 사용' 습관이 교차하는 지점에서 생겨난다(Dewey, 2002; Simmel, 1997을 보라).

베커가 감각 지각의 의도성에 대해 처음으로 언급한 것은 아니다. 메를로-퐁티(Merleau-Ponty, 1962)와 듀이(Dewey, 1929; 1934; 2002)도 인간 감각이 지닌 적극적인 의미 형성(meaning-making) 잠재력을 강조했다. 특히 듀이에서 '습관(habit)'은 "인간 본성의 요소들과 환경—자연환경과 사회 환경 모두—간의 유기적 상호작용"에 관한 그의 일반 이론의 축도(縮圖)이다(Dewey, 2002: 10). 듀이가 말했듯이(Dewey, 2002: 14), "습관은" 감각기관과 운동기관의 스킬, 간계 또는 간지, 객관적 물질을 드러내 보여주는 "획득된" 기능이다. 습관은 객관적인 에너지를 흡수하고 환경을 지배한다. 습관은 질서, 규율 및 분명한 테크닉을 필요로 한다. 습관에는 시작, 중간, 끝이 있다(Dewey, 2002: 15). 습관은 감각과 동의어는 아니지만, 듀이(Dewey, 2002: 32)가 볼 때 "습관적 태도가 …… 구체적인 감각 물질을 지배한다." 우리는 신체 작업이 ["우리가 지각하고 사고하는 모든 물질을 필터링하고" "우리가 받아들인 것에 새로운 속성을 추가하고 재배열하는"(Dewey, 2002: 32) 작업 메커니즘으로서의] 습관을 구성하는 과정의 부산물이라고 제시한다.

신체 작업은 추상적 상징이 부재하는 경우에도 감각에서 어떻게 복잡한 의미(meaning)가 생겨날 수 있는지를 설명하는 데 유용한 개념이다. 듀이에 따르면, 의미는 '소유될' 수 있고 또 '알려질' 수 있다. 로흐베르크-할튼(Rochberg-Halton, 1982)이 지적했듯이, 우리는 의미의 **질적 즉각성**(qualitative immediacy)* 덕분에 의미를 먼저 경험한다. 우리는 특정 대상을 그것의 즉각 알 수 있는 속성에 의거하여 감각하며, 우리의 육체적인 정서적 지식은 추상적 연상—이를테면 단어와 그 지시 대상을 연결하는 데 필요한 연상과 같은—에 의존하지 않는다. 인간은 추상적 상징의 도움 없이도 육체적으로 의미를 알 수 있고 감각할 수 있고 그리하여 의미를 정교하게 만들어**낼 수** 있다. 그런 다음 우리는 적절한 신체 작업 관행을 이용하여 그러한 감각적 속성을 필터링한다.

미드 역시 "우리가 시각과 촉각[과 같은 감각을 통해] 물리적 세계를 구축한다"라고 제시함으로써 신체 작업에 대한 우리의 이해에 기여한다(McCarthy, 1984: 107). "운동감각의 감각작용"(Mead, 1938: 428, 429)—우리의 환경을 구성하는 대상들을 만지고 느끼고 움켜쥐고 붙잡고 놓는 것—이 물리적인 것들을 만들어내며, 그렇기에 "물리적인 것들은 진정한 의미에서 [우리의] 손이 만들어낸 산물이다"(Mead, 1934: 249). 미첼(Mitchell, 2002: 83, 97)이 제시하듯이, 운동감각의 감각작용(신체 작업의 하나의 특정한 형태)은 브리콜라주(bricolage)**의 한 유형이다. 구체적으로 말하면, "우리는 물질을 손으로 만지고 돌려보고 무게를 재고, 그 때 느끼는 감촉의 저항감으로부터 그것의 물리적 속성과 범위를 감각

---

* 질적 즉각성은 물질의 질적 속성에 대한 우리의 즉각적이고 직접적인 경험을 지칭하는 용어로, 지각이나 경험의 즉각적이고 매개되지 않은 특성을 강조하기 위해 사용된다._옮긴이

** 미술에서 손에 닿는 대로 아무것이나 이용해서 만드는 일 또는 그렇게 해서 만든 작품을 일컫는 용어._옮긴이

한다.” 하지만 미첼(Mitchell, 2002: 97)은 “브리콜라주—즉, 공리주의적 에로티시즘—가 자기 발견을 어떻게 물질적 영역으로 확장하는지”에 관심이 있었지만, 우리는 미드의 원래의 정식화, 즉 브리콜라주의 육체적 형태의 하나로서의 신체 작업이 육체적인 것과 상징적인 것의 교차점에서 어떻게 자기 발견에 영향을 미치는지에 관심이 있다. 신체 작업이라는 브리콜라주가 “육체적 자아 전체를 만들어내며”(Mitchell, 2002: 83), 그러한 독특한 성찰 속에서 그러한 성찰에 의해 신체적 경험은 “육체적인 것과 대비되는 하나의 물리적 대상이 된다”(Mead, 1938: 428).

그리하여 우리는 상호작용주의 이론이 신체적 경험의 사회학을 위해 상정하고 있는 “근원적 이미지(root image)”(Blumer, 1969)에 도달한다. 보는 것이 반드시 보이는 것은 아니고, 듣는 것이 반드시 들리는 것은 아니며, 만지는 것(또는 느끼는 것)은 신경 말단(nerve endings) 그 이상의 것을 함의한다. 신체적 경험은 근본적으로 성찰적이다. 육체적 감각작용은 언어적 형태의 의미 형성과 전언어적 형태의 의미 형성 모두에서 “우리 자신에게 하나의 대상이 된다”(Mead, 1938: 429). 그리고 우리는 신체 작업의 형태를 통해 그리고 협상된 신체 규칙의 맥락에 따라 그 대상을 적극적으로 관리한다. 요컨대 신체 작업은 이 책을 하나로 묶어주는 개념이자 이 책에서 탐구하는 주제—우리가 다음의 장들에서 확장할 개념과 주제—로서의 역할을 한다.

* * *

우리는 지금까지 제시한 모든 논점에 의거하여 교육과 분석 둘 다를 위해 이 책을 구성했다. 이 책은 두 개의 부 총 여덟 개의 장으로 이루어져 있다. 각 부 내에서 각 장은 광범위한 사회적·문화적 관심 분야를 축으로 하여 조직되었다. 제1부("감각 연구 이해하기")에서 우리는 우리의 연구의 개념적 건축물, 말하자면 감각에 대한 우리의 접근방식을 틀 짓는 모든 골조와 지붕을 건설한다. 이 서론에 해당하는 장에 이어 제2장에서 우리는 몸에 대해, 그리고 신체 동학—이를테면 건강, 치유, 질병, 몸동작, 젠더, 습관, 감정, 섹슈얼리티와 같은—이 감각과 교차하는 방식에 대해 다룬다. 제3장에서는 수행(performance)에 대해, 따라서 감각의 수행성(performativity)에 초점을 맞춘다. 우리가 상호작용주의자인 까닭에, 감각에 대한 우리의 접근방식은 행위 개념에 크게 의존한다. 그렇기에 우리는 제3장에서 감각하기의 사회성이 의례화, 드라마, 놀이, 의식(儀式), 예술, 구경거리와 어떻게 상호작용하는지를 예증한다. 제4장은 감각학에 관해 다룬다. 우리는 사람들과 연구자 간의 육체화된 상호작용을 수반하는 민족지학과 질적 연구에 초점을 맞추어서, 연구가 어떻게 감각적으로 행해질 수 있는지를 자세히 설명하고, 왜 연구가 그렇게 행해져야 하는지에 대한 이론적 근거를 제시한다.

이 책의 제1부가 우리의 집의 기본 뼈대라면, 제2부("감각 연구 수행하기")에는 우리 건물을 진정으로 우리 것으로 만드는 모든 가구와 인테리어 장식을 담고 있다. 제2부에서 우리는 우리 작업의 기본적인 역사적·실제적 토대 및 광범위한 이론적·방법론적 토대를 마련하는 데에는 그리 중점을 두지 않는다. 대신 우리는 독창적인 경험적 자료를 보다 깊이 있게 다루고, 우리의 연구 범위를 주요 방향들로 심화시키는 것을 목표로 한다. 제5장에서 우리는 자아와 정체성에, 그리고 감각과 감각작용이 어떻게 주체성의 독특한 신체 차원을 구성하는지에 초점을 맞춘다. 제6장에서는 장소와 시간에 관해, 그러니까 우리의 감각하기가 전기, 개인적·집단적 기억, 역사, 장소 속에서 어떻게 우리의 존재를 근거 짓는지에 대해 다룬다. 제7장에서는 질서, 통제, 일탈에 대해 집중적으로 다룬다. 거기서 우리는 신체 규칙과 정렬, 권력, 그리고 감각의 사회성에 대해 살펴본다. 제8장에서는 커뮤니케이션에 대해, 그리고 특히 미디어와 대중문화에서는 물론 소비문화와 물질문화에서 감각과 감각작용이 수행하는 역할에 대해 다룬다. 우리의 자료와 개인적인 경험에 바탕하는 이 장들은 감각 연구를 수행하는 다양한 방법을 제시한다.

우리는 이러한 방식으로 이 책의 각 장을 구성함으로써 감각의 사회적 연구와 관련 있는 분야—이를테면 몸의 사회학 또는 몸의 인류학—에 관심을 가진 연구자와 학자 모두에게 여러 분야를 가로지르는 이론적 원리, 경험적 전통, 개념들을 결합시키는 것이 감각 연구와 감각에 관심이 있을 수 있는 다른 분야들(이를테면 몸의 연구) 모두를 발전시킨다는 것을 보여주고자 한다. 또한 우리는 각 장에 문헌 리뷰, 연구 자료, 이론을 포함시킴으로써 개념적 틀을 발전시키는 동시에 흥미로운 인간 관행들을 분석적 방식과 서사적 방식으로 조명하려고 한다. 마지막으로, 우리는 우리의 글쓰기 장르가 허용하는 한 이 책 전체에서 감각을 **통해** 그리고 감각을 **위해** 이야기하는 것만큼이나 감각에 **관해** 이야기하고자 한다.

02

감각적 몸

미네소타 주립대학교에 다니는 제시카(Jessica, 21세)는 “내가 나의 클리토리스의 감각작용을 발견한 것은 모든 마법의 원천인 그 기관을 제대로 파악하기 훨씬 이전이었다”라고 썼다.

> 내가 아마도 9살이나 10살 정도였을 거다. 나는 나 자신을 가지고 놀고 있었다. 실제로 자위를 하는 것은 아니고 그냥 나의 ‘아래 거기’를 탐험하고 있었다. 그리고 살을 살짝 잡아당기다가 놀랍도록 민감한 작은 돌기를 발견했다(약간 위험한 것 같았다). 나는 얼마간 주저하면서 이 숨어 있는 은밀한 것을 바라보았다. 내게 첫 번째로 든 생각은 ‘이게 대체 뭐지?!’와 비슷한 어떤 거였다.

제시카처럼 많은 여성이 10대 중후반까지 클리토리스에 대한 공식적인 또는 심지어는 비공식적인 서면 또는 구두 정보를 거의 획득하지 못한다. (적어도) 북미에서는 공식적인 성교육이 불충분하고 부모가 그런 이야기를 하는 것을 부끄러워하는 경우가 많으며 대중 담론이 일반적으로 클리토리스를 비밀로 감추고 있기 때문에, 대부분의 여성은 자신의 촉각을 통해 클리토리스를 먼저 알게 된다. 다시 말해 이 경우 **일반적으로 감각적 정보가 개념적 정보보다 앞서 온다**. 그리고 대부분의 여성은 부모, 정규 교육, 또래, 미디어 및 기타 사회화 기관이 같은 방식으로 탐구하지 않거나 탐구할 수 없는 지식을 촉각을 통해 얻는다. 하지만 촉각은 투명한 매체가 아니다. 많은 여성은 서로 다른 터치 테크닉이 제공하는 기분 좋은 감각작용에 완전히 익숙해지기 훨씬 전에 자신의 클리토리스를 발견한다. 자신의 몸에 대한 이러한 육체적 자각은 시간이 지남에 따라 반복적인 접촉하기를 통해 계속 발전하고 변화한다[그리고 이것이 바로 데니스와 필립 그리고 데지리 비센(Desiree Wiesen)이 자신의 클리토리스를 발견한 과정에 대한 여성들의 기억을 조사한 연구(Dennis, Phillip and Wiesen, 2007)에서 다룬 주제이며, 여기서 이용하고 있는 자료들 역시 이 연구에서 나온 것이다]. 실제로 질(Jill, 20세)은 다음과 같이 쓰고 있다.

> 나는 3학년 때 클리토리스를 발견했다. 아마 8살 정도였을 거다. 나는 무슨 일이 일어나고 있는지 정말 몰랐다. 다만 특정 부위를 만졌을 때 다른 곳을 만졌을 때와는 느낌이 실제로 다르다는 것만 알았다. 나는 이를 보통 밤에 잠을 잘 수 없을 때 발견했다.

우리는 촉각과 감각적 의미 형성(sensuous meaning-making)의 젠더 동학과 성적 동학을 이해하기 위해 여성이 클리토리스를 어떻게 발견하는지를 연구하는 과정에서, 여성들이 자신의 클리토리스를 만진 경험에 대해 자주 비슷한 방식으로 이야기한다는 것을 알게 되었다. 그들에 따르면, 클리토리스의 감각작용은 보통은 전적으로 비밀스럽고 은밀하게 이루어지는 신체 탐험 과정에서 스스로 발견하는 어떤 것이다(그리고 그러한 신체 탐구는 프라이버시를 상당 정도 보장해 주고, 성기에 손쉽게 성적으로 접근할 수 있게 해주기도 하고, 어쩌면 더 강렬한 쾌감을 추구하고자 하게 하기도 한다). 앤(Ann, 21세)의 다음과 같은 증언은 이를 보여주는 좋은 사례의 하나이다. "나는 꽤 어렸을 때 클리토리스를 발견한 것으로 기억한다. 6~7살 정도였다. 잠을 자려고 침대에 누워서 손을 아래 거기에 넣고 여기저기 더듬거리고 있었던 것을 기억한다. 나는 그것을 만졌을 때 느낌이 좋다는 것을 발견했다." '그것'에 이름이 있다는 것을 몰랐지만, 그 기분 좋은 감각작용을 발견함으로써 앤과 다른 많은 여성은 그 좋은 느낌 때문에 자신의 클리토리스를 가치 있고 의미 있는 것으로 정의했다. 그들은 그것이 무엇인지 잘 몰랐지만 육체적으로는 그것이 의미가 '있다'고 느낀 것 같다(Dewey, 2002). 그것이 어떻게 가능한가?

이 장에서 우리는 이들 동학을 좀 더 상세히 분석한다. 즉, 우리는 **몸이** 어떻게 **감각을 형성하는**지(how the body makes sense), 즉 몸이 어떻게 지각하고 어떻게 이해하고 어떻게 식별하는지, 그리고 그것이 감각적 경험을 통해 어떻게 가능해지는지에 대해 논의한다. 우리는 자주 지식을 전적으로 정신적인 것으로 생각한다. 이를테면 우리는 책을 읽고 정보를 습득하며, 또는 강의를 듣고 새로운 것을 배운다. 물론 이러한 '정신' 활동(Crossley, 2006)은 일반적인 앎의 방식이지만, 인지 및 언어적 정보만이 지식의 유일한 원천은 아니다. 인간의 몸—몸의 감각과 감각작용을 통해 작동하는—도 지식의 원천이자 대상이다. 따라서 한편으로는 감각작용이 그 자체로 하나의 언어를 구성한다고 생각하는 것이 유용할 수 있다. 실제로 우리는 다음과 같이 주장하기도 했다.

> 감각은 우리의 첫 번째 언어를 구성한다. 우리는 상징적·언어적 형태로 부호화하고 이해하고 소통하는 능력을 갖추기 훨씬 전에 이미 시각, 청각, 촉각, 미각, 후각의 상세한 특성을 완전히 익힌다. 우리는 이러한 신체의 능란함을 유지하고 다듬는다. 그리고 남은 생애 동안 감각작용은 필연적으로 "하나의 **정보의 원천**으로서의 세계에 도달하는 것이자 그렇게 수집된 세계를 **이해**하는 것"(Rodaway, 1994: 5; 강조 추가)—우리가 세상에 대해 알고 이해할 수 있는 주요한 수단—이다. 또한 사람들은 이것이 감각적 경험과 지식이 갖는 강력한 감정적·환기적 성격과 그로 인해 가능해지는 지적 이해를 얼마간 설명한다고 주장할 수도 있다.(Waskul, 2009: 655~656)

다른 한편 '언어로서의 감각'이라는 은유는 유용할 수 있지만 주의해야 한다. 언어는 상징적이고 감각작용은 오직 제한된 범위 내에서만 **상징적으로 만들어질** 수 있을 뿐이다. 신체적 앎의 방식에서 독특한 것은 정신과 달리 신체적 방식은 언어가 필요하지도 않고 언어를 통해 쉽게 명확히 표현되지도 않는다는 것이다. 몸은 상이한 '이해(understanding)' 방식, 즉 의미를 찾고 창조하는 상이한 방식을 가지고 있다. 몸이 **이해하는**(make sense) 까닭은 부분적으로는 몸이 **감각기관이기** 때문이다(Vannini and Waskul, 2006). '그것'이 나중에 클리토리스로 밝혀진 이름 없는 살의 한 부분이든 또는 어떤 다른 것이든 간에,

'그것'은 상징적 의미가 부족할 수 있지만, 우리가 '밝히'거나 '구성'할 필요가 없는 서로 다른 많은 형태의 의미를 가지고 있다. 왜냐하면 우리가 항상 그러한 의미들에 육체적으로 정통해 있기 때문이다(Ingold, 2000을 보라). 우리가 곧 상세히 설명하듯이, 이러한 앎의 방식은 듀이(Dewey, 2002)가 '질적 즉각성'이라고 불렀던 것을 함축하는 도상적 의미(iconic meaning)(Peirce, 1931)에서 비롯된다.*

우리가 우리의 몸을 통해 (그리고 우리 몸에 대해) 아는 방법은 다양하고 어떤 규칙이 없고 자주 복잡하다. 이를테면 질병 상태나 쾌감과 같은 '감각적 강화(sensory intensification)'(Leder, 1990: 71)가 일어날 때까지 신체적 자각은 의식 속에 숨어 있거나 의식에서 사라질 수 있고, 이는 신체 부위가 "상자 속의 도구처럼 의식적인 결단에 의해 사용되기를 기다리고"(Dewey, 2002: 25; 또한 Leder, 1990도 보라) 있는 것으로 보이게 한다. 이것이 바로 우리 연구의 참여자 가운데 한 명인 카리(Kari, 20세)가 보고하는 것이다. "그것을 문지르면 좋은 느낌을 발견했던 것은 열 살이나 열한 살 정도의 어린 나이였다고 말할 수 있을 것 같다.

* 찰스 샌더스 퍼스(Charles Sanders Peirce)는 기호(sign)를 도상(icon), 지표(index), 상징(symbol) 세 가지 유형으로 구분한다. 도상은 기호가 지시하는 대상과 유사하거나 닮은 형태를 가지는 기호를 의미한다. 즉, 도상은 지시하는 대상과 직접적인 관계를 가지거나 닮은꼴을 띠면서 의미를 전달하는 기호이다(이를테면 인터넷이나 스마트폰의 아이콘). 지표는 기호가 지시 대상과 인과적인 관계를 맺는 경우를 의미한다. 즉, 기호는 지시 대상과 직접적인 연관성이 없더라도 인과 관계를 통해 대상을 가리키는 역할을 한다(이를테면 태극기-대한민국). 상징은 기호가 대상과 오직 관습적인 관계만을 맺는 것으로 정의된다. 상징은 표상과 대상 사이에 어떤 자연적 유사성이나 직접적인 관계가 없으며, 오로지 사회적 합의에 의해 의미가 부여되는 기호이다(이를테면 언어)._옮긴이

…… **나는 그것이 클리토리스라는 것을 알기 전에 '그것'이 무엇인지 알았다.**"(강조 추가) 카리의 경험과 같은 경험은 언어만으로는 이해할 수 없으며, 몸은 비언어적 지식의 주요한 장소이다(Dewey, 1934; 2002). 프랭크(Frank, 1995: 27)가 제시하듯이, "몸은 말을 못하는 것이 아니라 제대로 표현하지 못하는 것이다. 몸은 말을 사용하지 않지만 말을 낳는다." 이러한 형태의 언어적으로 '전(前)성찰적인 경험'(Csordas, 1990: 6)은 완전히 육체화되어 있으며, 감각적 육체화(sensual embodiment)를 표현하는 많은 것의 토대이다. '감각적 몸'이라는 광범위한 표제하에서는 무수한 주제를 다루는 것이 가능하지만, 우리는 아래에서는 감각적 육체화를 보여주는 네 가지 주제—몸동작, 건강과 질병, 젠더, 그리고 성적 육체화—에 주의를 집중할 것이다. 이제 우리는 이들 주제를 차례로 살펴보고, 끝에서 클리토리스의 감각작용에 대한 우리의 연구로 돌아가서 결론을 내릴 것이다.

몸동작

자연과학자들은 몸동작의 경험 및 실행과 관련된 두 가지 감각을 **전정감각**(vestibular sense)*과 **운동감각**(kinesthetic sense)으로 구분한다. 전정감각은 우리로 하여금 공간에서 방향, 가속도, 동작을 지각할 수 있게 해준다. 이 감각은 균형을 지각하고 달성하는 또 다른 기능을 가지고

* 전정감각은 내이(內耳)에 위치한 전정기관을 통해 우리 몸의 균형을 유지하는 역할을 하는 감각을 말한다._옮긴이

있는데, 일부 다른 학자는 이 기능을 **평형감각**(equilibrioception)이라고 부르는 다른 감각에 귀속시킨다. 반면 **자기수용감각**(proprioception)* 이라고도 알려져 있는 운동감각은 우리로 하여금 신체의 다른 부분들의 상대적인 위치와 움직임을 지각할 수 있게 해준다. 이를테면 저글링은 다른 수많은 활동 중에서도 자기수용감각을 아주 잘 발달시켜야 한다. 인간이 세상에 실제로 참여하는 행동 형태 대부분이 거의 필연적으로 공간 속에서의 몸의 움직임과 (재)위치 짓기를 요구한다는 사실을 고려하면, 전정감각과 운동감각은 거의 모든 인간 행동을 함께 담당한다. 우리는 걷기에서부터 잡기까지, 긁기에서부터 점프하기까지, 서기에서부터 모든 형태의 자기표현에 이르기까지의 몸의 움직임을 통해 생존을 위해 노력하고 다른 사람과 관계 맺고 위험을 피하고 환경을 조작한다. 잉골드(Ingold, 2000: 166)는 다음과 같이 기술할 때 몸의 움직임이 갖는 중요성을 잘 포착하고 있다. "지각 활동 연구의 출발점은 인지(cognition)가 아닌 운동(locomotion)이어야 한다."

최근 소수의 학자가 스포츠에서 경험하는 감각작용을 조사하여 감각적 경험으로서의 동작을 연구하기 시작했다. 이 동작 연구를 주도하는 핵심적인 학자 가운데 한 사람이 바로 앤드루 스파크스(Andrew Sparkes, 2009)이다. 스파크스는 그 분야의 증가하고 있는 연구 문헌들을 검토해 왔고, 그 과정에서 스포츠하는 몸의 움직임을 단지 문화적

---

* 자기수용감각은 자신의 신체 위치, 자세, 움직임 등을 감지하는 감각이다. 쉽게 말하면, 눈을 감고 있어도 자신의 팔다리가 어떻게 움직이고 있는지, 어떤 자세를 취하고 있는지 아는 것은 바로 자기수용감각 덕분이다. 이 감각은 우리 몸의 균형 유지, 움직임 조절, 그리고 주변 환경과의 상호작용에서 중요한 역할을 한다._옮긴이

코드를 나타내는 매체로만 보는 관점에 중요한 수정이 필요하다는 것을 발견했다. 유사하게 하키와 콜린슨(Hockey and Collinson, 2007: 116)은 스포츠를 더 잘 이해하기 위해서는 우리가 "몸—특히 감각적인 그리고 감각하는 스포츠하는 몸—의 현상학에 종사할 것이 요구된다"라고 주장한다.

우리는 이들 학자의 의견에 분명하게 동의한다. 몸동작은 또한 우리가 신체 작업이라고 부르는 것의 중요한 표현 중 하나이기도 하다. 몸을 움직이고 평형을 추구하는 것은 매우 사회적인 활동이다. 이를테면 스포츠에서 리듬이 어떻게 조절되는지(이를테면 농구에서 슛하거나 풋볼에서 스파이크하는 데에는 몇 초밖에 걸리지 않는다. Hockey and Collinson, 2007을 보라), 또는 스키 점프, 체조, 피겨 스케이팅, 싱크로나이즈드 스위밍과 같은 스포츠에서 미적 관습이 균형의 질을 어떻게 규정하는지를 생각해 보라. 사람들은 '딱 좋다'고 느껴지는 감각작용에 이르기 위해 끊임없이 움직이고, 그 느낌은 사회적으로 바람직한 것에 대한 사회화에 의해 크게 틀 지어진다. 이를테면 춤을 생각해 보라. 포터(Potter, 2008: 449)가 무용수에 대한 자신의 민족지를 통해 기술하듯이, 무용수들은 미적 관습을 이해하고 "매일 훈련하는 동안 걷고 균형을 잡고 돌고 손을 뻗고 웅크리고 점프하고 구부리고 쓰러지고 굽히고 팔다리를 허공에 던지고 달리고 흔들고 가만히 있고 기고 구르고 누군가를 들어 올리면서" 좋은 형태의 동작을 얻기 위해 엄청난 노력을 한다.

발레 무용수를 다룬 연구에서 클라이너(Kleiner, 2009)는 무용수가 관객이 보는 것을 자신이 구체적으로 표현하고 있다는 느낌을 자신과 타인 간의 고도의 자의식적 상호작용을 통해 어떻게 아는지, 그리고 신체를 훈련하는 과정에서 제도화된 미학을 달성하기 위해 어떻게 노력하는지를 탐구한다. 그러한 테크닉의 체현은 공연하는 동안 성찰적 경험을 촉진한다. 즉, 그것은 무용수들이 연구와 훈련을 통해 감각적으로 흡수한 동작과 음악을 머릿속에서 불러내는 것과 억누르는 것 둘 다를 원활하게 할 수 있게 해준다. 클라이너는 다음과 같이 설명한다.

> 발레 테크닉을 체현하기 위해서는 각 동작을 하나의 전형과 비교해 보고 적절한 형태에 접근하도록 신체를 서서히 훈련시키는 장기적인 프로젝트가 요구된다. 이 과정에서 무용수들은 이중적인 자기의식에 봉착한다. 즉, 그들은 고도로 훈련된 환경에서 동작을 계속해서 조정하지만 그러한 동작으로는 신체 형태를 통제할 수 없다는 것을 깨닫는다. 무용수들은 체중과 같은 정적인 형태의 요구사항에 접근하기 위해 몸의 외양을 조정하거나 적절한 테크닉에 가까워지도록 동작을 다듬음으로써, 또는 훈련 상황을 벗어남으로써 그러한 자기의식과 맞서고 싸운다. 그들은 또한 공연 중에 생각을 하지 않기 위해 리허설 중에 특정 안무를 의식적으로 깊이 주입하기도 한다. 무용수들은 의식적으로 몸을 훈련하고 조정함으로써 공연 중에 '성찰적 자아'(자의식)가 활성화되지 않도록 미리 준비하고, 그 결과 공연이 원활하게 흘러갈 수 있게 된다.(Kleiner, 2009: 248)

물론 스포츠 활동의 맥락에서 일어나는 몸동작은 하나의 감각적 차원으로만 쉽게 한정될 수 없다. 스포츠는 공감각적 움직임들, 즉 의도적인 결단들로 이루어지는 하나의 춤이다. 하키와 콜린슨(Hockey and Collinson, 2007: 119)에 따르면, "이를테면 머리와 몸통의 각도, 보폭, 팔의 움직임, 다리의 리듬은 모두 신체적으로 특정하게 선택된 것이다." 우리는 통각(통증 감각), 촉각, 동작의 청각적 및 시각적 차원 등과 같은 감각작용에 기반하여 그러한 선택을 한다. 이를테면 크리켓 선수가 자신의 배트를 어떻게 선택하는지를 생각해 보라. 스파크스(Sparkes, 2009: 22)는 다음과 같이 기술한다. 공이 배트의 스위트 스폿을 향해 날아가는 것을 상상하고 예상하면서 "각 [배트]를 들어 팔 길이로 내밀고 좌우로 흔들고 공중으로 휘두른다." 신체 작업은 또한 어떤 사람이 부상을 입은 후에 완벽한 동작을 하기 위해 노력할 때와 자신의 몸으로 하여금 달리기와 같은 간단한 스킬을 다시 익히게 하고자 할 때도 수행된다. 하키는 달리기와 다감각적 통증 경험에 대해 매일 쓴 일기의 한 부분에 다음과 같이 기록하고 있다.

> [우리는] 처음에는 중간에 휴식을 취하면서 10미터 정도의 짧은 거리를 빨리 걸어보려 했지만, 놀랍게도 [우리는] 아기 같았다! 술 취한 사람처럼 사방으로 비틀거린다. 전혀 조정되지 않고, 팔과 다리가 엇갈리고, 활동에 익숙하지 않아 호흡이 거칠어지고, 다리와 몸통이 따로인 것 같고, 머리가 흔들리고 무겁게 느껴진다. 심지어 그러한 어린애 같은 총총걸음조차도 우리를 녹초로 만들어서 문제를 더욱 악화시킨다.(Hockey, 2006: 188)

사고 후에 걷거나 뛰는 법을 다시 배우는 것과 같이 개인이 일상적인 감각 습관을 훈련하거나 재훈련해야 하는 상황은 사회화 과정으로서의 체현에 대해 우리에게 많은 것을 가르쳐줄 수 있다. 이를테면 우리가 요가 선생의 시범에 따라 호흡하는 법을 배울 때, 그것은 리듬,

균형, 동작이라는 감각작용이 (언어적·비언어적으로 이루어진) 적극적인 성찰적 노력의 결과라는 것을 잘 보여준다. 아니면 걷기의 사회화를 예로 들어보자. 서로 다른 문화와 하위문화(그리고 서로 다른 젠더화된 몸)는 구성원들에게 특정한 걷기 방식(이를테면 가슴을 내밀고 자신감 있고 당당해 보이게 걷는 것, 패션 런웨이를 따라 성큼성큼 걷는 것, 또는 폭력배처럼 거들먹거리며 걷는 것)이 바람직한 감각작용을 불러일으키고 다른 걷기 방식은 바람직하지 않은 감각작용을 불러일으킨다고 가르친다(Edensor, 2000; Ingold and Vergunst, 2008; Urry, 2000; 2007을 보라).

사실 걷기는 우리가 생각하는 것만큼 자연스럽지 않다. 적절하게 움직인다는 것은 운동 스킬뿐만 아니라 사회적 스킬도 드러내 보여주는 것이다. 이를테면 가나 남동부의 안로-에위족(Anlo-Ewe) 공동체에서 현장 조사를 진행하는 동안 캐서린 거츠(Kathryn Geurts, 2003)는 현지인들이 아졸리조조(azolizozo)라고 부르는 감각에 대해 반복해서 들었다. 이것은 걷기를 포함한 모든 형태의 움직임에 관여하는 운동감각이다. 하지만 안로-에위 문화에서 아졸리조조는 (비록 서양에서는 반드시 하나의 감각으로 지칭되지 않는 것이지만) 행실(morality)이라는 또 다른 감각과 깊이 얽혀 있다. 행실은 운동감각적 자질 및 감각작용과 감성적 성향 내지 도덕적 성품[아졸리메(azolime)]을 동시에 함축하는 말이다. 아졸리조조와 아졸리메는 움직이는 것이라는 뜻의 어근 조(zo)를 공유하고 있다. 특히 기억에 떠오르는 한 구절에서 거츠는 다음과 같이 쓰고 있다.

> 아론(Aaron)과 코블라(Kobla)는 엄마가 물을 길으러 보내도 우물로 바로 가지 않는 것 같았다. 나는 그들이 주거지역을 통과하여 우리가

살던 마을의 공동 우물로 가는 문으로 갈 때면 “야단법석을 떠는” 것을 자주 보곤 했다. 하루는 아이들이 빙글빙글 돌고 서로 쫓고 뒤로 걷고 양동이를 앞뒤로 흔드는 모습을 지켜보다가 어머니가 그들이 ‘루구루구(lugulugu)’ 걷는다고 걱정스러운 목소리로 소리치는 것을 들었다. 루구루구라는 부사를 들었을 때 귀가 번쩍 뜨였는데, 최근에 다양한 종류의 걷기나 행동 스타일의 목록을 만들기 시작했기 때문이었다. 나는 이미 그곳 사람들이 조 카자카자(zo kadzakadza; 사자처럼 걷기), 조 미냐미냐(zo minyaminya; 엿듣는 것처럼 몰래 걷기), 조 메그베메그베(zo megbemegbe; 현혹시키는 발자국을 남기면서 뒤로 걷기)하기도 한다는 것을 알고 있었다. 코블라의 어머니가 부엌 벽 뒤에서 그들에게 소리를 지를 때, 나는 그들이 주거지역의 한쪽에서 다른 쪽으로 쏜살같이 달려가는 것, 한쪽 발 바깥쪽 끝에 지탱하여 위험하게 흔들거리며 거의 넘어지는 척하는 것, 그리고 우물로 가는 길에 루구루구 움직이고 있다는 어머니의 책망을 분명하게 따라하는 것을 보았다. …… 나는 연구 조교인 일레인(Elaine)에게 루구루구가 실제로 무엇을 뜻하는지 물어보는 것으로 시작했다. 그녀는 조 루구루구라는 단어가 원래는 흔들거리거나 늑장부리거나 꾸물거리거나 술에 취한 것처럼 움직이는 것과 같은 신체 동작을 가리키지만 사람의 품성을 가리키는 데도 사용될 수 있다고 설명했다. 일레인은 딸이 “코피(Kofi)는 내가 결혼하고 싶은 남자야”라고 말했을 때 부모가 “초! 아메 루구루구!(Tsyo! Ame lugulugu!)”라는 말로 응수하여 젊은 여성을 단념시킬 수 있다고 설명했다. 이 표현은 코피가 루구루구한 남자, 즉 그저 늑장부리거나 꾸물거리는 방식으로 움직이는 사람인 것이 아니라 진지하지 않은 사람, 즉 목적이 없고 무책임한 놈이라는 부모의 인식

을 드러낸다.(Geurts, 2003: 188~189)

건강, 질병, 죽음

몸동작과 마찬가지로 건강과 질병도 감각작용이다. 우리는 **통각**이라는 감각을 통해 이러한 신체 상태를 경험할 수 있다. 통각은 우리가 피부 노출로 인한 통증을 경험할 때는 촉각과 함께 작동하고, 내장이나 관절 및 뼈와 관련된 통증을 경험할 때는 다른 내수용 신경계와 함께 작동한다. 통각은 가장 잘 알려진 '5대 감각'에는 들지 못했지만 모든 감각 중에서 생존의 동학과 가장 명확하게 연결되어 있기 때문에 그 중요성은 부정할 수 없다. (통각과 밀접한 관련이 있는 감각이 바로 우리로 하여금 우리 몸 안팎의 온도를 감지할 수 있게 해주는 **열감각**이라는 감각이다.)

앞서 말했듯이, 건강과 질병은 감각작용이지만, 우리는 자주 그것들을 존재 상태로 생각한다. 이는 아마도 건강과 질병에 대한 우리의 감각작용이 우리 모두로 하여금 주관적인 신체적 감각작용을 (의학적 목적을 위해 검증되고 측정되고 통제될 수 있는) 객관적인 존재 상태(객관적인 진단)로 **변환**할 수 있게 해주는 지식체계를 축으로 하여 엄격하게 조직되어 있기 때문일 것이다. 이를테면 부모인 우리가 아침에 초등학생 아이의 징징거림에 때로는 어떻게 반응하는지를 생각해 보라.

"아빠, 나 몸이 좀 이상해."

"몇 분 전에 침실에서 놀고 있을 때는 괜찮아 보이던데."

"근데 좀 아픈 것 같아."

"글쎄, 내가 보기엔 아픈 것 같지 않아 보이는데. 학교 가기 싫어서 아픈 척하는 것 같은데."

"아냐!"

"그럼, 체온 재볼게. 봤지? …… 열이 전혀 나지 않는데. 넌 학교에 가야 해. 끝!"

이 같은 상황에서 부모가 보인 이러한 반응은 박정한 것이 아니다. 오히려 하나의 내수용 감각으로서의 통각은 **다른** 감각(그리고 다른 사람들의 감각의 감각형성 관행)의 면밀한 검사를 받게 되며, 이것이 통증 경험을 객관화(그리고 검증)할 수 있게 해준다. 이러한 면밀한 검사를 통해 사적인 감각작용이 공적인 것이 되고, 하나의 감각의 작동을 통해 이루어진 감각작용이 다른 감각(그리고 다른 사람의 감각)의 작동을 통해 번역된다. 이처럼 지극히 사적인 감각작용에서 시작된 통증은 엄청난 정도의 **기호학적·신체적 번역**을 거쳐 사회적 생명을 얻는다. 이러한 기호학적·신체적 번역 과정은 신체 작업의 한 형태이다.

통증의 고통은 몸을 '깨워서' 몸으로 하여금 자신을 자각하게 만드는 육체적 감각작용이다(Leder, 1990). 우리가 이러한 불쾌한 감각작용을 처음 지각할 때(즉, 지각이 이루어지기 시작하는 바로 그 순간에), 우리는 그것의 본질을 말로 쉽게 정의할 수 없다. 그러한 순간은 날 느낌(raw feeling)—즉, 말 또는 심지어는 감정에 의해서도 매개되지 않는 감각하기—으로 특징지어진다. 우리는 이러한 고통의 질감—비록 동일한 상황 아래에서 모든 감각이 만들어내는 감각작용에 대해서도 동일하게 말할 수 있지만—은 하나의 감각만이 그것의 순수한 속성을 이해할 수 있는 질적 즉각성(Dewey, 2002)을 지닌다고 말할 수 있다. 이 (아주 일시적일 수 있는) 원초적 상태에서 사물들은 그 자체로 존재한다. 즉, 사물들은 그 자체로 고유하다. 또는 어쩌면 그 사물들이 그 사물들인 까닭은 그 사물들이 동일한 또는 거의 동족에 해당하는 종(種)의 사물들이 유사하게 하는 경험과 매우 **닮은** 경험을 한다는 사실 때문일 수도 있다. 퍼스(Peirce, 1931)를 따라 우리는 이러한 감각작용을 **도상적**이라고 칭할 수 있다.

인간은 사회적 존재이며, 따라서 우리가 사적인 도상적 감각작용을 면밀한 검사의 대상으로 삼아 다른 사람들과 그러한 감각작용을 공유하게 되기까지는 그리 긴 시간이 걸리지 않는다. 우리가 유쾌한 감각작용이나 불쾌한 감각작용으로 우리의 주의를 좁힐 때, 우리는 다양한 감정을 느낄 수 있다. 그리고 우리는 그러한 감각작용을 기술할 단어를 찾기 시작할 수도 있고, 어쩌면 그러한 감각작용의 본질을 다른 사람들과 관련지어 설명할 수도 있다. 이를테면 의료 전문가들은 우리의 경험에 대해 진단을 내리고 이해하기 위해 우리가 기술한 내용에 바탕하여 (증상이라고 불리는) 여러 가지 기호를 찾기 시작한다. 그들이 찾는 기호는 도상적 유형의 것이지만 또한 **지표적**(indexical) 유형의 것도 있다. 불쾌한 느낌을 도상적 방식으로 이해하는 것(making sense)은 의사로 하여금 토큰 유형의 유사성 관계를 통해 어떤 것이 무엇일 수 있는지의 여부를 확증할 수 있게 해주지만(이를테면 "그것은 폐렴인 것처럼 들린다. 그러므로 그것은 일반적인 기침이 아니라 폐렴임에 틀림없다"), 불쾌한 느낌을 지표적으로 이해하는 것은 의사로 하여금 신체 기호가 이미 확정된 원인이 초래한 결과라고 결론 내릴 수 있게 해준다. 이러한 형태의 해석 작업이 이를테면 청진법의 기초이다(Rice, 2003; Sterne, 2001). 의사는 청진기를 이용하여 폐에서 나는 쌕쌕거리는 소리가 특정 바이러스가 존재하기 때문이라고 추론할 수 있다.

해석적 신체 작업의 셋째 유형은 **상징적**(symbolic) 수준에서 일어나는데, 이 경우 우리는 감각작용을 그 감각작용이 무엇인지, 무엇을 닮았는지 또는 무엇을 나타내는지와 관련해서가 아니라 그 감각작용이 무엇을 표상하거나 지시하는지와 관련하여 경험하고 이해한다. 우리는 아프다는 생각이 들게 하는 감각작용에 대해 바람직하지 않은 행동을 한 탓이라거나 마녀의 악의적인 주문에 희생되었기 때문이라거나(Stroeken, 2008), 또는 우리가 우리의 존엄성과 독립성을 잃었기 때문이라고(Waskul and Van der Riet, 2002) 말할 수 있다. 따라서 이 같은 경우에 특별한 상징적 속성을 부여받은 의례의 도움을 받아 치유를 수행하는 것은 지극히 상식적인(commonsensical) 일이다(Laderman and Roseman, 1996; Roseman, 1993).

상징적, 지표적, 그리고 도상적 해석 작업은 우리로 하여금 감각작용을 이해할 수 있게, 즉 그 감각작용이 무엇인지, 무엇이 그 감각작용을 유발하는지, 그리고 그 감각작용이 무엇을 상징하는지를 알 수 있게 해준다. 우리는 이러한 종류의 신체 작업을 수행하면서 다양하고 미묘한, 그리고 때로는 모순적인 방식으로 우리의 몸을 알아가게 된다. 모든 형태의 해석적 작업과 마찬가지로 이러한 신체 작업 역시 항상 수많은 특성에 의해 틀 지어지는 맥락에서 이루어진다. 이 장에서 우리가 살펴보고자 하는 가장 중요한 특징 중 하나는 개인의 과거, 특히 감각 전기(sensory biography)(Desjarlais, 2003; Serematakis, 1994) 또는 신체 이력(somatic career)(Waskul, Vannini and Wilson, 2009)으로 알려진 것이다. 물론 감각 전기와 신체 이력(이에 대해서는 나중에 자세히 설명한다)은 단지 개인의 문제만이 아니다. 모든 전기는 그것이 처했던 역사적 맥락 내에서 엮여서 만들어진다.

이를테면 로버트 데스잘레이스(Robert Desjarlais, 2003)가 강 라마(Ghang Lama)*에 대해 쓴 해석적 전기는 나이, 역사적 맥락, 개인 활동이 질병과 죽음을 이해하는 개인의 패턴을 어떻게 틀 짓는지에 매우 세심한 주의를 기울이고 있다. 데스잘레이스는 자신이 네팔 욜모(Yolmo) 지역의 불교문화에서 특히 중요하다고 생각하는 비전(vision)이 지닌 힘에 자세히 초점을 맞추고 있다. 비전은 개인의 삶과 세계 전체에 형태를 부여한다. 비전은 현존(presence), 즉 자신의 행위의 가시성 및 유의미성과 동일시된다. 데스잘레이스는 므에메(Mheme)—즉, 강 라마—가 나이가 들면서 그 세계에서 자신의 존재감과 가시성을 상실하기 시작한다는 것을 발견한다. "기억, 꿈, 그의 식욕, 그의 몸, 그의 체력과 능력, 친구의 얼굴, 다른 사람들의 신뢰, 그의 젊은 시절—이 모든 것이 물 위에 쓰인 단어처럼 사라져버렸다"(Desjarlais, 2003: 160). 그러므로 므에메의 질병과 죽음에 대한 육체적 경험은 욜모 사회와 역사의 감각 질서 및 그 자신의 감각 전기—이것이 므에메에게 그의 몸의 감각작용을 이해할 수 있는 자원을 제공한다—내에 위치할 때 가장 잘 이해된다.

젠더

많은 사람이 남성과 여성은 사물을 다르게 대하고 다르게 경험한다

* 데스잘레이스가 민족지적으로 탐구한 1980대 중반의 티베트 불교 승려._옮긴이

고 주장한다. 남성과 여성이 어떻게 다르게 감각하는지에 관한 연구라고 해서 예외는 아니다. 이를테면 클라센(Classen, 1997)은 여러 역사적 시기 동안 줄곧 남성과 여성은 사물을 다르게 지각한다고 여겨져 왔으며 그리하여 그러한 차이를 발전시키는 데 기여했을 수 있는 규범적 처방과 기대에 예속되어 왔다는 것을 보여주었다. 우리는 또한 시놋(Synnott, 1993)의 가치 있는 역사적 조사를 통해 다음과 같은 점도 배웠다. 세평에 의하면, 여러 차이 가운데서도 특히

- 남성과 여성은 촉각을 통해 다르게 소통하고 접촉 감각작용을 다르게 지각하며, 그로 인해 자주 상충하는 성적 욕구를 유발한다.
- 남성과 여성은 시각에 다르게 의존하는데, 남성이 여성보다 시각적인 것으로 여겨지고, 여성은 자신을 성애화·대상화하는 남성의 시선으로 인해 자주 고통 받는다.
- 남성과 여성은 다르게 사회화되는데, 이를테면 여자아이들이 더 자주 만지고 더 강렬하게 쳐다본다.
- 남성과 여성은 다르게 냄새 맡고 서로 다른 향기를 즐길 것으로 여겨지고 기대된다.

비록 대부분의 저자가 자신들의 개략적인 일반화에 한계가 있다는 것, 그리고 젠더별만큼이나 젠더 집단 내에서도 많은 차이가 있다는 것을 알고 있지만, 그러한 주장은 자주 상당히 상식적인 지식을 담고 있고, 따라서 신뢰받고 있다. 그리하여 독자는 젠더 차이가 선천적인 것이든 양육에 의한 것이든 간에 그것이 사실이라는 느낌을 받을 수밖에 없다.

물론 감각은 역사 내내 젠더 가치를 부여받아 왔다. 인류학자이자

역사학자인 콘스턴스 클라센(Constance Classen)은 감각은 중립적인 매체라는 일반적으로 받아들여지는 믿음에도 불구하고(이 믿음은 계몽주의 시대 동안에 발원했다) 근대 이전으로 거슬러 올라가는 역사적 증거는 감각이 전통적으로 이분법적인 젠더 이데올로기를 주입받아 왔다는 사실을 보여준다는 것을 발견한다. 이를테면 여성의 체온은 남성의 체온보다 차갑고 여성은 남성보다 더 민감한 향기—남성을 유혹하는 데 교묘하게 사용되는 향기—를 지니고 있다고 여겨져 왔다. 클라센이 설명하듯이, 감각 위계 주장은 설득력 있고 널리 스며들어 있다.

> 남성과 여성은 서로 다른 감각적 자질을 할당받은 것은 물론 서로 다른 감각 과정과 연관 지어졌다. 가장 근본적인 수준에서 남성은 정신 및 영혼과 연관 지어졌고, 여성은 신체 및 감각과 연관 지어졌다. …… 감각은 남성의 합리성과 대비되는 여성적인 것이었다. 하지만 감각의 영역 **내에서**도 젠더 구별이 이루어졌다. 각 감각의 경우에서 남성은 일반적으로 각 감각의 보다 고귀한 특성으로 여겨지는 것과 연관 지어졌고, 여성은 보다 천한 특성과 연관 지어졌다. 이를테면 시각의 경우 남성은 공부나 계획 수립과 같은 지적 활동에 시각을 이용하는 것으로 이상적으로 여겨졌지만, 여성은 번지르르한 옷을 손에 넣고 거울을 보는 등 감각적인 목적을 위해 시각을 이용하는 것으로 간주되었다. 청각의 경우에도 남성은 무게감 있는 강연이나 강의를 듣는 데 청각을 이용하는 반면 여성은 하찮은 가십이나 연애담을 듣는 데 청각을 이용하는 것으로 여겨졌다. 각 감각은 우월한 용도와 열등한 용도를 가지는 것으로 여겨졌지만, 시각과 청각은 정신의 '상위' 기능과 더 밀접하게 연관되어 있고 다른 감각들은 육체의 '하위' 기능과 더 밀접하게 연관되어 있다고

> 주장되었다. 앞에서 개관한 정신/육체, 남성/여성 이원성에 따라 남성은 시각과 청각이라는 '합리적' 감각과 연결 지어지고 여성은 후각, 미각, 촉각이라는 '육체적' 감각과 연결 지어지는 경향이 있었다. 이러한 감각의 젠더화로 인한 사회적 결과는 여러 가지로 나타났다. 시각과 청각이라는 '남성' 감각은 '대상과 거리 있는' 감각으로 분류되고, 후각, 미각, 촉각이라는 '여성' 감각은 '대상과 거리 없는' 감각으로 특징지어졌다는 사실은 남성은 여행이나 통치와 같은 '거리 있는 활동'에 적합하고 여성은 집에 머물도록 만들어졌다는 의미로 해석되었다. 더 나아가 시각과 청각을 정신적 기능과 연관시키고 후각, 미각, 촉각을 신체적 기능과 연관시키는 관습은 예술과 과학과 같은 지적 노력을 남성의 특권으로 만든 반면, 여성은 가족의 신체적 욕구를 돌보는 일을 담당하게 했다.(Classen, 1997: 4~5)

하지만 감각을 젠더를 분리하는 이른바 분열의 또 다른 영역으로 바라보는 것은 부분적인 통찰만을 낳을 수 있다. 그보다는 **감각의 젠더화가 정확히 어떻게 발생하는지**, 즉 정확히 어떤 과정과 동학을 통해 발생하는지를 숙고하는 것이 더 유용할 수도—또는 오히려 더 흥미로울 수도—있다(Classen, 1997). 이를테면 여성과 남성은 **서로 다르게 인식되**는데, 그러한 차별적 인식은 주로 시각적이다. 스톤(Stone, 1962)이 기술했듯이, 우리는 관례적으로 신체가 드러내는 시각 단서에 근거하여 사람들에게 사회적 정체성을 부여한다. 옷, 머리, 화장은 이러한 시각 과정에서 핵심적인 역할을 하며, 우리는 자주 이러한 감각 과정에만 의존하여 사람들의 신체를 젠더 범주로 분류한다. 케슬러와 매케나(Kessler and McKenna, 1978)가 젠더 귀속 과정(gender attribution process)

이라고 부르는 것은 이에 대한 흥미로운 사례 하나를 제시한다. 그들은 비즈니스 정장을 입은 사람의 사진을 보고 사진 속의 사람이 "잠지를 가지고 있기 때문에 남자"라고 주장하는 아이에 대해 기술한다(Kessler and McKenna, 1978: 154). 분명히 아이는 사진에서 페니스를 볼 수 없지만, 남성성의 알려진 시각 기호(비즈니스 복장)를 근거로 그 사람에게 페니스를 귀속시킨다. 이 사례는 사회적 상호작용에서 탐지할 수 있는 표면(외모, 행동 등)에 근거하여 젠더가 타자에게 귀속되거나 돌려진다는 것을 예증한다.

눈에 보이는 외양에 관한 광범한 연구는 남성과 여성의 몸은 문화에 의해 다르게 **보이도록 만들어**지며 젠더의 이러한 시각적 수행은 어떤 사람을 해부학적 근거가 의미하거나 강조하는 것보다 더 중요한 사람으로 여기게 할 수 있다는 것을 보여준다. 이를테면 머리와 옷의 스타일은 남성인가 여성인가에 따라 다르고(Akou, 2007; Synnott, 1993), 옷을 입는 서로 다른 방식은 자아 표현의 핵심 도구이며(Goffman, 1959; 1974; 1979), 어린아이의 몸은 신체의 성장을 나타내는 통과의례를 치르는 동안 다르게 치장되고(이를테면 할례, 첫 월경), 입술과 귀의 디스크와 페니스 덮개 같은 장식품은 체형을 강조하는 데 이용되며(O'Hanlon, 1989; Seeger, 1975), 태닝에 대한 사회적 규범과 기대도 젠더별로 다르다(Vannini and McCright, 2004). 웰터스(Welters, 1995)는 그리스의 시골 사람들 사이에서는 남성과 여성의 옷에서 나는 소리조차도 다르다는 사실을 발견한다. 왜냐하면 전통 복장의 일부로 착용되는 (주화로 만들어진) 여성 장신구가 여성이 움직일 때 다소 큰 딸깍거리는 소리를 내기 때문이다. 이러한 젠더화된 몸이 수행하는 서로 다른 연기는 사회적 각본이 젠더화된 감각 역할을 명확하게 제시하고 사회적 행위자를 그러한 역할에 캐스팅함으로써 차별적인 감각 사회화(sensory socialization) 패턴을 만들어낸다는 것을 예증한다.

이러한 서로 다른 사회화 패턴에 비추어 볼 때, 대부분의 남성과 여성이 세상을 감각하는 법을 서로 다르게 학습하는 것은 드문 일이 아니다. 우리는 이 장의 후반부에서 여성이 어떻게 자신의 클리토리스를 발견하고 배우게 되는지, 그리고 여성이 자위를 통해 어떻게 자신의 성적인 몸을 경험하는지에 대한 고찰로 다시 돌아올 것이다. 어린 남자아이들이 서로 '발기'와 성적 호기심에 대해 공개적으로 이야기하는 것은 얼마간 정상적이고 심지어 예상되는 일이지만(이를테면 Fine, 1987), 여자아이들에게는 (다른 감각적 경험에 대해서뿐만 아니라) 섹슈얼리티와 관련해서도 상이한 신체 규칙이 존재한다. 우리는 다음 절에서 이에 대해 논의한다.

성적 육체화

'carnal knowledge'라는 표현*은 "몸에 의해 아는 것"을 의미한다. 이 표현은 법률적으로나 구어적으로는 단지 성적인 지식—그리고 특히 성관계—을 의미하지만, "몸에 의해 아는 것"은 이 장 전체를 한데 묶는 테마이다. 하지만 몸동작, 건강, 질병과 마찬가지로 육체적인 성 지식 역시 비록 보편적이지는 않더라도 그 자체의 고유한 특성을 지니는 감

* carnal knowledge는 통상적으로는 성교, 성관계를 예스럽게 또는 법률적으로 완곡하게 표현할 때 사용하는 용어이다._옮긴이

각적 육체화의 또 다른 중요한 형태이다. 실제로 먹고 마시는 것과 마찬가지로 섹스는 섹슈얼리티를 표현하는 가장 중요한 것 가운데 하나일 수 있다. 또한 성적 육체화는 감각적 육체화의 전형적인 사례의 하나이고, 이 경우에 신체 작업은 육체의 감각적 경험을 통해 사람과 신체가 성적 흥분을 자각하고 계발하는 수단이다.

성욕이 호르몬의 영향을 받는다는 것은 사실일 것 같지만, 이는 이야기의 끝이 아니라 시작이다. 실제로 "섹슈얼리티는 공유된 의미에 의해 정의되는 하나의 제도로 생각될 수 있으며"(Rye and Meaney, 2007: 29), 성적 흥분은 데이비스(Davis, 1983)가 종종 "에로틱한 현실"로의 "감각적 미끄러짐"이라고 칭했던 것을 수반한다. 데이비스에 따르면, "일상에서 에로틱한 현실로 이동하는 사람은 누구나 자신이 자신의 세계를 구성하는 시간적·공간적·사회적·물리적 차원에서 **음란한 쪽으로 변화하고 있음**—물리학의 도플러 효과(Doppler effect)와 유사한 성적 효과—을 경험한다"(Davis, 1983: 13; 강조는 원저자). 또한 성적 흥분의 강도가 높아지면 사람들이 신체와 신체의 감각작용, 자기 자신, 그리고 서로를 인식하고 경험하는 방식이 달라진다. 데이비스는 다음과 같이 지적한다.

> 첫째, 성적 흥분은 사회적·심리적 특성에 비해 자신의 신체적 특성에 대한 경험을 강화하는 것으로 보인다. …… 둘째, 성적으로 흥분한 몸은 성적으로 흥분하지 않은 몸보다 신체를 상황과 더 뚜렷하게 분리되어 있는 것으로 경험한다. 요컨대 일상 현실에서 관념적이고 분산되어 있던 자아가 에로틱한 현실에서는 육체화되고 집중된다.(Davis, 1983: 33~34)

고통과 마찬가지로 성적 쾌락은 혼자서이든 아니면 가까운 연인과 함께이든 간에 지금 여기라는 매우 좁은 공간적·시간적 영역에서 자아를 완전히 육체화하는 힘을 가진다. 이것이 사람들이 성적 흥분의 경험을 자주 "집중을 방해하는" 것으로 묘사하는 이유를 부분적으로 설명하지만, 사실 그것은 고도로 **집중된** 감각적 육체화의 상태이다.

성적 욕망과 성적 흥분은 동일한 하나의 것이 아니다. 한편으로는 "생리적인 생식기의 성적 흥분은 의식적인 자각 없이도 발생할 수 있다"(Regan and Berscheid, 1999: 16). 이를테면 모든 여성이 자신의 신체적인 생식기의 성적 흥분 수준을 보고할 수 있는 것도 아니고(Heiman, 1975), 남성의 발기가 반드시 성적 욕망을 나타내는 것도 아니다. 어쨌든 간에, 일부 남성은 "이유 없는 발기"를 장난스럽게 언급하기도 한다. 사실 심지어는 성행위의 발생이 반드시 성적 욕망을 포함하지도 않는다. 한 연구는 학부 여학생의 50% 이상과 남학생의 거의 25%가 강제적이지는 않으나 원치 않는 성행위를 했다는 것을 발견했다(Regan, 1997). 실제로 사람들은 자신의 성적 욕망과 관련이 없는 다양한 동기—이를테면 연인의 '생일 섹스'에 대한 욕망을 만족시키는 것과 같은—로 섹스를 한다. 다른 한편 성행위의 결여가 무관심의 확실한 신호인 것도 분명 아니다.

요컨대 성적 육체화는 일부 사람들이 '주관적인 성적 흥분'이라고 부르는 육체적 성찰성(carnal reflexivity)—즉, 자신이 흥분 상태에 있다는 감각적 자각—을 필요로 한다(Mosher, Barton-Henry and Green, 1988). 윌리엄 제임스가 지적했듯이, "우리는 바로 지금 느끼지 않고 가지지 않고 하지 않는 모든 종류의 것을 느끼고 가지고 하기를 원하며"(James, 1983: 486), 주관적인 성적 흥분은 "**지금** 특정한 생리적인 반응 및/또는 생식기의 반응을 경험하고 있다는 자각이다"(Regan and Berscheid, 1999: 17; 강조는 원저자). 이러한 이유 때문에 성적 육체화를 하나의 수동적인 존재 상태—즉, 단지 외부 자극(섹시한 몸, 로맨틱한 환경, 또는 심지어는 다른 사람과의 접촉)이나 내부의 생화학적 상태(안드로겐, 테스토스테론 등)에 의해 촉발되는 것—로 이해하는 것은 매우 부적절하다. 성적 육체화는 성찰적 신체 작업에 의존하는 능동적인 존재 상태이며, 이는 매스터스와 존슨(Masters and Johnson, 1966)이 제시한 인간의 성적 반응 주기(Human Sexual Response Cycle)와 같은 순전히 기계적인 성적 흥분 공식에서 놓치고 있는 부분이다.

성적 흥분은 '신체의 주목 양식(somatic mode of attention)'(Csordas, 1993)—즉, 사람들이 혼자서든 또는 다른 사람의 육체화된 존재 앞에서든 간에 몸의 감각작용**에** 자신의 몸**으로** 주목하는 방식—의 매우 특수한 형태 가운데 하나이다. 이것이 바로 부인과 검사가 에로틱한 상호작용의 기본 요소들—두 사람, 벌거벗음, 다리 벌리기, 가슴 만지기, 질 삽입—대부분을 포함하고 있음에도 불구하고 그것이 좀처럼 '성적인 것'(또는 기분 좋은 것)으로 정의되지 않는 이유이다(Henslin and Biggs, 1971). 또한 이것이 대부분의 남성이 의사에게 "당신 좋았어요?"라고 묻는 것으로 전립선 검사를 끝내지 않는 이유를 설명할 수도 있다. 실제로 "우리의 몸은 항상 존재하지만, 우리가 항상 몸에 몸으로 주목하지는 않는다"(Csordas, 1993: 139). 몸에 주목하는 데에는 신체 작업이 요구된다.

우리는 성적 흥분 상태에서 우리의 몸의 감각작용에 우리의 몸의 감각작용으로 주목한다. 그리고 우리가 육체적인 성적 감각작용(만지기, 맛보기, 냄새 맡기, 소리 듣기, 몸놀림)으로 정의하고 즐거운 것으로 경험하는 각본화된 행위와 상호작용(Gagnon and Simon, 1973)에서도 자주 그렇게 한다. 실제로 일부 이론가는 섹스는 쾌락이라고 주장하기도 한다(Abramson and Pinkerton, 1995를 보라). 하지만 우리가 다음에서 예증하듯이, 쾌락은 보는 사람의 눈 속에만 있는 것이 아니라 사회적으로 각본화되고 문화적으로 정의·강화·규제된다.

감각적 앎의 방식

촉각과 질적 즉각성의 발견

대부분의 감각작용과 마찬가지로 촉각도 의식의 뒷전으로 물러나 있는 경우가 많다. 당신이 지금 입고 있는 옷을 예로 들어보자. 옷의 존재를 감지하기는 쉽지 않지만, 주의를 기울여 보면 그것은 거기에 있다. 당신은 이 글을 읽은 까닭에 신발이 발에 닿는 느낌이 어떤지, 다시 말해 꽉 끼어 불편한지 아니면 딱 맞는지 등 신발의 느낌을 더 잘 자각하게 될 수도 있다. 어쩌면 "당신의 몸에 닿는" 주변 사물에 대해 다시 생각하기 시작할 수도 있다. 현재 앉아 있는 의자는 얼마나 편안한가? 엉덩이나 허리 쿠션은 충분한가 아니면 너무 딱딱한가? 실제로 대부분의 경우에 이러한 감각작용은 '유의하기(minding)', 즉 인지적 성찰을 거의 요구하지 않는다. 그러나 다른 경우에는, 즉 더 드문 상황에서는 우리의 몸은 우리가 쉽게 성찰할 수 없는 특성을 감각한다. 이러한 드문 상황은 우리에게 '신체의 주목 양식'에 대해 많은 것을 가르쳐줄 수 있다(Csordas, 1993). 여성이 클리토리스를 처음에 어떻게 발견하는지를 다룬 우리의 연구(Waskul, Vannini and Wiesen, 2007)에서 우리는 여성이 이 클리토리스라는 성기에 대한 정보가 거의 또는 전혀 없는 상태에서 이 성기를 가장 자주 발견한다는 것을 알아냈다. 이러한 상황은 우리로 하여금 매우 의미 있는 감각작용의 존재와 의미 있는 인지적 정보의 부재로 특징지어지는 독특한 경험을 하게 만든다. 우리는 이러한 정보 부재를 '상징적인 클리토리스 절제(symbolic clitoridectomy)'라고 지칭한다.

여기서 우리가 '상징적인 클리토리스 절제'라고 칭하는 것은 클리토리스에 대해 침묵하고 금기시하는 것 및 그것에 대해 확인하거나 정의하지 않는 것을 의미한다(Ogletree and Ginsburg, 2000을 보라. 또한 '비판적'인 클리토리스 절제에 대해서는 Bennett, 1993을 보라). 상징적인 클리토리스 절제는 언어적·담론적 삭제를 통해 클리토리스를 고려의 대상에서 제외하는 것을 일컫는다. 그것은 여성에게 우리가 '상징적 연옥(symbolic purgatory)'이라고 부르는 것—여성이 감각작용을 이해할 수 있는 상징적 지식(즉, 인지적 정보)을 완전히 습득하기 훨씬 전에 감각작용을 발견하는 상황—과 맞서 협상할 것을 아주 자주 요구한다. 우리의 연구에 참여한 모든 여성은 클리토리스를 만질 때 발생하는 도상적인 감각작용을 육체적으로 발견하는 것과 클리토리스가 여성 생식기의 표준을 이루는 부위라는 상징적 지식을 완전히 습득하는 것 사이에는 상당한 간극이 존재한다고 보고했다. 이 연옥 기간에 여자들은 의미, 언어, 신체적 경험에 대해, 그리고 이 경우에는 일반적으로 신체 중에서 가장 사적인 영역으로 간주되는 구멍들에 대해 도발적인 질문을 하는 것을 피한다.

하나의 **객체**로서의 클리토리스는 해부학적인 기관이다. 그러나 하나의 **주체**로서의 클리토리스는 논쟁적인 사회적 지형—사적이면서 공적인, 정치적이면서 실존적인, 그리고 상징적이면서 물질적인 육체화된 단층선에서 쾌락과 억압이 충돌하는 여성 섹슈얼리티의 진원지—이다. 하나의 기관으로서의 클리토리스는 쾌감을 잠재하는 감각성—즉각적 성질을 갖는 감각성—의 원천이다. 상징이 아닌 하나의 도상으로서의 클리토리스는 다양한 속성, 즉 주관적 감각작용, 경험, 성찰적인 의미부여 행위 등을 통해 그 중요성이 협상되는 여러 즉각적인 의미를 가지고 있다. 사물이 어떻게 특정한 의미를 지니게 되는지에 초점을 맞춘 대부분의 연구는 언어적 의미에 초점을 맞추고 있다. 언어와 말은 일반적으로 언어적 성찰성에 의존한다. 우리는 주로 중요한 상징을 통해 자신 및 타인과 상호작용한다. 몸도 마찬가지이다. 우리가 다른 사람의 몸을 감각하고 그 몸과 상호작용하고 그 몸을 해석하는 만큼 우리는 상징을 사용하여 우리 자신의 몸을 감각하고 자신의 몸과 상호작용하고 자신의 몸을 해석한다. 그러나 언어적 또는 상징적 성찰성은 제한적이다(DeNora, 1997; Rochberg-Halton, 1982). 몸이 우리의 '첫째 속성'(Simmel, 1950: 322n, 344)이기 때문에, 우리는 몸의 '질적 즉각성'(Dewey, 1929; 1934) 또는 일차성(firstness)(Peirce, 1931)—즉, 몸이 육체적으로 의미 있는 것으로 느끼는 방식—을 통해 도처에 존재하는 감각작용과 도상적 의미의 원천을 확인한다. 다시 말해 신체적 경험은 유의미한 상징이 부재하는 경우에조차 성찰적이고 의미를 지닌다. 그리고 담론이 상대적으로 부재하는 경우에조차 그 경험의 질적 즉각성은 문화적으로 중립적이지 않다.

정확하게 표현하면, 상징적 의미가 상대적으로 부재하는 상황에서 우리는 어떻게 신체 감각작용의 질적 즉각성을 경험하는가? 아니면 여기서 우리의 관심사에 더 가깝게 표현하면, 식별과 의미 형성을 위한 상징이 그리 존재하지 않는 상황에서 우리가 우리 몸의 일부를 경험할 때 어떤 일이 일어나는가? 이러한 질문에 답하기 위해 우리는 여대생 표본에게 익명의 잡지에 자신이 자신의 클리토리스에 대해 알게 된 것을 어떻게 기억하는지를 써달라고 요청했다. 그들의 답변은 너무나도 솔직했고 감각 동학과 젠더 동학 모두를 믿을 수 없을 정도로 분명하게 보여주고 있었다. 이를테면 다니엘(Danielle, 21세)은 자신이 발견한 것을 다음과 같이 회상한다.

> 내가 처음으로 감지했던 것으로 기억하는 때는 아마도 초등학교 4학년에서 5학년 사이, 그러니까 9살이나 10살 때였을 것이다. 운동장에서 기둥을 타고 올라가는데 위로 올라가는 게 기분이 좋았다. 나는 그 당시에는 그것이 무엇을 의미하는지를 알지도 이해하지도 못했고 그저 그게 기분이 좋았던 것만 기억한다. 여자 친구가 놀렸던 기억이 있어서 여자 친구도 '알고 있다'고 생각했지만, 내가 그것을 왜 좋아하는지를 아무도 알지 않기를 바랐던 기억이 난다. 초등학교와 중학교 시절은 잘 기억나지 않지만, 등 마사지기를 사용하다가 무릎에 떨어졌을 때가 아마도 열네 살이나 열다섯 살 정도였던 것 같다. 난 갑자기 '그' 느낌이 무엇인지 깨달았다. 그때쯤에는 클리토리스가 있다는 것을 알고 있었지만, 여전히 그것이 쾌감을 위한 것이라는 말은 듣지 못했던 것으로 생각된다. 나는 마사지기를 내려놓고 무슨 일이 있었는지 잊으려고 했지만, 다음에 집에 혼자 있을 때 더 탐험해 보기로 했다. 내가 클리토리스에서 진동이 가장 잘 느껴진다는 것을 발견한 것은 그때이다. 나는 그 느낌을 좋아했지만, 누구에게도 알리고 싶지 않았다.

다니엘의 이야기에서 드러나듯이, 일부 여성은 어렸을 때 자신의 몸을 자유롭게 탐험한 기억이 없다. 베스(Beth, 21세)와 사라(Sara, 21세)는 어떤 책이 육체 탐험을 자극하기 전까지 클리토리스의 쾌감을 발견하지 못했다. 베스는 다음과 같이 설명한다.

> 나는 성관계가 나오는 성인용 책을 읽기 시작했고, 그것이 호기심을 가지게 만들었다. 그래서 나는 내 몸을 만지는 실험을 시작했다. 나는 밤에 침대에 누워 있었고, 그것은 새롭고 스릴 넘치는 경험이었다. …… 중학교 초년생이었던 것 같다. 내 몸이 그런 느낌을 받을 수 있다는 것을 믿을 수 없었고, 그런 느낌이 존재한다는 것을 그렇게 오랫동안 알지 못하고 지냈다는 것을 믿을 수 없었다.

베스는 "쾌감의 가능성은 말 그대로 [자신의] 손에 달려 있고"(Plante, 2006: 144) 항상 그랬었음을 고려할 때 자신이 "그런 느낌이 존재한다는 것을 그렇게 오랫동안 알지 못하고 지냈다"는 것에 놀랐다.

우리의 자료에 따르면, 여성은 일반적으로 그것의 이름이 클리토리스라는 것을 알기 훨씬 전에 클리토리스의 쾌감을 발견하는데, 이것이 바로 우리가 앞서 상징적 연옥이라고 묘사한 상황이다. 셰릴(Cheryl, 19세)과 같은 몇몇 여성은 신체적 발견과 담론적 지식 사이에서 그러한 간극을 인지했다.

> 나는 9학년(14세)이 되어서야 클리토리스에 대해 구체적으로 배웠다. 그전에는 다소 넓은 의미에서의 여성 생식기에 대해 배웠다. 여성 생식기에는 단순히 질 이상의 것이 있다는 것은 알고 있었지만(어떤 특정 나이에 배운 것이 아니라 가족/부모님과 일반적인 논의를 하다가 배웠다), 각 부위의 이름은 몰랐다. 9학년 보건 시간에 선생님이 여성과 남

> 성의 생식기 모두에 명칭이 붙은 매우 상세한 도표 그림을 나눠주셨다. …… 나는 마음속으로 클리토리스를 내게 가장 쾌감을 주는 특정 부위와 막연하게 연결시켰다.

사라와 같은 일부 여성은 자신의 '특별한 부위'가 클리토리스라는 것을 배우기 전까지는 그것이 "특별한 이름이 없는 질의 일부라고만 생각했다." 앤(Ann, 21세)과 같은 다른 여성들은 "다른 사람들에게도 만지면 기분이 좋은 그런 부위가 있다는 것을 전혀 몰랐다." 신체의 발견은 육체화된 자아에게 의미와 정보 둘 다의 감각적·육체적 원천이다. 하지만 그것이 언어로부터 완전히 벗어나 있는 것은 아니다. 이를테면 우리의 자료 제공자들은 클리토리스를 지칭할 때 성적인 것, 야한 것, 은밀한 것, 말로 표현할 수 없는 것, 엉큼한 것 등등 온갖 것을 함의하는 "거기 아래쪽(down there)"이라는 완곡한 표현을 자주 사용하는데, 이는 클리토리스는 우연히 처음 접했을 때조차 담론적 모호성에 갇혀 있지도 않지만 상징적 투명성의 혜택을 누리고 있지도 않다는 것을 분명하게 보여준다. 클리토리스는 언어적 개념화를 기다리고 있는 중간 상태(연옥)에 존재하며, 이는 셰릴의 다음과 같은 회상에서 분명하게 드러난다. "나는 그것이 단순한 질이 아니라는 것을 수년 동안 알고 있었지만, **실제로 그것 이상에 대해서는 전혀 관심을 두지 않았다**"(강조 추가). 제시카(Jessica, 21세)와 다이애나(Diana, 22세)의 다음과 같은 이야기에서도 담론적 단서를 기다리고 있는 유사한 모습이 똑같이 드러난다. "나는 항상 '거기 아래쪽'에 단순한 구멍 이상의 것이 있다는 것을 알고 있었지만, **다른 부분에 대한 이름과 정보가 주어지기 전까지는 그것에 대해 깊이 생각해 본 적이 없었다**"(강조 추가). "나는 그

것에 이름이 있다는 것을 배우기 전까지는 '거기 아래쪽에 있는 것'에 대해 의식적으로 생각해 본 적이 없다. 일단 이름을 가지고 나니 그것은 괜찮은 것, 그리고 더욱 실제로 존재하는 것이 되었다"(강조 추가).

클리토리스에 대한 **상대적** 침묵은, 레베카(Rebecca, 20세)가 주장하듯이 "그것[클리토리스]이 나에게 큰 성적 쾌감을 가져다주고 또 클리토리스에 대해 생각할 때 나는 보통 그것으로부터 얻는 쾌감에 대해 생각하기" 때문에, 더욱더 중요하다. 언어는 단순한 어휘를 넘어 경험을 위한, 이 경우에는 쾌감의 경험을 위한 어휘가 될 수 있다.

우리의 연구에 참여한 여성들은 일반적으로 '그것'이 클리토리스라는 것을 알고 나서 안도했다. 언어는 우리가 받아들이는 의미와 진리의 문화적 저장고이기 때문에 '그것'에 이름이 있다는 것을 아는 것만으로도 클리토리스를 비롯한 젊은 여성의 신체, 여성성, 섹슈얼리티가 승인되고 정당화된다. 단어가 클리토리스를 하나의 중요한 상징으로 만든다. 이것은 정말 중요하다.

> 나는 자위하는 방법을 정확히 알기도 전에 자위를 하며 몇 달을 보냈다. 내 몸이 제대로 작동하고 있다는 것을 알게 되니 얼마간 기분이 좋았다.(베스)

> 거기 아래쪽을 내려다보며 그것에 대해 얼마간 이상하게 생각하다가 나중에 그것이 기분을 좋게 한다는 것을, 그리고 그다음에는 그것에 이름이 있다는 것을 알게 되었던 것으로 기억한다. 그것이 이름을 가지고 있다는 것에 놀랐던 것으로 생각된다. 그래도 그것에 이름을 붙이고 그것이 거기 아래쪽에 있는 다른 모든 것과는 다르다는 것을 알게 되니 얼

마간 기분이 좋았다. 흥분되었지만 내가 '안다'는 것이 부끄러웠다.(다니엘)

이와 유사하게 앤도 "마침내 그 이름을 알고 안도했다"라고 썼다. 하지만 앤은 또한 "그것이 정상이라는 것을 이미 알고 있었다. 하지만 그 기능을 배운 적이 없다는 것이 이상하다고 생각했다"라는 이해할 수 있는 말을 덧붙였다. 그녀의 클리토리스는 그녀의 삶 내내 그녀의 몸의 일부였고, 그녀가 이미 그 놀라운 쾌감을 발견했지만, 그녀는 기본적인 해부학적 지식을 가지고 있지 않았었다. 일부 여성은 이 모든 경험을 단지 '이상하다'고 느끼는 것을 넘어 분개했다. "내가 알게 되면서, 나는 클리토리스에 대한 정보나 정의가 일부러 나에게 비밀에 부쳐졌다는 사실을 깨닫고 분개하기도 했다. 그것은 모두가 알고 있지만 아무도 말하지 않는 지식이다. 그것이 나를 실망시켰다"[제니퍼(Jennifer), 20세].

이들 이야기는 육체가 '정신'의 일반적인 앎의 방식을 초월하는 앎의 방식을 가지고 있음을 보여준다(Crossley, 2006). 신체적 앎의 방식은 언어나 담론 정보와 같은 기호를 사용하지 않고도 진전되고, 또 그러한 인지적 주제가 부분적으로만 적용될 수 있거나 주변적인 경우에조차 진전될 수 있다. 침묵과 생략의 존재—또는 '거기 아래쪽'이라는 일반적인 영역의 존재—는 억압된 성 담론이 식민지화되어 작동하고 있음을 보여주는 증거이다. 이것은 우리에게 지각에 대해서뿐만 아니라 성 정치 및 젠더 정치에 대해서도 중요한 교훈을 가르쳐준다. 도상적 특성에 대한 지각은 실제로 (담론이 난해하거나 별로 관계가 없는 방식으로 정보를 제공할 때조차도) 결코 맥락 자유적(context-free)이지도 않고 몰문화적이지도 않다. 이것은 하나의 주목할 만한 깨달음이다. 감각작용이 결코 백지상태(tabula rasa)에서 이루어지는 것이 아니라면, 즉 감각작용이 정의를 기다리고 있는 자극에 대한 중립적인 기록이 아니라면, 감각에 대한 사회학과 인류학은 우리로 하여금 지각에 대한 생리적·신경생물학적 접근방식과는 다른 방식으로 세계를 이해하게 해줄 수 있다.

03

감각적 의례와 수행

"젠장, 여기가 대체 어디야?"

"이봐요, 바로 저기에요! 메리데일 사이더리(Merridale Cidery), 봐봐요, 당신 오른쪽." 나 필립(Phillip)이 방향 감각을 잃고 한참 지나 인내심을 잃으려 할 때, 아내이자 나의 운전 조수인 에이프릴(April)이 외친다. 나는 백미러를 재빨리 훑어보고 아무도 보이지 않자 브레이크를 밟고 갑자기 2단 기어로 변속한 후 급하게 우회전한다. 로드맵, 와인 페스티벌 투어 지도, 수집해 온 브로셔, 나의 현장 일지가 무릎에서 떨어져 바닥에 흩어질 정도로 급회전이다.

비포장 시골길에서 바퀴가 삐걱거리며 흔들리기 시작할 때, 나는 에이프릴에게 중얼거린다. "우리가 일주일에 한두 번씩 이 언덕 저편에 있는 고속도로를 운전하는데도 이곳을 찾는 데 이렇게 오래 걸렸다니 신기하네, 그렇지?"

이번 주말에 비포장도로를 탐험하는 사람은 우리뿐만이 아니다.

2000~3000명의 사람이 코위찬 밸리 요리 및 와인 페스티벌(Cowichan Valley Culinary and Wine Festival)을 찾은 것 같고, 그중 많은 사람이 우리처럼 방향을 잃고 길가에 길게 주차한 뒤 현지인들을 찾아 지역에 대한 지식을 얻으려고 하는 것으로 보인다. 번호판은 빅토리아, 밴쿠버 아일랜드 중부 및 북부, 밴쿠버 대도시 지역, 브리티시컬럼비아주의 나머지 지역, 앨버타주, 심지어는 워싱턴주에서 온 운전자들이 침샘을 자극하는 쾌락주의적 순례 여행을 하고 있음을 말해준다. 메리데일 사이더리는 이 따뜻한 초가을 오후이면 가장 붐비는 곳 가운데 하나이다.

"아, 저기 자리 하나 있어요." 에이프릴이 내게 알려준다.

눈도 좋다. 나는 야생 블랙베리 덤불을 깎아 만든 진흙투성이 임시 주차장 끝자락의 어린 전나무 그늘 밑에 우리의 현대차를 주차한다. 우리는 기대감에 두근거리는 가슴을 안고 서로 도와 흩어져 있는 전단지를 모아 집어 들고서는 짙은 붉은색 목조 건물을 지나 자갈길을 따라 정문으로 향한다.

"어디로 가지? …… 오, 저기, '시음'이라고 적힌 표지판이 있네." 나는 에이프릴의 어깨를 잡고 말한다. 주차장에서 우리가 생각했던 것보다 훨씬 더 붐벼 보인다. 하지만 군중은 에이프릴이나 치유 불가능한 광장 공포증이 있는 이 섬사람에 대해서는 전혀 신경을 쓰지 않는 듯하다. 우리 역시 와인에 흠뻑 젖은 이 사회적 드라마의 규범과 그 안에서 우리가 해야 하는 역할을 이해하려고 노력하는 데 훨씬 더 골똘하고 있다.

"안녕하세요. 여러분, 이쪽으로 오세요. 잠시 후에 이번 회차 시음을 마치고 바로 다음 회차 시음을 시작하겠습니다." 서빙하는 사람이 우리와 마음을 정하지 못한 다른 두 시음자를 향해 외친다.

지금이 내가 잠시 멈춰 서서 현장 일지에 급히 몇 가지를 메모할 수 있는 좋은 기회이다. 카운터 주변에 내 앞으로 약 12명이 서 있다. 카운터 뒤에는 두 명의 젊은 여성이 있는데, 한 명은 사과주를 소개하며 서빙하고 있고, 다른 한 명은 계산대에서 일하고 있다. 나의 오른편은 더 큰 소매 공간이다. 나의 왼편은 약 40명의 손님으로 붐비는 레스토랑 공간이다. 건물 사방으로 창문이 나 있어서 창문을 통해 농장과 과수원의 일부, 그리고 저 멀리 있는 가파르고 숲이 짙게 우거진 언덕을 볼 수 있다.

"자, 여러분!" 여성의 큰 목소리가 나의 쓰기를 방해한다. "이게 이번 회차 마지막 시음이었습니다. 시음하신 모든 제품은 오른쪽에 있는 소매 공간에서 판매하고 있으며, 구매하신 모든 것은 바로 여기서 신디(Cindy)에게 결제하면 됩니다. 우리 사과주를 맛있게 드셨기를 바랍니다. 뒤에 계신 분들은 카운터로 올라오세요. 우리는 바로 다음 회차 시음을 시작할 겁니다."

이제 시작한다, 우리 차례이다. 무료 시음인 것 같다. 연구비 사용지침과 부합한다.

"메리데일 사이더리에 오신 것을 환영합니다, 여러분, 저는 데비(Debbie)라고 하고 여러분의 호스트가 될 예정입니다." 우리 주변에 있는 시음을 원하는 15명 남짓의 남녀에게 사과주를 한 잔씩 나눠주며 쉴 새 없이 말을 하던 데비가 큰 소리로 말한다. "오늘 우리는 메리데일에서 직접 만든 여덟 가지 사과주 모두를 맛볼 것이고, 내가 모든 사과주를 소개하고 여러분의 질문에 답할 겁니다. 메리데일에서는 모든 제품을 팀으로 생산하고 우리 모두는 모든 술에서 우리가 맡은 역할을 합니다. 우리는 우리가 하는 일을 사랑하고 우리의 사과주도 바로 그만큼 사랑합니다. 어떤 사람에게는 사과주가 와인만큼 맛있고 심지어 대부분의 와인보다 더 맛있지만, 어떤 사람은 과일 맛이 마음에 들지 않을 수도 있습니다. 정말로 참고 마실 수가 없다면 부담 갖지 말고 이 컵에 시음 잔에 남아 있는 것을 따라도 좋습니다. 하지만 더 많은 사과주가 나올 테니 잔은 그냥 들고 계시기 바랍니다."

내가 출입구 테이블에서 주워온 리플릿을 거의 그대로 '필사'한 데비의 대본은 유능한 여배우의 대본만큼이나 잘 연습되어 있으며, 거기서 우리의 역할과 대본은 분명 싫어도 들을 수밖에 없는 청중의 그것이다. 그녀가 첫 번째 병의 코르크를 따자 카운터 오른쪽 끝에서 일고 있던 웅성거림이 갑자기 사라진다.

"우리는 먼저 우리의 전통 사과주로 시작할 예정입니다. 이 사과주는 미디엄 바디하고 드라이하고 발포성 있는 사과주로, 유르겐 괴테(Jurgen Gothe)*가 캐나다 최고의 영국식 사과주라고 불렀던 것입니다. 노스웨스트 사과주 대회의 수상품이자 영국에서 두 개의 동메달을 수상한 바 있습니다."

그리고 그와 함께 커튼이 공식적으로 활짝 열린다. 데비는 사과주를 마실 때마다 때때로 열광적인 몸짓으로 "사과주를 씹고" "입에 충분히 오래 머금되 너무 오래 머금지는 말"라고, 그리고 '숲' 향과 '꽃' 향을 감지하기 위해 "코로 사과주의 향을 들이마시되 홀짝이기 전에 숨을 내쉬"라고 지시한다. 그녀는 또한 일정한 간격을 두고 공동 주연

---

* 독일 태생의 캐나다 라디오 방송인이자 신문 칼럼니스트._옮긴이

자 각각—"더 가볍고 더 달콤하지만 여전히 매우 드라이한" 펍 스타일의 하우스 사과주, "잘 익은 사과를 드라이하게 발효시킨 향이 강하고 독하고 풍부한" 스크럼피 사과주(Scrumpy Cider), "달콤하고 독한 사이서(Cyser, 순수한 빈티지 사과주용 사과와 발효되지 않은 야생화 꿀의 혼합물)", "균형 잡힌 신맛이 나는 숙성되고 드라이하고 거품이 이는 서머싯 사과주(Somerset Cider)", "드라이하게 발효하고 프렌치 오크에서 숙성하여 부드럽게 마무리한 거품이 일지 않는 풀 바디 시드르 노르망디(Cidre Normandie)", 그리고 마지막으로 내가 매우 좋아하는 윈터 애플(Winter Apple, "신선하고 벨벳처럼 부드러우며 구운 사과 향과 버터 바른 황설탕 향이 나는 산뜻하고 순한 사과주")—을 소개한다.

* * *

와인 페스티벌은 감각과 감각작용의 사회문화적 측면에 관한 흥미로운 연구사례를 제공한다. 시음이 시음자와 시음 대상 간의 직접적인 개인적 접촉을 요구한다는 점에서 와인을 시음한다는 것은 매우 사적인 일처럼 보일 수 있다. 그러한 직접적인 접촉은 (적어도 먹고 마시는 것의 경우에는) 실제로 대상에 극도로 가까이 다가갈 것을 요구할 뿐만 아니라(반면 시각과 청각은 대상과 거리를 두고서도 경험할 수 있다) 심지어는 시식/시음 대상을 (먹거나 마시는 것을 통해) 물리적으로 파괴하고 신체적으로 동화할 것도 요구한다. 하지만 시식하기는 몰사회적인 경험이 아니다. 시식은 부인할 수 없는 사회적 차원—식품 안전(그리고 그 결과 음식의 맛)에 대한 사회적 규제에서부터 포식 및 금식 의례의 감각적 요소에까지 이르는, 그리고 지역 음식의 맛과 지역 및 국가 문화 간의 연관성에서부터 맛 선호와 정체성 간의 밀접한 관계에까지 이르는—을 지니고 있다. 와인 페스티벌은 (술 마시기를 함께함으로 요약되는) 이러한 종류의 감각작용의 사회성을 보여주는 좋은 사례일 뿐만 아니라 감각작용의 의식(儀式)적 측면, 그러므로 감각의 의례적·수행적 특성 또한 잘 보여준다. 이 장을 연 민족지적 단편이 시사하듯이, 감각은 **일상생활의 감각적 수행**의 대상이자 주체이다. 여기서 우리는 '수행(performance)'을 거동, 공적 행동, 그리고 숙련된 신체 행위의 실행을 뜻하는 말로 사용한다.

수행은 매우 다양한 분과학문에서 이루어지는 학제 간 연구 분야이다(Bial, 2004; Schechner, 2002를 보라). 이를테면 수행에 관심이 있는 학자는 일반적으로 연극, 각본 없는 공연 예술, 연기, 스토리텔링, 영화, 드라마, 음악 등등과 같은 전형적인 문화 공연과 관련된 관행에 초점을 맞출 수 있다. 다른 학자들은 또한 의례와 통과의례, 연극, 의식(儀式), 신화와 같은 사회적 공연(social performance)은 물론 일상적인 '사회적 드라마(social drama)'(Turner and Schechner, 1988)와 언어와 말의 수행적 측면을 연구할 수도 있다. 물론 이 목록이 완전한 것은 아니다.

이 장에서 우리는 수행으로서의 감각과 감각작용에 대해 생각해 보고, 사람들이 수행적 방식으로 감각하는 방식과 문화적·사회적 공연에서 사람들의 감각작용이 수행하는 역할에 초점을 맞춘다. 우리는 여기서 우리가 감각과 수행을 함께 다루는 이유를 매우 간략하게 설명하는 것에서 시작한다. 그다음에 우리는 의례, 드라마, 의식, 신화, 예술, 주술과 같은 수행의 감각적 요소에 대해 더 깊이 성찰한다. 마지막으로, 우리는 와인 페스티벌로 돌아가서 우리의 모든 주요 개념과 일부 관련 문헌을 와인 페스티벌 사례 연구에 적용한다.

우선, 우리는 사람들이 신체 작업을 수행하는 방식을 가능한 한 가장 넓게 생각할 필요가 있다. 일반적인 말로 표현하면, 수행은 예술적 표현과 관련되어 있지만, 우리는 수행이 다른 맥락에서도 이루어진다는 점을 잊지 말아야 한다. 이를테면 자동차는 특정 상황에서는 잘 수행하고 다른 상황에서는 덜 수행한다고 말해진다. 화학 입자는 실험 조건에서 예측 가능한 방식으로는 물론 예측할 수 없는 방식으로도 수행한다. 스포츠 팀은 이길 때 플레이를 잘 수행하지만, 잘 수행하고도 패배할 수 있다. 연인은 자신의 파트너를 기쁘게 할 때 자신의 본분을 잘 수행하는 것이고, 그렇지 못할 때는 자신의 본분을 잘 수행하지 못하는 것이다. 주식도 마찬가지이며, 직무 수행을 요청받는 노동자나 시험을 치르는 학생도 마찬가지이다. 이 같은 맥락들에서 사람과 물질적 대상이 '수행한다'고 제시함으로써 우리가 본래 시사하고자 하는 것은 사람과 그 물질적 대상이 일을 완수하려고 노력하고 있다는 것, 그리고 그들과 그 대상의 성공은 청중의 기대를 충족시키는지의 여부로 측정할 수 있다는 것이다. 따라서 축구 경기 전에 국가를 부르는 가수는 경기 중에 플레이를 수행하는 팀과 별반 다르지 않다. 가수와 축구팀은 모두 각본, 규칙, 역할 정의, (업무를 수행하는 데 요구되는) 특정한 테크닉의 실행, (업무 수행 여부를 규정하는) 기대에 예속되는 형태의 행위를 하고 있다. 감각하는 것이 수행하는 것인 까닭은 무언가를 감각한다는 것은 다른 많은 활동과 마찬가지로 각본, 규칙, 역할 정의, 기대에 따라 이루어지는 행위이기 때문이다. 요컨대 신체 작업은 수행이다.

제1장과 제2장에서 논의했듯이, 감각에 대한 사회인류학적 접근방식은 감각작용(날 신체적 경험)과 지각(감각작용의 인지적 처리)을 안이하게 이분법적으로 대비하는 것을 거부한다. 이러한 이원론적 개념화가 갖는 한 가지 주요한 문제는 그러한 개념화가 정신을 지적인 주체로

간주하고 (정신을 제외한 거의 모든 것으로 정의되는) 육체를 외부 자극을 기록하는 수동적인 관객으로 정의한다는 것이다. 감각에 대한 대부분의 사회학적·인류학적 접근방식은 그보다는 정신과 육체의 융합을 가정한다. 실제로 육체가 정신 **안에서** 정신을 **구성하고** 있고 정신은 육체 **안에서** 육체를 **구성하고** 있기 때문에, 이 두 범주는 더 이상 별개의 행위자로 이해되지 않는다. 육체화된 정신(embodied mind)과 사고하는 육체(mindful body)는 그것들이 속한 세계, 그것들이 일부를 이루는 세계, 그리고 그것들이 자신들의 일상적인 신체 작업을 수행하는 세계 안에 "거주한다"(Ingold, 2000). 따라서 감각은 외부 자극의 도관이라기보다는 사회적·물질적 세계에서 삶을 수행하는 데 필요한 작업 도구이자 '스킬'이다(Ingold, 2000). 신체 행동, 감각 행동, 사유 행동을 숙련된 행위로 이해하는 것은 감각작용을 수행으로 이해한다는 것을 의미한다. 그것은 또한 감각의 작동을 적극적이고 사회적이고 종종 공적인 행위 및 상호작용의 한 형태로 취급한다는 것을 의미한다.

의례와 의례화

의례는 수행의 의미를 가장 일반적으로 분명하게 보여주는 것 중의 하나이다. 의례를 정의하는 방법에는 서로 경쟁하는 여러 방식이 있지만, 일반적으로 대부분의 학자는 의례가 "처음으로 실행된 것이 아닌", "이전에 행해지고 언급된 적이 있는"(Schechner, 2002: 52) 행동이라는 데 동의한다. 의례는 아마도 대대로 전해 내려온 공식적인 각본을 신중하게 따르는 고도로 양식화된 공연에서부터 드물고 규칙적이지는 않지만 여전히 '의례화'의 대상이 되고 있는 다소 즉흥적이고 비구조화된 행동에 이르기까지 다양할 수 있다(Grimes, 1995). 의례화는 실제로 의례보다 더 포괄적이고 덜 배타적일 수 있는데, 이는 의례화가 "의례 활동이 행해지는 과정"을 더 광범위하게 가리키기 때문이다(Grimes, 1995: 60). 더 정확하게 말하면, 하나의 활동을 의례화하는 과정—즉, 적극적으로 재수행하는 과정—은 "일정한 근거가 있는 장소에서 중요한 시기 동안에 고무된 사람들이 형성기에 있는 제스처를 수용하기에 앞서 그 제스처를 실행할 때 일어난다"(Grimes, 1995: 60). 그렇다면 의례화와 감각작용은 어떻게 교차하는가?

가장 기본적인 수준에서 감각작용이 의례화에 대해 갖는 의미는 감각작용이 반복되는 행위에 각인시키는 의례화된 기억을 생성해 낸다는 것이다. 기억은 의식적일 수도 있고 그렇지 않을 수도 있으며, 개인적일 수도 있고 집단적일 수도 있다. 이를테면 팀 에덴서(Tim Edensor, 2003)의 사례에서는 시간이 지남에 따라 도로의 같은 구간을 출퇴근한 기억이 축적되면서 익숙한 감각 풍경이 형성되었다. 에덴서가 스토크온트렌트(Stoke-on-Trent)*에 있는 사무실에서 맨체스터에 있는 집까지 45마일을 운전하는 것은 그에게는 단순히 A 지점에서 B 지점으로 이동하는 것 이상의 것을 의미한다. 에덴서는 자신이 고속도로에서 혼자 여행하는 것을 즐긴다는 점을 인정한다. 이는 많은 학자가 끊임없이 "이동하는" 뿌리 없는 유목민들로 이루어지는 초개인화된 세계의 도시와 교외에서 발생하는 소외의 전형적인 모습으로 손꼽아 온 관

* 영국 잉글랜드의 스태퍼드셔(Staffordshire)주에 있는 도시._옮긴이

행이다. 하지만 에덴서에게 매주 같은 길로 출퇴근한다는 것은 일상적인 사소한 일과 일상의 반복 속에서, 익숙한 감각작용과 풍경 속에서, 그리고 (그러한 반복성과 익숙함 때문에 산만한 무의식 속에서 잃어버렸을 수도 있는) 일상의 틀에 박힌 일이 지닌 감각성과 사회성을 곱씹는 것 속에서 위안을 찾는다는 것을 의미한다. 그 익숙한 감각 풍경은 그가 운전하는 동안에 일어나는 감각작용의 대상일 뿐만 아니라 그 과정에서 익숙한 풍경과 소리를 이해하는 방식을 알려주는 전기적·서사적 맥락이다. 그는 다음과 같이 쓰고 있다.

> 여정은 많은 다양한 방식으로 조정된다. 원뿔형 교통 표지들이 차를 좁은 임시 도로로 인도한다. 그 임시 도로는 집중해서 운전할 것을 요구하지만, 곧 다시 방향을 틀어 본 도로로 들어선다. 마치 장터에서 놀이기구를 타는 것 같다. 때때로 차가 갓길로 빠져 능선을 따라 내려가는 동안에는 빠른 리듬의 쾅쾅거리는 소리가 모든 몽상을 거칠게 방해한다. 갑자기 몰아치는 횡풍이 일시적으로 평정심을 흐트러트리고 대형 트럭이 핸들을 더 꽉 잡게 만드는 덜커덩거리는 소리와 함께 지나갈 때는 더욱 그렇다. …… 상황이 행동을 유발하는 것과 함께 도로 조건도 특별한 일을 만들어낸다. 축구 시즌의 수요일 저녁: 도로는 유럽의 선전을 바라는 흥분한 팬들로 가득 차 있다. 나는 기대감에 긴장되어 있고, 인파의 이동 속도가 느려질 때 자주 불안하게 핸들을 꽉 잡는다. 주차할 자리는 운동장에서 얼마나 떨어져 있을까? 경기 전 분위기를 음미하고 맥주 한 잔 또는 파이 한 조각을 먹고 긴장을 누그러뜨리고 나서 나의 자리에 앉음으로써 승용차라는 마법이 서서히 사라지게 할 수 있을까? 비오는 날의 겨울 여행: 10피트 높이 안개의 거품 같은 얇은 피

> 막. 젖은 도로에서 반짝이는 하얀 빛. 밤에는 젖은 아스팔트 노면에 미등이 비쳐 열대의 저녁노을이나 달콤한 과일화채를 연상시킨다. 빗속을 뚫고 지나가는 차들의 쏴 하는 소리와 그로 인해 명확하지 않게 들리는 음성. 여름철 교통 체증: 더운 여름날, 운전자들은 피할 수 없는 긴 기다림에 체념한다. 짜증 난 운전자 중 일부는 차 안에 앉아 핸들과 계기판을 두드리고, 다른 운전자는 차 문을 열고 나와 잡담을 나누고 길가를 어슬렁거린다. 전방의 갑작스러운 움직임에 사람들은 급히 차 안으로 들어가 창문을 올리고 시동을 건다. 심야 여행: 어둠 속에서 도로 근처에 있는 집들의 창문에 비치는 환한 불빛은 비길 데 없는 아늑함과 따뜻함—와인으로 달아오른 친한 친구들이 활기찬 대화를 나누는 유쾌한 모임—을 약속하는 듯하다. 차 안은 위안이 없는 외로운 비인격적인 공간으로 보인다.(Edensor, 2003: 160~161)

이 발췌문이 보여주듯이, 의례화는 사람들이 어떤 것에 익숙해질 수 있게 해주고 잠재적으로 곤란한 상황(이를테면 낯선 감각작용)에 대처할 수 있게 해주고 또한 "일상생활의 규범을 넘어서거나 위반하는 양가적인 관계, 위계, 욕구"를 처리할 수 있게 해주는 스킬이자 도구이다(Schechner, 2002: 52). 통과의례의 경우, 의례화는 삶의 전환기에 겪는 어려움에 대처하는 데에도 도움을 준다.

매우 다양한 의례들—물론 출퇴근보다 훨씬 더 양식화되고 공식적인 의례들조차—은 감각 활동에 그리고 감각작용의 조작에 크게 의존한다. 이를테면 하우스(Howes, 1987)는 후각의 역할을 강조하는 의례에 대해 기술하는데, 후각 의례와 관련한 비교문화 연구들을 검토한 결과 사람들이 후각 상태를 조작하여 어떤 사람의 지위를 하나의 지위에서 다른 지위로 상징적으로 전환시킨다는 것을 발견한다. 그가 언급한 의례는 갓 태어난 아이에게 생후 몇 주 동안 집안 불의 연기를 씌워 그 향이 나게 하는 것에서부터 도덕적 순결을 표현하기 위해 종교 신봉자들에게 향료를 바르는 것에 이르기까지 다양하다. 하우스(Howes, 1987)에 따르면, 이러한 통과의례는 논리적·사회학적·심리적 수준에서 작용하여 의례화가 효과를 가장 잘 발휘하는 상태의 하나인 경계성 감정(feeling of liminality)을 만들어낸다(또한 Turner and Schechner, 1988도 보라). 소리의 조작 역시 의례화에서 매우 중요한 역할을 한다. 잭슨(Jackson, 1968)에 따르면, 의례의 소리에는 적어도 두 가지 종류, 즉 인간이 만든 소리와 비인간이 만든 소리가 있으며, 이 두 가지는 말소리와 음악 소리로 더 세분화될 수 있다. 이 세분화에서 비롯된 네 가지 유형의 소리 모두는 모든 문화의 의례에서 불러내어져서, 간청해서 또는 직접 만들어서 사용된다. 어떤 의례들은 정적에 기반하는 형태의 많은 명상의 경우처럼 소리를 없애는 데 초점을 두기도 한다. 요컨대 감각 조건을 적극적으로 만들어내는 것이 바로 의례화의 핵심이다. 그라임스(Grimes, 1995: 965)가 쓰고 있듯이, 의례화는 "감각의 의미로 가득 차 있는 행위"이다.

의례화는 특별한 전환이 이루어지는 경계를 정하는 데 기여하지만, 일상생활에 질서 의식을 부여하는 데에도 기여한다. 출퇴근의 사례 외에도 우리가 더럽거나 악취가 나는 것으로 지각되는 물질을 정화하는 데 이용하는 탈취 의례를 생각해 볼 수 있다. 탈취 의례를 행함으로써 우리는 오염에 대한 두려움을 완화하고 청결과 도덕적 청렴에 대한 기존의 이상을 강화한다. 이러한 맥락에서 비처드, 핸슨, 그리드(Bichard, Hanson and Greed, 2008)는 공중화장실 이용자의 의례를 조사했고, 데니스와 필립(Waskul and Vannini, 2008)은 서구 사회에서 남성과 여성에게서 일반적으로 나타나는 일상적인 탈취와 향수 뿌리기 의례를 고찰했다. 미각도 이러한 질서 강화 의례와 유사한 방식으로 연루되어 있다. 이를테면 스톨러(Stoller, 1989)는 송가이족(Songhay)이 공동체 구성원 간에 그리고 주인과 손님 간에 유대를 강화하기 위한 의례의 하나로 소스를 묽지 않고 걸쭉하게 준비한다고 기록한다. 감각 작용의 의례화는 또한 생애주기를 개관하고(Almagor, 1987), 젠더 이데올로기를 표현하며(Classen, 1997), 장소 의식을 만들어내고(Imai, 2008), 마법과 같은 방식으로 현실을 변화시키는(Gell, 2006) 등 많은 작용을 한다.

우리는 곧 신체 작업의 수행이 구체적인 의례화 형태의 맥락에서 어떻게 기능하는지 살펴볼 것이며, 그 과정에서 특히 감각의 사회화(sensory socialization)라는 개념과 신체 변형(somatic transformation)이라는 개념을 강조할 것이다. 그러나 그렇게 하기에 앞서 신체 작업의 수행적·연극적 성격에 초점을 맞춰보자.

수행성과 드라마

수행성 개념은 두 가지 주요한 명시적 의미를 지닌다. 첫째는 언어와 준(準)언어—그리고 의사소통 일반—가 행위를 하게 하고 행위를 일으킬 수 있는 잠재력과 관련되어 있다. 특히 수행 이론가들은 오스틴(Austin, 1962)의 화행(speech act) 관념과 그 후 설(Searle, 1968)이 그 관념을 정교화한 것에 대해 거론한다. 오스틴과 설이 볼 때, 모든 언어는 지시(referential) 방식으로뿐만 아니라 수행 방식으로도 작동한다. 왜냐하면 사람들은 구체적인 상황에서 언어를 관념, 대상 등을 가리키기 위해서뿐만 아니라 사회적 목적을 달성하기 위해서도 사용하기 때문이다. 오스틴이 쓰고 있듯이, "무언가를 말하는 것은 무언가를 하는 것"이다(Austin, 1962: 177). 누군가와 결혼한다, 배의 이름을 짓는다, 누군가를 멈춰 서게 한다, 약속을 한다 등등으로 우리가 진술하는 표현이 이를 예증해 준다. 오스틴과 설이 주로 언어와 말에 관심을 기울였다면, 다른 사람들은 그들의 관념을 도상적 소리(Nuckolls, 1999; Sullivan, 1986; Van Leeuwen, 1999)와 이미지(이를테면 Kress and Van Leeuwen, 1996) 같은 준언어의 연구에 적용해 왔다. 그들의 연구는 사람들은 자신들이 단어와 같은 추상적인 상징을 사용하는지의 여부와 관계없이 의사소통이라는 목적을 달성하기 위해 기호학적 자원을 사용한다고 제시한다.

이를테면 많은 사회에서 문을 통해 나가는 사람으로 표현되는 시각적 **도상**(icon)은 일반 출구 또는 비상구를 나타내는 데 사용되는데, 그 표시는 사람들이 건물에서 이동해 나가야 하는 방향을 언어를 사용하지 않고도 가리켜준다. 비언어적 소리가 갖는 의사소통적 속성을 보여주는 하나의 사례로, 경주가 시작될 때 경쟁하는 선수들이 어떻게 '탕' 하는 큰 소리에 즉각적으로 반응하는지를 떠올려보라. 또는 우리가 연기 냄새—하나의 **지표**(index)로 간주되는 신호—와 불의 존재를 어떻게 연관시키는지를 생각해 보라. 이들 사례는 상징과는 다른 기호학적 자원이 사회적 상호작용에서 어떻게 중요한 역할을 하는지, 그리고 우리가 어떻게 해석적인 신체 작업을 통해 그러한 기호의 의미를 협의하여 결정하고 그 의미에 의거하여 행위하는지를 보여준다. 피네건(Finnegan, 2002)에 따르면, 우리는 이러한 다양한 감각적 상호작용 양식 없이는 서로 소통할 수 없을 것이고 자아, 문화, 공동체도 수립할 수 없을 것이다.

수행성이 갖는 명시적인 둘째 의미는 인간의 상호작용이 갖는 연극성(theatricality)과 관련되어 있다. 비알(Bial, 2004: 175)은 이를 다음과 같이 간명하게 표현한다. "'수행적'이라는 것은 형식, 의도, 효과 면에서 연극 공연과 유사하다." 하지만 '수행적'이라는 용어가 '연극적(theatrical)'이라는 용어보다 선호되는데, 이는 전자가 후자가 내포하는 인위성과 피상성이라는 연극적 특성을 지니지 않고 따라서 더 넓은 적용 가능성을 가지기 때문이다. 수행성의 명시적인 이 둘째 의미는 어빙 고프먼(Erving Goffman)과 그 추종자들의 사회학이론인 연극적 방법론(dramaturgy)과 관련되어 있다. 고프먼은 인간의 상호작용에서 감각이 수행하는 역할에 명시적으로 초점을 맞추지는 않았지만, 그의 논평은 중요한 감각작용과 비언어적 단서가 어떻게 사회질서를 틀 짓고 있는지를 지적한다. 특히 젠더 수행과 젠더 정체성의 시각적 요소(Goffman, 1979)와 얼굴 작업(facework)의 비언어적 동학(Goffman, 1959; 1967을 보라)에 대한 고프먼의 논급은 그의 전체 저작을 감각사회학자와 감각인류학자들에게 통찰의 보물 상자로 만들었다.

앞에서 보고한 수행성의 둘째 정의는 드라마(drama)로 알려진 수행의 의미를 분명하게 보여주는 것과도 밀접하게 관련되어 있다. 셰크너(Schechner, 2002: 110)에 따르면, 드라마는 "신중하게 각본화된 행위"에 의존하는 수행의 영역이다. 드라마에는 적어도 두 가지 주요 유형, 즉 심미적 드라마와 사회적 드라마가 있다. 심미적 드라마는 일반적으로 미리 조정되고, "사회적 드라마보다 덜 도구적이고 더 장식적이다"(Schechner, 2002: 125). 이를테면 극장에서 공연되는 연극은 심미적 드라마이다. 반면, 사회적 드라마는 구조화되어 있지 않고, 그 결과는 덜 예측 가능하며, 전개 과정은 의심, 우연성, 즉흥성에 더 열려 있다(Schechner, 2002: 125). 따라서 심미적 드라마는 예술 공연과 고도로 양식화된 의례의 영역에 전형적인 경향이 있는 반면, 사회적 드라마는 상호작용 일반의 영역을 더 포괄하는 경향이 있다.

빅터 터너(Victor Turner)는 사회적 드라마에 대해 특히 유용한 개념화를 제시한다(Turner and Schechner, 1988). 그는 사회적 드라마가 보편적인 상호작용 유형이라는 것을 발견하고, 사회적 드라마를 사람들이 갈등을 해결하는 데 사용하는 일단의 연속적인 조치라고 결론짓는다.* 사회적 드라마는 일의 정상적인 질서에서 위반(breach)이 발생하는 것에서 시작한다. 이 위반은 위기(crisis)로 이어지고, 위기는 사람들로 하여금 당면한 상황을 교정(redress)하는 일에 나서게 한다. 결국 위기는 해소되기도 하고 해소되지 않기도 한다. 위기가 해소되면 사회적 드라마는 재통합(reintegration)으로 끝이 난다. 해소되지 않을 경우, 사회적 드라마는 최종적인 붕괴(disintegration)—이를테면 이혼 같은—로 끝나거나 더욱 교정하려는 시도로 이어질 수 있다. 감각과 감각작용

* 빅터 터너는 개인이나 집단의 삶에서 일어나는 갈등이나 위기를 사회적 드라마로 분석하는데, 이러한 드라마는 위반(breach), 위기(crisis), 교정(redress), 재통합(reintegration)의 네 가지 단계로 전개된다고 제시한다. 위반은 사회적 규범이나 질서를 깨뜨리는 행위나 사건이 발생하여 갈등이 시작되는 단계이다. 위기는 위반 행위가 확대되어 사회적 긴장과 갈등이 고조되는 단계이다. 교정은 사회가 위기를 해결하고 질서를 회복하기 위해 다양한 조치를 취하는 단계이다. 재통합은 교정조치를 통해 사회의 재구조화가 이루어지는 단계이다._옮긴이

은 사회적 드라마에서 여러 역할을 한다. 우리가 제6장에서 살펴보듯이, 신체 작업은 자주 구체적인 사회적 상황에서 감각적 조화에 위반이 발생하는 것(이를테면 우리가 짜증나는 소음을 들을 때나 이상한 냄새를 감지할 때)에서 시작하여 그것에 뒤따르는 위기를 거쳐 재통합을 이룰 목적에서 교정 조치(이를테면 조용함을 되찾거나 이상한 냄새의 원인을 찾는 조치)를 취하는 것으로 이어지는 사회적 드라마의 한 형태로 전개된다.

감각과 관련된 기본 개념들과 수행의 특성에 대해 설명했으니 이제 수행의 몇 가지 사례를 살펴보기로 하자.

신화, 의식, 그리고 감각의 사회화

신화와 의식(儀式)은 의례화 과정의 수행적 측면을 분명하게 보여주는 사례이며, 그런 까닭에 명백한 개념적 차이에도 불구하고 이 둘은 함께 다루어질 수 있다. 신화는 특정 사회, 특정 신, 중요한 인물 또는 세계 자체가 어떻게 생겨났는지를 집단의 성원(또는 비성원)과 함께 회상하고 공유하기 위해 자주 수행되는 사실에 기반한 서사이다. 의식은 의례, 특정 활동, 신화를 축하하고 기념하고 환기하거나 수행하기 위해 이루어지는 사람들의 모임—그 모임이 신성한 것이든 세속적인 것이든, 특별한 것이든 평범한 것이든 간에—을 말한다. 신화와 의식을 수행하는 것은 중요한 사회화 기능을 하는데, 성원들은 신화와 의식을 통해 공동체와 문화의 토대에 대해 배우고, 집단의 성원 의식을 획득하고, 집단 유대를 강화하며, 하나의 공동체를 독특하게 그리고 다른 공동체와 구별되게 만드는 것을 식별하게 된다. 감각과 감각작용은 신화와 의식에서 중요한 역할을 하지만, 그러한 역할은 전통적으로 신념, 가치, 이상, 언어, 의론과 같은 인지적·상징적인 것이 수행하는 역할에 비해 부차적인 것으로 인식되어 왔다. 그러나 최근에 신화와 의식을 연구하는 데 관심이 있는 많은 사회학자, 그리고 특히 인류학자들은 신화와 의식이 지닌 감각적·비상징적 요소에 점점 더 많은 관심을 기울여왔다. 특히 수행적 접근방식은 의례화 과정에서 참여자와 관찰자 모두의 적극적인 육체화된 참여를 강조해 왔고, 의식의 성공적인 거행과 신화의 강화가 개인적 수행과 집단적 수행 모두의 감각적 차원에 어떻게 의존하는지를 성찰해 왔다. 그러한 적극적인 육체화된 참여는 신체 작업의 한 형태로 이해될 수 있으며, 그러한 환경에서 수행되는 가장 분명한 형태의 신체 작업이 우리가 **감각의 사회화**라고 칭할 수 있는 것이다. 폴 스톨러의 연구에서부터 시작하여 몇 가지 사례를 살펴보기로 하자.

스톨러가 니제르(Niger) 공화국의 송가이족을 대상으로 하여 실시한 현지 조사는 의식에서 이용되는 소리는 사람들이 기꺼이 참여하고자 하는 의지와 능력을 가지고 있을 경우 매우 의미 있는 방식으로 신체에 깊이 침투하는 독특한 힘을 가진다는 것을 보여준다(Stoller, 1984). 하지만 그러한 의지나 능력은 쉽게 가질 수 있는 것이 아니다. 스톨러 자신도 현지 조사 동안 소리가 가진 힘을 느끼지 못한다는 이유로 정보 제공자인 소르코 세이니(Sorko Seyni)로부터 질책을 받은 적이 있었다. 힐링 공연이 끝날 무렵, 소르코 세이니는 스톨러의 무감각함에 실망하여 스톨러에게 "듣는 법을 배우지 않으면 우리의 풍습에 대해 거의 배울 수 없을 것이다"라고 엄하게 훈계했다(Stoller, 1984: 560). 우리가 의식의 감각적 차원을 지각하기 위해서는 감각의 잠재력에 우리의 몸을 맡겨야 하는데, 서양인들에게는 자주 이것은 우리의 일상적인 행동과 감각 질서에서 시각이 차지하는 것으로 가정되어 온 절대적 우위를 인정하는 것을 의미한다(Classen, 1997). 스톨러는 "서구적 사고에 기반하는 시선은 소리의 차원을 무시해 온 것으로 보인다"라고 쓰고 있다(Stoller, 1984: 560). 송가이족에게서 소리는 경험의 근간이며, 송가이의 의식과 신화는 분명히 소리의 표현을 중심으로 이루어지고 그 소리가 지닌 변혁 잠재력의 지각에 기초한다. 스톨러는 소리가 가지는 힘을 느끼기 위해 길고 힘든 견습 과정을 견뎌야 했고, 그 과정을 통해 구찌(godji)로 알려진 악기의 소리와 같은 강력한 소리가 내는 표현을 감상하는 법을 사회화했다.

송가이 문화 외에 수많은 다른 문화도 의식에서 그 의식을 거행하는 데 요구되는 각별히 고조된 감성을 만들어내는 방식으로 소리를 연주한다(그러한 감성이 고조되는 것 역시 감각의 사회화가 낳은 결과이다). 많은 환경에서 상징적인 소리보다 더 중요한 것은 자주 도상적인 비상징적 소리이다. 이를테면 브라질의 칼라팔로족(Kalapalo)을 연구하는 엘렌 바소(Ellen Basso, 1981)는 의식에서 불리는 노래의 노랫말이 신화적 인물에 대한 터무니없어 보이는 묘사로 이루어져 있다는 것을 발견한다. 참가자들은 노래 의례를 이해하기 위해서는 그 노래가 만들어진 상황과 같은 노래의 배후에 있는 이야기를 알고 있어야 한다. 그러나 대부분의 참가자는 그러한 이야기를 알지 못하기 때문에 상징적인 수준에서 '가사'를 암송할 수 있음에도 불구하고 노래는 그들에게 여전히 무의미한 것으로 남아 있다. 하지만 의식 내에서 노래 공연은 도상적 수준에서 의미 있는 것으로 깊이 느껴지는데, 이는 "그 공연의 분명한 음악적 성격", 즉 "단순한 노래 부르기"가 노래 부르는 사람들로 하여금 함께 그들이 공유하는 "음악성을 경험"하게 하고 그럼으로써 그들에게 "그 신화의 특별한 시간적-공간적 틀을 지닌 특권적인 관계"를 부여하기 때문이다(Basso, 1981: 288).

감각의 사회화는 원칙적으로 도덕의 사회화, 기술의 사회화, 감정의 사회화 등과 같은 다른 모든 형태의 사회화와 전혀 다르지 않다. 그러나 사회화가 일반적으로 가치, 신념, 이상, 규칙, 사실, 감정적 규범을 공유하는 과정을 가리키는 반면, 감각의 사회화라는 개념은 특정 사회와 문화 내에 적응된 성원들의 신체 차원이 갖는 중요성을 강조한다. 이를테면 우리 대부분은 특정 맛을 좋아하고 다른 맛을 몹시 싫어하도록 배운다. 거의 모든 백인 서양인이 혐오하는 음식 중 하나가 틸리나(T'lina)이다[이는 연어의 조미료로 사용되는 기름 같은 물질로, 썩은 율라칸(eulachon)이라는 생선에서 추출한다]. 틸리나의 톡 쏘는 맛을 음미하는 법을 배우기란 대부분의 사람에게 쉽지 않을 것이지만, 브리티시컬럼비아 북서부의 콰콰카와쿠족(Kwakwaka'wakw) 사이에서 틸리나는 일반적으로 즐기는 맛일 뿐만 아니라 대부분의 백인 식민자가 역사적으로 유성(油性) 물질을 혐오해 왔기 때문에(그리고 계속 거부해 왔기 때문에) 구별의 상징적인 표시로 인식되는 물질이기도 하다(Jonaitis, 2006). 그곳 사람들은 전통적으로 틸리나를 포틀래치(potlatch)* 의식을 특징

---

* 포틀래치는 북아메리카 태평양 연안의 원주민들이 음식을 베풀며 행하던 축제 의례를 일컫는다. 포틀래치에서는 부와 권력을 과시하기 위해 귀중한 물건을 주거나 파괴하기도 했다. 캐나다 정부는 1885년부터 1951년까지 포틀래치를 불법화한 바 있다._옮긴이

짓는 요리 축제의 일부로 즐겨 먹었다. 윤리적으로나 심미적으로 둔감한 캐나다 식민 당국은 이 의례를 20세기 내내 억압적으로 금지한 것으로 악명 높다.

의식에서는 거리와 근접성을 만들어내고 표현하기 위해 감각작용이 조작되기도 한다. 이를테면 시거(Seeger, 1979)에 따르면, 브라질의 수야족(Suya)은 남자 형제와 여자 형제 간의 물리적 거리를 중시하는 사회화에 의해 특징지어지는 형제 관계를 공고히 하기 위해 15시간 동안이나 지속되기도 하는 매우 시끄러운 또는 그 반대로 저음의 노래를 부른다. 음악이 공동체 감정을 확립하는 데 이용된다는 사실은 오래된 소식이지만, 수야족은 자신들의 두 가지 유형의 의식 노래–아키아(akia)와 응게레(ngere)–의 소리 크기를 조절하여 사회적 거리와 근접성을 달성한다는 점에서 독특하다. 응게레는 의식, 노래, 음악을 뜻할 뿐만 아니라 음악 연주에 수반되는 신체적 움직임을 뜻하기도 하는 수야어이다. 수야족은 음악적/의식적 감성과 관련한 감각의 사회화를 가족과 대규모 사회에 대한 사회화와 동일시한다.

의식의 감각 레짐(sensual regime)에 대한 시거(Seeger, 1979), 요나티스(Jonaitis, 2006), 바소(Basso, 1981)의 연구 역시 중요한데, 그 이유는 그들의 연구가 '청중'이 의례적 기념행사에 적극적으로 참여하는 것이 의례 과정을 수행하는 데서 결정적이라는 것을 분명하게 보여주기 때문이다. '듣는' 집단을 가리키는 '청중'이라는 단어는 실제로 한정적일 수 있다. 왜냐하면 그 단어는 다른 감각을 희생한 채 듣기만을 강조할 뿐만 아니라 공연자와 청중의 분리 또한 함축하기 때문이다. 산베이(Shaanbei) 지역의 사원 축제에 대한 민족지적 연구에서 차우(Chau, 2008)는 이러한 경향을 바로잡는 것은 물론, 사람들의 적극적이고 육체화된 의식 참여가 공연과 집합체성이라는 감각 영역 자체를 만들어내는 데서 중요한 역할을 한다는 것도 발견한다. 사람들은 축제에 참여함으로써 "감각적 행사의 수행과 그것이 산출하는 효과에 기여할 수 있는 잠재적 능력"을 표출한다. 축제 참가자들은 "'사회열 효과(sociothermic effect)'—즉, 열광적 사회성을 공동으로 생산하는 데 참여함으로써 정신신체적(psychosomatic) 만족감과 성취감이 확산되는 것—"를 경험한다(Chau, 2008: 488). 차우의 정식화는 의식이 기존의 감각적 기억을 공유하는 행사일 뿐만 아니라 집합적 감성 자체를 생산하는 현장이기도 하다는 점을 매우 분명하게 표현하고 있다. 이 현상은 우리가 와인 페스티벌에 대한 연구로 돌아갈 때 더욱 분명해질 것이다.

예술과 마술에서의 변형

예술은 포이에시스(poiesis)이다. '시(poetry)'라는 단어의 어원(즉, poiesis)은 그 기원을 아주 분명하게 보여주지만, 시와 마찬가지로 모든 형태의 예술은 포이에시스에 의존한다. 포이에시스는 만드는 것(to make), 생산하는 것(to bring forth), 그리고 하이데거(Heidegger, 1993)에 따르면, 변형시키는 것(to transform)을 의미한다. 변형은 꽃이 피거나 눈이 녹아 폭포가 되는 것처럼 '자연적'일 수도 있고, 나무가 나무 조각품이 되거나 포도로 와인을 만드는 것처럼 '기술적(technological)'일 수도 있다. 이러한 맥락에서 예술, 창조, 기술, 변형은 밀접하게 연관되어 있으며 심지어 동의어이기도 하다. 이러한 예술관은 분명 의식(儀式) 일반 대부분도 예술에 포함되는 것으로 바라본다. 수야족의 복잡한 노래 기법, 구찌의 강렬한 소리 및 우리가 앞에서 논의한 여타 의례화와 수행의 사례들 모두는 기술의 사례만큼이나 예술의 형태로 개념화될 수 있다. 우리는 마지막 비유를 마술과의 비유에서도 끌어올 수 있다. 마술사가 중산모 속에 넣은 천 조각이 토끼로 변하거나 요술쇼에서 모르는 한 관객이 건네준 손목시계가 흔적도 없이 사라지는 것은 분명 마술이지만, 그것은 마술사가 특정한 기법을 쓰고 있으므로 그가 수년간의 훈련을 구현하는 것이자 자신의 예술적 재능을 보여주는 것이다. 다시 말해 이 모든 경우는 무언가를 다른 무언가로부터 만들어내는 것, 즉 **포이에시스로서의 변형**을 수반한다.

이 모든 것이 중요한 이유는, 의례, 의식, 신화, 예술, 마술이 **효과**가 없다면, 즉 변형을 가져다주지 않는다면, 그것들은 거의 쓸모가 없을 것이기 때문이다. 또는 변형을 가져다주지 않는다면, 어쩌면 그것들은 사회과학자에게 무언가를 전달하는 데에는 기여할 수 있겠지만, 그것들을 참여자들에게 의미 있는 것으로 만드는 포이에시스라는 능력은 잃어버릴 것이다. 시펠린(Schieffelin, 1985: 707)의 표현을 빌리면, 의례의 "상징이 효과를 가지는 까닭은 의미를 전달하기 때문이기보다는(비록 이것도 중요하지만) 수행을 통해 의미가 인지적 공간이 아닌 사회적 공간에서 정식화되기 때문이자, 참여자가 인식아(認識我)로서 단지 상징에 의해 정보를 제공받는 것이 아니라 상징을 가지고 하나의 수행 현실(performance reality)을 창조하는 상호작용에 참여하기 때문이다." 어쨌든 간에 다음에 대해 생각해 보라. 우리는 와인의 생산과 소비에 대해, 그리고 사회구조와 문화체계 내에서 와인이 갖는 위치에 대해 알려주는 상징 부호 때문에 와인에 관심을 가지는가? 아니면 와인의 맛이 좋고 와인이 그것을 마시기 전과 다른 기분을 느끼게 해주기 때문에 와인에 관심을 가지는가? 전자를 지지하는 것은, 마치 개인이 자신의 삶을 사회이론에서 도출된 규칙을 가지고 플레이하는 모노폴리(game of Monopoly) 게임으로 취급하는 것처럼, 현실을 지나치게 인지적이고 합리적인 것으로 바라보는 것이다. 후자를 지지하는 것은 "질적 즉각성"(Dewey, 1934) 속에서 그 와인이 지닌 유의미한 속성(meaningfulness)을 경험하는 (그리고 즐기는) 능력 및 시간이 지나면서 그러한 신체적 변화를 반복적으로 만들어내는 능력을 부여받은 감각적이고 육체화된 존재를 찬양하는 방식의 하나이다.

예술, 포이에시스, 변형은 수행에 기초한 감각사회학과 감각인류학의 접근방식에서 중핵을 차지한다. 맛(flavor) 감각하기를 예로 들어보자. 셰크너(Schechner, 2006)가 쓰고 있듯이, 맛은 단지 하나의 자극을 기록하는 것만이 아니다. 맛은 음식과 음료 안에 위치하는 만큼이나 입 안과 소비의 맥락에도 위치한다. 그는 동인도 신화와 언어에 의지하여 이러한 현상을 라사(rasa)라고 지칭한다. "라사는 음식을 지각하고 손에 닿는 곳에 두고 만지고 입에 넣고 씹고 섞고 맛보고 삼킬 때 사람들이 느끼는 맛, 맛 경험, 감각작용을 말한다. …… 라사는 또한 '액(juice)', 즉 맛을 전달하는 물질, 다시 말해 시식의 매개체를 의미하기도 한다. 먹는 액은 음식과 몸 모두에서 나온다"(Schechner, 2006: 12). 이런 의미에서 좋은 음료를 마시는 것 또는 좋은 음식을 먹는 것은 생산 관행과 분리된 소비 행위가 아니다. 라사미학(Rasaesthetics)은 하나의 연속적인 수행, 즉 포도가 생명으로 싹트는 것에서 시작하여 포도주가 소화되어 배설물로 변할 때까지의 다양한 변형을 통해 계속 이루어지는 포이에시스의 과정이다. 그런 다음 거기서부터 또 다른 무언가가 자라난다. 이 포이에시스적인 변형 과정은 모든 단계에서 신체의 감각적인 육체화된 경험에 의해, 그리고 종종 **쾌락**의 경험에 의해 강화된다. 사회과학자들이 자주 쾌락의 경험을 잊기 때문에 여기서 다시 한번 셰크너(Schechner, 2006: 10)의 다음과 같은 언급을 인용할 필요가 있다. "입에서 위, 장까지 이어지는 부위는 친밀감, 신체 물질의 공유, 내부와 외부의 혼합, 감정적 경험, 직감이 이루어지는 '장소'이다. 좋은 사람들과 함께하는 좋은 식사는 쾌락이다. 전희와 성행위도 마찬가지이며, 좋은 똥도 마찬가지이다."

만약 우리가 쾌락을 전혀 경험하지 못한다면 우리가 계속해서 수행을 할 것인지는 의문이다. 이것이 바로 신체 작업의 수행이 아주 자주 쾌락을 추구하는 쪽으로 향하는 이유이다. 따라서 의식(儀式)이 분명하게 보여주는 것처럼, 수행하는 것은 보여주는 것이다. 그리고 의례화가 예증하듯이, 수행하는 것은 행동하는 것이다. 그러나 커셴블랫-김블렛(Kirshenblatt-Gimblett, 1999: 2)이 쓰고 있듯이, 수행하는 것은 또한 "행하는 것, 실행하는 것, 그리고 완료될 때까지 수행하는 것이다. …… 그것은 재료, 도구, 기법, 절차, 행위에 관한 것이다. 그것은 무언가를 완수하는 것에 관한 것이고", 따라서 목적을 달성했을 때 기쁨과 신체적 쾌락을 얻는 것에 관한 것이다. 음식의 경우에 수행은 좋은 음식을 만드는 것, 그리고 음식을 먹었을 때 맛이 좋게 만드는 것에 관한 것이다. 예술과 기술 일반의 경우에는 수행은 좋은 어떤 것을 만들고(그것이 즐거움을 위한 것이든 아니면 실제적인 기능적 문제를 해결하기 위한 것이든 상관없이) 그것을 즐기는 과정에서 그리고 그것을 최대한 활용하는 과정에서 포이에시스적인 변혁 잠재력을 실현하는 것에 관한 것이다.

요컨대 예술(과 기술)을 하나의 변형으로 분석하는 것은 예술(과 기술)에 그리고 우리에게 마술과 마법을 복원하는 것(Gell, 1998), 즉 "육체적인 것이 사회적인 것과 만나고 신체적인 것이 역사적인 것과 만나고 문화적인 것이 생물학적인 것과 만나고 상상력이 육체와 만나는"(Lepecki and Banes, 2006: 1) 감각의 문지방 안에 예술(과 기술)을 위치시키는 것이다. 따라서 그것이 시각 예술의 지표적 능력(indexical power)이든(Gell, 1998), 아프리카 청각 예술의 소리이든(Peek, 1994), 와인 페스티벌의 음료 맛이든(이 장의 나머지 부분을 보라), 아니면 인도 전통 음식의 맛이든(Schechner, 2006) 간에, 수행이 의미 있는 까닭은 그것이 효과를 발휘하기 때문이다(Schieffelin, 1985).

와인 페스티벌에서 시음 수행하기

세계 이곳저곳에서 벌어지는 와인 페스티벌은 많은 좋은 술을 제공하는 것은 말할 것도 없고, 와인 전문가와 가끔 참여하는 참가자들에게 감각 의례를 수행하고 신체적 경험을 하는 것은 물론 그러한 의례와 경험을 프레임 짓는 감각 질서를 통찰하는 좋은 기회를 제공한다. 감각작용 연구에 핵심적인 감각 동학은 물론 감각 질서까지 포착하기로 결의한 우리는 2008년 와인 페스티벌 시즌 동안 브리티시컬럼비아 서부와 캘리포니아 남부의 일곱 군데 현장에서 참여 관찰을 하기로 결정했다. 따라서 우리는 이 장에서 논의한 개념과 관념을 재차 논의할 목적에서 이제 와인 페스티벌에서 이루어지는 와인 시음을 수행에 기초한 접근방식을 통해 개념화해 보고자 한다.

와인 페스티벌은 하나의 **사회적 드라마**이고, 모든 사회적 드라마는

의례이다. 사회적 드라마에서 참가자들은 행동과 표현이라는 두 부분으로 이루어진 과정에 참여한다(Schechner, 2003; Turner, 1974). 달리 말하면, 그들은 "일을 할 뿐만 아니라 **자신과 다른 사람들에게 자신이 하고 있는 일 또는 자신이 한 일을 보여준다**. 즉, [그들의] 행위는 성찰적 측면과 관중을 위해 수행되는 측면 두 가지 모두를 지닌다"(Schechner, 2003: 186; 강조는 원저자). 셰크너는 사회적 드라마는 모이기(gathering), 수행하기(performing), 해산하기(dispersing)라는 세 단계로 이루어지는 일반적인 공연 구조를 가진다고 주장한다(Schechner, 2003: 189~190). 어딘가에 모인다는 것은 이동해서 그곳에 모인다는 것을 의미한다. 그렇지만 그곳에 도착하여 현장에 입장하는 것은 우리로 하여금 우리가 참석하려는 특정한 공연이 "특별한 장소에서 특별한 시간에 열린다"는 것과 "그 공연을 시작하고 끝내는 특별한 의식, 관행, 의례들"이 그 행사를 에워싸고 진행되고 있다는 것을 우리가 알고 있음을 스스로 인정하게 하는 하나의 **의식**이다(Schechner, 2003: 189). 이런 점에서 와인 페스티벌이라는 사회적 드라마는 통과의례에 내재하는 단계들—즉, 분리(separation), 전이(margin 또는 liminality), 재결합(aggregation)*—을 충실히 따르는 의례이기도 하다(Turner, 1969; van Gennep, 1909). 달리 표현하면, 셰크너의 '모이기'는 또한 의례 과정의 첫 번째 단계—"사회구조에서 이전의 한 고정된 지점이나 일단의 문화적 조건(하나의 '상태')으

---

* 분리, 전이, 재결합은 인류학자 아놀드 반 게넵(Arnold van Gennep)이 처음으로 제시한 '통과의례'의 세 가지 단계이다. 분리는 이전 상태에서 떨어져 나오는 것을 가리키고, 전이는 기존의 조건도 새로운 조건도 아닌 모호한 전이적 중간 상태에 있는 것을 말하며, 재결합은 새로운 안정적인 상태 또는 사회적 지위로 재통합되는 것을 말한다._옮긴이

로부터 또는 둘 다로부터 개인이나 집단이 이탈하는 것"을 수반하는 분리—에 해당한다(Turner, 1969: 94).

따라서 와인 페스티벌에 가는 것은 집이나 직장에서의 일과에서 얼마간의 신나는 탈출을 포함하는 분리이자 모이기이다. 그것에는 계획을 세우는 것, '일요일 드라이브'라는 소박한 즐거움을 만끽하는 것, 축제 조직에 대해 배우는 것, 그리고 (적어도 축제에 처음 참석하는 사람들에게는) 축제 현장의 위치를 발견하는 과정이 포함된다. 모이기—이 과정은 여러 현장을 순회하며 진행되는 축제 구조로 인해 그 규모가 극적으로 확대된다—는 일종의 순례의 성격을 띠기도 한다. 확실히 그것은 의무의 윤리보다는 포스트모던한 여가 미학을 축으로 하여 구축된 쾌락주의적이고 이교도적인 순례이다. 그러나 그것은 그럼에도 불구하고 정주적인 일상의 삶으로부터의 탈출과 "드문 일시적인 유목주의"(Turner, 1974: 167)—"출발 준비", "여행에서의 집단적 경험", [자발적인 시식 커뮤니타스(communitas)가 형성되는] "순례자 센터 도착"으로 특징지어지는(Turner, 1974: 167)—를 포함하는 경계 지대 상태(liminoid) 현상이다.

와인 페스티벌이라는 사회적 드라마에는 서빙하는 사람, 시음자, 와인이라는 세 세트의 배우가 결정적인 역할을 한다. 서빙하는 사람—데비와 같은—의 대본은 서빙자에게 시음자들을 시음 장소(일반적으로 테이블이나 카운터 주변 지역)로 맞이한 다음 와인을 따르면서 시음자에게 와인과 수행의 기본 규칙을 소개할 것을 요구한다. 이들 간단한 규칙은 참가자를 단지 음용자가 아니라 시음자로서의 적절한 역할로 '캐스팅' 하도록(Weinstein and Deutschberger, 1963) 설계된다. 실제로 그러한 규칙들이 수행하는 핵심적인 기능은 일상생활에서 공적 음주 관행을 구조화하는 습관이 "[시음] 활동에 침입해 들어오는 것을 막는"(Schechner,

2003: 12) 것이다. 이를테면 술집에서 이루어지는 일상적인 음주에서는 마실 수 있는 알코올의 양, 술을 마시기 위해 따라야 하는 기법, 음주를 둘러싼 대화 내용과 형식에 제한이 거의 또는 전혀 가해지지 않는다. 반면 와인 페스티벌에서는 술을 따르는 사람들이 와인의 물리적 품질을 열거하고 평가함으로써, 그리고 와인을 따르는 절차와 와인을 음미하는 데 이용할 수 있는 다양한 기법 모두를 개략적으로 설명함으로써 시음을 일상적인 음주와 차별화한다. 그렇게 함으로써 그들은 구경꾼으로서의 시음자 집단으로 하여금 그 대규모의 공연이 갖는 특별한 속성과 그들 앞에 놓여 있는 대상의 품질을 알아차리게 만든다. 그 결과 시음자들은 또한 하나의 집단으로서의 자신들이 갖는 독특한 속성도 알아차리게 된다(Schechner, 2003: 11~14를 참조하라). 물론 이러한 의례 규칙은 쾌락 원리를 축으로 하여 구성되지만, 전통적으로 보다 신성한 의례에 제시되는 규칙 못지않게 유효하고 강력하다.

와인 페스티벌에서 시음자가 와인의 품질에 대해 말로 평가해 줄 것을 기대받는다는 것은 그러한 의례 규칙이 강력하다는 것을 보여주는 주요한 표징 중의 하나이다. 어쨌거나 조용히 마시고 자신의 감각작용에 대해 자세히 설명하지 않고 심지어 더 많은 술을 요구하는 것은 [와인의 주요 기능이 술을 따르는 사람(종종 생산팀의 한 사람)과 소비자 간에 예술-후원과 같은 유대를 '객관화'(Miller, 1987; Tilley, 2006a)하는 것인] 공개 시음 상황보다는 (소비자가 알코올을 맨 정신과 싸우는 하나의 도구로 이용하는) 술집과 같은 음주 상황에서 더 전형적이다. 따라서 서빙하는 사람이 와인을 소개할 때, 그들은 음주자를 단지 시음자로 캐스팅하는 것이 아니라 그저 술에 불과할 수 있는 것을 예술품으로 '프레임 짓고' 그리하여 시음자를 예술 후원자로 '프레임 짓는다'(Goffman, 1974). 서빙자의 능력은 언어 도구를 통해 "날 경험(raw experience)을 입에 맞는 형태의 경험으로 바꾸는"(Schechner, 2003: 30) 데 있다. 실제로 서빙자는 와인을 소개함으로써, 그리하여 그렇지 않았더라면 덧없고 다양하고 순간적이며 모순적이었을 수도 있는 소비자의 심미적 감각작용에 의미를 부여함으로써 와인의 예술적 잠재성을 '현실화'한다(Schechner, 2003). 서빙자의 "의미부여 행위"(Dobres, 2002)—말하자면 그들의 포이에시스—는 시음자들에게 **맛보기 어휘**(taste vocabularies)—맛보기 감각작용을 묘사하고 평가하는 데 사용할 수 있는 언어적 기호 매체의 레퍼토리—를 제공함으로써 시음자들 및 그들의 관행의 '틀을 짓'거나 그러한 틀을 형성할 '대본'을 쓰고 있다는 점에서 하나의 기술적인(technological) 행위인 만큼이나 예술적인 행위이다.

와인 시음 수행하기

"그래서, 당신은 어떻게 생각하세요?" 나(필립)에게 와인을 따르는 사람이 묻는다.

나는 일어나서 자리를 떴다. 나는 와인 시음에 서툴다. 그래도 레드 와인과 화이트 와인은 구별할 줄 안다. 컨디션이 좋은 날에는 스위트 와인과 드라이 와인의 차이도 어느 정도 확실하게 구분할 수 있다. 하지만 내 실력은 여기까지이다. 이것은 평상시에는 문제가 되지 않는다. 나는 내가 좋아하는 와인이 무엇인지 알고 있고, 와인을 마시고 싶을 때 그 와인을 마신다. 하지만 와인 페스티벌은 그 와인의 품질과 나의 시음 수행 감상을 측정할 수 있게 해주는 일단의 신체 스킬을 보여줄 것을 요구한다. 이제 시음 수행을 잘한다는 것은 단순히 물질의 질을 발견해 내고 평가하는 법을 안다는 것뿐만 아니라 감각작용의 어휘와 우리가 주의 깊게 따라야 할 대본을 통해 그 질을 생생하게 표현할 수 있는 능력을 가지고 있다는 것도 의미한다. 나는 그 어휘와 대본을 가지고 다른 사람들과 혀로 이야기할 수 있다. 그것 없이는 나는 나 자신의 혀에 귀를 기울일 수밖에 없다. 식별 능력이 형편없는 와인 시음자인 나는 그러한 드라마적인 요구를 아주 잘 알고 있다. 술 따르는 사람이 와인을 따를 때 나는 귀를 기울여야 한다. 그 와인이 말할 때 나는 맛을 봐야 한다. 맛을 볼 때 나는 말해야 한다. 말할 때 나는 의미를 부여해야 한다. 와인에 의미를 부여하는 일은 혀끝에서 목구멍 뒤쪽으로 이동하는 칸트식의 사적인 일이 아니다. 오히려 이 신체적 연합행위(joint somatic act)*는 와인을 따르는 사람과 내가 서로의 인식 영역에 들어오는 바로 그 순간 시작되어 우리가 서로에게서 떠난 후에 끝난다.

"좋은데요." 나는 잠시 멈추었다가 말한다. "그 술은 내게 큰할아버지가 식탁에서 마시곤 했던 화이트 와인을 생각나게 하는 스파크를 튀기네요."

내 옆에 서 있던 키가 큰 중년 여성이 대화에 불쑥 끼어들며 "드디어 오크향이 나지 않는 피노(Pinot) 와인**이!"라고 큰 소리로 말한다. "방금 호주 와인 몇 가지를 마셨는데, 모두 오크향이 났어요. 화이트 와인

---

* 연합행위라는 용어는 원래는 허버트 블루머(Herbert Blumer)가 사람들이 공동의 목적을 달성하기 위해 자신의 행위를 다른 사람들과 어떻게 조정하는지를 기술하기 위해 사용한 것이다. 이는 단순히 개별 행동의 합을 뜻하는 것이 아니라, 개인들이 공동의 결과를 만들어내기 위해 서로 행동을 조정하는 집단적 노력을 뜻한다._옮긴이

** 피노라는 포도주용 포도 품종으로 만든 와인._옮긴이

을 좀 더 마셔볼게요." 그녀가 우리 앞에 있는 와인 따르는 사람에게 청한다. 그는 그녀의 청을 들어준다. 그녀는 다시 와인 잔을 아주 조심스럽게 집어 들고는 크고 중간이 튀어나온 코를 잔 안으로 들이밀고 킁킁거리며 냄새를 맡는다. 그런 다음 오른손으로 잔을 어깨 훨씬 위로 들어 올리고 천장 조명에 희미하게 비치는 와인을 바라보며 잔을 힘차게 휙 돌린 다음 다시 입에 가져다 대고 홀짝인다. 그녀가 입으로 작게 내는 휙 소리를 듣고 나자 그다음에 만족스러워하는 '음' 하는 소리가 들린다.

"그 와인에서는 오크향이 나지 않죠?"라고 와인 따르는 사람이 묻는다. "전혀요. 그 와인은 내가 밤새 따라다니고 싶게 만들기에 충분할 만큼의 다리*를 가지고 있어요!" 그녀가 동의한다.

다리. 내가 그 말을 처음 들었을 때 나는 그 말을 찾아봐야 했다. 와인에 다리가 생기면, 잔을 휙 돌린 후 잔의 수직 벽에 작은 액체막이 매달려 있는 것처럼 보이다가 천천히 내려와 그것의 나머지 몸통과 다시 결합한다. 와인 시음 수행하기에는 이러한 표현들이 요구된다. 노련한 시음자들은 와인을 의인화하여 와인에 다리, 몸통, 코 등 인간 같은 특성을 부여한다. 다른 특성으로는 고프먼(Goffman, 1967)이라면 '얼굴'이라고 부를 것이 있는데, 와인은 감정이 없을 수도 있지만, 항상 유리잔에는 와인을 따르는 사람과 만드는 사람의 얼굴이 분명하게 반사된다. 또한 와인 시음 수행하기는 시음이라는 개인적 감각작용을

---

* 여기서 다리는 와인의 다리(wine leg)를 말한다. 때때로 '와인의 눈물(wine tears)'이라고도 하는 와인의 다리는 와인 잔을 흔든 다음 액체가 다시 바닥으로 가라앉았을 때 와인 잔 안쪽에 형성되는 작은 방울을 가리킨다._옮긴이

공동의 특성으로 변환하여 그것을 같은 감각적 언어, 동일한 의례, 공통의 의미 담론을 소유한 다른 사람들과 공유할 수 있게 한다. 이것은 중요하다. 후각, 시각, 청각이라는 감각에 대한 표준적인 문화적 구성물들은 분명히 공동체적인 특성을 지니고 있다. 왜냐하면 서로 냄새 맡고 듣고 보기에 충분할 만큼 가까이 있는 사람은 누구나 개인 및 집단의 지각적 감각작용을 공유할 수 있기 때문이다. 하지만 미각과 촉각은 반드시 개인적이고 또한 "한 개인을 다른 개인과 가르는 경향이 있는데, 이는 한 사람이 느끼는 그러한 감각의 즐거움은 다른 사람과 공유되지 않거나 실제로 그러한 공유와 양립할 수 없기 때문이다"(Dewey, 1967: 222). 따라서 와인 시음 수행하기라는 연극적 의례는 사람들로 하여금 물질적 특성(이를테면 '다리')은 물론 지각된 특성(이를테면 과일향이나 오크향)도 문화화할 수 있게 해주는, 그리고 그러한 특성들을 [은연중에 개인적인 것을 공적인 것으로 만드는 (그리고 그 역으로도 만드는) 방식으로] 결합할 수 있게 해주는 집단적 의미 부여의 수단을 제공한다.

* * *

맛보기는 하나의 "어려운 기술(difficult art)"이다(Peynaud, 2005: 72). 하지만 페노가 말한 것처럼, 이는 단순히 감각작용이라는 준언어와 그것을 묘사하는 데 이용할 기호 어휘 간에 상응성이 존재하지 않기 때문만은 아니다. 미각이라는 감각은 외부의 물리적 자극과 물질적 대상을 중립적으로 받아들이는 수용체가 아니다. 하지만 우리는 언어라는 기술(technology of language)도 그러한 특성을 가지지 않는다는 것을 때때로 망각한다. 인간의 감각은 "감각과 사물 간의 커뮤니케이션을 통해 구축되는" 하나의 매체이다(Serematakis, 1994: 7). 언어도 그렇다. 그리고 물질문화도 그렇다. 세레마타키스(Serematakis, 1994: 7)는 "따라서 물질문화는 안정적이거나 고정적인 것이 아니라 지각자에 의해 연결되고 완성될 것이 요구되는 본질적으로 전이적인(transitive) 것이다"라고 쓰고 있다. 이러한 심미적 교류는 하나의 수행이지만, 이전의 고급 또는 저급 문화의 규정을 그대로 적용하는 것도 아니고, 지위를 강화하기 위해 교묘하게 인상 관리를 하는 것도 아니며, 심지어는 단지 사회적 자본을 과시적으로 내보이는 것도 아니다. 오히려 그러한 심미적 교류는 '아마추어'가 하는 포이에시스이다(Hennion, 2004; 2007). 감각에 관한 이야기는 하나의 '시'(Fine, 1995: 245)로, 스킬을 가지고 수행하는 변형이다. 즉, 그것은 "이전에 경험적으로나 문화적으로 주목받지 않았던 것을 가지고 무언가를 만드는 것"이고, 그 과정에서 공연하는 배우는 (자신이 자기 자신의 관객이 되는) "감각의 지평에 부지불식간에 관여한다"(Serematakis, 1994: 7). 달리 표현하면, 이 심미적 교류는 하나의 창조적인 '연합행위(joint act)'(Blumer, 1969), 즉 자아의 창조적인 감각적 사회성과 사회-신체적 관계의 변형 능력을 보여주는 하나의 발현적인(emergent) **신체적 연합행위**이다. 외부 물질을 기록하고 그것을 정신적 도식과 언어 기록으로 전환하는 원자적 감각작용과 개별화된 지각에 대해 생각하는 대신 감각하기를 하나의 신체적 연합행위로 생각할 경우, 우리는 감각을 우리가 다른 사람들과 함께 세상에서 살아가는 데 이용하는 의식적인 성찰적 스킬로 이해할 수 있게 된다(Ingold, 2000).

와인 페스티벌의 맥락에서 우리의 능숙함(skillfulness)을 구성하는 핵심 요소 중 하나가 바로 **신체적 설명**(somatic account)을 수행하는 능력이다. 신체적 설명은 우리의 감각작용, 평가, 지각, 심미적 선호를 표현하기 위해 적절한 맛 어휘를 사용하는 창의적인 행위이다. 우리가 와인 페스티벌을 모이기, 수행하기, 해산하기의 단계로 구성되는 하나의 사회적 드라마로 개념화할 경우, 그 페스티벌 참가자의 관점에서 수행 행위는 우리가 와인 잔을 손에 쥐는 순간에 시작된다. 그 행위에 뒤따라 이어지는 비언어적 행동도 중요하지만, 우리의 수행의 핵심적인 구성요소는 신체적 설명을 하는 과정에 있다. 우리는 신체적 '설명'을 함으로써 당면한 상황과 물질적 대상에 대해 "의미를 부여하는(making sense)" 동시에 심미적 정체성을 표현한다. 우리는 신체적 설명을 할 때, 신체 작업이 지닌 사회적·물질적·육체적 특성을 표현한다. 우리는 우리의 육체적 경험에 대해 거짓말을 하거나 그릇된 판단을 함으로써가 아니라 육체화된 자아와 그 자아의 감각작용이 지닌 '사회성'(Mead, 1934)을 표현함으로써, 따라서 감각이 지닌 "동시에 여러 가지의 것일 수 있는 능력(capacity of being several things at once)"(McCarthy, 1984: 108)을 표현함으로써 그렇게 한다.

우리는 "맛을 표현하는 소리인 으음(gustatory mmh)"(Wiggins, 2002)과 같은 단순한 표현을 사용하거나 보다 정교한 맛 어휘를 사용함으로써 설명한다. 설명이 명시적으로 또는 암묵적으로 요청될 수도 있다. 다른 사람이 우리에게 직접 자신의 감각작용에 대해 설명해 달라고 요구하는 것은 명시적으로 요청하는 것이다. 서빙하는 사람이 고객에게 "그거 맛이 어때요?"라고 묻는 것이 그것의 한 예이다. 반면에 직접적으로 평가를 요구하지는 않지만, 그럼에도 불구하고 한 개인이 다른 사람으로부터 판단을 표현해 줄 것을 기대받고 있다는 것을 느낄 때, 우리는 설명을 암묵적으로 요구받기도 한다. 와인 페스티벌 참가자들은 그들 간에 일정 수준의 언어적 상호작용을 요구하는 의례 규칙을 인지하고 있다. 따라서 참가자들은 서빙자 및 다른 시음자들과 이야기를 나누면서 와인을 성찰적으로 음미하고 누가 요구하지 않아도 신체적 설명을 한다. 참가자들이 자신의 신체적 설명에서 와인을 따르는 사람의 맛 어휘를 사용한다는 것은 그러한 행위의 연합행위적 성격을 보여준다. 내가 앞의 짧은 문장에서 사용한 '스파크'라는 단어는 와인 따르는 사람이 나에게 와인을 묘사할 때 직접 사용한 것이었다. 나는 그 단어를 앵무새처럼 따라하지 않았다. 그는 그 말을 함으로써 나에게 편견을 갖게 하지도 않았다. 오히려 우리 두 사람은 그 단어를 사용함으로써 그 와인의 일반적 속성에 신체적으로 주목했고(Csordas, 1993), 그와 동시에 우리의 공통 언어를 통해 우리의 "심미적 판단"이 "합의를 이룰 수 있음"을 보여주었다(Fine, 1995: 258; 또한 Jackson, 1983; O'Hanlon, 1989: 135도 보라). 따라서 초보자가 시음 상황에 대한 다른 사람의 정의에 의존하기로 하는 선택은 "보는 대로 따라하는(monkey-see, monkey do)" 사례의 하나이기는커녕 "자신의 판단을 자신과 다른 경험을 가진 사람들에게 부분적으로 위임함으로써 자신의 성향을 예견하고 얼마간 보증받는 좋은 방법"이다(Hennion, 2004: 136).

감각작용을 말로 설명한다는 것은 다른 사람의 체면을 세워주기 위해 특정 감각을 무시한다거나 모든 신체 경험을 핸디캡이 있는 비밀 신체 언어의 영역으로 격하하는 것이 아니다. 한 문화의 감각 질서라는 광범한 영역 내에서 그리고 특정한 의례 환경 내에서 감각작용을 설명한다는 것은 감각을 하나의 변형 스킬로 능숙하게 이용하는 것이다. 감각을 스킬로 이해한다는 것은 감각을 "신체적인 것, 생리적인 것, 신경학적인 것이 역사적인 것, 사회학적인 것, 정치적인 것, 상상적인 것과 교차하며 서로 뒤얽히는 과정에서 …… 끊임없이 활성화되고 억압되고 재창조되고 재생산되고 반복되고 즉석에서 처리되는 역사적으로 속박된 문화적 행위자"로 생각한다는 것을 의미한다(Lepecki and Banes, 2006: 1).

* * *

"첫 한 모금을 마신 뒤로 여기선 모든 와인이 다 똑같은 맛이 나요. 이곳은 당신의 미뢰를 망가뜨리죠." 한 젊은 여성이 나에게 말한다. 이런 곳—오늘 밤에 열리는 나나이모 와인 페스티벌(Nanaimo Wine Festival)뿐만 아니라 다른 와인 페스티벌도 역시—은 미뢰를 망가뜨린다. 분명 이것은 부분적으로는 미각에서 일어나는 생리적 과정 때문이다. 사실 와인 콘테스트 심사위원들은 이 문제를 잘 알고 있으며, 이 문제가 발생하는 것을 최소화할 수 있는 방법을 고안해 왔다. 그러나 와인 페스티벌 참가자에게서는 이 같은 행사가 갖는 극적인 속성이 와인 맛을 느끼는 방식을 틀 짓기도 한다. 감각적 쾌락주의가 이 이교도 의식을 지배하고 있다. 그 다감각적 스모가스보드(smorgasbord)*에서는 작은 합주단이 저 뒤편에서 재즈 퓨전을 연주하고 있고, 굴과 설탕에 절인 연어의 향기가 레드 와인, 화이트 와인, 블러셔 와인의 후각적 향연을 뒤덮고 있다. 그 촉각의 파라다이스에서는 맘껏 먹을 수 있는 부드럽고 크리미한 치즈 조각이 접시에서 손가락으로, 손가락에서 입으로 끝없이 날아다닌다. 그리고 당신의 발밑에는 남은 시간 동안 리슬링

* 온갖 음식이 다양하게 나오는 뷔페식 식사._옮긴이

(Riesling)*과 게뷔르츠트라미너(Gewürztraminer)**를 시음하는 테이블을 순회할지 아니면 밤새 볼드하고 드라이한 품종을 고수할지를 결정하게 할 실험과 탐험의 길이 연속적으로 펼쳐져 있다. 습관적인 것과 뜻밖의 것, 익숙한 것과 이국적인 것, 오래된 것과 새로운 것을 조화시키려는 투쟁이 시식의 수행을 이끌고 있다.

"우리의 피노 와인 맛 좀 보실래요, 부인?" 나는 갑자기 지금의 여기로 돌아온다.

그녀가 "물론이죠"라고 말하자, 곧 그녀의 잔이 채워진다.

와인 따르는 사람이 덧붙인다. "2006년산입니다. 우리의 작황이 가장 좋았던 해 가운데 하나이죠." 그 여성은 샤르도네(Chardonnay)*** 한 잔을 단숨에 비우고 감사의 표시로 아주 환한 미소를 짓는다.

그녀가 말한다. "고마워요. 나는 와인 감식가는 아니지만, 이건 정말 맛있어요. 오늘 밤 내가 마신 와인 가운데 최고예요. 나는 이걸 야외에서 마시고 싶어요. 갓 잡은 생선과 함께, 어쩌면 바비큐해서. 이건 그런 여름날에 더할 나위 없을 것 같아요, 알죠?"

나는 내 노트에 적는다. 그것—하루 일과를 마치고 바닷가에서 온화한 여름 산들바람을 맞으며 물가에 있는 통나무집에 누워서 완벽하게 관리된 바비큐 불꽃에 자극을 받는 것—역시 당신의 미뢰를 망가뜨릴 것이다. 나는 계속해서 갈겨쓰고 있다. 아니다, 나는 지금 낭만화하고 있는 것이 아

---

* 라인산 백포도주._옮긴이

** 독일 알자스산 백포도주._옮긴이

*** 피노누아(Pinot Noir)와 구애 블랑(Gouais Blanc)을 접합하여 만든 청포도 품종으로, 그것으로 만든 와인을 지칭하기도 한다._옮긴이

니다. 단지 가능한 **페어링**(pairing)*에 대해 공상을 하고 있을 뿐이다. 어쨌든 간에 그것이 와인 시음자들이 하는 것이다.

페어링에는 특정한 기술이 있다. 그것은 겉보기에는 소수만이 즐길 수 있는 스킬이다. 페어링은 신비한 영약인 체하는 극적인 행위로, 어떤 대상의 감각적 특성을 소비가 이루어질 바로 그 맥락과 결합시키는 얼마간은 일상적인 관행이다. 액션 영화는 영화관에서 볼 때 더 낫고 교향곡은 콘서트홀에서 들을 때 더 나은 것처럼, 와인은 바닷가 바비큐 파티에서, 또는 어쩌면 친구들과 함께하는 밤에, 고급스러운 로맨틱한 디저트 자리에서, 또는 와인 페스티벌에서 다른 맛이 난다. 소비의 맥락은 확실히 우리가 감각하는 방식**과** 감각을 지각하는 방식 모두에 영향을 미친다. 그렇더라도 페어링에는 와인의 지각된 특성에 근거하는 그 와인에 특수한 문화적 지식이 요구된다. 즉, 와인 자체는 마치 누군가가 병을 쓰다듬어 주기를 기다리는 지니(genie)와 같다. 페어링을 하기 위해서는 공동으로 주연을 맡고 있는 인간들이 그 마술적 트릭을 기꺼이 믿어야 한다. 즉, 맛이 나는 방식을 바꾸는 맛있는 카멜레온처럼 와인이 다양한 형태의 사회성을 자아내고 또 변화시키는 능력을 가지고 있음을 믿어야 한다. 하지만 페어링이 이루어지는 데에는 이중의 과정이 작동한다. 그것은 단지 맛있는 와인이 가지는 능력을 믿는 것만으로는 충분하지 않다. 거기에는 또한 (우리가 예증해 온 것처럼 모든 와인 시음자가 달성할 수 있는 것은 아니지만) 똑같이 중요한 "믿지 않으려는 마음(disbelief)을 기꺼이 중지시키는 것"—콜러

* 일명 와인 궁합 맞추기._옮긴이

리지(Coleridge, 1817)는 또한 이를 '시적 믿음(poetic faith)'이라고 불렀다—이 필요하다. 콜러리지는 연극(공식적인 드라마)을 즐기려면 관객은 모든 것이 꾸며낸 것이라는 지식—즉, 무대 위의 연극이 실제 생활이 아니라는 명백한 사실—을 일시적으로 중지시켜야 한다고 지적했다. 마찬가지로 맛있는 와인이 가지는 능력에 대해 믿는 것은 페어링 기술의 한 부분일 뿐이다. 다른 부분은 의심을 중지시키는 것이다. 와인이 맛의 특성을 변화시키는 능력을 가지고 있다는 것을 믿는 것은 와인을 발견하고 와인의 사회성을 감지하고 와인을 소비하는 스릴을 제공한다. 의심을 기꺼이 중지하는 것은 자신의 무지와 개인적인 맛 선호로 인해 발생하는 고통을 줄여준다.

* * *

와인과 와인 페스티벌 참가자들은 하나의 생태적 관계로 연결되어 있으며(Ingold, 2000), 따라서 시식 감각은 와인과 시음자의 상호의존(co-dependence)과 공동 구성(co-construction)에 기초한다. 와인의 맛은 와인의 물리적 속성에 의해서만 결정되지 않으며, 각 개별 음주자의 변덕스러운 판단에 의해서만 결정되지도 않는다. 오히려 와인의 맛은 그 둘이 "물리적으로 만나는" 동안, 즉 와인과 음주자가 "함께하는" 동안 잠정적으로 "생산"된다(Hennion, 2004: 140). 우리는 이러한 맥락 내에서, 즉 이러한 공생관계 내에서 대상을 경험한다. 즉, "우리는 그 대상이 특정한 의미를 지니는 특정 공동체 내에서 그 대상이 그 공동체와 갖는 관계 속에서 대상을 경험한다"(Costall, 1995: 472). 따라서 맛은 진공 상태에서 작동하는 것이 아니다. 와인 페스티벌의 맥락에서, 와인은 구조화된 환경 내에서, 즉 신체적 설명, 지각 능력, 대화,

음주 테크닉 및 감각적 지식을 틀 짓는 관습을 통해 음주자 공동체에 분명하게 영향을 미치는 환경에서 시음자에게 소개된다. 개별 지각자는 틀 지어지지 않은 감각작용의 세계에 그냥 던져지는 것이 아니라 "[지각자] 주변에 있는 사람들에 의해 그 세계에 소개되고, 그들이 그 지각자를 그 세계로 안내한다"(Leont'ev, 1981: 135). 에니옹(Hennion, 2004: 136)의 표현으로 "미각 활동은 프레임을 제공하는(즉, 그러한 활동에 타당성을 부여하는) 그리고 그러한 활동의 결과를 보장하고 동반하고 안내하고 말로 표현하는 집합체를 통해 이루어진다."

하나의 공동 생산물로서의 미각은 필연적으로 "사회적 환경에 의해 결정되고 훈련되고 형성되고 변형된다"(Hennion, 2004: 138). 따라서 와인 페스티벌이라는 사회적 드라마는 하나의 독특한 감각 질서이다. 감각 질서 또는 감각중추(sensorium)는 "한 사회의 전통 안에서 성장한 사람들이 보여주는 감성"으로 이루어지는, 그 사회의 육체화된 문화 모델이다(Geurts, 2002: 5). 감각인류학자들(이를테면 Classen, 1993; 1998; Csordas, 1993; Geurts, 2002; Howes, 2003)은 민족 공동체, 국민국가, 그리고 심지어는 역사적 시대만큼 큰 규모의 감각 질서가 어떻게 "주의력을 교육"하여(Gibson, 1979를 참조하라) 자신의 세계에 대한 신체 자각을 틀 짓는지를 보여주어 왔다. 그러나 와인 페스티벌처럼 작은 규모의 감각 질서도 강력하게 작동할 수 있다. 와인 페스티벌에서 미각은 제한받는다. 미각은 항상 "시간과 공간 프레임, 도구, 환경, 규칙, 작업 방식 등 상황과 물질적 장치에 크게 의존한다. 미각은 면밀한 시간적 조직화, 집단적 배열, 온갖 종류의 물건과 도구, 그리고 그 모든 것을 관리하는 다양한 기법 등과 관련되어 있다"(Hennion, 2004: 137). 이를테면 와인 페스티벌에 일반적으로 나타나는 기대, 즉 사람들이 자신이 느끼는 와인 맛을 공개적으로 표현할 것이라는 기대에 대해 참여자들은 "일상 밖에서 일상적인 것에 대한 일상적 설명"으로 응한다(Gallegos and McHoul, 2006: 177). 우리가 우리의 미각 감각작용에 대해 이야기하는 것은 단지 "까탈스러움"을 표현하는 것이나 "잡담을 하는" 것과는 거리가 멀다(Gallegos and McHoul, 2006: 118). 이 평범하면서도 이례적인 수행적 행위라는 성격이 하나의 특별히 민감한 감각적 자각을 낳는다. 이러한 소통적 기대 덕분에 와인 페스티벌은 상호작용, 인간의 몸, 물질적 대상, 신체적·지각적 행위가 사회적 및 성찰적 과정에 의해 상황지어진다는 것을 보여주는 증거가 된다. 이러한 성찰성, 즉 '맛의 화용론(pragmatics of taste)'*은 "미각 활동의 수행적 성격"을 생산하고 확대한다(Hennion, 2004: 134). 따라서 와인 페스티벌의 감각 질서에서 우리가 특정 와인을 좋아한다고 공표하는 것은 "이미 그 와인을 더 좋아하는 하나의 방식"이며, 그런 까닭에 어떤 와인은 "공중과 접촉함에 의해 끊임없이 변형된다. …… 맛보기는 하나의 수행이다. 즉, 맛보기는 행위하고 참여하고 변형시키고 느끼는 것이다"(Hennion, 2004: 134).

와인 페스티벌의 감각 질서는 다른 사회적 맥락에서 작동하는 다른 감각 질서와 같은 방식으로 작동한다. 파인이 주장하듯이, 모든 "감각적 판단은 사회적 관계, 대면 협상, 사회구조 및 사회조직에 근거를 두

---

* 맛의 화용론은 사회적 맥락에서 주관적인 경험, 의견, 선호를 전달하고 표현하기 위해 맛과 관련된 언어(글자 그대로의 언어와 은유적인 언어 모두)를 사용하는 방식을 말한다. 이는 단지 맛보고 있는 것의 객관적인 특성에 초점을 맞추는 것이 아니라 사회적 상호작용 내에서 맛 판단이 어떻게 내려지고 표현되고 협상되는지를 이해하는 것에 관한 것이다._옮긴이

고 있다"(Fine, 1995: 246). 따라서 와인 페스티벌의 사회성을 살펴보는 것은 와인의 물질성을 생산하는 과정을 살펴보는 것이며, 더 일반적인 용어로 표현하면 와인에 포함된 물질적인 것과 "사회적인 것을 생산"하는 과정을 입증하는 것이다(Law and Mol, 1995: 274). 바로 이 "관계적 물질성"(Law and Mol, 1995: 277) 속에 하나의 사회적 미학으로서의 맛이 거주한다. 사교적 상호작용이 지닌 이러한 심미적 성격—특히 짐멜(Simmel, 1997)이 인정한(이에 대해서는 De la Fuente, 2007도 보라)—이 감각작용을 조직화하고 지각된 대상을 변형시킨다. 페어링 관행은 이러한 현상을 집약적으로 보여준다. 와인과 음식, 와인과 사회적 행사를 페어링하는 것은 저녁 식사 에티켓을 마사 스튜어트(Martha Stewart)* 식으로 실행하는 것 이상의 것이다. 오히려 페어링은 서로 다른 극적인 가능성을 만들어내고, 이는 다시 와인이 맛을 내는 방식과 와인을 마시는 사람이 맛을 느끼는 방식 모두를 다르게 틀 짓는다. 특정 페어링은 하나의 독특한 감각 질서를 수행하는 것일 뿐이다. 그것은

> 일을 발생시켜 즐기려는, 결과를 얻고 노닥거리려는, 의미를 수집하고 시간을 보내려는, 변신하고 자신임을 축하하려는, 보이지 않게 하거나 과시하려는, 그때에도 존재했고 지금도 존재하고 후일에도 존재할 초월적인 타자를 특별한 곳으로 데리고 오려는, 무아지경에 빠지거나 의식을 찾으려는 충동에서 비롯되는(Schechner, 2002: 156~157)

* 요리, 원예, 수예, 실내 장식 등 생활 전반을 제안하는 라이프 코디네이터._옮긴이

하나의 수행이다. 궁극적으로는 누군가의 미뢰를 망가뜨리는 것이 바로 이 수행이다.

04

감각학

2008년에 나(데니스)와 나의 아내 미셸(Michele)은 바운더리 워터스 카누 지역 야생지대(Boundary Waters Canoe Area Wilderness)에서 카누 여행에 관한 민족지적 연구를 수행했다(Waskul and Waskul, 2009). 그 여행 끝에 우리는 이 장에서 포착한 많은 것—그중에서도 특히 우리가 더운 여름날 수마일을 노를 저어 이동한 후 우리 자신이 풍기는 악취와 맞닥뜨린 일—에 대해 숙고했다.

* * *

우리는 우리의 지프차 위로 카누를 끌어 올린다. 그 카누는 눈부실 정도로 화창한 여름날 오전에 출발하여 찌는 듯이 무더운 오후까지 수마일을 노를 저어서 그리고 육상으로 운반되며 이동해 왔다. 카누에서 떨어지는 물이 지프를 타고 흘러내리면서, 먼지가 많은 자갈밭에 7일 동안 주차되어 있던 자동차에 먼지가 쌓여 만들어진 막에 촉수 선을 남긴다. 차 문을 열자 뜨거운 열기가 뿜어나온다. 나는 내 차의 내부에서 풍겨 나오는 퀴퀴한 뜨거운 향과 묘하게 익숙한 냄새 둘 다에 충격을 받는다. 하지만 나는 나에게서 나는 냄새에 더 충격을 받는다.

야외에서는 당신은 자신이 얼마나 나쁜 냄새를 내는지를 알아채지 못한다. 더운 여름 오후에 우리가 차창을 열어 소중한 에어컨 바람을 희생하고 싶지 않다는 생각에 우리를 차 안에 가두어둘 때면, 우리는 그러한 사실을 곧 아주 분명하게 알게 된다. 내가 지프차 뒷좌석에 놓인 젖고 더러워진 트레킹 장비에서 나는 냄새를 맡을 수도 있지만, 나는 대부분은 나 자신의 신체에 잠재되어 있는 악취—땀, 선크림, 벌레 스프레이, 젖은 신발, 은은한 소고기 육포 향, 기름에 찌든 머리카락, 그리고 그날 아침 캠프파이어의 연기 냄새가 아직 남아 있는 3일 동안 입었던 옷 등에서 나는 유독한 냄새의 혼합물—로부터 더 강한 습격을 받는다. 그러나 감각에 가해질 훨씬 더 큰 충격이 나를 기다리고 있다.

도로를 달리는 동안 우리의 교통수단 양식들이 극명하게 대비된다는 점이 나의 머리에 갑자기 떠오른다. 미셸이 생각에 빠진 나의 침묵에 어떤 의미가 있음을 감지하고는 두 번이나 "무슨 생각을 해요?"라고 묻는다. 우리가 카누 여행을 하면서 우리의 카누를 하나의 호수에서 다음 호수로 육상으로 운반하던 중에 수많은 침묵의 순간이 있었지만 그때에도 그녀는 이 질문을 한 적이 없었다. 늘 그렇듯, 그녀의 판단은 정확하다. 나는 대답한다. "우리가 얼마나 빨리 이동하고 있는지에 대해 생각하는 중이야." 자갈이 깔린 울퉁불퉁한 좁은 길은 우리로 하여금 천천히 운전할 수밖에 없게 한다. 그러나 여전히 시속 40마일은 우리가 일주일 동안 이동해 온 것에 비하면 대단히 빠르다. 그것은 신경 쓰일 정도의 빠른 속도이다. 과거에 카누의 노 젓기와 카누 육상 운반이라는 위험한 작업은 느린 이동 기술과 (성실한 육체적 수고를 요구하는) 힘이 드는 신체 기법으로 이루어져 있었으며, 따라서 우리에게는 주변을 세심하게 관찰할 만한 시간적 여유가 있었다. 이 순간이 되어서야 나는 내가 카누의 육상 운반과 노 젓기라는 느리고 더디게 나아가는 속도에 그간 얼마나 적응했는지를 확실히 알았다. 하지만 이것이 다가 아니다.

나는 미셸의 두 번째 질문에 답한다. "우리가 그냥 빠르게 이동하고 있는 게 아냐. 우리는 **너무** 빠르게 이동하고 있어." 나는 애써 설명한다. "너무 빨리 지나가서 우리는 아무것도 알아보지 못해. 당신은 블루베리도, 벌레도, 새도, 꽃도 볼 수 없어. 숲을 운전해 지나가는데 숲을 실제로 볼 수 없다는 것이 아주 이상하지 않아." 느린 이동이 개성기술적(idiographic)이라면, 빠른 이동은 법칙정립적(nomothetic)이다. 나는 또한 금속과 유리로 격리되어서는 "주변의 소나무 냄새도 맡을 수 없고, 새소리도 들을 수 없고, 나무 사이로 스치는 바람 소리도 들을 수 없으며, 들을 수 있는 것이라고는 엔진의 굉음과 자갈 위를 달리는 타이어 소리뿐"이라는 것을 깨닫는다. 나는 속도를 늦추지만, 그것은 도움이 되지 않는다. 지난주에 우리가 이용한 교통수단 양식과 그것이 나의 인식, 보는 방식, 아는 방식, 이해하는 방식, 존재하는 형태를 구조화했던 것과는 대조적으로, 이제 나는 현재 우리가 여행하는 자연환경과 **분리되어** 있고 우리가 **그것의 일부**가 아니라는 것을 받아들일 수밖에 없다. 몇 마일 더 가면, 나의 인식, 보는 방식, 아는 방식, 이해하는 방식, 존재하는 형태가 완전히 재구성될 것이다.

* * *

내가 서두에 묘사한 이 성찰은 이 장의 주제를 잘 보여준다. 우리는 이 장에서 지식의 감각성에 대해 숙고하고 인식론, 방법론, 감각학 간의 교점을 살펴본다. 이 작업을 하는 과정에서 우리는 이 책 전반에서 우리를 인도하는 개념인 신체 작업에 대해서도 추가적으로 고찰한다. 신체 작업은 일상적인 사회적 상호작용에서 감각이 수행하는 역할을 이해하는 데 유용한 분석적 개념일 뿐만 아니라, 자신의 **감각 지능**(sensory intelligence)을 연마하는 데 관심이 있는 연구자들에게도 가치 있는 감지적 개념(sensitizing concept)*이다. 즉, 우리는 훌륭한 감각학은 신체 작업의 결과이고 신체 작업은 신체 지능을 수반한다고 제시한다.

그럼 역사적 맥락을 검토하는 것에서부터 천천히 논의를 시작해 보자. 감각학이 부상하고 있는 것으로 보인다. 최근 수행에 관한 연구, 서사 연구, 성찰적 연구, 인상주의적 연구, 육체화 연구 및 서술적인 질적 연구가 발전하고 수용된 것은 여러 학문에서 '감각학'의 방법론적 잠재력에 대한 관심이 증가한 것과 맞물려 있다(이를테면 Adams, 2009; Bagley, 2008; Crang, 2003; de Garis, 1999; Paterson, 2009; Pink, 2006; Sparkes, 2009; Stoller, 1984; 1989; 1997; 2004; Warren, 2008). 감각학은 이러한 연구 전통 및 이들 전통이 요구하는 육체학(embodied scholarship)과 많은 공통점을 지니지만, 그것들과는 다르다. 감각학은 일반적으로 **감각에 관한**, **감각을 통한**, **감각을 위한** 연구와 이론 그리고 방법론

---

* 감지적 개념이라는 용어는 허버트 블루머가 제시한 것으로, 구체적이고 분명하게 정의된 속성을 제시하기보다는 연구와 분석의 일반적인 방향성을 제공하는 광범위하고 암시적인 관념을 말한다. 이는 잠재적인 관심 분야를 강조하고 고려해야 할 관련 측면을 시사함으로써 연구자가 사회현상을 이해하는 데 도움을 주지만, 구체적인 연구 결과나 결론을 지시하지는 않는다._옮긴이

을 일컫는다. 감각학은 이 책에서 지금까지 논의한 많은 테마와 관념을 기반으로 한다. 감각학은 세계에 대한 우리의 신체 경험이 의미 있음을 인식하게 하고, 감각을 통해 세계를 적극적으로 형성하고 재형성하는 활동을 능숙하게 수행하게 하며, 우리의 재현 전략에 내재하는 환기성(evocativeness)을 상기시킨다. 먼저 사회과학 분야와 학문을 예로 들어 감각학이 무엇인지 간략하게 검토하는 것에서부터 논의를 시작해 보자.

감각학이라는 성장하는 분야

하나의 조직화된 앎의 방식과 재현 전략으로서의 감각학은 니제르 공화국의 송가이족에 대한 스톨러의 중요한 연구와 그의 후속 성찰들(Stoller, 1989; 1997)에 뿌리를 두고 있다. 말 그대로 무미건조한 민족지적 글쓰기에, 그리고 자신이 초기에 젊은 민족지학자로서 그 분야의 감각적(sensuous) 차원을 이해하지 못하고 있었던 것에 넌더리가 나 있던 스톨러는 "과학의 강점과 인문학의 가치를 결합한 민족지"(Stoller, 1989: 9)를 쓸 필요가 있다고 생각한다. 그는 민족지학이 소리, 냄새, 맛, 질감, 풍경에 초점을 맞출 것을 제창함으로써, "우리가 다른 사람들을 그들의 현장의 현실에 더 충실하게 설명할 수 있게 해주는, 그리하여 그 설명이 덜 과학적이 아니라 더 과학적이 되게 하는" 급진적 경험주의(radical empiricism)를 주장한다(Stoller, 1989: 9). 스톨러는 상한 소스를 제공하는 것에서 자신의 서사의 단초를 얻어서, 상한 소스가 악의적으로 준비되고 나중에 그 소스를 제공받은 사람들이 구토하는 상황에서 그 상한 소스의 맛이 어째서 그저 하나의 흥미로운 민족지적 호기심에 불과한 것이 아닌지를 설명한다. 그가 볼 때, 이와 같은 중요한 감각 사건은 의미 없는 사건으로 쉽게 치부될 수 있는 것이 아니다. 스톨러는 현장 연구자가 전통적으로 '크'고 중요한 주제와 심층의 진리에 집착해 온 것이 문화의 신체적 기반을 밝힐 수 있는 큰 잠재력을 지닌 사건들—이를테면 상한 소스 맛—을 놓치게 만든다는 것을 발견한다.

스톨러의 해결책은 새로운 형태의 "인상주의적이고 문학적인 이야기"(Van Maanen, 1988), 이른바 감각학을 만드는 것이다. 감각학은 인간의 감각에 관한, 감각을 통한, 그리고 감각을 위한 정교한 현장 연구이다. 감각학이 감각**에 관한**(about) 현장 연구인 까닭은 그것이 우리의 삶에서 매우 무시된 차원, 즉 인간의 감각작용의 영역에 초점을 맞추고자 하기 때문이다. 스톨러는 시각이 지닌 권력을 서구를 지배하는 인식론에서 기인하는 것일 뿐이라고 지적하고, 학자들에게 우리의 **모든** 신체 감각작용이 지닌 미묘한 차이를 밝혀낼 것을 촉구한다. 감각학이 감각**을 통한**(through) 현장 연구인 까닭은 그것이 재각성된 성찰적인 학자의 몸—즉, "학자적 삶으로 인해 오랫동안 잠을 잠으로써 경직된" 몸, 그리하여 이제는 "자신의 근육을 운동시키기를 갈망"하고 "자신의 감성을 회복하기를 간절히 바라는"(Stoller, 1997: xi~xii) 몸—의 결과물이기 때문이다. 마지막으로, 감각학이 감각**을 위한**(for) 현장 연구인 까닭은 그것이 지나치게 분석적이고 지나치게 이론적이고 지나치게 형식적이고 익명적이고 상상력이 없는 학문의 지루함에 반대하는 연구의 한 종류이기 때문이다. 스톨러가 주장하듯이, 감각학은 "대화, 묘사, 은유, 환유, 제유, 반어법"(Stoller, 1989: 32)은 물론 감각작용, 상상력과 마법의 힘, 자기 성찰, 의심, 실패와 같은 "각종 재료"가 뒤섞여서 일어나는 현장 경험을 문어(文語) 또는 다른 양식을 통해 세련되게 중개한다. 스톨러는 이 요리가 상한 소스와 달리 독자들의 입맛에 진정으로 어필하기를 희망한다.

스톨러의 독창적인 성찰이 출판된 후에 감각학은 크게 성장해 왔다(이에 대한 방법론적 에세이로는 Adams, 2009; Bagley, 2008; Crang, 2003; de Garis, 1999; Paterson, 2009; Pink, 2006; Sparkes, 2009; Stoller, 2004; Warren, 2008을 보라). 이를테면 사회인류학자 사라 핑크(Sarah Pink, 2006)는 **시각적 민족지학**(visual ethnography)의 성장을 급격히 성장하는 감각학의 전통 속에 위치시켜 왔다. 그녀가 주장하듯이, 시각적 재현 매체에 대한 현대의 관심은 영화와 사진을 사실주의적 도구가 아니라 (글쓰기보다 열등하거나 우월한 것이 아닌) 글쓰기에 대한 대안적인 감각적 재현 양식으로 간주하는 새로운 사회과학적 성향에서 기인한다. 시각이 현장, 관행, 경험을 포착하는 데서 갖는 잠재력에 대한 핑크의 성찰이 특히 빛나는 까닭은 그녀가 영화와 사진을 매개체로 한 재현을 복잡한 신체적 실체—그것의 복잡한 양상과 미묘한 차이들로 인해 실제로 그대로 재생할 수 없는—를 객관적으로 재생한 것이 아니라 그것에 대한 상상적 은유에 불과한 것으로 인식하기 때문이다. 핑크는 이를 그 매체들이 가진 한계로 보기보다는 시각적 방법론이 가진 창조적 잠재력으로, 즉 다른 매체를 통해서는 환기시키기 어려운 감각작용을 밝혀내는 능력으로 받아들인다.

최근에는 저렴하고 사용자 친화적인 기술이 보급됨에 따라 시각적 방법의 인기가 폭발적으로 증가했지만, 시각 중심적 접근방식이 이 분야의 연구에서 이용 가능한 유일한 접근방식인 것은 아니다. 사회연구에서 예술에 기반한 접근방식이 성장해 옴에 따라(이를테면 Knowles and Cole, 2008을 보라) 일상생활의 소리 차원에 관심이 있는 연구자들은 이제 점점 성장하고 있는 접근방식인 음악(Bresler, 2008)·라디오(McKenzie, 2008)·오디오(Makagon and Neumann, 2009)를 베이스로 하는 다큐멘터리 전통에 눈을 돌릴 수 있게 되었다. 동작과 균형에 관심이 있는 사람들은 역시 점점 더 영향력을 확대하고 있는 접근방식인 춤과 안무를 중심으로 하는 전략에 기댈 수 있다(Blumenfeld-Jones, 2008). 삼차원성에 관심이 많은 사람은 설치 미술의 인도를 받아 자신의 연구를 구체화할 수도 있다(Cole and McIntyre, 2008). 그리고 감촉성과 시각성을 결합하고자 하는 사람들은 퀼트와 같이 최근에 받아들여진 연구 매체를 통해 새로운 은유를 엮어 짤 수 있다(Ball, 2008). 적어도 예술과 인문학 분야에서는 심지어 음식도 지식을 수행하기 위한 하나의 매체로 이용해 왔다(Kirshenblatt-Gimblett, 1999).

시각적 민족지학 및 그와 관련된 시각적 방법들[이를테면 회화(Sullivan, 2008)]이 그 분야에서 감각적 전환이 낳은 가장 대중적인 성과이기는 하지만, 다른 전략들도 커다란 진전을 이루어왔다. 이를테면 스포츠 연구에서는 스파크스(Sparkes, 2009)가 스포츠 경험에 대한 전통적인 탈육체화된 접근방식에 도전하는 운동을 이끌어왔다. 스파크스는 **자전적 민족지**(autoethnography)(이에 대한 보다 자세한 설명으로는 Ellis, 2004를 보라), 성찰적 민족지(reflexive ethnography), 감각적 글쓰기 및 여타 재현 양식을 이용하여 감각작용이 "생동적인 다감각적 민족지학 프로젝트의 일부로서" 수행하는 역할을 더 많이 인정할 것을 촉구해 왔다(Sparkes, 2009: 33). 이러한 다른 재현 양식 중의 하나가 **소리산책**(soundwalking)과 같은 관행이다. 연구자들은 이 소리산책을 통해 현장의 음조에, 그리고 사회적 행위자들 사이에서 이루어지는 상호작용의 청각적 측면에 귀를 기울인다(이를테면 Adams, 2009; 또한 Hall, Lashua and Coffey, 2008도 보라). 하나의 '자료수집' 전략으로서의 산책은 농촌 경관에 대한 와일리(Wylie, 2002; 2005)의 주목할 만한 비재현적 연구 사례에서 감각적인 글쓰기를 가능하게 했으며, 보다 일반적으로는 운동감각이 갖는 감각적 속성을 발견할 수 있게 해왔다(이를테면 Edensor, 2007; Ingold and Vergunst, 2008).

감각성은 장소에 대한 신체적 및 감정적 경험에서 크나큰 한 부분을 이루고 있기 때문에, 감각학이 인문지리학에서 비옥한 지형을 발견해 온 것은 결코 우연이 아니다. 이를테면 크랭(Crang, 2003)은 지리학에서 이루어지는 질적 연구가 그간 우리가 잘못 생각한 것보다 더 '촉각적(touchy feely)'일 가능성이 있다고 제시해 왔다. 크랭에 따르면, 접촉하기 그리고 만지기 일반은 장소의 물질적 측면과 더 깊이 연관된 일을 유발할 것이 틀림없다. 패터슨(Paterson, 2009: 7)은 크랭에 고무받아 "그간 과소대표되고 문제시되지 않은 평범한 육체화된 감각적 경험의 영역을 환기시키고 기록하는 혁신적인 방법을 찾을" 필요가 있다고 주장한다. 그러한 방법들이 시각적 민족지나 자전적 민족지가 그러한 만큼 편리한 명칭을 찾지는 못했지만, 우리는 그러한 방법들이 **감각적인 지형학적 및 지도학적 작업**에 참여하는 새로운 방법이자 로더웨이(Rodaway, 1994)가 구상한 감각지리학(sensuous geography)의 좋은 사례라고 주장한다. 요약하면, 여러 분야와 학문에서 비전통적인 학문이 성장해 온 까닭에 감각학이 이미 비옥한 들판에 튼튼한 뿌리를 더 쉽게 내릴 수 있었다. 학자와 연구자들은 그간 글을 멋지게 쓰거나 감각적으로 쓰는 것—또는 그렇게 하기 위해 새로운 매체를 이용하는 것—을 관행적으로 주저해 왔지만, 이제 그들은 그러한 식으로 표현된 자신의 연구성과가 받아들여질 것인지에 대해 더 이상 걱정할 필요가 없게 되었다.

감각 지능의 정치학과 미학

감각학이라는 성장하는 분야에는 우리가 주목할 만한 가치가 있는 측면이 두 가지 더 있다. 첫째 측면은 감각학이 독자, 시청자, 청취자들로 하여금 신체적 측면의 사회적 부정의에 민감해지게 만들 수 있다는 점과 관련되어 있다. 잔혹한 구타와 그것의 결과에 대해 글을 쓰면서, 스톨러는 "충실한 감각학은 사회과학자들로 하여금 세계-내-권력(power-in-the-world)에 대한 분석을 재고하게 할 뿐만 아니라 세계-내-학문적 존재(scholarly-being-in-the-world)에 대해서도 다시 생각하게 한다"라고 진술한다(Stoller, 2004: 820). **사회정의**를 감각학의 주요 요소의 하나로 통합할 필요가 있는 까닭은 환기적이고 감각적인 재현이 청중을 움직이는 힘을 가지고 있기 때문만이 아니라, 지배적인 권력 질서가 (피지배자의 일상적 삶을 지배하는) '감각 체제(sensory regime)'(Stoller, 2004: 820)를 주기적으로 조작하는 (사회학적으로 중요한) 방식들을 분석할 채비를 감각학자들이 가장 잘 갖추고 있기 때문이기도 하다.

둘째 측면은 **민족시학**(ethnopoetics)*(Brady, 2004)이 갖는 독특한 감

---

* 민족시학은 구전 전통, 특히 시와 서사를 그 본래의 문화적·언어적 맥락 속에서 연구하는 학제적 접근방법이다. 민족시학은 이러한 구두 예술을 서구 문학의 기준에 의해 판단하기보다는 그것이 갖는 특유의 시적·미적 가치를 이해하고자 한다._옮

각적 능력—세계의 감각성을 발견하는 데 관심이 있는 인문학적 연구자들이라면 쉽게 활용할 수 있어야 하는 심미적 능력—을 이해하는 것과 관련되어 있다. 브래디는 시는 "미학의 전 영역에 대해 민족지적 탐구를 할 수 있게 해준다"라고 주장한다(Brady, 2004: 628). 시는 그것의 유희성, 자의식, 반직관성, 현저한 성찰성, 그리고 기의를 희생하고 기표에 초점 맞추기, 그리고 난해한 방식으로 독자에게 당연한 것으로 간주되는 현실에 대해 의문을 가질 수밖에 없게 만들기 등을 통해 그렇게 한다. 시의 은유적 잠재력은 그저 (냉정한 보고서의 전형적인 특징인) 딱딱한 서술적 산문을 대신하기만 하는 것이 아니다. 시는 재생하기와 재현하기를 목표로 하는 것이 아니라 독창적인 감동을 의식적으로 창조하는 것, 즉 수용자의 감각에 가능성, 마법, 감정성, 스토리텔링 등이 반향되게 하는 것을 목표로 한다. 감각적 경험에 대한 하나의 은유로서의 시는 "일상에서 낯선 것을 발견하게 하고, 우리를 [우리에게 익숙하지 않은] 다른 상황으로 이끈다." "감각적 몰입, 주관성, 의미 있는 관계의 상호 구성, (마치 '사실처럼 꾸며지는') 의도적인 현실 각색을 두려워하지 않는 시적 표현은 이야기하기의 또 다른 방식(글쓰기 또는 말하기) 그 이상의 것이다. 시적 표현은 해석의 또 다른 방식이며 따라서 앎의 또 다른 방식이다"(Brady, 2004: 630).

시가 (사람들이 그 시를 얼마나 '좋다'고 느끼는지와는 무관하게) 연구 기법을 더욱 풍부하게 해주는 것인 까닭은 시가 우리에게 **감지적**(sensitive)이 되는 법을 가르쳐주기 때문이다. 감지성(sensitivity)이 중요한 까닭

긴이

은 감지성이 우리의 작품을 더 잘 읽히고 더 잘 보이고 더 잘 들리게 해줄 뿐만 아니라 작품의 파토스—즉, 감정적으로 감동을 주고 설득하는 잠재적 능력—도 높여주기 때문이다. 시는 단순히 우리(작가로서의 우리와 독자로서의 우리)에게 속도(pace)를 바꾸게 함으로써 그렇게 한다. 시는 산문과는 다른 리듬을 따른다. 산문으로 소통하는 것은 통상적인 습관과 사고방식의 속도—즉, 속독을 허용하고(심지어는 찬양하고) 산만함을 너그럽게 용납할 수 있을 정도로 충분히 편안한 속도—를 전제로 한다. 시는 우리에게 속도를 늦추도록 강요함으로써 새로운 감각작용을 경험하고 익숙한 감각작용을 재발견할 수 있게 해준다. 이를테면 데니스(Waskul and Van der Riet, 2002)는 민족시학을 활용하여 만성질환적인 암 환자의 극적인 파토스를 환기시켰다. 이들 환자 중 대부분이 여성이었으며, 대부분은 그 질병의 말기 단계에 달해 있었고, 자료수집이 끝날 무렵에는 연구에 참여한 18명의 환자 중 네 명을 제외하고는 모두가 사망했다. 이러한 상황을 극적이라고 부르는 것은 극도로 절제된 표현이며, 이것이 바로 와스쿨과 반데어 리트가 전통적인 자료를 인용하기보다는 시를 이용하여 이들 암 환자가 자신들에게 이야기한 것을 전달한 이유의 하나이기도 하다. 와스쿨과 반데어 리트는 시를 통해 독자의 눈이 느리게 움직이게 함으로써 독자로 하여금 공감과 감지성을 더욱 깊숙이에서 신체적으로 느끼게 하고자 했다. 아래 구절을 예로 들어보자.

고통은 그렇게 무섭지 않아.
고통 완화 치료를 받고 있으니까.
적절한 완화 치료가 있을 것이라고 기대해.

그래서 고통은 문제가 아냐.
문제는 점점 더 몸이 썩어가고 있다는 거야.
그건 구역질 날 것 같아.
몸이 썩고 있어.
궤양이 생기고
고름이 나.
나의 몸이 나빠지고 있다는 것을
이런 식으로 인지하는 것.
죽어가는 동안에도 의식을 유지하는 것
그리고 내 몸이 아주 역겨운 상태에서 죽어가는 것.
이게 바로 **최악의 죽음**이야.
(Waskul and Van der Riet, 2002: 498; 강조는 원저자)

데니스는 자신이 시인이라거나 스토리텔러라고 주장하지 않는다. 또한 그는 한 명의 건강한 남성으로서 이 여성 암 환자가 묘사하는 경험을 겪는 것이 어떤 것인지 '알' 수 있다고 주장하지도 않는다. 그러나 여기서의 요점은 어떤 객관적인 또는 현실적인 공감의 '기준'을 획득하는 것이 아니라, (비록 더 깊은 수준은 아니더라도) 더 높은 수준의 감지성을 발휘하는 방법을 모색하는 것이다. 어떤 점에서 데니스의 시는, 그의 카누 타기가 그의 자동차 운전하기와 대비되는 것처럼, 그의 산문과 대비되는 것이다. 즉, 시는 그가 보다 감지적이 되고 보다 성찰적이 되기 위해 속도를 늦추는 데 이용하는 도구이자 기법일 뿐이다.

우리가 감정 지능에 대해 말할 수 있는 것처럼, 우리는 **감각 지능**에 대해서도 말할 수 있다. 감각 지능은 우리의 모든 감각과 관련된 그리고 우리의 감각작용의 성찰적 함양과 관련된 종류의 지능을 말한다. 감각 지능은 자신과 타인의 감각작용을 이해하는 능력이다. 감각 지능은 감수성(sensibility)을 능숙하게 사용하여 삶의 상황에 접근하는 능력이다. 감각 지능은 자신의 감각을 자신의 환경을 조작하고 그 환경에 적응하는 스킬로 활용하는 능력이다. 감각 지능은 신체 작업에 참여하는 감정적 능력, 본능적 능력, 인지적 능력의 조합물이다. 감각 지능 없이는 감각학은 존재할 수 없다. 실제로 우리는 여기서 더 나아가 모든 감각학이 감각 지능의 한 형태라고 제시할 것이다. 지능이 사회화와 능숙한 수행의 역동적인 결과라는 점에서 감각학은 실제로 그 자체로 신체 작업의 결과이다. 따라서 이를테면 훌륭한 민족지학자는 현장을 일단의 외부 자극으로 자동적으로 인식하고 그 현장을 자신의 현장 노트에 기록하는 데 그치지 않는다. 진정으로 현장의 속성을 경험한다는 것은 언어를 통해 감각작용들을 매개함으로써 그 현장을 이해하는(make sense) 것이다. 감각작용은 언어와 같은 다른 기호 매체가 흉내 낼 수 없는 일차성(firstness)(Peirce, 1931)—즉, 즉각적인 육체적인 의미—이라는 특성을 지니고 있기 때문에 감각작용을 성찰한다는 것은 항상 창조성, 숙련된 중재, 수행적 번역을 함축한다. 다시 말해 우리의 감각작용에 의해 그리고 감각작용을 통해 살아가는 세계는 사실 우리가 그 세계에 부여하는 창조적인 해석 및 조작과 분리될 수 없다.

감각작용을 성찰하는 것은 쉬운 일이 아니다. 감각학이라고 해도 일상생활의 감각성을 쉽게 포착해 낼 수 없다. 감각학은 기적이나 마술적 트릭을 약속할 수도 없다. 하지만 감각학은 그것이 우리에게 요구하는 작업을 통해 감각세계에 대한 우리의 경험을 그것의 다양한 형태, 색깔, 음조, 질감, 양식, 소리의 반향과 파동, 맛과 냄새, 동작과 부조화, 향기와 고통스러운 감각작용 등으로 재현할 수 있다. 이것이 바로 감각학이 성찰적이고 수행적인 글쓰기(이를테면 Conquergood, 1991; Pelias, 1999)와 공유하는 프로젝트로, 감각학은 이를 통해 삶을 그대로 묘사하는 척하지 않고 삶을 시적으로 표현할 수 있다. 감각학은 독자, 시청자, 또는 청취자에게 반드시 그곳에 함께 있지 않으면서도 우리와 함께 느끼는 방법을 제공할 수 있다. 감각학은 "일상생활의 다성적이고 다층적이고 다가적(多價的)인 현실을 찬양"할 수 있다(Pelias, 1999: x). 감각학은 감각작용이 지닌 파악하기 어려운 특성을 눌러 덮어버리기보다는 하나씩 밝혀낼 수 있으며, 의미 있는 대상이 세상에 참여하는 것을 가능하게 할 수 있다.

감각적 자료수집 방법

지금까지 우리는 감각학이 무엇이고 그것의 잠재력과 과제가 무엇인지를 명확히 해왔다. 이제부터는 감각 연구를 설계하는 방법을 자세히 살펴봄으로써 **감각학을 수행하는 방법**에 대해 고찰해 보자. 우리의 제한된 공간과 한정된 관심사를 감안하여, 우리는 여기서 연구 설계를 구성하는 모든 요소를 논의하지는 않을 것이다. 어쨌든 간에 연구 현장, 표본 또는 분석 단위를 선택하는 방법 및 연구 질문을 공식화하는 방법에 대한 기존 지식에 우리가 추가할 것은 그리 많지는 않아 보인다. 따라서 우리는 감각학이 제공하는 독특한 접근방식에 초점을 맞추어 논의를 전개하고자 한다.

이 접근방식의 첫째 차원은 자료수집 방법과 관련되어 있다. 우리는 다른 방법보다 일상의 감각성을 더 잘 포착할 수 있는 어떤 질적 방법이 있다고 제시하기보다는 **모든** 인문학적 방법—즉, 비참여관찰에서부터 참여관찰까지, 보다 전통적인 방법에서부터 보다 새롭고 실험적인 전략까지, 모든 형태의 인터뷰에서부터 자전적인 민족지적 자기성찰까지—이 감각 자료를 수집하는 데 도움이 될 수 있다고 생각한다. 사실 우리는 '자료수집 방법'이라는 표현 자체가 도움을 줄 수 있기보다는 오히려 혼란을 초래할 수 있다는 것을 발견한다. 감각적 '자료수집 방법'에 대해 생각해 보는 것은 마술 도구와 마술 트릭 상자 안을 들여다보기를 바라는 것과 비슷하다. 실제로 감각 자료를 수집하는 것은 소수만이 할 수 있는 어려운 작업이 아니며, 어떤 방법도 강력한 영약과 같은 효력을 가지지 못한다. 우리가 약간의 신체 작업을 수행할 경우, **그 어떤** 연구 활동도 잠재적으로 효과를 가질 수 있다. 따라서 실제로 연구자가 **무엇을** 하느냐가 중요한 것이 아니라 그것을 **어떻게** 하느냐가 중요하다. 우리가 말하고자 하는 바를 쉽게 이해할 수 있게 해주는 사례로 걷는 습관을 살펴보기로 하자.

걷기에는 경보와 행진, 달리기와 보행하기, 건강을 위한 산책과 어슬렁거리기, 퍼레이드와 하이킹 등 다양한 유형이 있다. 그리고 걷는 사람에도 다양한 유형이 있다. 어떤 사람은 뽐내며 걷고, 다른 사람은 루구루구하게 걷고, 어떤 사람은 쿵쿵거리며 걷고, 다른 사람은 폭력배처럼 거들먹거리며 걷는다. 어떤 사람은 순례자이고, 다른 사람은 산책자(flaneur)이다. 걷기의 유형은 많다. 하지만 이들 걷기의 '내용(whats)'에 관심을 두지 말고 걷기의 '방법(hows)'에 주목해 보자. 다른 모든 연구 방법과 마찬가지로, 우리가 어떤 유형의 연구를 수행하는가보다 우리가 어떻게 연구를 수행하는가가 더 중요하다. 우리의 주장의 허수아비(straw man)*로, 집에서 버스 정류장이나 직장까지 걸어가는 일상적이고 습관적인 걷기 방식을 이상형(ideal type)으로 취해보자. 이것은 자동 조정 장치에 의거하여 무의식적으로 수행되는 종류의 걷기이다. 이는 단순히 'A 지점'에서 'B 지점'으로 이동하는 방식이며, 노력도 들지 않고 생각 없이 이루어지고 그 과정에서 아무 일도 일어나지 않는다. 그 걷기는 한마디로 **무감지적**(insensitive)이거나, 적어도 감각적 성찰성이 매우 낮다. 이와는 대조적으로 낯선 환경에서의 걷기 경험을 떠올려보자. 낯선 곳을 걷는다는 것은 우연성, 불확실성, 돌발성으로 특징지어지는 낯선 경험이다. 습관적인 걷기와 달리 그러한 걷기는 의식적인 노력과 더 깊은 집중을 요구한다. 그것은 우리에게 감지적이고 성찰적일 것을 요구한다. 우리는 일반적인 연구 방법에 대해서도 똑같이 말할 수 있다. 습관적인 걷기와 성찰적으로 의식하며 걷기(또는 신경 쓰며 걷기)가 다른 것처럼, 무감지적이고 비성찰적인 연구는 어떤 방법을 따르든 간에 감지적이고 성찰적인 연구와 다르다.

걷기의 예가 우리에게 많은 것을 가르쳐줄 수 있는 까닭은 그것이 **신체** 활동(bodily work)의 한 형태이기 때문이다. 모든 감각적 자료수집 방법이 어떤 방식으로든 신체적으로 이루어지는 것은 그것이 감각 지능—이것 역시 하나의 성찰적인 신체 활동이다—에 의존하기 때문이다. 우리가 특정한 사람들만을 상정하는 것은 아니다. 다시 말해 걸을 수 없는 사람들도 신체 동작이 요구하는 에너지의 양과 유형에 대해 이야

---

* 자신이 주장하는 바와 피상적으로는 유사하지만 사실은 동등하지 않은 주장을 말한다._옮긴이

기할 수 있다. 우리가 자동 조종 모드를 버릴 경우 모든 종류의 동작이 신체 운동으로 관찰될 수 있다. 습관적인 것이 문제 있는 상황에 처할 때(보다 구체적으로 말하면, 도시 거주자가 비도시 환경의 낯선 거리를 걷는 것처럼 새로운 것이 추가되어 습관적인 것이 문제를 제기받을 때) 우리는 새로운 환경에 적응하거나 새로운 균형을 찾아을 것을 강요받는다. 우리는 위험을 감수하며 앞으로 나아가고 불편함과 피로를 극복하고 결국에는 우리의 길을 다시 찾도록 압박받는다. 또한 걷기는 우리로 하여금 시각, 후각, 촉각, 청각 차원에서 주변 환경의 물질성과 접촉할 수 있게 해준다. 걸음으로써 우리는 더위를 느끼고 땀에 젖을 수도 있고, 허기나 갈증을 느껴 미각이 작동하게 할 수도 있다. 그리고 어쩌면 우리는 걷기를 통해 이웃을 만나서 상호작용하는 기회를 가질 수도 있고 새로운 친구를 사귈 수도 있다.

걷기가 모든 감각적 자료수집 방법의 전형적인 특성을 보여주는 좋은 사례가 되는 까닭은 그것이 **느린** 형태의 신체 활동이기 때문이다. 데니스가 이 장을 시작하는 성찰에서 보여주었듯이, 걷기는 운전과 다르다. 그것은 습관에 의해 움직이는 행동의 전형적인 특성으로 여겨지는 자동 조정 모드로 비행하는 것과도 다르다. 느린 속도로 걷는 것은 우리로 하여금 성찰하게 해주고 또 그간 주목하지 않은 것에 주목할 수 있게 해준다. 이제 데니스에게 걷기, 더 정확히 말하면 카누 육상 운반—그리고 카누 타기 또한—이 무엇이었는지를 다시 한번 살펴보자. 이 장의 뒷부분에서 우리는 데니스가 자신의 경험을 어떻게 표현하려고 했는지를 보다 자세히 살펴볼 것이다.

* * *

미네소타에 있는 바운더리 워터스 카누 지역 야생지대를 여행하는 것은 2세기 전 프랑스 산림 생활자들의 여정—호수나 강을 카누를 타고 노를 저어 이동하고, 그다음에 있는 호수나 강까지 육상으로 카누를 운반하고, 하룻밤 야영하고 나서 그다음 날 아침에 일어나 텐트를 거두고 다시 출발하는 여정—과 매우 유사하다. 옛 산림 생활자들의 정신을 그리 존중하지 않는, 최신 유행의 GPS 내비게이션 시스템을 갖춘 여행자를 제외하면, 여행은 대체로 신뢰할 수 있는 지도와 나침반 스킬을 요구한다. 호수, 강, 그리고 수로를 잇는 오솔길에는 어떤 표시도 되어 있지 않으며, 표지판이나 방향 알림 표시도 없다. 야영지임을 알리는 유일한 표지는 원시적인 모닥불 구이판(일반적으로 바람을 막기 위해 쌓아놓은 바위들에 묻혀 있어 발견하기가 더욱 어렵다)과 대소변을 보는 최소한의 사치를 누리기 위해 (나무로 둘러싸는 것으로는 충분하지 않다고 생각하여) 땅에 파 놓은 거의 똑같이 원시적인 구멍뿐이다. 가장 인기 있는 길을 따라갈 경우에는 수로를 잇는 오솔길과 야영지를 상대적으로 쉽게 찾을 수 있는데, 그 이유는 그곳들이 밟혀서 다져져 있기 때문이다. 더 외진 지역에서는 짐승이 반복해서 다녀서 만들어진 길과 사람이 반복적으로 다녀서 만들어진 길을 구분할 수 없는 경우가 많고, 야영지는 풍경과 완벽하게 어우러져 있어 찾기가 아주 어려울 수도 있다. 지도는 단지 당신을 근처까지 데려다줄 수 있을 뿐이고, 따라서 바위에 긁혀 있는 알루미늄 흔적이 당신이 그런 장소를 찾을 수 있는 가장 좋은 단서가 될 것이다.

바람이 적당히 불고 다른 날씨 상태가 좋을 때에는 비록 여유롭게는 아닐지라도 비교적 쉽게 노를 저을 수 있다. 카누는 당신이 노력하는 만큼 수면 위를 부드럽게 미끄러져 나간다. 나와 미셸은 50인치 구부러진 자루 카누 패들을 사용하여 우리의 스트로크(stroke)*의 힘과 효율성을 극대화한다. 한 손은 패들의 손잡이를 잡고 다른 한 손은 목 부분을 짧게 잡는다. 양팔을 쭉 뻗어 노를 물속으로 밀어 넣고 선미(카누의 뒤쪽)를 향해 끌어당긴다. 노깃(blade)이 물살을 가르면 패들의 에지에서 조금 벗어난 곳에서 작은 소용돌이가 생기면서 '슈루우웁(schlooop)' 하는 독특한 물소리를 낸다. 엑시트(exit) 상태**에서는 손목을 선수 쪽으로 반 바퀴 비틀어 노깃이 물과 수평이 되게 한 다음 팔을 앞으로 뻗고 손목을 선미 쪽으로 반 바퀴 비틀어서 또 다른 스트로크를 한다. 엑시트 상태에서는 곧바로 노깃에서 물이 흘러내리는 소리가 들리고, 다음 스트로크를 할 때쯤이면 작은 물방울로 흩어져 없어져 버린다. 손목을 비틀고, 노를 물에 심고, 노를 당기고, 슈루웁 소리가 나고, 손목을 비틀고, 물이 흘러내리고, 물방울이 떨어지고, 물방울이 떨어지고, 물방울이 떨어지고, 물방울이 떨어지고, 다시 손목을 비틀고, 노를 물에 심고, 노를 당기고, 슈루웁 소리가 나고, 손목을 비틀고, 물이 흘러내리고, 물방울이 떨어지고, 물방울이 떨어지고, 물방울이 떨어지고, 물방울이 떨어지고, 또다시 손목을 비틀고, 노를 물에 심고, 노를 당기고, 슈루웁 소리가 나고, 손목을 비틀고, 물이 흘러내리고, 물방울이 떨어지고, 물방울이 떨어지고, 물방울이 떨어지고, 물방울이 떨어진다. 이 루틴화된 패턴에 체면이 걸린다. 꾸준히 노를 저어야 레이스에서 이긴다. 그러므로 유지 가능한—게다가 즐겁기도 한—속도와 리듬을 찾아야 한다. 하지만 이렇게 하는 것은 레이스가 **아니다**.

---

* 노를 물속에 넣고 앞에서 뒤까지 한 번 젓는 동작을 말한다._옮긴이

** 입수한 노깃이 당기기를 거쳐 물 밖으로 빠져나와 있는 상태를 말한다._옮긴이

선수에서 노를 젓는 사람은 주로 추진력을 제공하고, 선미에서 노를 젓는 사람은 [주로 J-스트로크*와 러더(rudder, 방향조절장치)의 조정을 통해] 힘을 보태고 방향을 제어한다. 한 사람은 파트너의 반대편에서 노를 젓고, 피로를 덜기 위해서만 자리를 바꾼다. 다년간의 경험 때문인지 우리는 카누 여행이 상쾌하리만큼 단순하다고 생각한다. 우리는 가볍게 나는 느낌으로 수면 위를 미끄러지듯 나아간다. 그런 식으로 우리는 50마일도 채 되지 않는 거리를 7일 동안 카누로 여행했다.

파트너와 함께하는 카누 여행의 가장 놀라운 특징 중 하나가 말을 거의 하지 않는다는 것이지만, 동시에 의사소통이 필수적이다. 카누를 타고 있는 동안 나와 미셸은 거의 말을 하지 않는다. 우리 둘 중 어느 누구도 한마디 말도 하지 않은 채로 30분(또는 그 이상)이 지나가기도 한다. 그 침묵은 불편함과는 거리가 멀다. 오히려 아주 평온하다. 게다가 카누에서 대화를 하기란 쉽지 않다. 서로 마주 보지 않은 채로 12피트 정도 떨어져서 서로에게 던지는 말이라고는 "어?", "뭐?", "뭐라고?"이거나 또는 "미안해, 못 들었어, 방금 한 말 다시 해줘"라는 말의 또 다른 표현들로, 때로는 귀찮지만 항상 예측 가능한 말들뿐이다. 오랜 시간 동안 침묵이 흐른다. 바람이 소나무 사이를 지나가는 소리, 노의 깃이 물을 밀어내며 만들어내는 독특한 소리, 노깃이 수면 위로 올라올 때 물 흘러내리는 소리, 귓가를 맴도는 아비라는 새의 울부짖는 소리, 숲속에서 나는 바스락거리는 소리, 가끔 들리는 독수리의 날카로운 울음소리나 올빼미의 부엉부엉 소리, 그리고 피를 빨기 위해 미

---

* 배의 한쪽만을 저어 똑바로 나가게 하기 위해 J자형으로 노를 젓는 방식을 말한다._옮긴이

친 듯이 날뛰며 몰려드는 사슴파리와 모기의 윙윙거리는 소리만이 들릴 뿐이다.

하지만 역설적이게도 대화는 최소한으로 하지만 소통은 강화된다. 미셸은 선미에서 배를 조종하면서 물에 잠겨 있는 바위, 쓰러진 나뭇가지, 나무 등을 발견하고 내가 그것들을 의식하고 있는지를 확인해야 한다. 특히 작은 개울과 강의 틀어진 굴곡을 통과할 때는 더욱 그렇다. 그녀의 주의 깊은 눈 없이는 나는 그것들을 피하기는커녕 볼 수도 없다. 하지만 물이 아주 잔잔할 때에도 우리의 소통에는 항상 거의 이견이 없다. 우리가 오랜 세월 동안 함께 노를 저어온 덕분이다. 우리는 동시에 스트로크를 한다. 나는 그녀가 노 젓는 쪽을 언제 바꿀지를 느낄 수 있고, 나도 본능적으로 똑같이 그렇게 한다. 암이 아주 거칠게 그녀의 가슴을 파고들어 가슴 근육을 약화시킨 탓에 그녀의 오른쪽이 더 약하다는 것을 알기 때문에 나는 그것을 보완하기 위해 거의 본능적으로 나의 스트로크의 힘을 조절한다. 다른 사람과 함께라면 나는 이 물살을 헤쳐 나가는 데 어려움을 겪을 것이다. 우리의 카누 여행에서 대화는 소통의 한 형태일 뿐이고 가장 적은 중요성을 지닌다. 이 사실은 물론 21년 동안 이어져 온 우리 관계의 다른 여러 차원으로도 확장될 수 있다. 그럼에도 불구하고 카누 여행의 육체화된 감각적인 경험은 전정감각 및 운동감각과 깊이 관련되어 있다. 그리고 그러한 경험은 또한 균형감각, 평형감각, 가속도 감각과도 크게 관련되어 있다. 수년간 짝을 이루어 노를 저어온 결과 우리는 전정감각과 운동감각이 균형을 이루게 하는 습관을 최고도로 육체화해 왔으며, 이러한 균형 잡기는 카누가 전복되는 것을 방지하는 단순한 신체적 재주를 훨씬 넘어서는 것이다.

하지만 카누를 육상으로 운반하는 것은 이야기가 전혀 다르다. 당신은 위험한 급류와 카누가 지나갈 수 없는 여울을 우회하기 위해서는, 또는 연결되지 않은 하나의 물줄기에서 다른 물줄기로 넘어가기 위해서는 카누를 육상으로 운반할 수밖에 없다. 바운더리 워터스 카누 지역 야생지대 가운데 육상 운반의 부담이 없는 지역에서의 카누 여행을 계획할 수도 있지만, 그럴 경우 당신은 야생의 진정한 경이로움을 모두 놓칠 수 있다. 많은 카누 여행자가 길고 힘든 육상 운반을 피하고 싶어 하지만, 나와 미셸은 몇 번의 거친 육상 운반을 견디고 나면 평화로운 황무지로 고립되는 것에서 여러 이점을 누릴 수 있다는 것을 알고 있다. 그것은 노력할 만한 가치가 있다.

카누의 육상 운반은 로드(rod)로 측정된다. 1로드는 16.5피트이고, 따라서 1마일은 320로드이다. 7일간의 여행에서 우리는 총 1176로드(거의 4마일)를 육상으로 운반한다. 하지만 여기에는 두 가지 점에서 오해의 소지가 있다. 첫째, 나와 미셸은 "더블 육상 운반"을 한다. 다시 말하면 육상 운반을 할 때마다 우리는 둘이 먼저 배낭을 나른다. 그리고 우리가 다시 걸어 돌아가서 내가 카누를 육상으로 운반하는 동안 미셸은 노, 구명조끼 및 기타 작은 물건을 나른다. 따라서 실제로는 우리는 3528로드(11마일 이상)의 육상 운반을 한다. 둘째, 육상 운반에서 거리는 고됨의 한 척도일 뿐이지 반드시 가장 중요한 것은 아니다. 실제로 중요한 것은 지형과 고도이다. 급격한 고도 변화를 동반하는 험난한 육상 운반은 그야말로 고통스럽다. 부피가 큰 배낭은 당신의 등을 아래로 짓누르고 혼자 쉽게 짊어질 수도 없다. 배낭을 육상으로 운반하는 것은 신음 소리가 절로 나는 일이다. 카누는 많은 세심한 주의를 요하는 복잡한 작업이다.

사람들은 [짐을 나르기 위해 어깨에 메는] 아마도 푹신할 짐판을 사용하여 카누를 어깨에 메고 육상 운반을 한다. 카누의 [노 젓는 사람이 앉는] 가로장을 잡고 부드럽게 들어 올리고 비틀어서 카누를 어깨 위로 올린다. 이것은 다소 까다로운 동작으로 합격과 불합격을 가르는 시험의 하나이다. 그러나 카누를 어깨에 메는 것은 시작에 불과하다. 다음 단계는 카누를 운반하는 단계별 현실에 직면하게 된다. 짐판을 목에 얹고 양팔을 수평으로 뻗어 뱃전을 잡아 카누의 균형을 유지해야 하는데, 때때로 꾸불꾸불한 육상 운반 산길을 걸을 때면 그것은 도전 의식을 불러일으키는 곡예와 같기도 하다. 그러고 나서는 다양한 바위 지형을 자주 오르내리는 산길을 걷는다. 시간이 지나면서 균형을 잡는 행위는 팔과 어깨를 지치게 하고, 짐판은 목과 위쪽 어깨에 서서히 타는 듯한 통증을 유발한다(물론 이들 근육이 단련되고 나면 전혀 아프지 않다). 게다가 17.5피트 카누를 머리에 이고 있으면 세 걸음 정도의 앞만 볼 수 있고 3피트 위로는 전혀 볼 수 없다. 카누를 뒤로 젖히면 더 잘 볼 수는 있다. 그러나 그것은 불편하고 신체적으로 더 힘이 들기 때문에 단지 가끔씩 살짝 보기 위해서만 그렇게 한다. 다른 사람이나 일부 쓰러진 나무와 같은 장애물을 보기가 어렵기 때문에 항상 카누가 장애물에 부딪힐 위험이 있다.

육상 운반을 하는 산길이 고통을 더할 수도 있다. 진입 지점에서 가까운 산길은 잘 다져져 있어서 비교적 쉽게 통과할 수 있다. 하지만 오지의 산길은 거칠고 험난하다. 우리가 택한 여행 노선 대부분에서 육상 운반 산길은 폭이 12~14인치도 되지 않고, 바위가 많고, 노출된 커다란 나무뿌리들이 널려 있다. 길은 아주 꾸불꾸불하고 쓰러진 나무나 나뭇가지가 흩어져 있다. 바위는 미끄러운 이끼와 지의(地衣)식물들로 덮여 있다. 배낭을 나르든 카누를 운반하든 간에 조심스럽게 발걸음을 옮겨야 한다. 우리는 한 발 한 발 짚으며 조심스럽게 발을 내딛는다. 진입 지점 근처에서는 전(全) 지형용 워터슈즈를 신고 육상 운반을 할 수 있지만, 오지에서는 발목을 지지해 주는 등산화가 필요하다. 위험 관리는 우리의 최우선 과제 중 하나이다.

* * *

데니스의 카누 타기와 카누 육상 운송 경험은 단지 진지한 신체적 노력의 연대기에 불과한 것이 아니다. 데니스는 성찰적인 신체 행위에 참여함으로써 세상이 자신의 움직임에 어떻게 저항하는지를 깨닫는다. 초르다스(Csordas, 1993)의 말을 빌려 표현하면, 데니스의 '신체의 주목 양식'은 그의 감각작용에 의해 만들어지고 그 감각작용을 통해 드러나는 세계를 그에게 보여준다. 데니스가 그 세계에 맞추어 나가는 것은 또한 그가 환경을 조작하고 환경에 적응하고 자신의 행위를 조절하고 미셸과 소통하는 스킬로서 감각을 수행해야 할 필요가 있음을 그에게 보여준다. 걷기는 감각적 자료수집 방법과 관련하여 가장 흥미로운 점을 잘 보여준다. 화려한 전문 용어에도 불구하고, 걷기를 포함한 모든 감각적 자료수집 형태는, 데니스의 노트가 잘 보여주듯이, 세상과 상호작용하는 방식을 세세하게 기술하고 성찰하는 방법에 불과하다. 모든 감각적 자료수집 방법은 우리 자신과 다른 사람들의 감각작용에 얼마간 접근할 수 있게 해주는 성찰적 기법이다. 우리가 걷든 아니면 말하든 간에, 우리가 인터뷰를 하든 아니면 사진을 찍든 간에, 또는 우리가 소리를 녹음하든 아니면 연구 일기와 일지를 관리하든 간에, 모든 형태의 감각적 연구는 궁극적으로는 다양한 신체적 주목 양식을 도출해 내기 위해 우리가 사용하는 도구이다. 따라서 감각적 방법론—또는 감각학—에서 가장 중요한 것은 이들 방법이 산출하는 감지성과 성찰성이다(Stoller, 1997).

모든 연구 프로젝트는 각기 서로 다른 방법을 요구한다. 이를테면 우리는 후각에 관한 우리의 연구에서(Waskul and Vannini, 2008; Waskul, Vannini and Wilson, 2009), 그리고 기후와 날씨의 감각적 감지에 관한 우리의 연구의 일부에서(Vannini, Waskul, Gottschalk and Ellis, 근간) 글쓰기가 우리의 연구 참여자의 일부로 하여금 자신의 감각작용을 보다 깊이 성찰하도록 고무한다는 것을 발견했다. 그래서 우리는 그들에게 연구 일지를 제공하고 시간이 지나면서 일어나는 그들의 감각작용을 글의 형태로 기록해 줄 것을 요청했다. 말하기와 비교했을 때, 글쓰기 과정은 더 느린 경향이 있고, 사람들로 하여금 자신의 감각작용을 보다 충실하게 표현하는 단어를 선택할 수 있게 해준다. 글쓰기는 또한 창조적인 작업이다. 다시 말해 글쓰기는 심미적인 지적 작문과 보다 심오한 자기표현을 할 수 있게 해준다. 글쓰기는 더 많은 익명성을 보장해 줄 수 있기 때문에 또한 연구 참여자들로 하여금 대면적 상호작용에서라면 자신을 당혹스럽게 할 수 있는 경험을 공유하게 해줄 수도 있다. 이는 적어도 성적 접촉에 관한 우리의 연구(Waskul, Vannini and Wiesen, 2007)에서는 사실이었다. 하지만 글쓰기 역시 한계를 가지고 있다. 모든 사람이 글쓰기를 편안해하는 것은 아니다. 키보드를 치거나 연필을 잡는 것을 대체로 편안해하는 사람이라도 글쓰기는 많은 시간을 소모하게 할 수 있고, 시간 부족은 어떤 사람을 성의 없이 글을 쓰는 사람으로 만들 수도 있고 다른 사람들에게는 연구에 참여하지 못하게 할 수도 있다.

인터뷰는 아마도 사회과학자들이 가장 선호하는 자료수집 방법일 것이다. 개방형 인터뷰, 비구조화된 인터뷰, 또는 적어도 반구조화된 인터뷰는 대화의 한 형태이다. 우리 모두는 다른 사람과 대화하는 방법을 어느 정도는 알고 있기 때문에 인터뷰는 다양한 맥락과 다양한 목적에서 효과적인 경향이 있다. 이를테면 우리는 날씨 감각하기에 관한 우리의 연구에서 인터뷰가 유용한 까닭은 다른 이유에서가 아니라 사람들이 일상생활에서 날씨에 대해 자주 이야기하기 때문이라는 것을 발견했다. 인터뷰가 효과적인 까닭은 신체적 공존은 인터뷰 진행자와 인터뷰 대상자로 하여금 서로 간에 유대감을 만들어내고 공통의 경험을 공유하게 하고 서로의 차이에 대해 성찰하게 하고 지인관계와 친구관계에 전형적인 관계적 대화 양식에 의지하게 해주기 때문이다[그리고 우리가 세컨드라이프(Second Life)*에 대한 연구를 위해 실시한 인터뷰의 예가 입증하듯이, 신체적 공존이 꼭 필요하지 않을 수도 있다]. 그러나 다시 말하지만, 감각적인 주제에 관한 인터뷰는 인터뷰 진행자와 인터뷰 대상자 모두가 자신의 감각작용을 세심히 살필 준비가 되어 있을 때에만 효과적일 수 있다. 이를테면 우리는 정보 제공자와 날씨에 관해 이야기하면서 가장 유효하지 않았던 질문은 정보 제공자가 진부한 것으로 생각하거나 그 답변을 당연한 것으로 간주하는 질문이라는 것을 발견했다. 달리 말하면, 우리와 정보 제공자 모두가 감각작용의 속성에 관해 무언가를 배우게 된 경우는 정보 제공자에게 친숙한 장소와 감각작용을 묘사하도록 강요하는 질문을 하거나 또는 그들로 하여금

---

* 미국 IT 기업 린든 랩(Linden Lab)이 2003년에 개설한 3차원 온라인 가상현실 사이트._옮긴이

그것들에 대해 이야기하도록 유도하는 '곤란한' 질문을 했을 때뿐이었다. 요컨대 응답자가 자동 조종 모드를 포기하게 만드는 것이 효과적이다.

마지막으로, 우리는 참여와 관찰은 가장 어렵지만 가장 유익한 감각적 자료수집 방법이라고 생각한다. 잘 알려진 유교의 금언대로, "들은 것은 잊고, 본 것은 기억하고, 실행한 것은 이해한다." 우리는 사회활동에 (다양한 정도로 몰입하여) 신체적·감각적으로 직접 참여함으로써 내면으로부터 학습한다. 우리가 세컨드라이프에 참여하고 와인 페스티벌 의례에 참가하고 카누를 타고 카누를 육상으로 운반하고 낯선 사람들을 위해 음악을 연주하고 영화관에 가고 동네를 산책할 때면, 우리는 항상 우리가 그 안에 들어가 있는 듯한 경험을 한다. 즉, 우리는 우리가 진정으로 그것의 일부인 것처럼 느낀다. 참여와 다(多)감각적 관찰의 감각적 차원에는 우리가 알아야 할 많은 것이 있다. 거기에는 놀라울 만큼의 변화 잠재력을 갖는 감각적 전염(sensual contagion)이라는 특성이 자리하고 있고, 우리에게 언어의 한계와 감각작용의 즉각성을 의식시키는 신체적 상호작용의 측면도 있다. 또한 사회신경과학(social neuroscience)*의 최근 연구가 보여주듯이, 우리가 우리의 모든 감각에 의존하여 학습하는 것은 우리로 하여금 일반적으로 인지 기능에만 의존하여 이해하는 것보다 더 복합적이고 다층적인 이해를 할 수

---

* 사회신경과학은 사회적 행동과 인지의 생물학적 기초를 탐구하는 학제 간 분야이다. 사회적 상호작용과 경험이 뇌 기능에 어떻게 영향을 미치는지, 그리고 뇌가 사회적 행동을 어떻게 틀 짓는지를 연구한다. 이 분야는 신경과학, 심리학, 사회과학의 관점을 결합하여 신경 메커니즘이 사회적 과정에 어떻게 관여하는지를 이해한다._옮긴이

있게 해줄 것이다. 몸 전체가 관여할 때면 더 많은 뇌 구조가 활성화된다. 그러나 물론 우리가 관찰이나 참여에 관해 자신 및 다른 사람들과 소통할 수 없다면 그 어떤 관찰 및 참여 행위도 효과를 발휘할 수 없다. 소통(또는 다른 매체를 통해 표현하기)은 감각학의 단순한 중립적 보고 도구가 아니라 연구의 본질적인 구성 요소이다. 우리는 우리의 감각학을 전하기 위해 주로 문어(文語)에 의존하기 때문에 다음 절에서는 이 매체로 주의를 돌릴 것이다.

감각적으로 글쓰기

우리가 우리의 감각학 텍스트를 작성하는 방식에 대해 논의하지 않는다면, 그것은 감각학의 가치에 대한 충분한 고찰이라고 할 수 없다. 우리는 사회과학 이론화의 관례와 인문학의 관례가 결합함으로써 감각학이 출현한다고 생각한다. 더 단순하게 말하면, 우리는 감각학은 부분적으로는 보여주기와 말하기이고, 부분적으로는 서술과 해석이라고 생각한다. 우리가 이렇게 제시함으로써, 부단한 스토리텔링을 선호하여 명시적인 분석을 완전히 배제하는 문필가들, 특히 급진적인 자전적 민족지학자들을 무시하려는 것은 아니다. 오히려 우리는 감각학이 개념적·분석적 성찰을 하지 않을 경우 그것은 핵심을 놓칠 위험이 있다는 점을 제시하는 중이다. 이 금언의 요점은 우리의 청중을 이중의 성찰 층위(double layer of reflection)로 초대하는 것에 관한 것이다. 하나의 층위는 서술의 층위인데, 이때 서술은 우리가 현실을 객관적으로 묘사하고 있다고 주장하기 위한 것이 아니라(글쓰기는 이를 달성할 수 없다) 우리의 연구 대상을 이루는 환경, 사람, 현상을 불러일으키는 감각작용을 우리의 독자에게서 환기시키고 창조하기 위한 것이다. 다른 하나의 층위에서는 우리는 개성기술적인 것과 법칙정립적인 것을 연결하고, 사적 감각작용과 공적 담론을 연결하고, 신체의 경험과 감각 질서를 연결하고, 신체의 경력과 감각의 역사를 연결하고, 사적 회상과 집단적 기억을 연결한다.

실제로 서술과 분석은 때때로 충돌할 수 있지만, 우리는 스톨러(Stoller, 1997: xv; 또한 Brady, 2004도 보라)를 따라 "감각적 몸에 대한 논의는 글 쓰는 사람들이 분석적인 것과 감성적인(sensible) 것 사이를 오가는, 즉 탈육체화된 논리는 물론 육체화된 형식도 학문적 주장의 구성 요소를 이루는 감각학을 요구한다"고 믿는다. 우리는 이러한 변증법이 펠리아스(Pelias, 1999: xiv)가 지적한 수행적 글쓰기에서 나타나는 전형적인 문제, 즉 그러한 글쓰기가 지닌 자기 방종적 경향과 이론적 및 실제적 무적실성(irrelevance)을 완화할 수 있기를 바란다. 지난 몇 년간 우리가 학술지에 주저하면서 제출했던 논문을 논평한 심사자 중에서 여러 명이 우리가 감각을 통한 그리고 감각을 위한 말하기와 정신을 통한 그리고 정신을 위한 말하기 사이를 오가는 것이 독자에게 고통을 유발할 수도 있다고 애통해 왔다. 우리는 우리 자신이 악전고투하고 있음을 인정하고, 우리가 그간 배운 교훈 몇 가지를 공유하고자 한다. 이들 단편적 조언이 모든 사람이나 모든 프로젝트에 유효하지는 않겠지만, 우리는 최소한 도움이 될 수는 있을 것이라고 믿는다.

첫째, 만약 우리가 감각적으로 글을 쓰기로 결정한다면, 서론, 문헌검토, 방법, 자료분석, 결론이라는 예측 가능한 순서는 감각적 글쓰기의 잠재력을 제한하기 때문에, 우리는 학술지 논문의 전형적인 구조를 버리는 것을 고려해야 한다. 조사연구의 유용성을 주장하는 추상적인 관점과 탈육체화된 목소리로 시작하는 대신, 독자의 마음을 끄는 묘사적인 장면으로 논문을 시작하는 것을 고려해 보라. 우리 역시 "……에 관한 연구가 점점 더 증가하고 있음에도 불구하고"와 같은 흥미를 끄는 말로 논문을 시작하는 과실을 저지른다. 이러한 무감각한 서두 대신 회상하기(flashback), 미래 장면 표현하기(flash-forward), 쇼크 일으키기(shocker), 예고하기(teaser), 친밀한 이야기와 폭로를 고려해 보라. 그리고 영화 제작자, 음악가, 작가가 일반적으로 관객을 유인하기 위해 채택하는 여러 가지 내러티브 기법을 고려해 보라. 동료 사이에서 친구를 잃을 위험을 무릅쓰고 나서야 우리는 학술지 논문보다 영화와 다른 예술 형식이 독자의 주의를 사로잡고 흥미를 자극하는 방법에 대해 더 많은 것을 가르쳐준다는 것을 깨닫는다. 그리고 우리는 머리말과 서론 외에 연구 보고서의 다른 일반적인 구성 요소들도 '뒤죽박죽으로 만들어'보는 것 또한 검토해 볼 필요가 있다. 이를테면 일반적인 관례와 대조적으로, 서론에 결말을 '누설하는' 것을 피하고, 연구 설계 및 방법에 대한 정보를 맨 처음에 ('서론'의 일부로) 배치하거나 논문 맨 끝에 ("……에 대해 생각하기" 형태의 각주의 일부로) 배치하거나 또는 본문 전체에 엮어 넣어보라.

다음으로, 우리는 가능할 때마다 문헌 검토와 분석을 한데 섞음으로써 둘 간의 인위적인 경계를 가능한 한 흐리게 할 필요가 있다. 우리는 우리가 환기시키기 위해 노력하는 실제 이야기, 감각작용, 경험으로부터 독자의 관심을 전혀 다른 곳으로 돌리는 결론을 우리가 굳이 꼭 내릴 필요가 있는가 하는 의문을 던져볼 필요도 있다. 또한 우리는 마치 사고가 감각과 물리적 몸에서 분리되어 있기나 한 것처럼 이론적 지식을 별도의 절에 할애하여 논의하기보다는 글 전체에 통합하여 논의해야 한다. 우리는 사회과학자로서 일반적으로 사회학적 렌즈를 통해 (우리 자신을 포함하여) 세상을 경험하기 때문에, 우리가 본문에서 이 둘을 분리할 이유는 전혀 없다. 또한 우리는 다른 사람이 다른 목적을 위해 서로 다른 현장에서 만든 추상적이고 지나치게 인지적인 일반 규칙에 순응하기보다는 우리의 방법을 우리가 몰두하고 있는 분야, 우리가 연구하고 있는 주제, 우리가 상호작용하는 사람에 맞게 적용하려고 노력해야 한다. 수사적으로 표현하면, 우리는 육체화된 재현과 이해의 원리를 수행하는 스타일의 글쓰기를 통해 소통하고자 할 필요가 있다 (Ness, 2004). 구체적으로 말하면, 우리는 초연한 보편주의적 글쓰기에 전형적인 서술문의 문법을 사용하는 대신 가정법 양식을 사용하여 상호작용의 불명확성, 복잡성, 플라스틱성(plasticity)을 포착하려고 해야 하고, 감각작용을 유발하는 것을 정확히 찾아내기보다는 감각작용과 그것에 대한 표현이 어떻게 이루어지고 서로를 생산하는지를 전달하고자 해야 하며, 현장 연구와 신체 작업의 잠정성(tentativeness), 상황성(situatedness), 오류 가능성(fallibility)을 인정하고 돌발성의 의미를 환기시킬 필요가 있다. 우리는 이러한 감각적 글쓰기의 네 가지 전략—불확정성(indeterminacy), 수행성, 우연성, 돌발성—이 모든 형태의 육체화된 재현이 가지는 핵심적인 특징이라고 생각한다.

우리가 확인한 감각적인 글쓰기의 네 가지 특징을 명확하게 보여주는 하이데 이마이(Heide Imai, 2008)의 글을 하나의 예로 들어보자. 그녀의 작품 전체는 일본의 교토 거리를 걸을 때 일어나는 상호작용과 감성을 드러내는 것을 목표로 한다.

나는 소음을 따라 중심가를 가로질러 간다. 주기적인 교통 신호 소리, 구급차의 사이렌 소리, 귀를 먹먹하게 하는 음악의 리듬, 그리고 확성기의 광고 소리가 이 중심가를 따라 늘어선 현대식 철근 콘크리트 건물의 금속 외관과 플라스틱 돌출부에 반사되고 있었다. 가와라마치의 번잡한 분위기를 뒤로하고 나는 적막함을 찾아 오른쪽으로 돌아서 작은 식당과 전통 찻집들이 늘어선 폰토초 지역으로 들어간다. 골목을 더 걸어 내려가니 내 앞에 있던 한 여성이 새로운 손님이 오기 전에 공기를 식히고 그곳을 청소하기 위해 돌로 포장된 공간에 물을 뿌리고 있는 것이 보인다. 그녀의 동작에 매료된 나는 물이 졸졸 소리를 내며 개울을 타고 흘러내려 작은 웅덩이에 모이는 모습을 관찰한다. 몇 분 동안 그 장면에 빠져 있다가, 그 골목에 메아리치는 근처 학교의 점심시간 종소리와 다가오는 사람들의 웃음소리를 따라 계속해서 걸음을 옮긴다.

폰토초의 골목은 새로 개조한 오래된 목조 주택이 주를 이룰 것이라고 생각할 수 있다. 하지만 대부분의 신축 건물은 나무와 대나무 등 전통적인 타운하우스의 외관을 마감하는 데 사용된 재료를 모방한 가짜 플라스틱 외벽으로 이루어져 있어 새롭고 색다른 감각적인 분위기를 연출한다.

몇 분 더 걸어 내려가면 작은 골목 입구에서 포장마차나 가판대에서 음료와 음식을 파는 노점상을 만난다. 나는 그와 짧은 대화를 나누기 위해 기다리다가 점심으로 그의 라멘을 먹기로 결정한다. 한낮이고 해가 불타는데 김이 모락모락 나는 따뜻한 국물이 당기는 건 왜일까? 더위와 습기로 땀을 흘릴 때조차 뜨겁고 영양이 풍부한 음식을 먹어 땀을 더 많이 흘림으로써 잠시나마 몸을 식히는 것이 아시아 문화의 또 다른 측면일지도 모른다. 이 대표적인 노란 국수를 먹어보고, 나는

그것이 뜨겁고 매워서 눈에서 눈물이 나고 미각을 앗아간다는 것을 깨닫는다.(Imai, 2008: 334)

이마이는 청각, 시각, 미각, 촉감, 그리고 더위와 허기감을 동원하여 자신의 다감각적인 경험의 초상을 그리려고 시도하고 있다. 비록 우리는 그녀의 감각만을 알 수 있지만, 이는 단지 개성기술적이기만 한 것이 아니다. 그녀는 따뜻한 국물의 정취를 문화적인 취향 성향과 연결하고, 건축의 사회-문화적 차원에 비추어 건물 외관을 비판적으로 음미한다. 게다가 이마이의 글쓰기는 분명히 성찰적이다. 다시 말해 실증과학에 전형적인 비인칭 동사나 경험의 공통성을 암시하는 왕실 '우리'(royal 'we')*가 말하는 것이 아니라 '주격 나(I)'가 말하고 있다.

이마이의 글쓰기는 또한 불확정적이고 플라스틱적이다. 그녀의 걷기 궤적이 미리 정해져 있지 않다는 것, 그리고 우리는 단지 그녀와 나란히 걷고 있을 뿐 다음에 어디로 가야 할지 모른다는 것을 주목하라. 그녀는 자신의 감각작용을 비재현적인 방식으로 우리에게 제시한다. 그녀가 폰토초를 함께 이루고 있는 모순적인 복잡한 층위의 '자극들'을 어떻게 엮어내는지에 주목하라. 그녀는 그것을 어떤 것(이를테면 전통적인 일본, 현대의 교토 등)의 전형으로 제시하지 않고 그 자체로 복잡한 하나의 실체로 표현한다. 이마이의 글쓰기는 또한 우연적이고, 따라서 그녀의 경험은 자연스러운 변화에 따라 이루어진다. 결국 그녀

---

* 군주 또는 고위직에 있는 단일 화자가 자신을 지칭하기 위해 'I'가 아니라 'we'라는 단어를 사용한 데서 비롯된 말이다. 개인이 아닌 전체의 속성임을 드러내고자 할 때 사용한다._옮긴이

가 노점의 국수를 사서 먹기로 충동적으로 결정한 것은 단지 노점상과 짧은 대화를 나누기 위해 기다리고 있었기 때문이다. 마지막으로, 그녀의 글쓰기는 우리로 하여금 과정을 의식하게 한다. 시간 표식("한낮이다")과 그녀가 움직이는 궤적은 이를 입증한다. 우리는 데니스의 글쓰기에서도 비슷한 특징들을 찾아볼 수 있다.

데니스 또한 1인칭 단수로 글을 쓰면서 자신의 노력을 연대기적으로 기록하고, 그러면서 자신의 활동을 하나의 성취된 사실이 아닌 악전고투로 묘사한다. 이런 점에서 그의 글쓰기는 가정법적이고 불확정적이다. 그의 경험은 자신의 여러 운동감각의 감각작용에 대해 글을 쓰고 독해할 수 있게 해주고, 그의 장소 이동은 후각, 시각, 촉각 영역과 같은 영역이 새로운 경험을 할 수 있게 해준다. 이런 의미에서 그의 글쓰기는 수행적이다. 다시 말해 그의 글쓰기는 현실을 그의 행위를 결정하는 대의의 부산물로 설명하기보다는 현실에 생명을 불어넣는다. 또한 데니스의 글쓰기와 경험은 우연적이다. 데니스는 미셸과 말로 하는 소통과정에서 오류가 있을 수 있음을 인정함으로써 일상의 감각세계가 얼마나 일시적이고 깨지기 쉽고 잠정적이고 예측할 수 없으며 많은 것을 요구하는지를 논증한다. 마지막으로, 데니스는 바운더리 워터스 카누 지역 야생지대라는 시공간을 이동하는 느낌을 통해 돌발성을 인식하게 한다. 그의 이야기는 말 그대로 우리를 그의 카누 타기에 초대하고 마치 우리가 그와 함께 그곳에 있는 것처럼 우리를 야생지대로 안내한다. 전통적인 질적 연구는 자신이 돌발적이지 않으면서 돌발성을 연구한다고 주장하는 경우가 너무 많다. 따라서 데니스의 이야기는 우리에게 '테마', '코드', '카테고리'를 제공하는 대신 우리로 하여금 그와 함께 이동하게 한다. 그리고 그는 현재 시제를 사용하여 불확정성을 더욱 강화한다. 우리는 다음에 어떤 일이 일어날지 모른다.

신체 작업으로서의 성찰성

감각 연구는 육체화된 지식을 생산한다. 최근 신체적 앎의 방식, 육체화된 글쓰기, 육체화된 민족지학 및 관련 테마를 주제로 한 글들이 너무 많이 제출되어 왔다. 여기에서 우리는 이에 대해 전혀 검토하지 않을 것이며, 감각학이 사회과학에서 성찰적 전환에 어떻게 기반을 두고 있는지만 강조하고자 한다. 성찰성은 간단히 말해 자신을 되돌아보는 활동, 즉 자기 자신을 고찰하는 데서 자신이 타자의 역할을 취하는 행위를 말한다. 성찰적이라는 것은 다른 사람의 입장에 서서 그 사람이 우리를 어떻게 인식하는지를 상상하는 것이다. 질적 연구의 맥락에서 성찰성은 우리가 우리의 가정, 정보 제공자와의 신뢰 관계, 주제 선택, 연구 질문, 방법, 패러다임 선택, 분석 전략, 글쓰기 스타일을 검토하는 것을 의미한다. 성찰성은 우리가 무언가를 연구하는 방법과 이유가 어째서 '바로 우리!'인지를 알게 되는 것을 의미한다. 성찰성은 또한 우리의 생애가 우리가 알고 있는 것과 알고 싶어 하는 것을 어떻게 틀 짓는지를 살펴보는 것을 의미한다. 이를테면 우리의 젠더, 나이, 인종, 하위문화 정체성, 계급, 거주 지역이 우리가 알고 있는 것, 우리가 생각하고 느끼는 방식, 그리고 우리가 육체화되는 방식을 틀 짓는다. 또한 성찰적이라는 것은 우리의 (항상 육체화된) 방법을 통해 우리가 현장에서 구축하는 존재를 고찰의 대상으로 삼을 수 있다는 것을 의미하기도 한다. 요컨대 성찰성은 연구자를 사고하는 육체—즉, 분명히 그리고 불가피하게 연구 과정 속에 존재하는 몸—로 진지하게 고려하는 것을 의미한다.

감각적인 글쓰기와 육체화된 연구의 맥락에서 성찰성은 우리가 일인칭 단수로 글을 써야 한다는 것을 의미한다. 그렇게 함으로써만 우리 자신의 글쓰기와 분석에 대해 우리가 책임질 수 있기 때문이다. 이것이 바로 우리가 이 책에서 제시하는 민족지 발췌문—서로 다른 세 몸의 산물—모두에서 각각의 저자를 밝혀온 이유이다. 그러나 성찰성은 일인칭 단수로 글쓰기를 한다는 것 외에 단수성(singularity)과 복수성(plurality) 간의 관계에 대해 성찰한다는 것을 의미하기도 한다. 우리는 독특한 감각작용, 감정, 사고방식, 가치, 신체를 가진 개인인 것만큼이나, 또한 많은 문화적 특성을 서로 공유하는 사람들이기도 하다. 이를테면 우리는 언어, 대륙, 지적 성향, 가치를 공유한다. 또한 우리 사이에는 중요한 차이도 있다. 이를테면 영어는 데니스의 모국어이지만 사이먼이나 필립의 경우에는 모국어가 아니다. 그리고 우리는 같은 대륙에 거주하고 있음에도 불구하고, 지리적·기후적으로 그리고 사회정치적으로 매우 다른 환경에서 살고 있다. 사이먼은 라스베이거스의 혹독한 사막 더위에 적응해야 하고, 데니스는 매년 겨울 미네소타의 추운 기후에 맞서야 하는 반면, 필립은 캐나다 서부 해안의 비와 흐린 하늘에 적응해야 한다. 이것들은 각주에서나 다루어져야 하는, 우리 삶에서 중요하지 않은 사소한 일이 아니다. 이것들—그리고 우리 개개인의 삶의 다른 많은 특성—은 우리의 **습관**, 우리의 **삶의 방식**, 그리고 우리의 육체화, 의식, **문화**의 문제이다. 감각과 감각작용에 대한 사회학적·인류학적 연구는 개별적 특이성을 반드시 이와 같은 복수성의 맥락에서 고려해야 한다.

감각과 감각작용에 관해 성찰한다는 것은 개인에게 특이한 신체적 경험과 초상황적인 사회적 규범, 공유된 가치, 공통된 관행, 의례, 앎의 방식 속에서 굳어져 온 집단적 경험 사이를 오간다는 것을 의미한다. 이러한 집단적 경험이 감각 질서와 신체 규칙을 구성하는 것은 물론 우리가 세계를 이해하는 여타 여러 가지 방식─우리가 감각 연구자로서 우리 자신 및 다른 사람들의 경험을 개념화하고 분석할 때 항상 고려해야만 하는─역시 구성한다. 성찰한다는 것은 실질적으로는 현재 상황을 이해하기 위해 당면한 상황과 더 넓은 맥락 간을 오가는 것을 의미한다. 그러나 성찰한다는 것은 또한 (해석학적 분석에 전형적인 작업 속에서) 전경과 배경 간을, 즉 지금 여기에 대한 서술과 맥락화/해석 간을, 따라서 우리의 경험적 자료와 이론적 개념 간을 넘나드는 것을 의미하기도 한다. 앞서 언급했듯이, 이 같은 넘나듦은 때때로 문제가 될 수 있다. 목소리를 바꾸는 것─시적인 목소리에서 이론적인 목소리로─은 사람들로 하여금 적응하기 힘들게 하고 갈피를 잡지 못하게 할 수도 있다. 그러나 만약 우리가 우리 자신 및 다른 사람들의 감각작용을 성찰하는 것이 모든 해석 행위에서 핵심이라는 것을 이해한다면, 우리는 (정신을 통해 정신에 대해 이야기할 뿐만 아니라 감각을 통해 감각에 대해서도 이야기하는) 이론적 목소리를 이용하는 데서 좀 더 자신감을 가질 수 있을 것이다.

우리는 이 장을 영국 남서부 해안의 작은 길을 걷는 것에 대한 존 와일리(John Wylie, 2005)의 성찰을 예로 들며 마무리하고자 한다. 그의 서술적이고 해석적인 표현들은 매끄럽게 이어진다. 그는 자신의 서술적인 목소리를 끄고 갑자기 이론적인 목소리를 켤 필요가 없다. 그의 생각은 그의 육체화된 경험에서 나온 것이기 때문에, 즉 그가 현장에 현존했던 것 및 그 현장에서의 그의 감각작용에서 비롯되었기 때문에 구절이 매끄럽고 연속적이며 자연스럽다.

> 나는 그 길에 이끌려 발걸음을 내딛기 시작했다. 하틀랜드 포인트(Hartland Point)에서 남쪽으로 5분 정도 걸었다. 울타리가 쳐진 조용한 좁은 길을 정처 없이 걷다 보니 길이 왼쪽으로 꺾였다. 그러자 기억에 남을 만큼 눈부신 풍경이 일순간 눈에 들어왔다. 남쪽에 펼쳐진 스무드랜즈(Smoothlands) 계곡과 그 너머의 해안선 풍경은 며칠 동안 보았던 경치 가운데 최고였다. 완만하게 비탈진 그 곶(串)은 파도를 가르며 겹겹이 서 있는 여러 곶 중에서 첫 번째 곶으로, 지도에 댐홀 포인트(Damehole Point)로 표시되어 있다. 그리고 이름도 없을 것 같은 특징 없는 절벽 뒤에서 햇볕이 집중적으로 내리쬐는 그 풍경의 중심을 이루는 곳에 스무드랜즈의 "기묘하고 적막하고 험한 작은 계곡"(Tarr, 1996: 106)이 자리하고 있다. 흔히 고상한 장면이 고상한 생각을 자아낸다고 한다. 이 장면은 원형(原型)적이고 특히 감동을 불러일으키는 것으로 보였다. 그 장면은 마치 디지털로 깔끔하게 보정한 것처럼 너무나도 멋있어서 얼마간은 실제 같지 않아 보였다. 그건 장관이었다. 나는 뚫어지게 보았다. 일상적인 걷기의 리듬—걷기에는 풍경을 육체가 빠져들어 가는 하나의 환경으로 이해한다는 것이 함축되어 있다—은 드라마와 변신에서의 공상적인 순간과 대비된다. 풍경에는 우리가 그냥 눈에 담는 풍경에서부터 최고의 광학기기를 통해 바라보는 풍경에 이르기까지 그 범위가 다양하다. 그러나 이 나중의 목록은 외부를 대상화하고 응시 주체를 중심에 둔다는 이유로 널리 비판받는 서구의 시각 문화로

부터 출현한다. 최고의 광학기기를 이용하는 경험은 초기에 관찰자와 관찰 대상을 나누고 이 둘을 심연의 양쪽에 배치하던 것에 근거한다. 그리고 최고의 광학기기를 이용하는 구경꾼은 무시무시한 환희 속으로 용해되어 버리는 만큼이나 활력을 불어넣는 절정을 동시에 경험한다. 시각 이벤트는 주체와 세계를 분할하는 것에서 시작하고 끝난다. 이런 점에서 극적인 자연 풍경에 대한 시적 이해는 구경꾼의 인식론—즉, 풍경을 초연한 주체(이 주체의 시선에는 통제, 분리, 권위, 관음증적 판단 등의 관념이 다양한 방식으로 담겨 있다)의 관점에서 바라본 외부 현실의 한 조각으로 설정하는 인식론—내에서 그 모습을 분명하게 드러낸다. 신체 리듬이 그 속으로 빠져든다면, 시각 이벤트가 제아무리 극적이고 예측할 수 없는 것이라고 하더라도, 그 시각 이벤트에는 얼마간 거리가 존재한다.(Wylie, 2005: 242)

와일리의 감각적인 글쓰기가 효력을 발휘하는 까닭은 그의 해석이 지나치게 인지적이거나 암시적이지 않기 때문이다. 와일리의 글은 망치처럼 당신의 머리를 내리치지도 않고(이를테면 그는 "자, 여기서부터 이론이다"라고 말하지 않는다), 당신에게 자신이 무엇을 숨기고 있는지를 추측해 보라고 강요하지도 않는다. 와일리의 글쓰기가 감각학의 한 형태로 작동하는 이유는 적어도 우리가 생각하기에는 그것이 신체 작업의 한 형태이기 때문이다. 신체 작업은 그저 '연구 대상자들'이 하는 활동인 것이 아니다. 그것은 단순히 "저기 밖에 있는 사람들"이 자신의 세계를 어떻게 감각하는지를 사회적 및 육체화된 방식으로 기술하는 과정인 것이 아니다. 신체 작업은 감각 연구자로서 우리가 수행해야 하는 활동이기도 하다. 우리는 먼저 감각작용—이 감각작용은 개인적 및 사회적 삶에서 가장 사적이고 당연한 것으로 간주되는 경험적 현상의 일부이다—에 초점을 맞춤으로써 신체 작업을 수행한다. 우리는, 우리가 정보 제공자에게 질문을 던질 때 그에게 권유하는 것과 똑같이, 감지성—자료의 감각적 속성을 파악하는 능력—을 길러야 한다. 둘째로, 우리는 경험이 이루어지는 이들 생활세계를 말, 이미지, 또는 소리를 통해 환기시키는 과정에서 먼저 감각작용의 질적 즉각성을 은유로 '번역'해야 한다. 이것은 자동적으로 이루어지는 작업이 아니다. 그러한 작업을 하기 위해서는 재현 기술과 기법을 이용할 수 있어야 한다. 그것은 스킬을 요구한다. 그것은 하나의 창조적 행위, 즉 포이에시스의 한 형태이다. 셋째, 정보 제공자가 신체 규칙을 이용하여 자신의 경험을 이해하고 단수성과 복수성 사이를 오가는 것과 마찬가지로, 우리는 추상적 관념과 개념을 이용하여 감각적 생활세계를 이해한다. 이러한 제안들이 하나의 탈전통적 재현 관행으로서의 감각학의 성공을 보장하지는 못할 것이지만, 이것들은 우리의 서술 작업과 해석 작업을 덜 무감각적이 되게 하는 데는 큰 도움이 될 것이다.

제2부 감각 연구 수행하기

The Senses in Self, Society, and Culture

05

감각적 자아와 감각적 정체성

개 짖는 소리는 무슨 나쁜 업보이기나 한 것처럼 나(사이먼)를 따라다니고 나는 자주 그 소리에 격하게 반응한다. 나는 그 이유를 잘 모르겠다. 그것은 아마도 내가 다섯 살인가 여섯 살 무렵 시작된 것 같다. 내가 학교에서 집으로 돌아와 우리 아파트 건물의 무거운 금속 문을 열었을 때 무심코 관리인의 하얀 프렌치 푸들을 자극하곤 했다. 그러면 그 개가 개집에서 뛰쳐나와 나의 얼굴에 아주 가까이 뛰어올라 격렬하게 짖었다. 관리인이 개를 불러들이기까지는 종종 한참 걸렸다. 그 후로 개가 짖는 것은 나를 화나게 해왔다.

우리가 라스베이거스에서 첫 번째 집으로 이사했을 때, 우리 이웃의 개들—그 개들은 화씨 115도에 육박하는 기온에 밖에 방치되어 있었다—이 밤낮으로 끊임없이 짖어댔다. 전혀 놀랄 일이 아니지만, 이웃들은 개를 안으로 들여놓으라는 나의 첫 번째 정중한 제의를 무시했고, 그다음에는 그렇게 해달라는 좌절된 계속되는 나의 요청도 무시했고, 마지막으로는 따르지 않을 경우 동물보호국에 전화하겠다는 나의 협박도 무시했다. 한번은 한밤중에 내가 화가 나서 밖으로 뛰쳐나가서 현관문을 너무 격렬하게 쾅 닫은 탓에 창문이 박살났다. 그다음 해에 우리는 개 짖는 소리를 포괄적으로 그리고 명확하게 규정하고 있는 게이티드 커뮤니티로 이사하기로 결정했다. 하지만 안타깝게도 나의 새 이웃 역시 그러한 규제를 이해하지 못하는 것으로 보였다. 왜냐하면 그 역시 매우 큰 개를 라스베이거스의 뜨거운 태양 아래 하루 종일 밖에 방치한 채로 키우고 있었고, 우리가 뒷마당을 거닐거나 고양이—미누(Minou)와 피델(Fidel)—를 데리고 동네를 산책할 때마다 그 개가 공격적으로 짖어대곤 했기 때문이다. 내가 수차례 구두와 서면으로 개입했음에도 불구하고, 그는 우리 커뮤니티의 소리 질서에 순응하지 않았다. 그러자 더 이상 참을 수 없었던 어느 날, 나는 일렉트릭 기타와 앰프를 뒷마당으로 가져와서 앰프의 디스토션 노브를 최대 출력으로 높이고 시끄럽고 날카롭고 불협화음을 내는 독주곡을 연주했다. 내가 말 그대로 내 손가락 끝으로 튕긴 이 소리 테러는 소리에 대한 그의 인식을 영원히 바꾸어 놓았을 것이 틀림없다.

나의 감각적 정체성은 부분적으로는 내가 너무 큰 목소리나 시끄러운 소음으로 지각하는 것에 대한 이러한 본능적 반발에 바탕한다. 내가 기억하는 한, 나의 부모님도 이 두 가지 모두에 대해 눈살을 찌푸렸지만, 그 이유는 서로 달랐다. 나의 아버지가 볼 때, 차분하고 한결같은 목소리는 우리(고상한 사람들)와 그들(거친 사람들)을, 즉 잘 교육받은 사람과 교양 없는 사람을 구별 지었다. 수년이 지난 지금도 나는 나 자신이 여전히 지인들의 말을 동일한 (그러나 지금은 받아들이기 힘든) 방정식으로 판단하고 있음을 발견한다. 그러나 그러한 구별 짓기가 분명 계급주의적인 것으로 들릴 것이지만, 목소리와 우리가 내는 소리에 주의를 기울이지 않는 것은 불교와 다른 전통에서도 눈살을 찌푸리게 한다. 소리는 성스럽고 특별한 의미를 지닌다. 태초에 워드(Word, 하느님의 말씀)가 있었고, 옴(Om, 힌두교 등에서 의식 전후에 영창하는 신성한 소리)은 세상의 소리이다. 시끄러운 소음과 큰 목소리는 자주 전쟁, 협박, 고문—예리코(Jericho) 성벽에서부터 관타나모(Guantanamo)의 감방에 이르기까지에서—의 도구로 이용된다. 나의 어머니는 큰 목소리를 폭력 및 공포와 연관시킨다. 어머니가 자주 내게 말하듯이, 오랜 세월이 지난 지금도 어머니는 어렸을 때 라디오에서 흘러나오는 히틀러의 격한 고함소리를 겁에 질려 들었던 기억을 결코 잊을 수 없다.

어머니의 사촌이자 아우슈비츠 생존자로 조용조용 말하고 느긋한 편인 어윈(Erwin)은 큰 목소리를 특히 견딜 수 없어 했다. 나는 미국에 처음 왔을 때 그와 함께 관광 보트를 타고 맨해튼을 돌아다녔던 것을 잊을 수 없다. 그는 갑판 꼭대기에 있는 불편한 벤치에 앉아서 여러 랜드마크에 대해 설명하다가 얼굴이 눈에 띄게 벌겋게 변하고 불안한 듯 보이더니 갑자기 설명을 멈추었다. 나는 그에게 "뭐가 잘못됐나요?"라고 물었다. 그는 대답하지 않고 자리에서 일어나더니 큰 소리로 말하는 한 무리의 독일 젊은 관광객들을 향해 이례적으로 결연한 표정을 하고 성큼성큼 걸어갔다. 그들은 굉음을 내는 보트 엔진 소리 너머로 자신들의 목소리가 들리도록 하기 위해 큰 소리로 말하고 있었다. 그가 그들에게 무슨 말을 했는지는 모르겠지만 그들은 곧바로 조용해졌다. 그는 다시 내 옆에 앉으며 이렇게 말했다. "저 독일인들은 항상 떠들어대. 날 토할 것 같게 만들어." 몇 년 후, 나는 시끄러운 소음으로 인해 유발되는 아드레날린의 유해한 영향을 그 원천에 물리적으로 개입함으로써 실제로 줄일 수 있다는 사실을 발견했다.

* * *

카를 마르크스(Karl Marx, 1967: 292)는 다음과 같은 유명한 말을 했다. "인간(노동자)은 먹고 마시고 번식하는 동물적 기능에서 또는 기껏해야 자신의 집이나 화려한 옷에서 자유롭게 행동한다고 느낄 뿐이고, 반면 인간적 기능에서는 동물처럼 느낄 뿐이다. 동물적인 것이 인간적인 것이 되고 인간적인 것은 동물적인 것이 된다." 마르크스의 요점은 그의 보다 넓은 개념적 주장과 틀의 맥락에서 이해할 수 있다. 하지만 인간은 보통의 동물이 아니다. 이른바 우리의 '동물적 기능'은 우리의 '인간적 기능'과 마찬가지로 창조적·정의적(情意的)·성찰적일 수 있다. 인간이라는 동물은, 우리가 언어, 노동, 예술에서 또는 어떤 여타 다른 인간 특유의 활동에서 심미적·감각적 속성을 계발하고 문화화할 수 있는 것처럼, (우리가 제시한 서두의 사례가 예증하듯이) 말하기에서뿐만 아니라 먹기, 마시기, 출산하기에서도 심미적·감각적 속성을 계발하고 문화화할 수 있는 동물이다. 그렇기 때문에 우리는 (비록 요리 스킬을 발전시키지는 않더라도) 고급 요리 취향을 개발할 수 있고, 고급 와인의 미학을 익힐 수 있고, 정적이 갖는 소리적 의미를 감지할 수 있고, 탄트라 섹스(tantric sex)*를 실행할 수 있고, 또는 우리를 더 나은 연인으로 만들어줄 수 있다고 약속하는 급성장 중인 책, 잡지, 또는

* 탄트라 섹스는 고대 힌두교에서 유래한 명상적인 형태의 섹스로, 그것의 목표는 오르가슴이 아니라 더 깊고 친밀한 결합을 위한 성적 여정과 몸의 감각작용을 즐기는 것이다._옮긴이

DVD 시장의 수많은 선택지 중 어느 하나에 투자할 수도 있다. 인간이라는 동물은 감각적 경험의 주체이자 객체이기도 한데, 이는 부분적으로는 우리가 세상을 적극적·성찰적으로 감각하는 방식 때문이고, 부분적으로는 감각적 경험이 자아 및 정체성 작업과 교차하기 때문이다.

촛불, 장미, 샴페인, 새틴 시트, 미묘한 접촉, 은은한 음악, 속삭이는 달콤한 말들로 가득한 저녁은 단순히 '분위기를 조성'하는 것 이상의 역할을 한다. 이런 종류의 감각적인 조직화는 감정 상태를 연출하고 자극하고 강화하는 데 도움을 줄 뿐만 아니라 한 사람의 연인[또는 연인이 **되려는** 의도(및 계획)를 가진 사람]으로서의 정체성을 반영하고 드러낸다. 우리가 듣는 음악은 우리의 기분과 듣기 선호를 반영하고 틀 지을 뿐만 아니라(DeNora, 2000), [아마도 음악 하위문화(고트, 펑크, 이모, 데드헤드 등)에서 가장 두드러지지만 우리 대부분에게도 미묘한 방식으로 똑같이 관련될 수 있는] 중요한 형태의 정체성 작업의 본질적 부분을 이룬다. 우리의 환경에서 나는 소리(사이먼이 아주 생생하게 이야기한)나 특정 사물의 냄새(우리가 곧 살펴볼)가 어떻게 (과거와 현재의) 정체성을 만들어낼 수 있는지에 주목해 보라. 그러한 냄새와 소리는 우리에게 시간, 사람, 장소를 떠올리게 할 뿐만 아니라 시간의 경과에 따른 자아의 변화를 이야기하는 데에도 도움을 준다. 갓 구운 쿠키, 라임을 곁들인 코로나, 갓 내린 커피, 호박파이, 꼬치에 꽂아 구운 마시멜로—이것들이 바로 시간이 지나면서 우리의 자아와 정체성을 틀 지어온 구체적인 사람과 장소를 연상시키는 것으로 흔히 지적되는 냄새와 맛의 사례이다. 자아성, 주체성, 개인성, 정체성—인간이라는 동물이 성찰적인 감각적 경험의 주체이자 대상이 되게 하고 매우 특별한 종류의 동물이 되게 하는 핵심적인 방식인 이것들이 이 장에서 우리가 다루는 주제이다.

육체화된 자아는 지각된 감각작용과 의미부여 관행의 물질적 기반이자 성찰적 결과이다. 이러한 방식으로 감각작용과 의미부여가 **감각적 자아**(sensuous self)—즉, 수행적이고 성찰적이며 지각적이고 목적의식적이며 비확정적이고 생성적인 육체화된 세계-내-존재(being-in-the-world)—를 형성한다. 상호작용주의자들이 자아를 성찰적 행위, 경험, 수행이라는 경험적·주체적 행위의 산물로 생각하는 것처럼, 감각적 자아도 우리가 우리 자신을 감각하는 그리고 우리가 살아가는 감각 질서를 감지하는 관행과 의례를 통해 이루어지는 신체 경험 속에서 생성된다. 일상생활 속에는 감각적 자아가 수행하는 관행과 의례들이 많이 있다. 그러한 관행과 의례들은 종종 리허설 없이 완전히 즉흥적으로 수행되지만, 습관, 기억, 과거의 감각작용이 갖는 속성—무서웠던 것과 좋았던 것 모두—에 의해 하나의 각본으로 세심하게 짜여 있다. 전체적으로는 이러한 개인적 유산이 **신체 경력**(somatic career)—즉, 우리가 여러 상황에서 우리 자신을 인식하는 데 그리고 다른 사람들이 우리를 인식하는 데 이용하는 감각적인 개인적·사회적 정체성—을 구성한다.

이 장에서 우리가 중심적으로 관심을 기울이는 것은 이후의 모든 장에서와 마찬가지로 우리가 수행한 심층 연구를 통해 감각동학을 더욱 심층적으로 이해시키는 것이다. 이 장에서 우리는 후각과 향수에 관한 우리의 연구로부터 대부분의 자료를 끌어온다. 특정 냄새는 자아 및 정체성 작업의 중요한 현장인 구체적인 시간, 사람, 장소를 떠올리게 하는 놀라운 힘을 가지고 있다. 우리는 **감각적 주체성**(sensuous subjectivity)이라는 개념의 토대를 마련하는 것에서부터 시작하고, 그런 다음 그러한 영역들에서 사람들이 겪는 감각 경험을 성찰하는 데로 나아간다.

감각적 자아

감각 연구자들은 자아성에 대해 서로 다른 방식으로 이야기한다. 이를테면 라이스(Rice, 2003)는 에든버러 왕립병원(Edinburgh Royal Infirmary)의 환자들이 병원의 소리 풍경과 어떻게 관계 맺는지와 관련하여 '소리 자아(soundself)'에 대해 이야기한다. 라이스는 다음과 같이 설명한다.

> 의료 행위, 의료 장비 및 기술이 내는 소리가 병원 생활에 배어들어 병원 생활에 영향을 미치고, 많은 환자가 그 소리에 특별한 의미를 부여해 왔다. …… 환자들은 그러한 소리 풍경이 의료 행위(인류학자들은 생체의학으로 알고 있는)를 규정하는 규약—환자들에게 의학적 치료의 수동적 수용자가 되고 의료 기법의 대상이 되고 특정 통제체계를 받아들일 것을 요구하는—을 통해 생산된다는 것을 알고 있다.(Rice, 2003: 4)

라이스가 제도적 관행의 주체와 객체라는 관념을 불러내어 소리 자아를 논의한다면, 우리는 창조와 신체적 성취를 강조함으로써 자아성을 개념화한다. 우리에게서 주체성이란 단지 권력이 자신을 각인시키는 공간이기만 한 것이 아니다. 우리에게 주체성은 오히려 지각된 감각작용과 적극적인 의미부여 관행들의 물질적 토대이자 그러한 감각작용과 관행들에 대한 성찰 및 그것들의 상호작용이 낳은 결과이다. 자아를 하나의 감각적 과정으로 개념화하는 것은 존재의 신체 차원을 강조하는 것은 물론 "지성적인 것과 감성적인 것의 융합" 또한 강조한다(Stoller, 1997: xv).

상징적 상호작용주의자들은 자아가 인식자(knower)와 인식대상(known)의 이중 과정—미드(Mead, 1934)가 마음속으로 하는(minding) 또는 내면화된(internalized) **대화**의 한 형태로 파악했던 것—에서 생겨난다고 가정한다. 우리는 이 원리에 동의하지 않는 것이 아니라 거기에 더하여 단지 우리가 우리의 **신체** 지각을 통해 세계가 가지는 감각적 특성과 의미 잠재력을 즉각적으로 자각한다고 제안할 뿐이다(Dewey, 1934). 따라서 자아는 앎의 주체이자 상징적 (그리고 주로 언어적) 지식의 대상일 뿐만 아니라, 더 정확하게는 느끼고 감각하는 주체이자 신체 경험의 대상이기도 하다. 지각이 지식**이고**(Dewey, 1934; Merleau-Ponty, 1962), 시간과 장소에 따라 축적된 성찰적 감각작용이 신체의 역사와 위치 짓기(emplacement) 감각을 구성한다(Rodaway, 1994). 신체적 자기 자각(somatic self-awareness), 즉 이 감각적 경험의 저장물이 감각적 자아를 만들어낸다. 따라서 감각적 자아는 감각하고 감각되고, 생성적인 동시에 인습적이고, 주체이자 객체이고, 개인적인 동시에 사회적이고, 정신 내의 육체(body-within-mind)이자 신체 내의 정신(mind-within-flesh)이다. 따라서 신체 작업이라는 렌즈는 우리로 하여금 자아성을 감각하는 것이자 (자신과 타자 모두에 의해) 감각되는 것으로, 즉 감각적 자아—자기 자신의 성찰적 신체 행위의 하나의 대상—로 개념화할 수 있게 해준다. 신체 작업이 감각적 자아와 갖는 관계는 마음속으로 하는 내적 대화가 전통적인 미드식의 자아 관념, 즉 언어적 산물로서의 자아(self-as-linguistic-product) 개념(Mead, 1934)과 갖는 관계와 같다.

실용주의에 뿌리를 두고 있기에 우리는 자아를 하나의 형이상학적 실체로 생각하지 않고, 현실에 기반을 둔 하나의 경험적 개념이라고, 즉 행위, 경험, 수행이라는 주체적 행위의 산물이라고 생각한다. 마찬가지로 감각적 자아도 신체 경험으로부터 생겨난다. 좀 더 구체적으로 말하자면, 우리는 우리가 우리 자신 및 (우리가 살고 있고 또 우리 속에 살고 있는) 신체 질서를 감각하는 의례 속에서 감각적 자아를 만들어낸다. 파인(Fine, 1995: 256)은 이러한 "경험이 비교 판단[과 평가]의 기초를 제공한다"라고 지적한다. 성찰적 의례는 개인적 정체성, 사회적 정체성, 상황적 정체성 등과 같이 우리가 자아를 유형화하는 데서 사용하는 신체적·상징적 자료이다. 신체적 의례는 서로 긴밀하게 연결되어 있는 감각하기와 의미부여의 습관으로, 이것들은 "우리의 개인적 삶에 매일 온종일 깊숙이 들어와 있는" 탓에 자아의식과도 밀접하게 연결되어 있다(Synnott, 1993: 187). 전체적으로 볼 때, 이들 의례가 자아의 **신체 경력**—즉, 감각적 자아의 살아 있는 역사와 앞으로의 신체 작업 방향—을 구성한다.

감각적 자아의 동학을 이해하고 밝혀내기 위해서는 의례적 감각작용이 갖는 의미를 이해할 필요가 있다. 제3장에서 우리는 의례로서의 감각작용이 지닌 수행적 측면에 초점을 맞추었는데, 그 이유는 모든 의례는 드라마이고 모든 드라마는 수행이기 때문이다. 그러나 거기에는 그것 이상의 것이 있다. 의례는 정기적으로 수행되는 행동 패턴으로서, 시간이 경과하며 우리가 의미를 부여하고 끌어내고 만들어내고 구체화하고 틀 짓는 활동이며, 이를 통해 자아성이 생겨난다. 우리는 두 가지 유형의 감각 의례, 즉 **의례적 감각작용**(ritual sensation)과 **의미부여 의례**(sense-making ritual)를 구분할 수 있다.

의례적 감각작용과 의미부여 의례

의례적 감각작용은 하나의 습관이다. 그러나 우리는 습관을 맹목적으로 어떤 틀에 빠져드는 것과 혼동해서는 안 된다(Crossley, 2001; Dewey, 1934를 보라). 습관은 개인적 전기와 집단적 기억의 층들이 접합되어 만들어지는 하나의 학습된 의미부여 패턴이다(Dewey, 1934). 습관은 관점과 선택적 주목(Csordas, 1993)을 표현하고 명료화하는 육체화된 도구이다. 미드의 표현을 빌리면, 습관은 개인 또는 집단으로 하여금 "[지각자의] 즉각적인 감지성과 경험 모두에 부합하는"(Mead, 1938: 7) 방식으로 대상에 주목하게 한다. 따라서 의례적 감각작용은 "직접적인 감각적 자극과 그 자극에 대한 태도(즉, 그 자극에 대한 개인의 반응)" 모두를 포함한다(Mead, 1938: 3). 이러한 태도가 의례화되는 까닭은 우리가 과거의 경험에서 그러한 태도를 가져와서 재현하기 때문이다. 우리는 그러한 태도를 하나의 수행 스킬로 습득하여 신체 기술 내에 정착시킨다. 따라서 의례적 감각작용을 물질적 자극에 대한 기계적인 감각 반응과 혼동해서는 안 된다. 오히려 그것은 필터링 메커니즘처럼 지각 물질을 안내하는 신체 테크닉이다.

방콕에서 냄새가 갖는 의미를 분석하고 있는 코헨(Cohen, 2006)은 이 필터의 유용한 사례 및 이 필터가 감각작용의 질을 평가하는 데서 수행하는 역할에 대한 유용한 예를 제공한다. 그에 따르면, 태국인들은 체취를 감지하고 체취에 긍정적인 유인성(positive valence)을 부여하는 데 큰 관심을 기울이면서도 공공 거리의 악취에는 여전히 전혀 관심이 없다. 이 같은 사실은 개인적 청결과 시민적 청결이라는 서로 다른 도덕 규약에 대한 태국 특유의 태도를 반영하며, 따라서 의례적 지각이 어째서 "……인상에 대한 [습관적인] 정교화와 해석"의 결과인지를 예증한다(Cohen, 2006: 127).

다른 한편 **의미부여 의례**는 감각작용을 표현하고 환기시키는 것을 일컫는다. 개인 수준에서 우리는 의미부여 의례를 이용하여 자아의 연속성을 감각하고 정체성을 확립한다. 우리는 감각작용이 갖는 유의미한 속성을 표현함으로써 그렇게 한다. 집단 수준에서는 우리는 의미부여 의례를 이용하여 우리 사이에 존재하는 유대의 근간을 이루는 사회적 관계를 확인하고 뒷받침한다. 우리는 우리의 문화적 '감각 모델'에 담겨 있는 합의된 규범을 불러냄으로써 그렇게 한다(Classen, 1990: 722). 의례적 감각작용이 해석적 지각을 일컫는다면, 의미부여 의례는 공적 드라마와 스토리텔링—문화적·사회적 수행—을 일컫는다(Turner and Schechner, 1988). 개인과 집단은 의미부여 의례를 통해 사회의 지배적인 신체 질서에 부합하게 행동을 "조정한다"(Stokes and Hewitt, 1976). 의미부여 의례는 사적이고 특이한 것일 수도 있고, 공식 문화 공연 속에 구체화되어 있는 공개적이고 공적이고 공유되어 있는 것일 수도 있다. 하지만 그 의례가 이루어지는 사회적 영역에 관계없이, 그러한 의례는 감각작용을 구체화하고(Gell, 2006), 사회가 감각을 규제하는 데 사용하는 수단을 재생산한다.

우리는 의미부여 의례를 가장 잘 보여주는 아주 일반적인 사례로 우리가 일상적으로 사회적으로 수행하는 개인적인 착취(odorizing)와 탈취(deodorizing) 행위들, 우리가 일상에서 냄새를 이용하여 무언가를 유인하거나 피하는 관행들(Largey and Watson, 1972를 보라), 우리가 냄새를 평가하는 데 이용하는 판단 및 범주화 체계들(Low, 2005를 보라)을 들 수 있다. 보다 공식화된 문화적 수행으로는 많은 종교의식에서 행해지는 향 태우기 의례(Largey and Watson, 1972), 악을 정화하는 목욕 의례, 또는 하우스(Howes, 1987)와 클라센, 하우스, 시놋(Classen, Howes and Synnott, 1993)이 논의한 다른 모든 의례를 들 수 있다.

특히 켈빈 로(Kelvin Low)는 감각적 자아가 갖는 중요성을 재미있게는 아니지만 흥미롭게 예증한다. 감각작용은 육체화된 자아의 토대이다. 그리고 로가 주장했던 것처럼, (특히) 냄새는 "논쟁적/범주적 구성물(그리고 또한 양극단 사이에서 나타나는 여타 미묘한 차이들)에 기초하여 사회적 행위자들이 인종화·계급화·젠더화된 타자를 구성하거나 어떤 사람을 그러한 타자로 판정하는 데 이용하는 사회적 매체로 기능하고, 이는 타자화 과정을 수반하기도 한다. 다시 말해 어떤 개인은 냄새의 차이를 통해 나를 정의하고 냄새의 차이에 기초하여 내가 아닌 존재로서의 타자를 부정한다"(Low, 2005: 405). 로는 이 동학을 탐구하는 방법의 하나로 후각 파괴 실험을 진행했다. 즉, 그는 당연한 것으로 간주되는 규범을 위반했고, 그럼으로써 그는 사람들이 그 위반을 어떻게 복구하거나 재구성하는지를 지켜보고 알아낼 수 있었다.

요컨대 의례적 감각작용과 의미부여 의례는 자아를 특정 장소와 시간 내에 위치시킨다. 특정한 감각작용—이를테면 특정 장난감, 자연의 소리, 음악, 음식, 음료, 심지어는 [베이포럽(Vaporub)® 같은] 의학적 치료와 관련된 특정 감각작용—은 과거의 시간·장소·사람·사건에 대한 향수를 불러일으키는 역할을 할 수 있다(Hirsch, 2006). 모든 감각 중에서도 후각은 특히 과거를 떠올리게 할 수 있다(Engen, 1991; Proust, 2001; Schab and Crowder, 1995). 자연과학자들은 냄새와 뇌의 변연계 부위—즉, 기억과 감정이 저장되는 부위—를 직접 연결시킴으로써 이러한 현상을 단순화한다(Gilbert, 1995). 분명 다른 감각의 신호들은 뇌의 이 부분에 간접적으로 전달되고, 그렇기 때문에 과거를 덜 강력하게 상기시킨다. 이러한 생리적 메커니즘과는 별개로, 우리가 곧 예증하듯이, 후각 감각작용의 사회화(Herz, 2006)와 적극적인 의미 형성 과정—개인은 이 과정에서 특정한 냄새를 '특정 장소에 위치 짓고' 자아성을 수행한다—모두에서도 향수를 불러일으키는 강력한 연상작용이 일어난다. 우리가 앞으로 살펴보듯이, 의미부여라는 이러한 발현적 행위는 신체 작업으로 이루어지며, 시간이 지나면서 자아가 연속성을 지니게 한다. 로가 간결하게 표현하듯이, "냄새는 사회적 현실을 (재)구성하는 데서 하나의 사회적 매체로 활용될 수 있으며"(Low, 2005: 398), 이러한 과정은 감각작용이 감각 질서와 문화를 재생산하는 데서뿐만 아니라 사회성과 정체성을 생산하는 데서도 중요한 역할을 한다는 것을 보여준다(Classen, 1990; Howes, 1991; 2003; 2005; Rodaway, 1994; Simmel, 1997). 그럼 이제 회상이 어떻게 (글자 그대로의) 자아**의식**(sense of self)을 만들어내는지 살펴보자.

상기하기와 기억하기를 통한 감각적 자아성과 감각적 정체성의 형성

우리가 앞에서 설명했듯이, 자아성은 어떤 사람에 앞서 이미 존재하는 하나의 대상이 아니다. 오히려 자아성은 정체성과 마찬가지로 하나의 과정이고 하나의 산물이다. 감각은 자아성과 정체성을 확립하는 데서 결정적인 역할을 한다. 감각과 감각작용은 우리로 하여금 애착감과 일체감을 형성하게 할 수 있으며, 때로는 (우리의 경험을 구조화하고 우리의 행위, 소속감, 선호를 제약하는) 감각 질서에 이의를 제기하게 할 수도 있다. 먹기를 예로 들어보자. 음식을 먹고 그 음식의 향을 음미하는 것은 배를 채우는 것 이상의 일을 할 수 있다. 이를테면 로(Law, 2001)가 설명하듯이, 홍콩에 고용된 필리핀 가사 노동자들에게서 필리핀 음식을 먹고 그 음식의 독특한 냄새를 음미하는 것은 이국적이고 종종 적대적인 환경에서 하나의 의미 있는 상징적 공간을 창출할 수 있다. 필리핀 음식을 요리하고 먹고 냄새를 맡는 것은 필리핀 노동자들에게는 하나의 의미 있는 디아스포라 정체성을 표현하는 것이다. 그들은 그것을 통해 홍콩의 위압적인 공간에서 이탈하여 해외에서 자신들의 집단적 정체성을 확인한다. 그렇게 함으로써 필리핀 여성들은 또한 자신의 주체성을 재정의한다. 그들은 음식의 맛과 향을 공유함으로써 일개 '가정부'에서 벗어나서 고향에 대한 기억을 떠올리고 자아를 재정립한다.

> 필리핀 가사 노동자에게 일요일에 홍콩에서 무엇을 하는지 물어보면 당신은 '리틀 마닐라(Little Manila)'라고 불리는 화려한 모임에 관한 이야기를 들을 것이다. 홍콩의 중완과 그 주변에서 10만 명 이상의 필리핀 여성들이 일주일에 하루 동안 중국인 고용주의 문화적 관습을 버리고 필리핀 음식을 먹고, 필리핀 신문/잡지를 읽고, 수많은 필리핀 전문 상점에서 제품을 소비한다. …… 나는 어느 일요일에 공원에 들어갔다가 대규모로 모여 있는 필리핀 여성들에게 둘러싸이는 대신 인도네시아 정향 담배의 기묘한 향에 압도당했다. 빅토리아 공원을 돌아다니다가 적어도 나의 경우에는 홍콩에 인도네시아 가사 노동자의 수가 점점 늘어나고 있다는 통계를 확인했다. 1970년대 이후 필리핀 출신 여성들이 이 노동 시장을 지배해 왔지만, 1998년에는 인도네시아 출신 가사

노동자가 3만 1800명에 달했다. 빅토리아 공원에서 그들도 휴일을 즐기고 있었다. 다만 정향의 향과 인도네시아 말씨의 수다스러움이 그 공원을 가득 채우고 있지는 않았다는 사실과 실제로 침 뱉기와 쓰레기 투기를 금지하는 표지판이 인도네시아 공용어가 아닌 타갈로그어로 게시되어 있었다는 사실이 홍콩에서 '필리핀인'과 '가사 노동자' 간에 강력한 연관관계가 있음을 보여주고 있을 뿐이다.(Law, 2001: 265~266)

물론 자아성은 많은 서로 다른 과정을 통해 다양한 방식으로 형성되며, 설사 자아성 형성 방식들의 완전한 목록을 작성할 수 있다고 하더라도 그 방식들 모두를 검토하는 것은 불가능하다. 따라서 이 장의 나머지 부분에서는 폭보다는 깊이를 목표로 하는 것이 논리적인 행동 방침인 것으로 보인다. 우리는 회상의 맥락에서 자아성의 형성을 살펴보는 것으로 시작한다. 우리는 상기하고 기억함으로써 우리 각자의 매우 독특한 자아의식을 형성하지만, 공통의 기억은 집단 정체성의 토대를 이루기도 한다. 우리는 회상의 동학에 대해 논의한 다음에 우리의 강조점을 자아 표현으로 옮겨간다. 우리는 통상적으로 다른 사람에게 정보를 전달하는 방식으로 우리 자신의 모습을 표현하는데, 그러한 정보 중 많은 것이 감각의 성격을 띠고 있다. 특히 우리의 자료는 우리로 하여금 우리가 냄새 맡는 방식을 통해 우리가 다른 사람에게 자신에 대해 무엇을 전달하는지를 살펴볼 수 있게 해준다. 그러나 우리는 향에 대한 회상적 기억에서부터 시작한다.

시놋이 주장했듯이, "냄새는 개인과 집단을 정의한다"(Synnott, 1991: 438). 실제로 우리가 후각과 향수에 관한 우리의 연구(Waskul, Vannini and Wilson, 2009)에서 발견했듯이, '좋아하는 냄새'에 대해 물었을 때

응답자의 약 70%가 개인의 전기적 과거와 중요한 타자에 대한 기억을 응답에 포함시켰다. 대부분의 사례에서 우리의 정보 제공자들이 특정한 냄새를 좋아하는 까닭은 그 냄새가 그들을 향수를 불러일으키는 특정 사람 및 장소와 연결시키기 때문이다. 이를테면 멜리사(Melissa, 28세)는 상쾌한 느낌이 나는 세탁물 냄새를 가장 좋아하는 냄새로 꼽았는데, 왜냐하면 그것이 "영국에서 이모와 시간을 보냈던 때를 떠올리게 하기" 때문이다. 멜리사는 영국에 갔을 때 몇 주 동안 이모와 함께 지내곤 했는데, 이모는 항상 빨래를 하고 있었다. 신디(Cindy, 36세)에게 앨버타 야생 장미는 "할머니와 어렸을 때 할머니의 집을 방문했던 때를 떠올리게 한다." 프랭크(Frank, 45세)는 라벤더 냄새를 "가족, 집, 안전"과 연관시키는데, 왜냐하면 그의 외할머니의 방에서 항상 라벤더 냄새가 났던 것이 떠오르기 때문이다. 앨리슨(Allison, 32세)은 이렇게 기술한다.

> 내가 특히 좋아하는 냄새는 특이한 냄새이지만 그것은 내가 생각할 수 있는 최고의 냄새이다. 그건 내 피부에서 나는 냄새인데, 그 냄새는 특정한 상황에서만 난다. 그 냄새가 나기 위해서는 먼저 많은 일이 일어나야 한다. 그 냄새는 특히 따뜻한 여름날 야외에서 보통은 호수나 해변에서 시간을 보낸 후 하루가 끝날 즈음에 선크림 잔여물, 소금, 새로 흘린 땀, 풀, 담수가 내 피부에서 섞여 하나의 독특한 냄새를 만들어냈을 때만 발생한다. 내가 그 냄새를 특히 좋아하는 이유는 지금은 그 냄새가 좀처럼 나지 않지만 지난날, 즉 몇 달씩 그 냄새를 맡을 기회가 있었던 어렸을 때를 떠올리게 하기 때문인 것 같다. 그 냄새는 영원히 계속될 것만 같았던 즐겁고 행복했던 여름, [캐나다 브리티시컬럼비아주]

가브리올라섬에 있는 조부모님 집에서 보낸 휴가, 그 지역 호수에서 친구들과 함께한 즐거움을 표상한다. 그 냄새는 눈을 감으면 마치 내가 다시 어린아이가 되기나 한 것처럼 느끼게 만드는 유일한 향기이다.

후각 지각에 대한 앨리슨의 복잡하고 생생한 묘사는 신체 경험을 전달할 뿐만 아니라 그러한 경험이 기억과 향수에 의해 매개된다는 것도 보여준다. 우리가 곧 살펴보듯이, 앨리슨의 묘사는 또한 육체화된 정체성이 어떻게 작동하는지도 예증한다. 앨리슨은 자신이 "근본적으로 실용적인 관계(fundamental pragmatic relationship)"라고 표현한 것—구체적으로 말하면 기억, 감각적 지각, 향수의 의미가 경험에 앞서 존재하는 것이 아니라 적극적인 의례적 감각작용과 의미부여 의례에서 생겨난다는 것—을 예리하게 묘사한다. 서로 연관되어 있는 이 과정을 좀 더 자세히 살펴보자.

듀이(Dewey, 1967: 154)는 기억을 "한때 존재했지만 더 이상 존재하지 않는 특정 사물이나 사건에 대한 지식"으로 정의한다. 마찬가지로 앨리슨이 앞의 인용문에서 언급하듯이, 그녀가 자신이 묘사한 냄새를 좋아하는 까닭은 "지난날, 즉 몇 달씩 그 냄새를 맡을 기회가 있었던 어렸을 때를 떠올리게 하기 때문"이다. 이러한 감상은 쉽게 이해할 수 있으며 특별히 놀랍지도 않다. 하지만 그러한 기억이 단지 과거에 발생한 사태나 사건의 정적 저장소이기만 한 것은 아니라는 점은 강조할 필요가 있다. 대신 앨리슨은 적극적인 '이상화 활동(idealizing activity)'을 통해 이러한 지각과 기억을 생산한다. 우리가 의미부여 의례라는 개념을 사용할 때 언급하는 것이 바로 이러한 유형의 이상화 활동이다. 의미부여 의례는 다른 모든 의례와 마찬가지로 수행을 통해 하나의 현실을 창조해 내고 그 현실을 감지할 수 있게 한다. 듀이는 다음과 같이 설명한다.

> 기억의 대상은 공간에 하나의 **사물**로 존재하는 것이 아니라 하나의 정신적 이미지로만 존재한다. 내가 지각하는 테이블은 공간에 실제로 존재하는 테이블이다. 내가 기억하는 테이블은 오직 나의 마음속에 하나의 이미지 형태로만 존재한다. 지각된 테이블은 고체이고 내구성을 지니고 있다. 기억된 테이블은 이런 종류의 물리적 속성을 가지고 있지 않다. 빨간색에 대한 기억은 그 자체로 빨간색이 아니며, 향기로운 장미 냄새에 대한 기억도 마찬가지이다. …… 기억이 다루는 경험은 그 자체로 전적으로 이상적이다. 그것들은 지성의 구성 활동이 만들어낸 결과로만 존재한다.(Dewey, 1967: 155)

앞의 발췌문에 제시되어 있는 앨리슨의 발언은 이 이상화 활동을 잘 표현하고 있다. 앨리슨은 냄새를 "영원히 계속될 것만 같았던 즐겁고 행복했던 여름, 가브리올라섬에 있는 조부모님 집에서 보낸 휴가, 그 지역 호수에서 친구들과 함께한 즐거움"을 표상하는 것으로 묘사한다. 이들 신체 지각의 요소는 냄새 자체와 냄새의 직접적인 근원을 나타내는 것이 아니라 **함축한다**. 다시 말해 이들 요소는 평가적이지만, 앨리슨의 독특한 전기의 맥락에서만 그러할 수 있다. 이 의미부여 관행은 앨리슨에게 독특한 것으로, 그녀의 이상화 활동 및 수행 활동에 의해서만 가능하다. 따라서 이러한 기억은 소극적인 기록이 아니라 앨리슨이 자신의 신체 자아의 의식을 틀 짓기 위해 그리고 자신의 자아를 자신이 경험했던 그리고 다시 찾은 감각작용에 근거시키기 위해 생산하는 하나의 **행위**이다. 그렇기 때문에 이상화 활동의 하나의 산물로서의 기억은 "다양한 목적에서 융통성 있게 사용할 수 있는 해석적 모델이자 문화적 도식"이다(Rapoport, Lomsky-Feder and Heider, 2002: 176).

우리 연구에 참여한 많은 사람도 마찬가지로 (독특한 '냄새 풍경'을 만들어내는 독특한 의례적 감각작용과 상당히 교차하는) 하나의 함축적이고 수행적인 활동으로서의 기억을 발전시킨다(Porteous, 2006: 91).

> 내가 기억하는 가장 기분 좋은 냄새 중 하나는 어린 시절에 맡았던 냄새이다. 에드먼턴에서 살 때 가을이 되면 부모님은 머스터드 피클을 만드셨다. 주말 내내 꽃양배추, 고추, 양파 등을 썰고 자르는 일이 이어졌고, 식초와 겨자가 내는 강한 냄새가 집 안을 뒤덮곤 했다. 가을의 아늑함이 우리를 감싸는 가운데 부엌에서 부모님과 함께 의례적인 활동에 참여했던 그 일은 하나의 행복한 기억으로 남아 있다.[로즈(Rose), 39세]

> 내가 가장 좋아하는 냄새 중 하나는 갓 구운 빵 냄새이다. 그 냄새는 앨버타에서 내가 할머니, 엄마, 형과 함께 겨울을 대비하여 수많은 빵 덩어리를 만들던 일을 포함하여 많은 것을 생각나게 한다. 그건 내게 따뜻했던 부엌, 내 삶에서 중요한 사람들, 그리고 오븐에서 갓 꺼낸 여전히 뜨거운, 짭짤한 녹인 버터를 바른 신선한 빵의 맛을 떠올리게 해왔다.(프랭크)

이들 인용문이 시사하듯이, 후각 지각의 이상화 활동은 자주 특정한 향과(그리고 물론 맛과도) 연관되어 있다. 로즈와 프랭크는 자신들의 의례적 감각작용에서 핵심을 이루는 머스터드 피클과 갓 구운 빵의 향에 초점을 맞추고 있지만, 다른 사람들의 이상화 활동은 냄새 그 자체가 아니라 후각 지각—의례 활동을 통해 흡수한 특정한 냄새—으로 가득 차 있다. 다시 말해 그 특정한 냄새는 생생한 기억에 완전히 취해 있다(이 현상에 대해서는 Gell, 2006도 참조하라). 이를테면 에이미(Amy, 31세)가 '빵 굽는' 냄새에서 느끼는 즐거움을 살펴보자. 그녀는 정확한 향을 식별하지는 못하지만, 자신의 후각 지각을 자신이 의례 활동을 수행한 기억 및 자신이 그 활동과 연관시키는 느낌과 연결시킨다.

> 내가 떠올릴 수 있는 가장 기분 좋은 냄새는 빵 굽는 냄새이다. 나는 이 냄새를 맛있는 간식, 가족, 휴일, 또는 축하 행사와 연관시킨다. 엄마는 항상 크리스마스에 많은 빵을 구웠다. 나는 요즘은 빵을 자주 굽지는 않는다. 주로 특별한 날을 위해 굽지만, 빵을 굽는 것은 나로 하여금 항상 뭔가 특별한 것을 생각나게 한다. 빵 굽는 냄새를 맡으면 추운 밤에 가족과 함께 저녁 식사 후 간식을 먹으며 둘러앉아 있던 아늑한 집이 생각난다.

에이미는 자신이 '빵 굽는' 냄새(그리고 빵의 맛)를 좋아하는 것을 의례적 관행과 합체시키지만, 빵 굽기는 그 냄새를 묘사할 언어가 존재하지 않는 탓에 그녀가 아마도 구체적으로 전달할 수 없을 향을 만들어낸다(Synnott, 1993). 하지만 우리의 연구에 참여한 다른 사람들은 그러한 '일상의 과정'(Almagor, 1990: 257)과 의례(Turner and Schechner, 1988)의 사회적 수행을 중심에 놓고 접근하는데, 이들의 사례에서는 아이러니하게도 냄새 자체에 대한 생리적 통각(統覺, apperception)*과 보고된 후각 지각 간에는 분명히 유의미한 관계도 직접적인 관계도 존재하지 않는다. 이들 사례에서는 후각 지각에 함축된 요소들이 보고된 신체 경험을 완전히 삼켜버린다. 이 경우에 냄새에 대한 지각은 그 냄새가 불러일으키는 의례적 느낌**이다**. 다시 말해 의례적 감각작용과 의미부여 의례는 자주 너무나도 뒤얽혀 있어서 그 둘을 분리하는 것이 불가능하다. 이것이 진정한 변증법적 과정이 갖는 특징이다. **감각작용에 의미를 부여하는 것이 느낌을 만들어낸다**. 마찬가지로 우리는 의례와 습관에 의존하여 감각작용을 이해한다. 미드가 자아를 구성하는 과정에서 사각(死角)—I를 보는 것은 불가능하지만 me는 볼 수 있게 하는 또는 me를 보는 것은 불가능하지만 I는 볼 수 있게 하는 사각—의 존재를 발견한 것처럼, 우리는 의미부여 의례를 고려하지 않고는 의례적 감각작용을 조사하는 것이 불가능하다는 것을 발견한다. 이를테면 레이첼(Rachel, 49세)의 후각 의미부여 의례를 살펴보자. 그녀가 가장 좋아하는 냄새는 향이 아니라 그녀가 실제로는 무취인 그 무언가와 연관시키는 공감각적 느낌이다.

> 내가 가장 좋아하는 냄새를 하나만 꼽아야 한다면 그것은 '햇살'이어야만 할 것이다. 내가 이 질문에 대해 생각하고 있을 때, 나는 가장 좋아하는 냄새에 오른 후보 모두가 하나의 테마의 변형태라는 것을, 그리고 자연계에 속하는 그 냄새들 모두는 태양이 주는 따뜻함과 관련되어 있으며, 거기에는 (항상 그런 것은 아니지만) 대체로 [특정한] 종류의 야생

* 경험이나 인식을 자기의 의식 속에서 종합하고 통일하는 작용._옮긴이

화가 등장한다는 것을 깨달았다. 북쪽에는 햇빛이 없으면 실제로 어떤 냄새도 존재하지 않는다. …… 이 모든 사례를 하나의 '냄새 기억'으로 묶어주는 하나의 핵심적인 요소가 바로 태양을 느끼고 그 순간을 맛보는, 그리고 자연의 선물을 감상할 수 있는 곳에서 살게 된 행운을 되돌아보는 시간을 가지는 것이다.

이러한 성찰은 듀이의 통찰, 즉 기억과 지각은 모두 "특정한 자료를 정신에 의해 적극적으로 구성한 것"(Dewey, 1967: 156)이라는 통찰을 예증한다. 다시 말해 "우리는 과거의 경험을 현재에 가져와서 그것을 해석함으로써만 지각한다"(Dewey, 1967: 157). 이러한 관점에서 듀이는 기억이 지각과 연결되는 세 가지 주요 방식을 식별한다. 그에 따르면, "기억은 (1) 그러한 경험 가운데서 어떤 하나를 지각에 흡수되지 않게 단순히 분리하여 그것을 하나의 독립적인 **이상적 존재**로 만들고, (2) 동시에 그것을 특정한 **시간 관계**를 나타내거나 상징하는 방식으로 해석하고, (3) 그것을 경험 과정에 **위치시키는** 일을 한다"(Dewey, 1967: 157; 강조 추가).

듀이의 생각은 우리가 사용하는 의례 개념의 용법과 매우 밀접한 관계가 있다. 의례는 무엇보다도 하나의 생성적 수행(a generative performance)이다(Turner and Schechner, 1988). 의미부여 의례는 **감각 행위**(sense act)(Austin, 1962)로 이루어진다. 우리는 이 감각 행위를 통해 어떤 것의 이전의 존재에 주목하는 것이 아니라 어떤 것을 수행하여 그것을 존재로 생성한다. 그리고 우리가 생성하는 것 중 하나—어쩌면 가장 중요한 것—가 시간과 장소 속에서 우리와 다른 사람 간에 맺는 하나의 관계로서의 우리의 자아이다. 기억과 후각 지각 간의 이 같은 관계는 우리의 자료에서 반복적으로 나타난다. 그 사례의 하나로 기억이 네이선(Nathan, 32세)의 후각 감각작용에 어떻게 영향을 미치는지, 그리고 그 감각작용을 이해하는 과정에서 네이선이 시간과 장소에 기초하여 그리고 다른 사람들과의 관계에 기초하여 자신의 독특한 자아의식을 어떻게 생성하는지를 살펴보자.

> 최근에 가장 기분 좋았던 후각 기억은 인도 마살라 차이(향신료 차) 냄비에서 커민, 정향, 육두구, 설탕, 기타 향신료가 끓고 있던 냄새일 것이다. 이 냄새는 마살라 차이 한잔의 맛이 얼마나 훌륭한지를 상기시켜 줄 뿐만 아니라 최근 인도 아대륙으로 여행했던 기억을 떠올리게 한다. 그 차에서는 알싸한 향신료, 쓴맛, 그리고 캐러멜화된 설탕의 향이 난다. 완전한 천국이랄까! 눈을 감고 그 향기를 맡으면 번화한 거리 문화를 볼 수 있을 뿐만 아니라 활력이 넘치는 사람들이 왁자지껄하게 떠들던 모습도 떠오른다. 하지만 곧바로 떠오르는 이미지는 1300년 된 수도원에서 불교식 아침 기도회에 참석하면서 향기로운 차를 홀짝거리는 모습이다.

듀이가 제시한 대로, 기억은 네이선이 마살라 차이 차를 인식하는 데서 중요한 역할을 한다. 냄새는 그에게 "마살라 차이 한잔의 맛이 얼마나 훌륭한지"를 상기시켜 주지만, 더 중요한 것은 "최근에 인도 아대륙을 여행했던 **기억**"이 즉각적인 신체적 흡수를 방해한다는 것이다. 도리어 의미부여 의례가 시간 속에서 그러한 관계를 상징한다. 네이선의 말대로, "그 향기를 맡으면 번화한 거리 문화를 볼 수 있을 뿐만 아니라 활력이 넘치는 사람들이 왁자지껄하게 떠들던 모습도 떠오른다." 이러한 기억은 네이선의 후각 지각이 경험 과정 속에서 하나의 자리를 차지하게 한다. 다시 말해 "1300년 된 수도원에서 불교식 아침 기도회에 참석하면서 향기로운 차를 홀짝"거린 것이 네이선의 냄새 지각에 영향을 미친다.

향기와 향수

> 냄새는 수천 마일을 가로질러서, 그리고 우리가 살아온 모든 세월을 넘나들며 우리를 실어 나르는 유능한 마법사이다. 과일 냄새는 나를 남부의 나의 고향으로, 다시 말해 복숭아 과수원에서 뛰어놀던 어린 시절로 데려다준다. 순간적이고 찰나적인 다른 냄새들은 나의 마음을 더욱 즐겁게 하기도 하고 슬픈 기억으로 언짢게 만들기도 한다.(Helen Keller; Synnott, 1991: 441에서 인용)

기억이 감각적 지각에 대해 갖는 중요성과 관련한 듀이의 성찰은 향수(nostalgia) 경험을 겨누고 있다. 노스탤지어[17세기 후반 스위스 의사 요하네스 호퍼(Johannes Hofer)가 만든 단어]라는 말은 원래는 진단 가능한 질병이었지만, 향수는 오늘날에는 달콤 쌉쌀한 감정, 즉 전기적 과거에 뿌리내리고 있는 시간과 장소 모두의 감각에 대한 그리움을 가리킨다. 우리의 실용주의적 관점에서 볼 때, 우리가 애틋하게 회상하는 것은 우리가 **실제로** 그것을 기억하는 방식일 수도 있고 아닐 수도 있다. 우리의 향수 어린 그리움과 모든 기억에는 분명히 많은 선택적 지각이, 그리고 심지어 환상까지도 포함되어 있다. 워닉(Wernick, 1997: 211)이 시사해 왔듯이, 그리워하는 시절은 "아예 존재하지 않았을지도 모른다. 이것이 아마도 노스탤지어가 때때로 모든 종류의 황금기 신화를 표현하는 약간 경멸적인 기술어(記述語)로 사용되기도 하는 이유일 것이다." 따라서 회상은 사태를 발생시키는 하나의 형식이고, 하나의 수행이고, 하나의 행위이다(Connerton, 1989). 실제로 회상은 하나의 **감각 행위**(sense act)이다. 향수를 느낄 때, 우리는 사람, 장소, 사태에 그것의 자리를 할당하기 위해 이상화된 기억을 적극적으로 창조한다. 우리의 연구에 참여한 많은 사람이 이 과정을 똑같이 환기시키는 설명을 하고 있다.

> 라벤더는 지금까지도 나에게서 가족, 집, 안전과 같은 개념과 가장 연관되어 있는 냄새이다. 외할머니는 75세였고, 형제들이 11살과 7살이었을 때 우리와 함께 살았다. 할머니는 라벤더 향이 은은하게 나는 종이 선반 깔개, 화향 단지, 마크스앤스펜서의 핸드크림을 가지고 있었기 때문에, 할머니의 방에서는 항상 라벤더 냄새가 났다.(프랭크)

> 타미걸(Tommy girl)[향수]은 내가 가장 기분 좋아하는 냄새 중 하나이다. 내가 그 냄새를 묘사할 수는 없지만, 그 냄새는 나와 나의 전 여자친구의 관계에 대한 좋은 기억이 떠오르게 한다. 그 냄새를 맡을 때면 나는 실제로 행복하다고 느낀다.[브루스(Bruce), 30세]

앨마고(Almagor, 1990: 258)가 언급했듯이, 후각 감각작용은 "잠시 자신의 사회를 떠났다가 돌아와서 그 부재 기간으로 인해 공기 중에 자신의 문화를 특징짓는 어떤 냄새 물질이 있다는 것을 깨달을 때" 특히 분명하게 드러난다. 이렇듯 향수(Nostalgia)—이 말의 어원은 "고향으로 돌아가고자 하는" 의지이다—는 후각이라는 감각작용이 만들어내는 대표적인 결과이다. 향수는 우리가 특정한 맥락에서 후각을 이해하는 방식과 우리가 후각을 우리의 전기적 과거와 연결 짓는 방식 모두를 이해하는 데 유용한 렌즈이다.

자료들로부터 발췌한 이들 문장은 또한 향수의 평가적 및 심미적 요소도 보여준다. 기억하는 것이 실제로 브루스를 "행복하다고 **느끼게**" 만든다. 여기서 '심미적'이라는 단어는 듀이(Dewey, 1934)가 원래 사용했던 의미로 사용된다. 미학은 필연적으로 감각적이다(Bull, Gilroy, Howes and Kahn, 2006을 보라). 게다가 지각에 대한 듀이의 통찰은 미학이 순전히 인지적이기만 한 것이 아니라 감각적이기도 하다는 것을 시사한다. 더 나아가 "감각작용은 정신적-육체적 유기체의 **활동** 결과이며, 수용되는 것이 아니라 생산되는 것이다"(Dewey, 1967: 43; 강조는 원저자). 따라서 감각 행위와 신체 작업이라는 관념의 근거를 듀이의 철학에 두는 것은 전적으로 적절해 보인다. 앞서의 인용문에서 앨리슨이 자신이 좋아하는 향기를 어떻게 적극적으로 묘사해 내는지를 상기해 보라. "냄새가 나기 위해서는 먼저 많은 일이 일어나야 한다. 그 냄새는 특히 따뜻한 여름날 야외에서 보통은 호수나 해변에서 시간을 보낸 후 하루가 끝날 즈음에 선크림 잔여물, 소금, 새로 흘린 땀, 풀, 담수가 내 피부에서 섞여 하나의 독특한 냄새를 만들어냈을 때만 발생한다." 케이트(Kate, 29세)는 "[자신의] 세계를 질서 짓는 과정"에서 "냄새가 어떻게 중요한 역할을 하는지"를 보여주는 또 다른 다감각적 사례를 제공한다.

『토기를 쓰다듬어 봐(Pat the Bunny)』라는 유아용 책이 머리에 떠오른

> 다. 그 책은 아빠의 거친 수염(사포), 반짝이는 거울 등 아이들이 만질 수 있는 다양한 질감을 담고 있다. 마지막에는 토끼의 배를 쓰다듬게 되어 있는데, 그것은 부드러운 솜털로 만들어져 있고 독특한 냄새가 난다. 몇 년 전 친구가 아기를 낳았을 때 그 책을 다시 샀는데, 여전히 같은 냄새가 나는 것을 발견했다. 그 냄새는 아기 비누 냄새와 약간 비슷하지만 매우 독특하다. 그 냄새는 바로 나를 어린 시절로 돌아가게 한다. 내가 생각하기에, 그 책이 아주 특별한 까닭은 상쾌한 좋은 향기와 행복한 어린 시절의 기억(나는 그 책을 좋아했고 누군지 알 수 없지만 아주 멋진 어른들과 함께 읽었던 것을 기억한다)을 결합시키기 때문이다.(Almagor, 1990: 257)

이들 인용문이 시사하듯이, 감각작용은 "정신을 깨워서 작동하게 한다." 이것이 바로 듀이가 분기(excitation)*라고 부른 것이다. "분기로서의 그것[감각작용]은 강렬함 또는 얼마간의 생생함을 가지고 있으며 느낌과 연관되어 있다"(Dewey, 1967: 44). 그리고 우리의 자료에서 발췌한 문장에서도 알 수 있듯이, 그것의 강렬함, 생생함, 그리고 연관된 느낌 모두는 중요한 시간적 차원을 가지고 있다. "감각작용은 정신적 산물 속에서 작동하는 **특정한 요소를 가리킨다**. 즉, 감각작용은 항상 그 내용을 특정한 **시점**에 특정 **장소**에서 경험하는 것과 연관 지어 파악한다"(Dewey, 1967: 44; 강조는 원저자). 그렇기 때문에 감각 지각, 기억, 향수 간의 실용적인 관계는 과거의 자아의식을 현재의 자아의식

* 듀이는 자신의 저서 『심리학(Psychology)』에서 이 분기를 '정신의 자극(stimulation of the mind)'으로 규정한다._옮긴이

으로, 그리고 현재의 자아의식을 이전의 감각작용으로 육체적 형태로 표현한다는 점에서 정체성 작업과 신체 작업의 중요한 형태의 하나이다. 따라서 앨마고의 표현으로, 친숙한 냄새는 "한 사람을 단번에 과거의 어느 시점에 있는 사람으로 **바꾸어**놓을" 것이다(Almagor, 1990: 267; 강조 추가). 하우스(Howes, 1987: 399)도 '실체변형(transubstantiation)'*과 관련하여 유사하게 이야기한다.

변형(transformation) 또는 실체변형은 기념 의례의 결과로 과거가 신체에 침전되는 것이다(Connerton, 1989: 72). 기억은 단순한 텍스트나 담론 그 이상의 것이다. 우리는 회상함으로써 과거를 통합한다. 코너턴(Connerton, 1989: 71)이 말하듯이, "기념의식에서 기억되는 것은 개인적 또는 인지적 기억의 …… 조직화된 변형태 그 이상의 것이다." 의미부여 의례는 습관화를 수행하는 것이고, "그 수행이 이루어지는 신체 기판에"(Connerton, 1989: 71) 감각작용을 습관화하는 것이다. 특정 냄새에 대한 앨리슨의 의례적 감각작용이 어떻게 그녀로 하여금 "눈을 감으면 마치 내가 다시 어린아이가 되기나 하는 것처럼 느끼게" 만드는지를 상기하라. 여러 다른 참여자들 역시 이러한 감상을 거의 동일한 단어로 표현했다. 이러한 방식으로 (이 경우에는) 특정 냄새는 과거의 다른 감각 경험을 가리키는 기억을 불러낼 수도 있고, 또는 특별한 감정을 불러일으키는 시간, 장소, 또는 사람을 떠올리게 할 수도 있다. 이처럼 우리는 후각 지각을 하는 데서뿐만 아니라 옛 자아를 불러내는 육체화된 정체성 작업을 하는 데서도 기억과 향수를 적극 이용한다.

---

* 실체변형은 로마 가톨릭에서 성찬예식 중에 빵과 포도주가 그리스도의 살과 피로 실체적으로 바뀐다는 믿음을 말한다._옮긴이

이 옛 자아는 현재의 자아와 차이점(더 이상 존재하지 않는 장소, 사람, 상황)과 유사점(다시 말해 동일한 육체화된 사람에 의해 경험되었다는 것)을 놓고 추억담을 나눈다. 달리 표현하면, 회상하면서 나는 과거의 경험을 성찰한다. 'I'는 그러한 의례적 감각작용을 경험했고, 'me'는 의례적 회상을 통해 나의 자아가 시간에 뿌리를 두고 있다는 것을 이해할 수 있다(Mead, 1934). 이러한 점에서 **회상은 신체 작업—즉, 시간의 경과 속에서 자아의 연속성을 유지하기 위해 우리가 적극적으로 이용하는 감각 관행—의 한 형태이다**. 미드(Mead, 1929)의 말대로, 현재는 우리가 회상하는 것에 주목하고, 과거는 현재를 구조화하는 데 도움을 준다(Rapoport, Lomsky-Feder and Heider, 2002; Schwartz, 1991; Schwartz, Zerubavel and Barnett, 1996). 아래의 인용문은 이러한 동학을 아주 잘 보여준다.

> 어렸을 때 나는 폭풍우가 몰아친 직후에 공기에서 매우 달콤하고 상큼한 냄새가 난다는 것을 알아챘다. 보통 비가 그친 직후에, 그러니까 공기에 여전히 습기가 얼마간 남아 있을 때 그런 냄새가 난다. 내가 가장 좋아하는 냄새이다. 그 냄새는 정말 상큼하고 마음을 설레게 한다. 그 냄새는 내가 어린 시절에 밴쿠버섬에서 캠핑하며 여름을 보냈던 기억을 떠올리게 한다. 비가 자주 내렸고 그럴 때면 바로 그 냄새가 났다. 지금은 그 향기를 맡을 때마다 우리가 한 가족으로 지냈던 모든 즐거웠던 시간이 떠오른다.[리아(Leah), 29세]

미드(Mead, 1934)가 말하곤 했듯이, 생각이 하나의 내면화된 대화라면, 기억은 자기 자신에게 말하는 방식의 특별한 한 형태이다. 기억이 하나의 고도로 전문화된 형태의 자기 대화가 아니라면 기억이란 과연 무엇일 수 있는가? 하지만 여기서는 미드의 틀에서와는 달리 대화가 언어에만 그리고 역할 수행 자체에만 한정되지 않는다(언어와 역할 취득 모두는 미드식 실용주의와 미드-블루머 계열의 상징적 상호작용주의에서 과도하게 강조되는 경향이 있다). 회상에서 언어는 제한적인 역할만 하는데, 왜냐하면 회상은 압도적으로 **감각적인** 행위로, 강력한 **감정** 자본(emotional capital)을 (개인적 또는 집단적으로) 적재하고 있기 때문이다. 코너턴의 표현을 빌리면, 회상은 "특정한 수행을 재생산하는 능력"을 지니고 있다(Connerton, 1989: 22). 다시 말해 회상은 과거를 매우 생생하게 그리고 감각적인 방식으로 생성하는 의례적 관행이며, 이는 표출적 자아(expressive self)가 시간과 장소를 넘어 연속성을 가질 수 있게 하는 역할을 한다. 감각적 자아는 회상과 같은 감각 행위를 통해 냄새를 사람, 장소, 활동, 또는 느낌과 연결한다. 세레마타키스(Serematakis, 1994: 37)의 표현으로, 회상은 감각적 교감(sensuous commensality)의 한 형태로, "감각적 기억과 느낌을 주고받는 것이자 기억과 느낌을 체현하고 있는 물질과 대상을 주고받는 것"이다. 우리는 이를 아래의 발췌문에서 확인할 수 있다.

> 나의 아빠는 벌목공이었고 일주일 내내 막사에서 살았다. …… 금요일은 아빠가 집으로 돌아오는 날이었기 때문에 일주일 중 가장 기대되는 날이었다. 창문 너머로 아빠 차가 도로를 내려오는 모습을 보고 있노라면 아버지가 집에 도착했다. 오빠와 나는 아빠의 여행 가방이나 도시락통을 차에서 옮기는 영광을 차지하기 위해 마구 다투곤 했다. 그리고 여행 가방이 열리면(초콜릿바가 발견될 때도 가끔 있었다) 부엌은 양털과 톱밥의 냄새, 땀과 전기톱 기름의 냄새, 다시 말해 아빠 냄새로 가득

찼다. 지금도 그런 냄새들이 한꺼번에 훅 풍겨올 때면 어린 소녀로 돌아가 아빠에게 귀가 포옹을 하고 싶어진다.(레이첼)

이러한 자료는 향수가 정체성이 연속성을 지닐 수 있게 한다는 데이비스(Davis)의 주장을 뒷받침한다. 그의 표현으로, 향수는 "강력한 벤치마킹 잠재력"을 가지고 있다. 즉, 향수는 우리로 하여금 "기억 속에서 이전 버전의 자아를 찾아내서 그것으로 …… 현재의 자아 상태를 측정"할 수 있게 해준다"(Davis, 1979: 31). 이전의 연구들은 '전위된 향수(displaced nostalgia)'(즉, 개인들이 직접 알지 못하는 시기에 대한 향수를 드러내는 것), 치매를 앓고 있는 사람들 사이에서 회상이 수행할 수 있는 중요한 기능(이를테면 회상 치료요법의 실행), 정체성을 유지하는 데서 물건이 수행하는 역할과 같은 현상들을 고찰해 왔다. 후각은 사람들이 과거를 적극적으로 (재)구성하는 데서, 그리고 시간을 통해 신체적 자아의식을 확립하는 데서[즉, 그때와 '현재'를 향수적으로 '연결'하는 데서, 그리하여 '이전의 감각적 자아'와 '현재의 감각적 자아'를 연결하는 데서(Lankauskas, 2006: 40)] 중요한 역할을 한다. 우리는 시간의 경과 속에서 안정적인 자아를 유지하기 위해 여러 가지 전략을 사용하며, 적극적인 회상은 그러한 전략 중 하나이다. 회상과 향수는 특정한 향기를 '특정한 장소에 위치시키는' 작업에서, 즉 기억을 육체와 자아에 통합하는 작업에서 자연스럽게 흘러나올 수 있다(Connerton, 1989). 우리는 "당신이 냄새를 맡는 것이 바로 당신이다"라고 말하고 있는 중이 아니라, 우리가 특정한 냄새와 연관시키는 경험이 감각적 자아와 자아 정체성의 구성 및 재구성 과정과 깊이 관련되어 있을 수 있다고 말하고 있는 중이다.

감각적 자아의 표현

"우리가 장미라고 부르는 것은 어떤 다른 말로 부르더라도 달콤한 냄새가 날 것이다." 셰익스피어(Shakespeare)의 유명한 비극(「로미오와 줄리엣(Romeo and Juliet)」, 제2막 제2장)에서 줄리엣은 생각에 잠기며 이렇게 말한다. 로맨스 상황에도 불구하고(실제로는 그렇기 때문에) 감각 지각 일반, 특히 후각 지각은 그렇게 간단하지 않다. 감각 지각은 적극적인 의미부여에 달려 있다. 이를테면 우리가 예증해 왔듯이, 우리는 적극적인 회상을 통해, 일련의 연상 고리를 정식화함으로써, 그리고 독특한 전기적 특징이 갖는 중요성, 후각 공동체의 사회적 규범, 그리고 냄새 자체의 지표적 특성 및 속성을 평가하고 해석함으로써 냄새를 의미 있게 만든다. 우리는 후각을 통해 냄새에 성찰적으로 의미를 부여한다. 그리고 이러한 이유에서 냄새는 또한 하나의 '기호 매체(sign vehicle)'(Goffman, 1959)이다. 우리는 바람직한 인상을 전달하기 위해 우리 몸과 환경에서 냄새를 조작하고 관리한다. 이를테면 피터(Peter, 57세)가 말하듯이, "우리는 조작을 통해 냄새를 관리한다." 실제로 냄새는 의미를 전달하고, 따라서 일상생활의 연극학에서 하나의 중요한 요소를 이룬다. 우리가 아래에서 예증하듯이, 우리는 자주 적극적·소극적인 대인관계 의례에서 후각 인상을 관리하고, 그러한 의례를 잘 수행하는 사람들에게 보상을 주고, 그러한 의례를 위반하는 사람들에게는 오명을 씌운다.

고프먼에 따르면, "일반적으로 도덕 규칙을 따르는 능력은 개인에 속하는 것일 수 있지만, 그 개인을 하나의 인간 존재로 변화시키는 일단의 특정한 규칙은 의례적인 사회적 만남의 조직에 확립되어 있는 요구 사항에서 비롯된다"(Goffman, 1967: 45). 마찬가지로 냄새의 구성, 후각의 신체적 규칙, 그리고 냄새에 대한 지각 역시 일상생활의 규범적 연극학에 스며들어 있다. 우리는 냄새에 의존하여 우리 자신을 드러내고 타인에게 보상하거나 타인을 거부한다. 이런 식으로 "육체적인 것과 도덕적인 것이 냄새 속에서 하나로 통합된다"(Synnott, 1993: 191). 그리고 니콜(Nichole, 40세)이 "개인의 체취는 내가 공공장소에 있든 그렇지 않든 간에 항상 통제하고 싶은 것"이라고 쓰고 있는 데서 분명하게 드러나듯이, 냄새는 진정한 형태의 신체 감시 대상의 하나이다.

이러한 이유에서 사람들은 인상관리에서, 특히 '체면'—"어떤 사람이 사회적으로 승인된 속성과 관련하여 …… 자신이 주장하는 자신의 긍정적인 사회적 가치"(Goffman, 1967: 5)—에 미치는 영향과 관련하여 냄새가 갖는 중요성을 자주 "극적으로 인식"한다(Brissett and Edgley, 1990). 시놋에 따르면, "좋은 냄새가 난다는 것은 그것이 좋은 것이라는 신호이다"(Synnott, 1993: 187). 로즈도 다음과 같이 기술함으로써 이를 확인해준다. "외모처럼 냄새도 인상과 연결되어 있다. 좋은 인상을 남기고 싶다면 좋은 냄새를 풍겨야 한다." 마찬가지로 스티브(Steve, 56세)도 "냄새를 통제하지 못하면 사람들에게서 신뢰를 잃을 수 있다고 생각한다"라고 쓰고 있다. 이것은 널리 공유되는 감상이다. 이를테면 앨리슨은 "나는 병원 진료실이나 교회에서처럼 다른 사람들과 가까이 있을 것으로 예상될 때는 항상 내 냄새에 특히 신경을 쓴다"라고 쓰고 있는가 하면, 찬드라(Chandra, 53세)는 "다른 사람들과 함께 있을 때는 좋은 냄새가 나는 것이 중요한데, 왜냐하면 그것이 내가 나 자신에 대해 좋게 느끼게 만들고, 따라서 내가 주는 인상에 신경 쓰지 않고 다른 사람들에게 집중할 수 있게 해주기 때문이다"라고 썼다.

고프먼은 “모든 집단의 구성원은 자존감을 가질 것으로 기대되는 것만큼이나 타인에 대한 배려의 기준 역시 유지할 것으로 기대된다”(Goffman, 1967: 10)라고 제시했는데, 이는 냄새에도 적용되는 관념이다. 냄새는 의미를 전달하기 때문에 어떤 사람이 풍기는 냄새는 그 사람의 성격을 반영하는 것일 뿐만 아니라 다른 사람들에게 그 사람이 후각 예법의 규칙을 인식하고 따르는 정도를 보여주는 것이기도 하다. 앨리슨은 이를 다음과 같이 잘 표현한다. “좋은 냄새가 난다는 것은 내가 나 자신을 잘 관리하고 나와 함께 시간을 보내야 하는 다른 사람들을 배려한다는 인상을 준다.”

특히 우리가 중요하다고 생각하는 상황에서는 후각 인상관리는 필수적인 것으로 보인다. 그러한 상황에서 “‘사건’—다시 말해 실제로 체면에 위협이 될 만한 상징적 의미를 함축한 사건—이 발생하는 것을 막기 위해”(Goffman, 1967: 12) 우리가 어떤 식으로 후각 신체 작업을 수행하는지를 살펴보자. 그러한 상황에서 우리는 통상적으로 **적극적** 대인관계 의례—즉, 냄새와 그 원천 간의 “사회적 관계를 확인하고 뒷받침하는” 의례—에 참여한다(Goffman, 1971: 63). 이를테면 에이미는 왜 자신이 결혼식 날에 기분 좋은 냄새를 풍기게 하겠다는 생각을 특히 더 강하게 가졌는지를 설명한다.

> 나는 결혼식 날 좋은 냄새를 풍기고 싶다는 생각을 많이 하고 있었다. 나는 다른 신부들처럼 아름답게 보이고 싶었고, 더운 8월의 어느 날에 거창하고 두꺼운 드레스를 입어서 덥고 땀이 나지 않을까 걱정했다. 결혼식 당일에는 포옹과 키스를 많이 할 것이고 많은 사람(사실 대부분은 가장 가까운 가족과 친구들)과 이야기를 나누게 될 것을 알고 있었고,

그래서 나는 좋은 냄새를 풍기고 싶어 했다.

로맨틱한 만남—또는 로맨스가 가능한 상황—도 후각이 예리하게 극적으로 자각되고 대인관계적 후각 의례가 적극적으로 이루어지는 중요한 순간으로 흔히 인용된다.

> 친밀감을 드러낼 기회가 많을수록 좋은 냄새를 풍기는 것이 더 중요하다. 토요일 아침에 개를 산책시킬 때는 내게서 나는 냄새에 그리 신경 쓸 필요가 없다. 출근할 때는 깨끗하고 상큼하고 상쾌한 냄새면 충분하니 굳이 발데사리니(Baldessarini)를 꺼낼 이유가 없다. 춤을 추거나 여성과 가까워질 가능성이 있는 어떤 사교적인 상황에서는 사람들은 불쾌한 냄새를 풍기는 것을 피하고 싶어 한다.(피터)

> 나는 남편과 가끔 저녁 데이트를 하거나 영화를 보러 갈 때 향수를 뿌려 좋은 냄새가 나게 하는 것을 좋아한다.(앨리슨)

우리는 개인에게서 나는 냄새 외에 자신의 환경에서 나는 냄새도 후각적으로 인상관리하는 것이 가지는 중요성에 대해 아주 잘 인식하고 있다. 우리의 조사에서 정보 제공자들은 자신이 거주하는 **장소**에서 나는 냄새를 관리하는 것에 대해서도 일반적으로 걱정했다. 애슐리(Ashley, 48세)는 집에서 나는 냄새가 거주자에게 배어든다고 설명했고, 다른 사람들도 유사한 감상을 표현했다. 제나(Jenna, 33세)는 다음과 같이 썼다.

> 집 냄새는 관리되어야만 한다. 불쾌하거나 너무 강한 냄새가 나는 집에는 아무도 머물고 싶어 하지 않을 것이다. 냄새가 나는 집에는 아무도 방문하지 않을 것이며, 그 집에 사는 사람은 집 밖으로 냄새(이를테면 곰팡이, 담배 연기, 미칠 것같이 강한 향수)를 가져와서 주변을 불쾌하게 만들 수도 있다.

우리 연구의 참여자들은 작업 환경도 냄새 관리의 중요한 장소로 인식했는데, 이는 앞서 언급한 후각적인 정치적 올바름(olfactory political correctness)의 측면에서만 그러한 것이 아니었다. 따라서 수잔(Susan, 25세)이 업무와 관련된 중요한 회의를 하거나 고객과 상호작용을 하는 동안 자신의 후각 인상관리를 특히 의식하는 것은 그리 놀랄 일이 아니다.

> 고객을 만날 때—특히 처음 만날 때—는 좋은 냄새를 풍기는 것이 각별히 중요하다. 냄새는 우리가 자각하든 자각하지 못하든 간에 사람에게 매우 중요한 부분이기 때문에, 나쁜 냄새는 그간 아주 좋은 관계에 있었던 것도 깨뜨릴 수 있다! 나는 회의 전에 보통 민트를 먹고 손을 씻어 가능한 한 최상의 상태로 나를 표현하고자 한다. 또한 깨끗한 옷을 입고 목욕을 하고 전날 밤 외출을 하지 않는 것도 도움이 된다! …… 난 나를 악취 나는 사람으로 기억하게 하고 싶지 않다!

레스토랑 역시 냄새를 통제해야 하는 중요한 환경으로 인식되었다. 케이트는 "음식은 냄새와 매우 밀접한 관련이 있다"라고 주장하는가 하면, 멜리사는 다음과 같이 쓰고 있다.

> 냄새는 분명히 미각에 영향을 미친다. 온갖 요리 냄새로 가득한 레스토랑에서 후각은 최대한 활용되고 있다. …… 좋은 냄새는 맛을 더 좋게 만드는 것으로 보이고, 나쁜 냄새는 경험 전체를 망칠 수도 있다. 음식점은 공중에게 익숙한 냄새—이를테면 영화관에서는 팝콘 냄새, 맥도날드점에서는 감자튀김 냄새—를 풍김으로써(나는 팬을 돌려 외부 공기로 그 냄새를 퍼뜨린다는 말을 들었다) 냄새를 관리하기도 한다. 나는 냄새가 판매에 매우 중요할 것이라고 생각한다.

정보 제공자들은 냄새를 통제하고 조작해야 하는 가장 중요한 환경의 하나로 공히 욕실을 꼽았다. 방귀 냄새, 소변 냄새, 대변 냄새가 그 냄새를 피운 사람의 도덕적·심미적 인격을 오염시키는 것처럼, 그런 냄새는 전체 환경을 오염시킬 수 있다. 케이힐(Cahill, 1985: 43)이 설명하듯이, "게다가 그런 냄새가 갖는 더럽히는 힘은 사방으로 멀리까지 작용하기 때문에 …… 화장실에서 용변을 보는 개인은 일시적으로 자신을 더럽힐 뿐만 아니라 전체 환경을 더럽게 만들 위험도 있다." 그러나 화장실은 "피조물의 배출"(Goffman, 1963: 69)을 위해 지정된 장소이고 모든 피조물은 배출해야만 하기 때문에 화장실은 "개인의 사적인 '영역'의 권리와 '혼자 있을 권리'를 존중"(Cahill, 1985: 39)하는 것을 포함하는 **소극적인** 대인관계 의례들(Goffman, 1971: 62)로 채워져 있는 사회적 환경이기도 하다. 그러나 이러한 소극적인 대인관계 의례를 충실히 따르는 데에는 (특히 사적인 화장실에서는) "가해자와 피해자에게 이중의 일단의 문제"가 수반된다(Goffman, 1971: 100). 한편에서 화장실에서 나는 냄새를 접하는 사람들은 '눈치 있는 못 본 체함(tactful blindness)'(Goffman, 1955: 219)을 통해 소극적인 의례를 충실하게 이행해야 한다. 반면에 냄새를 만들어내는 사람들은 "자신의 무례를 바로 잡을, **그리고** 자신이 그런 교정 과정을 당연히 존중한다는 것을 보여 줄 책임이 있다"(Goffman, 1971: 100; 강조는 원저자). 따라서 니콜은 다음과 같이 말한다. "많은 사람과 마찬가지로 나도 화장실 냄새가 발생하면 해결해야 할 필요성을 느낀다. 누구나 그런 냄새를 경험하고 그 냄새를 피우지만, 냄새가 발생하면 숨기는 것이 중요해 보인다."

고프먼에 따르면, "우리 사회에서 배변은 개인으로 하여금 우리가 우리의 많은 수행에서 드러내고자 하는 청결함과 순수함이라는 기준에 부합하지 않는 것으로 정의되는 활동을 하게 한다"(Goffman, 1959: 121). 그리고 그 냄새는 심지어 의미심장하고 강한 인상을 남기는 하나의 위험이 될 수 있다. 실제로 화장실에서 나는 방귀 냄새, 대변 냄새, 소변 냄새를 통제하지 못하는 것은 극적인 재앙—그것이 집의 화장실인지 아니면 직장의 화장실인지, 공중화장실인지 아니면 사적 화장실인지에 관계없이 앞으로 다가올 수 있는 당혹감의 한 원천—이 될 가능성이 있다.

> 화장실 [냄새를 통제하는 것이 중요한] 까닭은 그것이 공적으로 사용되는 공간이고 신체 배설물에서 발생하는 부정적인 냄새와 자주 관련되어 있기 때문이다. 나는 화장실 사용 후 손님이나 가족이 불을 붙일 수 있도록 성냥갑을 화장실에 두고 나온다. 나는 인공 스프레이 냄새보다 유황 타는 냄새가 더 매력적으로 느껴진다. 그런 장소에서 냄새를 통제하지 않을 경우, 그것은 우리 집을 방문하는 손님에게 나쁜 인상을 남길 수 있다. 그것은 어떤 사람이 화장실을 사용할 때 자신이 그곳을 첫 번째로 이용한 사람이자 유일하게 이용한 사람이었으면 하고 바라는 것과 같다. 자신보다 먼저 누군가가 그 공간을 방문했다는 것이 상기될

경우, 그것은 불쾌감을 유발한다.(앨리슨)

결론적으로 말하면, 우리가 이 장에서 줄곧 아주 자세히 살펴보아 왔듯이, 감각은 자아성 및 정체성의 발달과 표현에 결정적이다. 우리는 일상적으로 우리가 좋아하는 것과 싫어하는 것을 정함으로써 자아의식을 이끌어낼 뿐만 아니라, 우리가 다른 사람들을 좋아하거나 싫어하는지에 따라 그리고 왜 그렇게 하는지에 따라 다른 사람을 범주화하기도 한다. 이러한 기본적인 호감의 표현은 우리의 느낌을 명확하게 표현하며, 느낌은 자주 감각작용의 다른 말이다. 요컨대, 감각과 감각작용은 주체성을 구성하는 데서 그리고 우리가 서로 관계를 맺는 방식에서 중요한 매체이다.

06

장소 감각, 시간 감각

> 오감의 형성은 세계 역사 전체가 지금까지 하고 있는 하나의 노동이다.(Marx, 1967: 46)

> 시오니즘의 중심적인 주장 중 하나는 유대인들이 망명지에서 탈육체화된 삶을 살았다는 것과 건강한 국가 생활만이 그것에 필요한 만큼의 육체성 또는 물질성을 회복할 수 있다는 것이었다. 시오니즘은 '허공에 떠 있는 사람들'이 팔레스타인 땅에 물리적으로 뿌리를 내리는 것뿐만 아니라 육체를 되찾는 것도 의미했다.(Biale, 1992: 283)

"바룩 하바레 이스라엘(Baruch Ha ba le Israel). 이스라엘에 오신 것을 환영합니다." 텔아비브 벤구리온 공항의 출입국 심사대에서 멋진 군인이 미소를 머금고 말한다. "이스라엘 신분증을 보여주시겠습니까?" 그녀는 나(사이먼)의 벨기에 여권과 미국 영주권을 살펴보며 묻는다.

"이스라엘 신분증이요? 없는데요." 나는 약간 당황해하며 대답한다. 그녀는 짜증나는 표정으로 컴퓨터 화면을 보며 묻는다. "이스라엘에 살지 않았었나요?"

거의 30년이 지난 지금도 컴퓨터 기록에 이 정보가 여전히 남아 있다는 사실에 놀라며 나는 싱긋 웃는다. 나는 대답한다. "네, 맞아요. 나는 1975년부터 1983년까지 이스라엘에 살았지만, 이스라엘 신분증을 가지고 있지는 않습니다." 나는 그녀가 못마땅해 한다는 것을 느낀다. 그 이유는 내가 이스라엘 신분증을 가지고 있지 않아서가 아니라 이미 오래전에, 즉 그녀가 태어나기도 전에 내가 이스라엘을 떠나기로 결정했기 때문이다.

히브리어는 신체 이동과 사회적 평가를 **함께** 함축하는 용어로 이스라엘에서 내가 차지하는 지위를 기술한다(Bar-On, 2008). 구체적으로 말하면, 사람들은 이스라엘로 '이주하는' 것이 아니라 이스라엘로 '올라간다(oleh)'. 반대로 사람들은 이스라엘에서 '이주하는' 것이 아니라 이스라엘에서 '내려간다(yored)'. 우리는 이스라엘로 이주함으로써 우리의 지위를 높인다. 즉, 우리는 우리의 지위가 높아지고 있다고 느낀다. 우리는 이스라엘에서 이주함으로써 지위 슬로프를 미끄러져 내려간다. 즉, 우리는 우리의 지위가 낮아지고 있다고 느낀다. 이 단어에 담긴 평가적 함의는 내가 며칠 후에 은행에서 미국 달러를 이스라엘 세켈(shekel)로 환전할 때 더욱 명확해진다. 나의 외국 서류를 본 아주 많은 이스라엘 사람처럼 창구 직원 역시 히브리어를 어디서 배웠냐고 묻는다. 평소처럼 나는 여기서 산 적이 있다고 대답한다. 창구 직원은 그녀의 동료에게 이렇게 설명한다. "타마르(Tamar), 이 젊은이가 이곳에 살다가 우리를 떠났대요[아자브 오타노우(azav otanou)]." 그녀의 어조는 내가 떠난 것을 개인적으로 받아들이는 것처럼 들리지만, 그녀가 '우리'라는 대명사를 선택한 것은 내가 과거에 내린 결정이 지닌 집단적 결과를 나타낸다. 개인적인 관계를 함의하는 아자브(azav, 떠난, 버린)라는 단어는 하나의 가시처럼 느껴진다.

"즐거운 시간 보내세요." 공항의 멋진 이스라엘 군인이 나의 여권에 큰 소리를 내며 도장을 찍으면서 이렇게 말하지만, 그녀는 더 이상 미소를 짓지는 않았다.

시각 형성하기

> 보는 방식은 문화 형태에 의해 그리고 특정한 종류의 지식에 의해 구조화되고 매개되며, 그러한 문화 형태와 지식의 종류는 복잡한 순환 과정 속에서 다시 보는 행위 자체에 의해 영향을 받는다. 이러한 시각 및 그것에 대한 해석에 기초하여 행위의 경로가 개인에 의해 선택된다.(Hockey and Collinson, 2007: 121)

나는 이스라엘을 처음 여행했을 때를 절대 잊지 못할 것이다. 6일 전쟁*이 끝난 지 1년 후인 1968년이었다. 나는 여덟 살이었고, 어머니

---

* 1967년 6월 5일부터 10일까지 이스라엘과 주변 아랍 국가 간에 벌어진 '제3차 중동 전쟁'을 지칭하는 또 다른 말이다. 이스라엘이 "이스라엘을 지도에서 지우겠다"던 이집트, 시리아, 요르단 등 아랍 연합군을 상대로 전쟁을 벌여 6일 만에 압도적인 대승을 거두었기 때문에 '6일 전쟁'으로 불린다. 아랍에서는 '6월 전쟁'이라고 불린다._옮긴이

는 나와 형을 데리고 그곳에서 여름을 보내기로 결정했다. 설레는 마음으로 우리는 브뤼셀에서 마르세유까지 야간 열차를 타고 가서 (아주 적절하게도 시오니즘 창시자의 이름에서 따온) 테오도르 헤르츨(Theodor Herzl) 호에 탑승했다. 그런 다음 나폴리와 키프로스를 경유하여 하이파로 항해했다.

당시 이스라엘은 국제적인 록스타의 지위를 누리고 있었다. 잘생긴 젊은 이스라엘 군인들의 사진이 많은 서방 주간지의 1면을 장식하고 있었고, 이스라엘이 근래에 거둔 군사적 승리에 관한 이야기와 농담, 노래가 방송을 가득 채웠다. 미국 주류 언론이 이스라엘을 확실하게 지지하는 가운데, 평소 이스라엘에 우호적이지 않았던 프랑스 언론도 그 합창 대열에 합류하여 이스라엘 방위군이 아랍 국가들을 상대로 거둔 대단한 승리를 다윗 왕의 군대가 블레셋을 격파한 것에 비유했다.

같은 시기에 나는 브뤼셀 유대인 커뮤니티 센터(Brussels Jewish Community Center)에서 열린 오토 프레밍거(Otto Preminger)의 영화 〈엑소더스(Exodus)〉 상영회에 친구들과 함께 참석했다. 우리는 매료되었다. 폴 뉴먼(Paul Newman)이 연기한 아리 벤 가나안(Ari Ben Canaan)—젊고 건장하고 영웅적인 이스라엘 남성—은 특히 홀로코스트와 그것의 시각적 표현의 영향 아래에서 성장한 벨기에의 젊은 유대인들에게 거부할 수 없을 만큼 매력적이었다. 지난 수십 년 동안 눈에 띌 정도로 큰 변화가 있었지만(Bar-On, 2008; Hazan, 2001을 보라), 그 당시에는 우리 같은 아이들이 본받을 만한 영웅적인 롤 모델이 거의 없었다. 이 영화가 우리의 상상력을 자극하는 힘은 또 다른 텍스트에 의해서도 강화되었다. 영화가 상영된 강당 벽 위쪽에 걸려 있는 이스라엘 남녀의 대형 흑백 사진이 가공의 인물 아리 벤 가나안과 그의 여자 상대역이 실제로 존재했음을 증명하는 듯했다. 텍스트가 전혀 없는 이 사진은 영화의 주요 교훈을 그대로 반영하고 있었다. 젊고 매력적이고 검게 그을리고 웃고 있고 캐주얼하게 옷을 입고 소총을 무심하게 어깨에 걸치고 있는 그들의 몸은 건강과 규율을 뿜어냈다. 카메라를 똑바로 응시하는 그들의 얼굴은 자애로운 자비심과 영웅적인 결의를 함께 풍기고 있었다. 그것은 다음과 같은 메시지를 전달하고 싶어 하는 듯이 보였다. "우리는 선의를 가지고 있지만 우리 자신을 지키는 데 주저하지 않을 것이다. 이 장대한 모험에 동참하라."

나의 가족은 이스라엘과 강한 유대감을 가지고 있었다. 홀로코스트에서 살아남은 가족은 이스라엘을 아주 신비한 힘을 가진 나라로, 그리하여 세계 지도상의 아주 작은 점을 훨씬 넘어서는 존재로 여겼다. 이스라엘은 항상 위협받고 있는 소수 집단의 일원이 아니라 일류 시민이 될 수 있는 조국이자 안식처였다. 그곳은 히틀러의 범죄를 반복하고 싶어 하는 사악하거나 어리석은 모든 적에 대해 강력한 복수를 할 수 있는 군사적 힘이었다. 그곳은 우리의 과거를 물리적으로 증명해 주는 조상의 땅이자 우리의 성서에 언급된 모든 장소를 말 그대로 보고 듣고 냄새 맡고 만지고 걸을 수 있는 광대한 '살아 있는' 고고학 유적지였다. 그곳은 우리가 신과 더 가까워질 수 있는 거룩한 땅이었다. 그곳은 개인의 구원과 변환이 이루어지는 심리적 공간이었다. 그곳은 우리가 마침내 하나의 민족으로서의 잠재력을 집단적으로 실현할 수 있는 정치적 장이기도 했다. 그곳은 사회주의적 유토피아가 여전히 가능해 보였던 대담한 다문화 실험실이었다. 그곳은 한마디로 '약속의 땅'이었다.

이스라엘에는 우리의 친척과 친구들이 많이 있었다. 나의 어머니는 싱글이던 1950년대에 이스라엘에서 살았고, 아버지는 텔아비브 주재 벨기에 대사관에서 외교관으로 일하고 계셨다. 아버지는 고국으로 돌아가면 가족 구조도 회복되지 않을까 하는 희망을 가지고 있었지만, 1960년대 후반에 두 분은 이혼했다. 이스라엘에 대한 무조건적인 사랑은 집에서뿐만 아니라 대부분의 사회활동에서도 육성되었다. '강건한 유대교(Muscular Judaism)'*(Presner, 2003)의 덕목을 받아들이고 있는 우리 대부분은 마카비 스포츠클럽(Maccabi Sports Club)에서 훈련을 받았다.[1] 우리는 토요일에는 시온주의-사회주의적 청년 단체의 모임에 참석해서 스포츠 활동을 하고 사회주의, 이스라엘 정치, 문화, 사회에 대한 강연을 들었다. 우리는 이스라엘 노래와 민속춤을 배웠고, 이스라엘식 이름을 선택했고, 친이스라엘 영화를 보았고, 친이스라엘 시위에 참여했다. 우리는 주중에는 유대인 학교에 다니며 이스라엘의 축일을 기념하고, 표준 교과과정에 더하여 유대교 율법, 이스라엘 히브리어, 이스라엘 역사를 배웠다. 우리는 이스라엘을 위한 기금을 모으기 위해 끊임없이 지역사회 구성원들의 집을 찾아가 문을 두드렸다. 이 기금은 이스라엘 나무를 심고 이스라엘 병원을 짓고 이스라엘 타운

---

* 강건한 유대교라는 용어는 1898년 8월 28일 바젤에서 열린 제2차 시온주의 대회에서 막스 노르다우(Max Nordau)가 연설하면서 만들어낸 것으로, 육체적 강인함과 정신적 강인함을 갖춘 '새로운 유대인'을 육성할 것을 요구한다. 이는 유대인을 나약하고 여성적이며 지적인 존재로 묘사하는 반유대주의적 고정관념에 대한 반발에서 발전했다. 노르다우는 체육과 스포츠가 유대인의 민족 부흥과 시온주의의 목표 달성에 필수적이라고 주장했다._옮긴이

1) 19세기 독일에서 처음 설립된 유대인 스포츠클럽은 시오니즘 역사에서 중요한 문화적·정치적 역할을 담당한다(Kaufman, 2005; Presner, 2003; 2006을 보라).

을 개발하고 이스라엘 빈민들에게 음식을 제공하고 이스라엘 고아들을 위로하기 위한 돈이다.

나는 그 후 7년 동안 다섯 번 이스라엘로 돌아갔고, 열다섯 살이 되자 벨기에를 아주 떠나 키부츠에 들어가서 스물셋이 될 때까지 이스라엘에서 살았다.

시온주의 감각하기

> 각각의 장소는 그 자신의 영혼을 가지며, 각각의 하늘은 그 자신의 파란색을 가진다.(Abram, 1997: 262)

시온주의는 단지 지리적 이주를 촉진하는 이데올로기이기만 한 것이 아니다. 시온주의는 또한 정체성 변환, 특정한 존재 방식, 특정한 '감각 지향(sensory orientation)'(Geurts, 2002)을 촉진하는 이데올로기이기도 하다. 시온주의가 갖는 감각 특성은 오랫동안 학문적 논의에서 무시되어 왔고 정치적 논쟁에서도 언급된 적이 없지만, 우리는 그것의 감각 특성이 변혁력과 생성력을 지니고 있다는 것을 좋든 싫든 간에 인정해야 한다.

몇 달 전, 이제는 이스라엘에 영구 정착한 어머니를 방문했을 때, 나는 시온주의의 감각 지향 및 그것의 원천과 결과를 더 잘 **이해하기**(make sense) 위해 내가 자주 가던 장소로 돌아가서 이 장의 논의를 전개하기로 결정했다. 예상치 못한 그리고 통제되지 않은 감각작용에 의해 기억이 촉발된 프루스트(Proust)와 대조적으로, 나는 자기 성찰과 사회학적 분석의 추동력으로 작용하는 그러한 감각작용들을 적극적으로 찾아 나섰다. 이 장을 통해 분명해지길 바라지만, 사적인 것처럼 보이는 나의 감각 경험은 많은 시민과 이민자를 틀 지었고 지금도 여전히 틀 짓고 있는 사회-정치적 프로젝트의 한 사례이다.

논의를 진행하기에 앞서 세 가지 단서를 먼저 언급할 필요가 있다. 첫째로, 이 장은 감각학의 한 단편—즉, 감각에 **관한**, 감각을 **통한**, 그리고 감각을 **위한** 하나의 텍스트—을 생산하고자 하는 하나의 소박한 시도이다. 에이브럼(Abram)이 설명하듯이,

> 감각을 만드는 것(to make sense)은 **감각을 활성화하는** 것이다. 감각을 만든다는 말은 자고 있는 감각을 깨운다는 말, 즉 실제 주변 환경에 눈과 귀를 열게 하고, 혀로 하여금 공기의 실제 맛을 보게 하고, 우리의 피부 표면이 오싹해짐을 느끼게 한다는 말이다. **감각을 만드**는 것은 낡은 말하기 방식이 부과하는 제약으로부터 몸을 해방시키는 것, 따라서 자신이 세상에 대해 느낌적으로 인식하는 방식을 새롭게 하고 갱신하는 것이다. 그것은 감각으로 하여금 자신의 자리를 깨닫게 하는 것이다.(Abram, 1997: 265; 강조는 원저자)

이러한 텍스트의 논리에 따라 이 장은 비결정성, 수행성, 우연성, 돌발성에 의해 특징지어진다. 하나의 성찰적 텍스트인 이 장은 감각작용과 해석, 전기와 역사, 감각적인 것과 이데올로기인 것 사이를 오간다. 따라서 나는 이 장에서 감각의 사회적 구성에 대한 또는 시온주의에 대한 거대 이론(grand theory)을 발전시키는 것이 아니라 독자에게 내가 안내하는 짧은 이스라엘 감각 여행에 나와 동행할 것을 권유한

다. 냄새 맡고 맛보고 듣고 만지고 걷고 주변을 둘러보면서 나는 감각학과 시오니즘학을 이용하여 그러한 경험들을 '이해하기(make sense)' 위해 노력할 것이다.

둘째 단서조항은 이 장은 이스라엘-팔레스타인 분쟁을 논의하거나 시오니즘을 하나의 이데올로기나 역사-정치적 프로젝트로 평가하는 것을 목적으로 하지 **않는다**는 것이다. 예전의 이스라엘 거주자이자 이스라엘 좌파의 활동가로서 나는 양 진영이 서로에게 가하는 고통에 대해 어느 정도 알고 있지만, 여기서 그것에 대해 자세히 설명하고 싶지 않다.

마지막 단서조항은 감각의 상황성과 관련되어 있다. 트리폴리에서 델리에 이르기까지, 토론토에서 리오에 이르기까지, 그리고 밀라노에서 테헤란에 이르기까지 서로 다른 배경을 가진 수많은 이민자가 이스라엘의 '감각 지향'에 적응하기 위해 자신의 감각중추를 조정해야 했다. 그들이 적응하는 방식은 상호작용하는 복잡한 여러 요인에 의해 틀 지어졌고, 지금도 계속해서 틀 지어지고 있다. 따라서 이스라엘에서의 나의 경험, 이스라엘의 감각 질서에 대한 나의 적응, 나의 '감각 만들기' 노력이 나의 전기와 변화하는 사회적 위치에 의해 영향을 받아왔고 지금도 계속해서 영향을 받고 있다는 것은 말할 필요도 없다. 펠드와 바소(Feld and Basso, 1996: 91)가 우아하게 진술했듯이, "장소가 감각될 때, 감각은 장소를 규정한다. 즉, 장소가 감각을 만들 때, 감각은 장소를 만든다."

바뀐 것 냄새 맡기

> 후각 체계는 기억과 감정에 가장 많이 관여하는 뇌 부위와 직접적으로 그리고 밀접하게 연결되어 있다. …… 냄새는 자주 우리의 기분, 행동, 생각의 변화를 유발하는 (그리고 이끄는) 메커니즘이다.(Almagor, 1990: 253)

10여 년 전까지만 해도 당신은 (어디에서나 나는) 제트 연료 냄새와 섞인 타임(Time) 담배 특유의 달콤한 냄새를 맡는 것만으로도 이스라엘에 도착했음을 알았다. 그 당시에는 대부분의 사람이 타임—이스라엘 흡연자들에게는 거의 기본 옵션인 국민 담배—을 피우는 것 같았다. 여유가 있거나 과시하고 싶은 남성들은 말보로 레드(Marlboro Red)나 카멜(Camel) 담뱃갑을 걷어 올린 티셔츠 소매 밑에 태연하게 넣고 다녔다. 여성들은 핸드백이나 셔츠 주머니에서 켄트(Kent)나 팔리아멘트(Parliament) 담뱃갑을 꺼냈다. 만약 당신이 좌파 지식인 집단에 속하는 흡연자라면, 노블레세(Noblesse)(미국산 담배 **절대 아님**)가 필요할 것으로 보였다. 오늘날에는 새로운 금연 규정이 시행되면서 공항에서는 담배 냄새가 전혀 나지 않는다. 당신이 히드로 공항, JFK 공항, 또는 LAX 공항에 잘못 내렸더라면 그 차이를 체험하지 못했을 수도 있다. 정말 안타까운 일이다. 특히 냄새의 중요성을 생각하면 말이다.

다른 한편 나는 이스라엘의 냄새 풍경에 서서히 익숙해지는 것이 더 나을 수도 있다고 스스로에게 말한다. 어쨌든 간에 하우스가 지적하듯이, 후각은 바뀜(transition)을 경험하는 것과 유의미하게 연관되어 있다.

> 바뀜이 '변화라는 범주(category change)'를 의미하는 것으로 해석되면서, 냄새와 인지적 변화(cognitive transformation) 간에는 논리적 수준(냄새는 경계에서 가장 두드러진다), 심리적 수준(냄새가 기억과 담론적 이성에 미치는 영향을 고려할 때), 사회학적 수준(냄새는 회중 성원들의 감정적·신체적 상태를 동시에 변화시킨다)에서 내재된 관계가 존재한다는 것이 입증되어 왔다.(Howes, 1987: 410)

나는 고속도로를 질주하면서 렌터카 창문을 열고 "자료를 수집"하며 경험을 회상한다. 공항에서 하이파(Haifa)까지 90분간 운전해서 가는 동안 벤젠과 바나나, 비료와 꽃, 유황과 바닷바람이 기묘하게 연속적으로 조합되면서 그 길의 주변 지역이 서로 다른 성격을 지닌 도시, 정주지, 산업 지대라는 것을 알려준다.

하이파에 도착했을 때는 늦은 시간이었지만, 나는 정신이 말똥말똥했고 모든 감각이 깨어 있었다. 아밋-코카비(Amit-Kokhavi, 2006: 143)가 지적하듯이, 하이파의 지형은 많은 사회적·역사적 의미를 지니고 있다. 그곳에서 "사람들은 해안이나 항구에서 산 정상까지 단계적으로 올라가며 거주한다. 이는 결국 더 높은 곳에 살수록 사회경제적 지위가 높아지는 상하 이분법을 만들어낸다." 이 첫째 이분법과 지형적으로 거의 일치하는 둘째 이분법은 시간 이분법, 즉 "(아랍인) 과거와 (유대인) 현재 간의 이분법적 대립"(Amit-Kokhavi, 2006: 144)이다. 상황이 서서히 변화하고 있지만, 하이파의 아랍인들은 대부분 그 도시의 하층부—항구 약간 위쪽으로, 하다르 지구에 가까운 지역—에 사는 경향이 있다. 이 지역에는 나이가 많은 주민들, 즉 미즈라힘(Mizrachim)(중동 출신의 유대인)과 정통 아슈케나짐(Ashkenazim)(유럽 출신의 유대인)이

거주하고 있다. 카르멜산(Mount Carmel) 정상은 더 풍요롭다. 녹지 공간이 많고 아름다운 풍경을 볼 수 있는 그곳에는 고급 호텔, 고가 의류를 파는 부티크, 호화로운 주택, 세련된 레스토랑이 있고, 아주 서구적인 분위기를 풍기는 주민들이 살고 있다. 카르멜산의 꼭대기—데냐(Denyah) 지구—는 가장 비싼 지역으로, 하이파 대학교(Haifa University)와 유명한 테크니언 기술연구소(Technion Technological Institute)가 있다. 각 지역마다 자신의 소리, 냄새, 리듬, 억양, 상호작용 양식, 위험, 기회를 가지고 있다.

나는 번화가인 모리아 대로(Moriah Boulevard)로 가는 길을 쉽게 찾았다. 그곳은 내가 옛날에 자주 가던 곳이다. 그 길은 카르멜산 정상을 가로질러 거의 일직선으로 뻗어 있는 넓은 상업 도로이다. 나는 인접한 작은 거리에 주차하고, 나의 몸이 내가 잘 알던 그 장소에 스며들게 하기 위해(Goffman, 1989) 걸어가기로 결정한다. 잠시 후 나는 한 카페를 선택한다. 조명은 은은하고 대화 소리는 쾌활하다. 나는 대로가 내려다보이는 창가에 자리를 잡고 주문한다. 나는 웨이터를 기다리면서 눈을 감고 콧구멍을 열고 깊게 숨을 들이마신다. 빵 굽는 따뜻한 냄새가 카다멈을 첨가한 아랍 커피의 향, 윤이 나는 페이스트리에서 나는 달콤한 계피 향, 뜨거운 찻잔에서 천천히 올라오는 민트 향과 어우러진다. 그러나 나의 위는 으르렁거리기 시작하며 약 9시간 동안 아무것도 먹지 않았다는 사실을 상기시킨다. 나는 15분 정도 지난 후에 계산을 하고 먹을 것을 찾아 나선다.

나는 이스라엘 맛의 미국화를 공표하고 나선 맥도날드, 피자헛 및 그리고 다른 프랜차이즈 매장(Azaryahu, 2000)을 그냥 지나쳐버린다. 대신 나는 내 내부의 GPS를 작동시켜 내가 이곳에 처음 왔을 때 나를 압도했던 그 향, 다시 말해 이곳이 실제로 중동이라는 것을 확인시켜 주는 향—다른 감각중추와 다른 사고방식—을 찾는다. 내가 찾고 있는 그 냄새는 앨마고(Almagor, 1990: 258)의 표현으로는 "잠시 자신의 사회를 떠났다가 돌아와서 그 부재 기간으로 인해 공기 중에 자신의 문화를 특징짓는 어떤 냄새 물질이 있다는 것을 깨달을 때 알아차리게 되고 문화적으로 의미를 지니게 된다. 그러한 냄새는 개별 대상이 아니라 전체 지역이나 지방에 속하는 것이다. 그것은 '고향의 냄새'이다."

나는 모리아 대로를 따라 걸으면서 길에서 마주치는 다양한 향에 맞추어 속도와 코스를 조정한다. 나는 10여 개의 작은 음식 가판대 주변을 돌아본다. 커다란 기름통에서 팔라펠(falafel)* 볼이 튀겨지고 있고, 육즙이 가득한 양고기가 활활 타는 붉은 전기 그릴 앞에서 천천히 회전하며 지글지글 익어가고 있다. 나는 대로를 건너서 근처 상점에서 속도를 늦춘다. 그 상점에서는 잣, 피스타치오, 참깨 등을 볶는 연기의 향이 깊은 알루미늄 드럼통에서 옥수수 알이 쪄지는 냄새와 어우러진다. 몇 야드 더 나아가서는 향신료 가게의 열린 문 앞에 멈춰 서서 강황, 커민, 카레, 사프란, 자타르[2]의 향에 끌려 잠시 머무른다. 이 짧은

---

* 중동의 콩 완자이다. 콩으로 완자를 빚어 튀겨내는 음식인데 이집트에서는 누에콩을, 레반트 등지에서는 병아리콩을 사용한다. 흔히 길거리 음식으로 먹는다._옮긴이

2) 자타르(za'atar)는 "오리가눔(Origanum/oregano), 칼라민타(Calamintha/basil thyme), 티무스 불가리스(Thymus vulgaris/thyme), 사토레자(Satureja/savory) 속(屬)에 속하는 중동 허브를 총칭하는 용어이다. 말린 허브를 참깨, 그리고 종종 소금 및 다른 향신료와 함께 섞어 만든 조미료를 가리키는 이름이기도 하다. 중세 시대부터 아랍 요리에 사용된 이 허브와 향신료 혼합물은 둘 다 중동과 레반트 전역에서 인기가 있다"(http://en.wikipedia.org/wiki/Za%27atar).

산책이 도움이 되었다. 나는 조금 더 현실에 바탕하고 있는 것 같은, 지금 이곳에 조금 더 익숙해지고 있는 것 같은, 그리고 역설적이게도 30년 전의 이곳으로 돌아온 것 같은 기분이 든다. 하지만 나의 배는 여전히 으르렁거린다.

정체성 맛보기

> 음식에 대한 정보는 그것을 발견할 수 있는 모든 곳에서, 즉 경제, 테크닉, 용도, 광고 등의 직접적인 관찰을 통해, 그리고 특정 사회의 정신생활의 간접적인 관찰을 통해 수집해야 한다.(Barthes, 1997: 20)

가장 필수적인 생리적 기능인 먹기는 역동적인 정치적·사회적·문화적·경제적 힘에 의해 틀 지어진다. 이들 힘은 먹기를 향한 우리의 심리적 성향과 먹기를 둘러싸고 전개되는 일상적인 관행에 영향을 미친다. 피슐러(Fischler)는 다음과 같이 지적한다.

> 음식은 우리 정체성 의식에서 중심적인 자리를 차지하고 있다. 어떤 특정 인간 집단이 음식을 먹는 방식은 그 집단의 다양성, 위계질서, 조직에 관한 주장을 하는 데 도움을 주는 동시에 다른 방식으로 먹는 사람들의 동일성과 타자성을 주장하는 데에도 도움을 준다. 음식은 또한 특정 인간 개인이 자신이 섭취하기로 선택한 음식에 의해 생물학적·심리적·사회적으로 구성된다는 점에서 개인 정체성에서도 중심적인 자리를 차지하고 있다.(Fischler, 1988: 275)

우리가 무엇을, 어떻게, 언제, 왜, 어디서, 누구와 함께 먹는지—또는 먹지 않을지—는 우리가 세계, 타인, 그리고 자기 자신과 맺는 관계를 틀 짓는다(Beardsworth and Keil, 1997을 보라). 그러나 사회과학 및 여타 과학 분야에서 음식에 관한 학문이 빠르게 성장하고 있음에도 불구하고, 몇몇 예외(이를테면 Choo, 2004; Classen, 1999; Stoller, 1984; 1989)를 제외하고는 저자가 자신의 저술에서 자신이 묘사한 음식을 직접 준비하거나 먹는 경우는 거의 없는 것 같다. 음식학이 만들어낸 많은 관념도 분명 흥미롭고 중요하지만, 그러한 연구의 대부분에서 음식은 여전히 감각적 참여의 대상이기보다는 지적 해부의 대상으로 남아 있으며 그러한 지식에 근거하여 독자에게 제공되는 것처럼 보인다. 그러한 연구에서 먹기는 사유에 필요한 것이기 때문에, 사회학이 음식에 관해 보다 매력적인 논의를 하고자 한다면, 사회학은 다른 것들 가운데서도 음식의 성분, 음식 생산에 관련된 노동, 음식 소비를 둘러싼 복잡한 사회적 관행, 그리고 당연히 음식의 맛 등에 대해 감각적 측면에서 주목할 필요가 있다. 어쨌든 간에 현지의 종교 텍스트에 따르면, 먹기를 통한 앎은 인간의 첫 번째 비극적이고 결정적인 인간 행위이다. 추(Choo) 또한 보다 개인적인 차원에서 다음과 같이 지적한다.

> 음식에 대한 감각적 경험에는 기억, 감정, 역사, 장소, 순간이 담겨 있다. 마찬가지로 이러한 감각 경험에서 일어난 변화는 더 광범위한 사회의 변화를 부호화하고, 당시와 지금, 여기와 거기 간에 준거 지점을 제공한다. 그러한 감각적 경험에는 공유된 경험과 감각 확인 시점/지점에 의해 부호화된 육체화된 집단 기억이 포함되어 있다. 그리고 감각과 기억 사이에는 공생 관계가 존재한다. 즉, 감각적 경험은 기억 속에 담겨

있고 동시에 기억은 감각적 경험 속에 자리하고 있다. 다시 말해 이 둘은 홍미롭게 상호 의존되어 있다.(Choo, 2004: 209)

나는 팔라펠 가판대에 줄을 서서 내가 이스라엘에 처음 왔을 때 이스라엘의 맛이 어떻게 나를 깊은 미각의 잠에서 깨어나게 했는지를 상기한다. 이국적인 허브와 중독성 있는 향신료, 달콤한 열대 과일과 매콤한 양념, 중동 음식의 새로운 모양, 질감, 색상, 배합은 미뢰와 소화관 모두를 의식적으로 재조정할 것을 요구했다. 매장에서 팔라펠을 먹는 고객들을 보고 있자니, 이곳에서는 먹기 행위 자체가 다른 종류의 촉각적 참여를 요구한다는 것도 생각난다. 여기서는 내가 체득한 유럽식 에티켓은 거의 작동하지 않는다. 사람들을 손을 이용하여 피타 포켓(pita pocket)*을 둘로 가르고 속 재료로 넣은 절인 야채, 팔라펠 볼이 빠져나오지 않게 한다. 그들은 눈에 보이는 것보다 빠르게 손을 바꾸면서 큰 숟가락으로 피타 포켓의 윗부분에 진하고 크림 같은 참깨 소스(tahini)를 뿌린다. 그들은 '암바(amba)'—1950년대에 이라크 이민자들이 가져온 톡 쏘는 진한 노란색 망고 커리 소스—는 더 조심스럽게 다룬다. 암바 한 방울이 당신의 손가락에 떨어진다면, 아마도 며칠 동안 거기서 냄새가 날 것이다. 만약 그것이 당신 셔츠에 떨어진다면, 절대 씻겨 나가지 않을 것이다. 이마이(Imai, 2008)가 교토에서 노점상과 만나는 것과는 달리, 팔라펠을 파는 음식 가판대에서 음식을 먹는 것은 대체로 고객 간의 상호작용을 유도하는 것처럼 보인다. 우리는 전혀

* 피타 포켓은 중동과 지중해 연안 지역에서 유래한 둥글고 납작한 빵인 피타 브레드의 주머니처럼 비어 있는 부분에 다양한 속 재료를 채워 먹는 음식이다._옮긴이

모르는 사람들과 어깨를 맞대고 서서 음식, 날씨, 그리고 당연히 정치에 대해 자연스럽게 대화를 나눈다. 우리는 내용물이 꽉 찬 피타 포켓을 한입 가득 물고서 간단한 대화 차례 규칙에 따라 상대방이 말하기를 기다리다가 손가락 사이로 주스와 소스가 흘러 신발과 보도에 노란 방울을 만들어내고 있는 것을 알아차리지 못하기도 한다.

나는 거친 종이 냅킨으로 간간이 손가락을 닦으면서 내가 이스라엘을 처음 방문했을 때의 한 장면을 상기한다. 아직 문화적 상대주의에 대해 제대로 교육받지 않았던 나는 우리 가족을 환영하기 위해 호화로운 저녁 식사를 주최하던 드루즈파(Druze)* 친구 아델(Adel)에게 식탁에 나이프와 포크가 없는 것에 대해 순진하게 물어봤었다. 아델은 나의 눈치 없는 질문으로 인해 친척들이 아주 당혹스러워하는 것을 애써 무시하며 웃으면서 말했다. "포크? 나이프? 그것들이 어디에 있었는지 모르겠는데." 그러더니 그는 오른손을 내밀며 이렇게 덧붙였다. "나는 이 손가락들이 어디에 있었는지는 정확히 알아." 수년 동안 유럽 요리를 포기하고 현지에서 생산된 음식만 접하게 하는 이스라엘인 되기 프로젝트에는 음식을 만지는 것, 손가락을 핥는 것, 혀를 훈련시켜 강렬한 맛에 익숙해지게 하는 것, 나의 입술이 식용 불을 받아들이도록 가르치는 것이 포함되어 있는 것으로 보였다. 그 프로젝트는 또한 매운 음식에 적응하기 위해 소화관을 단련시키고 불평 없이 조용히 그리고 용기 있게 땀을 흘리도록 몸을 훈련시킬 것을 요구했다. 원주민처럼 말이다.

---

* 이슬람교 시아파 내의 극단파의 한 종파._옮긴이

이스라엘 음식은 단순히 시민들의 몸에 칼로리를 공급하기만 하는 것이 아니라 몸이 장(腸)의 수준에서 국가 프로젝트에 적응하는 것을 돕는다. 피슐러(Fischler, 1988: 279)가 지적하듯이, "음식을 섭취한다는 것은 실제의 측면과 상상의 측면 모두에서 그 음식이 지닌 속성의 전부 또는 일부를 섭취하는 것이다. 우리가 먹는 것이 우리가 된다." 음식에 대한 이러한 접근방식은 19세기 말과 20세기 초의 첫 번째 이주물결의 선구자들도 이미 주목했던 것이다. 이븐-조하라(Even-Zohara)는 다음과 같이 지적한다.

> 그린 올리브, 올리브 오일, 화이트 치즈는 …… 명확한 기호학적 지위를 획득했다. 지금은 거의 고전 문학의 지위에 오른 저술이 묘사하는, 히브리 노동자가 나무 상자에 앉아 올리브 오일에 적신 아랍 빵을 먹는 모습은 다음의 세 가지 새로운 현상을 동시에 표현한다. 1) 그는 노동자이다. 2) 그는 그 땅의 "진정한 아들"이다. 3) 그는 "유대적인" 방식으로 먹지 않는다(그는 식탁에 앉아 있지 않다. 그리고 손을 씻어야 한다는 종교적 명령을 이행하지 않았다는 것이 분명하다).(Even-Zohara, 1981: 172)

이스라엘의 이데올로기적 메뉴에서 가장 인기 있는 '스페셜' 메뉴는 아마도 사브라(sabra)라는 과일(서양에서는 백년초 열매로 알려져 있다)일 것이다. 사브라는 또한 이스라엘에서 태어난 토박이 시민을 가리키기도 하는데, 이산 유대인 사이에서도 이스라엘다움(Israeliness)의 본질 자체를 함의한다. 사브라는

> 거친 날을 가지고 있지만 속은 사브라의 열매처럼 달콤한, 잘생겼고 마음씨 좋으며 사교적이고 강한 사람, 즉 결코 울지 않는 영웅이다. …… 이스라엘의 아들인 그는 새로워지고 있는 이스라엘의 아들딸들을 상징한다. 그는 조국을 위해 목숨을 바쳤고 …… 이스라엘은 오랜 세월에 걸쳐 만들어지고 있는 문화적 기억의 일부로 그를 영원히 기념하고 있다.(Bar-On, 2008: 60~81)

역설적이게도 사브라에 의해 육체화되는 이스라엘인의 '본질적인' 속성이 여전히 유럽의 뿌리를 무심코 드러내기 때문에, 이 상징은 중동 및 아시아 국가 출신 이민자들과 아랍인들에 의해 격렬하게 도전받게 되었다.[3)]

"우리가 먹는 것이 우리가 되"지만, 피슐러는 먹기의 또 다른 사회적·상징적 효과를 제시한다.

> 먹는 사람은 음식의 속성을 섭취하기만 하는 것이 아니다. 음식의 섭취는 그것에 상응하여 먹는 사람을 하나의 요리체계에, 따라서 그 요리체계를 작동시키는 집단에 통합시킨다고 말할 수 있다. …… 그러나 이것이 전부는 아니다. 모든 요리체계도 하나의 세계관, 즉 하나의 우주론에 소속되어 있거나 그것의 일부이다.(Fischler, 1988: 280)

---

3) 사브라는 타고난 구릿빛 피부라기보다는 오히려 '햇볕에 탄' 피부로 특징지어지는 경우가 많다. 다시 말해 그/그녀는 햇볕에서 많은 시간을 보내는 백인이다. 또한 북아프리카 출신 이민자들을 '쿠스쿠스(Cous-cous)'라는 애칭으로 부르는 것도 주목할 만한데, 이는 그 지역의 유명한 요리를 가리키는 아랍어로 강한 성적 함의를 지니고 있다.

자신을 한 집단의 우주론에 맞추는 것은 음식을 체내화하는 것에 의해서만이 아니라 음식 준비에 참여함으로써도 이루어진다. 추(Choo, 2004: 212)가 설명하듯이, "생산과정 자체가 육체화된 기억을 담고 있으며, 육체화된 문화적 전승을 가능하게 한다." 음식 소비('체내화'가 아닌)를 둘러싼 관행도 사회적 관계를 재생산한다. 이를테면 위긴스(Wiggins, 2002)는 다른 사람들과 함께 먹을 때 미각적 쾌락을 목소리로 표현하는 것이 유대감을 형성하는 기능을 수행한다는 것을 증명하고, 또 다른 극단에서 보드리야르(Baudrillard, 1989: 15)는 미국 주요 도시의 거리에 혼자 먹는 사람들이 많다는 것을 보다 광범위한 사회적·심리적 붕괴의 징후로 해석한다.

키부츠(kibbutz)에 살 때로 돌아가 보자. 밭에서 힘든 하루 일을 마친 후 우리는 연기가 많이 나는 작은 등유 난로—난방과 가벼운 '요리'를 위한 연료의 주요 공급원인—주위에 반원 모양으로 둘러앉는다. 키부츠의 생활 및 경제 방식에서 매우 핵심적인 책임 '교대'의 원칙에 따라 오늘은 내가 오후 간식을 준비할 차례이다. 나는 그 난로의 화구를 보호하는 작은 철판에 흰 빵 조각을 굽고 연기가 피어오를 때까지 기다렸다가 뒤집는다. 잠시 후 보아스(Boaz)에게 빵이 충분히 구워졌는지를 묻는다. 보아스는 눈을 깜박이며 조용히 고개를 끄덕인다. 주머니칼로 오늘 딴 아보카도 하나를 두 조각으로 잘라 두꺼운 갈색 씨를 능숙하게 빼내고 토스트 위에 녹색 과육을 넉넉하게 늘어놓고 소금을 뿌린다. 내가 보아스에게 토스트를 건네주며 "많이 먹어"라고 말한다. 그들은 프랑스 음식을 좋아한다. 그다음에 드로르(Dror)에게 토스트를 건네고, 그다음에 야론(Yaron)에게, 그다음에 아미르(Amir)에게 건네고, 그리고 그다음에 내가 갖는다. 내일은 다른 사람이 '요리'할 차례이다. 우리는 밤에는 공동 식당에 몰래 들어가 산업용 크기의 강철 냉장고 자물쇠를 따고 계란, 빵, 야채를 골라 조촐한 연회를 준비하는데, 우리는 이 연회에 자연스럽게 무장 경비병들을 항상 초대한다. 우리가 그런 장난을 치는 것은 배가 고파서가 아니다. 전혀 그렇지 않다. 그리고 우리가 함께 준비해서 소비하는 음식의 맛과 영양가는 실제로 중요하지 않다. 오히려 잘 조율된 '야간 임무'는 순전히 우리의 함께함과 우정을 찬양하고 이야기를 나누고 새로운 이야기를 만들어내고 서로에게 우리가 가지는 심리사회적 즐거움—이는 집단주의 원칙에 의해 운영되는 이 공동체에서 특히 소중하다—을 제공하는 의례로서의 역할을 한다. 자극적이지 않은 표준적인 키부츠 음식은 몸에 영양을 공급하지만, 음식의 준비와 소비에 수반되는 다양한 단계는 그 집단 및 그 집단의 경계 및 핵심 가치를 강화한다.

이데올로기 소리내기

> 감각에 대한 은유적 언어를 다룬 한 비교문화 연구는 또한 서로 다른 문화에서 청각은 적절한 행동과 상징적으로 관련되어 있다는 것을 밝혀 내 왔다. '듣다'는 '이해하다', '적절하게 행동하다', '순종하다'를 의미한다.(Panopoulos, 2003: 641)

> 메를로퐁티(Merleau-Ponty)는 한 공동체의 언어를 배우기 위해서는 그저 말을 시작하고 몸으로 그 언어에 들어가서 그 안에서 움직이기 시작하기만 하면 된다고 시사한다.(Abram, 1997: 83)

나는 팔라펠을 먹고 에너지를 얻고 나서, 너무나도 아름다워 숨이 멎는 듯한 하이파와 주변 지역의 풍경에 이끌려서 좁은 길을 계속해서 걸어 내려가기로 결정한다. 이번에는 나는 유흥가를 특징짓는 소리가 나는 쪽을 향해 발걸음을 옮긴다. 나는 버스가 내는 시끄러운 소리와 짜증 난 운전자들이 이유 없는 울리는 경적 소리에서 벗어나 커다란 알루미늄 쓰레기통 위에서 성난 길고양이들이 싸우면서 야옹거리는 소리를 내고 있는 쪽을 향해 걸어간다. 앞마당과 공원에서 귀뚜라미와 스프링클러가 내는 리드미컬한 소리는 마치 열린 아파트 창문에서 새어 나오는, 아이들이 머뭇거리며 치는 피아노 음계에 박자를 맞추기나 하는 것 같다. 몇 블록을 내려가면, 와디(wadi)[4] 깊은 곳에서 들려오는 자칼의 으스스한 울부짖는 소리가 도시의 경계를 표시한다.

삐, 삐, 삐, 삐, 삐이이이. 우리는 매시 정각에 이스라엘의 국영 뉴스 라디오 방송인 콜 이스라엘(Kol Israel, 이스라엘의 소리)의 뉴스를 알리는, 네 번의 짧은 전자 신호음과 한 번의 긴 신호음으로 이어지는 익숙한 신호음을 들을 수 있다. 이 다섯 번의 삐 소리는 카페와 버스 정류장에서, 해변과 캠퍼스 카페테리아에서 자주 전혀 모르는 사람들로 하여금 작은 트랜지스터라디오를 들고 있는 한 사람 주위로 모이게 한다. 이 자발적인 청중의 성원들은 그 사람을 향해 자신들의 귀를 곧추세운다. 그는 (아주 자주) 자신의 소중한 소유물 덕분에 일시적으로 뉴스 전달자의 지위를 얻고 잠시 말 그대로 관심의 중심에 선다. 뉴스 방송이 끝나자마자 그는 다시 보행자, 버스 승객, 또는 일광욕을 하는 사

4) wadi는 '계곡', '마른 강바닥', 또는 '협곡'을 의미하는 히브리어/아랍어 단어이다.

람의 자리로 돌아가고, 그는 그 지위를 얻었던 만큼이나 빠르게 그 지위를 잃는다. 때때로 방송이 끝나면 즉석에서 그 청중의 성원들은 뉴스에 대해 열띤 대화를 나누기도 한다. 이 의례는 내가 우연히 자리하고 있던 어떤 버스 정류장, 식당, 또는 해변에서 일어나는 별난 일처럼 보이지만, 지금 이 순간에도 이 도시의 다른 지역, 이 나라의 다른 지역에서 수많은 개인이 전국 뉴스 방송 시간에 맞춰 매시간 모였다가 흩어지는 유사한 소규모의 자발적인 모임에 참여하고 있는 자신을 발견한다. 시민들에게 뉴스에 대비하게 하는 전자 신호음은 신자들을 예배에 참석하도록 교회 종을 치는 것과 얼마간 비슷한 기능을 한다. 종소리가 쉽게 추적할 수 있는 구체적이고 영속적인 물리적 구조물을 가지고 있는 반면 삐 소리는 이동하고 분산되어 있다는 점을 제외하면 말이다. 개인과 개인 사이를 순환하며 일정하지 않은 원천에서 발산되는 이 삐 소리는 전거를 고르게 배포하고, 매시간 어딘가에서 집단적인 관심을 동원하고 침묵을 강요하며 연대감을 생산한다.

이스라엘 국영 라디오가 만들어내는 소리는 국가 정체성과 문화를 틀 짓는 데서 중요한 정치적 역할을 했지만(Penslar, 2003), 오늘날에는 물론 아이팟과 맞춤형 청각적 즐거움을 제공하는 기타 기기의 식민지화가 조용하게 진행되면서 보행자, 버스 탑승자, 해변가 방문객들은 각자의 소리에 리듬을 맡기고 자신들의 개인적인 음향 기기로 물러나 있다. 또한 이스라엘 사람들이 접할 수 있는 라디오 방송국의 수가 지속적으로 증가함에 따라 (전쟁, 테러 공격과 같은) 급박한 위험이나 국가적 위기가 닥쳤을 때 또는 (독립기념일과 같은) 축전 의식이나 (홀로코스트 추모일과 같은) 기념식을 거행할 때를 제외하고는 공동체의 통일된 소리가 옅어져 왔다. 이를테면 이스라엘의 저명한 작가 중 한 사람인

아모스 오즈(Amos Oz, 2009: 343)는 1982년 레바논과의 전쟁 직전 국영 라디오 방송에서 흘러나온 민요를 비판적으로 들으며 그런 노래가 지닌 힘을 인정하면서도 그러한 노래를 방송하는 것에 의문을 제기한다. "그 멜로디가 전하는 것은 부족의 어떤 규범인가? 레바논을 침략하기 전 남아 있던 소중한 몇 시간 동안 그 부족이 스스로에게 속삭이고 싶었던 것은 무엇이었는가? …… 지나치게 감상적인 그 선율이 불러일으키고자 한—또는 가라앉히고자 한—감정은 무엇이었는가?"

개인 오디오 장치 또한 집단적으로 민요 부르기라는 잘 확립된 이스라엘 의례—의례의 참가자들이 다른 사람들과 유대감을 형성하고 새로운 이주자들을 통합하고 조국을 찬양하고 군사적 승리를 기억하고 전사한 영웅을 기리고 시온주의 프로젝트에 대한 헌신을 재확인하는 데 아직도 사용하는 또 다른 메커니즘—를 약화시키는 것으로 보인다. 알모그 오즈(Almog Oz)는 이를 다음과 같이 설명한다.

> 조국에 대한 사랑과 그리움 및 민족의 희망을 표현하는 노래의 가사와 그것의 단순한 멜로디는 이 '모국 노래'에 시온주의 종교 찬송가의 성격과 역할을 부여했다. 그런 노래들은 …… 이스라엘 영혼의 가장 민감한 부분을 이용하여 마음속에 진한 아쉬움과 공동 운명 의식을 남겼다.(Oz, 2000: 240)

나는 타임 담배를 사기 위해 한 붐비는 식당에 들른다. 주인과 손님의 대화가 끝나기를 기다리는데 보이지 않는 스피커에서 흘러나오는 중동 음악 소리가 들린다. 그 음악을 연주하는 독특한 악기, 그 음악의 리듬과 음계, 그리고 변조된 음성은 그 식당의 음식, 손님들의 억양,

요리 냄새와 완벽하게 조화를 이룬다. 내가 성장하면서 들었던 자주 구슬픈 이디시(Yiddish) 음악과 대조적으로, 중동 음악은 더 낙관적이고 밝고 활기차고 즐겁게 들린다. 그 음악은 다양한 종류의 신체 반응, 주의 집중, 감정을 불러일으킨다. 이스라엘 사회에서 출신 국가와 사회계급은 밀접한 상관관계가 있기 때문에, 노케(Nocke, 2006: 152)가 지적하듯이, "'이스라엘 지중해 음악'이 1974년에 텔아비브 중앙 버스 정류장 시장*의 야채 가게와 가전제품 가게에서 상업적으로 데뷔했다"는 것은 놀라운 일이 아니다.

물론 소리풍경, 장소, 정치의 연관성은 새로운 것도 아니고, 이스라엘에만 독특한 것도 아니다. 여러 분야의 연구들이 제시하듯이, 특정 음악 스타일을 이용하여 사회정치적 입장과 문화적 충성심을 확립하는 것은 역사적으로 오래된 일이며 많은 흥미로운 변형이 존재한다(Futrell, Simi and Gottschalk, 2006; Weinstein, 2000; Willis, 1978을 보라). 이를테면 오스테르반(Oosterbaan, 2009: 81)은 리우(Rio) 빈민가에서 발견되는 음악 장르에 관한 연구에서 다음과 같이 지적한다. "빈민가에서 들리는 다양한 음악과 소리는 확고한 정체성 정치를 체현하고 있었으며, 특정 음악에 대한 선호는 그 음악이 열광적인 팬들의 사회-정치적 입장을 압축적으로 표현하는 능력과 구분되지 않는 경우가 많았다."

---

* 텔아비브 중앙 버스 정류장은 단순한 환승 허브가 아니라 드넓은 시장이자 독특한 문화 공간이다. 미로 같은 구조와 때로는 지저분한 분위기로 유명하지만, 다양한 상점, 레스토랑, 그리고 문화 행사가 즐비한 활기찬 시장이기도 하다. 이 정류장은 다양한 공동체가 모이는 만남의 장소이자 예술가와 공연자들의 허브 역할을 하는 문화의 용광로이다._옮긴이

이스라엘의 국가 소리풍경에 중동 음악이 포함되는 것이 '이스라엘다움'의 본질과 부합한다고 정당하게 주장할 수 있는지는 오랜 싸움의 대상이기도 했다(Nocke, 2006; Pilowsky, 1985; Regev, 1996). 역설적이게도 중동 음악이 처음 국영 라디오에서 방송되었을 때 유럽 출신 예술계 인사들은 중동 음악을 무시하듯이 거부했지만, 그 소리는 바로 이곳, 이 지역, 이곳 풍경, 이곳 색깔, 이곳 날씨에서 유래한 것이다(Nocke, 2006을 보라).

이스라엘의 청각 감각 질서에 어떤 음악 소리를 포함시켜야 하는지를 둘러싼 싸움은 독립 국가의 소리에 대한 또 다른 논쟁을 반향하고 있지만, 이번에는 그런 일이 언어 영역에서 일어났다. 국가가 수립되기 훨씬 전인 1920년대에는 이디시어를 국어로 채택해야 한다고 주장하는 사람들과 현대 히브리어만이 새로운 국가의 목소리를 표현할 수 있다고 큰 소리로 주장하는 '히브리어 집단'이 격렬하게 대립했다. 후자 집단이 거듭 주장했듯이, 이디시어는 유럽 말처럼 들리지만, 히브리어는 중동을 나타낸다. 이디시어가 디아스포라 유대인의 목소리를 낸다면, 히브리어는 새로운 시민의 탄생을 선언한다.

물론 많은 이민자가 출신 국가에서 히브리어를 사용했지만, 교실 퀴즈에서 떠듬거리거나 기도하면서 중얼거릴 때나 성서를 읽으면서 노래할 때 쓰는 히브리어와 공장, 시장, 농장, 전장에서 일상 활동을 수행하면서 자연스럽고 유창하게 사용하는 모국어로서의 히브리어 간에는 상당한 차이가 있다. 다행히도 히브리어가 승리했다. 그리고 헬만(Helman, 2002: 359)이 설명하듯이, 히브리어가 "새로운 국가 공동체를 발명하고 공고히 하는 데서 중심적인 도구[가 되었다]. 히브리어를 최상위에 두는 이데올로기적 언어 위계질서가 만들어졌다." **생태적**

맥락에서는 후두음의 힘차고 강렬하고 구어체적이고 사랑스러운 멜로디를 가진 현대 히브리어는 국가 건설과 시민권을 위한 도구일 뿐만 아니라 서로 다른 생각, 감정, 존재 방식을 낳았다. 에이브럼도 생태적 맥락과 언어 간의 긴밀하고 강력한 관계를 설득력 있게 규명하면서 다음과 같이 지적한다.

> **이처럼 우리는 모국어를 정신으로가 아니라 몸으로 배운다.** 우리는 새로운 단어와 구(句)를 먼저 그것을 말로 표현할 때의 음조와 질감을 통해, 즉 입 안에서 느껴지거나 혀에서 굴러 나오는 방식을 통해 자신의 것으로 만든다. 그리고 그 용어가 우리에게 가질 수 있는 한층 더 세련되고 고상한 의미를 끌어낼 수 있는 비옥한 다가(多價)적인 원천을 제공해 주는 것이 바로 그러한 직접적으로 느껴지는 의의—단어나 구의 **맛**, 즉 그것이 신체에 영향을 미치거나 신체를 변화시키는 방식—이다.(Abram, 1997: 75; 강조는 원저자)

물론 히브리어를 유창하게 말하는 것만으로는 충분하지 않았다. 이스라엘인답기 위해서는 적절한 악센트(중동 억양)로 말할 수 있는 능력 그리고/아니면 자신의 진술에 무심결에 멋진 아랍어 관용구를 끼워 넣을 수 있는 능력이 있어야 했다.

도로명 또한 국가 건설과 문화 변용의 대행자였다.

> 한 시온주의 작가는 텔아비브에 처음으로 도착하여 히브리어 거리 표지판을 마주했을 때 **온몸으로 기쁨의 전율을 느꼈다**고 말했다. "그것은 그저 거리 이름일 뿐인 사소한 문제처럼 보이지만, 우리 혀의 달콤한 소

리는 하루 종일 외국 소리만 듣고 있던 유대인 영혼에게는 하나의 위안과도 같았다."(Helman, 2002: 370~371; 강조 추가)

놀랄 것도 없이 자신의 디아스포라적 이름을 이스라엘 이름으로 바꾸는 것은 많은 이민자에게서 가장 개인적인 측면에서 국가 프로젝트에 대한 헌신을 공개적으로 선언하는 것이었고 그렇기 때문에 그것은 정체성 변화를 보여주는 가장 절대적인 신호가 되었다.

다음 날 나는 어머니를 모시고 해변을 산책한다. 그리고 우리는 작은 카페에 앉는다. 우리의 대화는 때때로 귀를 먹먹하게 하는 총소리와 엄청 시끄럽게 윙윙거리는 고속 모터보트 소리로 인해 중단된다. 어머니는 약간 불안해 보인다. 내가 어머니에게 말한다. "걱정할 거 없어요. 해군 훈련이에요." 이스라엘 바닷가에서는 해변에서 나는 소리에 스매시볼이라는 스포츠를 즐기고 있음을 알리는 **퐁퐁** 소리가 간간이 끼어든다. 스매시볼은 두 명의 선수가 네트 없이 서로 마주 보고 서서 커다란 나무 라켓으로 작은 고무공을 주고받는 경기이다. 나는 미국 해변에서 이 스포츠를 하는 사람들을 본 적이 거의 없다. 그리고 나는 친구들에게 그것을 가르쳐 보려고 했지만 쉽지 않았다. 나의 플레이 친구들의 운동 실력이 형편없어서가 아니다. 오히려 테니스와 탁구를 아주 잘하는 친구들이 많다. 그들이 그 플레이를 익히는 데서 어려워하는 것은 라켓을 발사 장치로 사용하여 공을 위험한 발사체로 변형시킴으로써 상대방이 공을 잡지 못하게 만들고자 하는 충동을 억누르는 것이다. 테니스나 탁구에서 점수를 얻으려면 상대방이 공을 최대한 많이 놓쳐야 하기 때문에 플레이어는 "당신의 손해가 나의 이익"이라는 경쟁 방정식에 기초하여 서로를 대하고 게임 자체에 임해야 한다. 이와 대조적으로 스매시볼의 목표는 공을 가능한 한 오랫동안 높이 띄우는 것이다. 플레이어들은 이 논리에 따라 서로 협력하여 공을 주고받는 강도, 높이, 속도, 거리를 조절해야 한다. 그들은 상대방이 가능한 한 쉽게 자신의 방식으로 공을 쳐서 되돌려 보낼 수 있게 하기 위해 노력해야 한다. 여기서 공이 돌아오지 않는 무소식 상태는 한 플레이어의 승리로 해석되어 박수로 축하할 일이 아니다. 오히려 그것은 양쪽 모두에게 패배이며 그들이 잘못해서 경기가 중단되는 것을 의미한다.

퐁 ………… 퐁
퐁 ……… 퐁
퐁 …… 퐁
퐁퐁퐁퐁퐁

구별 가능한 두 **퐁** 소리가 하나의 연속되는 그리고 점점 빨라지는 스타카토로 합쳐지고, 카페 손님들은 대화를 잠시 중단하고 그 주고받기를 따라 고개를 끄덕인다. 두 플레이어를 거의 구분할 수 없게 만드는 이 점점 빨라지는 소리는 두 플레이어가 서로 조율하고 있으며 운동 신경의 조정과 협력 모두에 능숙하다는 것을 알려준다.

체제 걷기

지각 활동 연구의 출발점은 인지가 아닌 이동이어야 한다. 더 엄밀하게

> 말하면, 걷는 것 자체가 돌아다니며 인식하는 것의 한 형태이기 때문에, 머리와 발뒤꿈치를 나누는 구분선을 따라 인지를 이동으로부터 분리해서는 안 된다. …… 실제로 걷기는 고도로 지적인 활동이라고 할 수 있다. 하지만 그러한 지능은 머리에만 있는 것이 아니라 사람이 살고 있는 세계에서 인간 존재가 만들어내는 관계의 영역 전체에 퍼져 있다.(Ingold, 2004: 331)

그날 오후, 나는 심부름을 하러 갈 준비를 하면서 방문해야 할 여러 상점을 운전해서 갈지 걸어갈지를 망설인다. 보드리야르(Baudrillard, 1989)는 운전이 우리가 미국을 이해할 수 있는 흥미로운 매개체라고 제시하지만, 하이파의 상대적으로 작은 규모와 그곳의 대중교통 시스템의 질, 그리고 보행자 친화적인 디자인은 다른 이동 수단을 제안한다. 다양한 성향의 철학자, 시인, 상황론자, 사회과학자들이 많은 도시의 거리로부터 밝혀낸 것처럼, 걷기가 우리가 특정 공간을 이해하는 데서 특히 유용한 방법인 데에는 여러 가지 이유가 있다(Ingold and Vergunst, 2008; Jenks and Neves, 2000; Middleton, 2010을 보라).

첫째, 걷기는 온몸을 사용하고 대부분의 감각을 활용한다. 매그스와 그의 동료들(Mags et al., 2007: 201)이 지적하듯이, "도시는 단순히 정적인 시각적 대상이 아니다. 도시는 건축된 것, 철거된 것, 점진적으로 변화하고 있는 것, 기억되는 것, 감각적인 것의 역동적인 혼합물로, 관찰자, 아니 더 정확히 말하면 (시각적으로 덜 헤게모니적인 서술자의 일을 하는) 목격자마다 그것에 다르게 반응한다." 보기는 도시를 경험하는 **한 가지** 양식일 뿐이기 때문에, 나는 "도시를 감각하는 것이 갖는 중요성을 다양한 감각 양식을 통해 탐구"(Mags and Guy, 2007: 133)할 수 있게 해주는 걷기를 탐구 방법으로 선택한다.

둘째, 걷기는 민족지학자들이 특히 소중하게 여기는 자발적인 대면적 만남에 도움을 준다. 민족지학자들 외에도 핑크(Pink, 2008: 193)는 다른 사람의 경로를 따라가면서 "우리의 몸, 리듬, 취향, 보는 방식을 그들의 그것에 맞추어 나가는 것"은 우리로 하여금 "특정한 장소에 그들과 비슷하게 위치한다"는 느낌을 가지게 한다고 지적한다.

셋째, 걷기는 자동차를 운전하거나 지하철을 탈 때는 우리가 놓칠 수 있는 도시의 측면을 발견하게 해준다(제4장을 참조하라). 이마이(Imai, 2008: 330)는 또한 걷기가 민족지학적 도구로서 갖는 중요성에 대해 논의하면서, 걷기를 통해 "우리는 그 도시의 지역적·정신적 전통에 깊이 뿌리를 두고 있는 많은 장면을 발견할 수 있고" "과거와 현재가 그 장소에서 어떻게 합체되는지"를 더 잘 이해할 수 있다고 말한다.

넷째, 이동하면서 이루어지는 이러한 육체화된 참여는 장소와 그곳 주민, 그리고 우리와 그들의 점차 변화하는 관계에 대한 우리의 이해를 당연히 향상시킬 것이다. 또한 와일리(Wylie, 2005: 240)가 지적하듯이, 그것은 "하나의 특정한 자아의식[즉, 정지해 있는 자아나 빠르게 움직이는 자아와는 다르게 경험할 수밖에 없는 이동하는 물리적 자아에 대한 의식]을 불러일으킬" 수 있다.

우리가 무심하게 걷거나 산책하거나 어슬렁거리다가 얻는 개인적·학문적 이득 외에도 하이킹과 행진은 이스라엘 역사에서 연대감 구축, 인격 형성, 애국주의 등의 메커니즘으로서의 오랜 전통을 가지고 있다. 오즈는 이를 다음과 같이 설명한다.

> 행진의 육체적·정신적 어려움은 행진에 의지력, 체력, 자제력, 결단

> 력을 시험하는 테스트의 성격을 부여했다. 신체적 허약함, (인정할 수 없는) 피로, 부상 등은 행군을 포기할 충분한 이유가 되지 못했고, 오히려 행진을 계속해야 하는 좋은 이유로 여겨지기도 했다.(Oz, 2000: 178)

일찍이 1920년대 초에 유대인 교육자들은 젊은이들로 하여금 이스라엘의 사막, 언덕, 계곡 등 어려운 환경에서 함께 걷게 하는 것만으로도 사회적·정치적·치료요법적·지적·심리적 목표가 달성될 수 있다는 것을 알았다. 오늘날에도 이스라엘에서 여전히 인기가 있는 이 단체 여행—자주 지질학, 식물학, 역사학의 현장 학습을 포함하는—은 방랑하는 유대인을 행진하는 사브라로 빠르게 바꾸어 놓는다.

그러나 함께 걷는 것은 정체성 바꾸기와 이데올로기 재생산 외에 다른 정치적 목적도 달성한다. 벤 데이비드(Ben David)가 지적하듯이, "하이킹이라는 행위에서 개인과 집단 모두는 신체를 이용하여, 즉 걷는 행위를 통해 소유권을 주장함으로써 영토를 표시한다"(Ben David, 1997: 140). 행진을 통해 보다 급진적인 정치적 목표가 더 빨리 달성될 수도 있다. 이를테면 요란하게 선전되는 그린 라인(Green Line)[5]으로 가는 그리고 그곳을 통과하는 조직화된 행진은, 메시아주의적 시오니

5) 1948년 아랍-이스라엘 전쟁 이후 이스라엘과 그 이웃 국가(이집트, 요르단, 레바논, 시리아) 사이에 설정된 1949년 휴전선을 가리키는 용어이다. 그린 라인은 이들 국가뿐만 아니라 1967년 6일 전쟁에서 이스라엘이 점령한 웨스트뱅크, 가자지구, 골란 고원, 시나이반도 등의 영토와도 이스라엘을 구분한다. 이 선의 이름은 평화 회담이 이루어지는 동안 지도에 선을 긋는 데 녹색 잉크를 사용한 데서 유래했다(http://en.wikipedia.org/wiki/Green_Line_%28Israel%29).

즘 단체인 구시 에무님(Gush Emunim)*이 1970년대 중반에 등장했을 때, 그 집단이 이용하는 대중적인 정치적 도구였다. 첫 행진은 '대이스라엘(Greater Israel)'**이라고 불리는 영토에 신성한 의미와 정당한 소유권을 단호하게 부여한 지도(Ben David, 1997; Sprinzak, 1987; Weissbrod, 1982; 1996을 보라)에 의거하여 이전에 유대-사마리아(Judea-Samaria)에 법적으로 분명치 않은 '야생 정착촌'을 건설했던 건국 멤버들의 발자취를 따라 이루어졌다. 이후 전개된 사건들에서 알 수 있듯이, 이 상징적인 그린 라인을 물리적으로 넘는 것은 참가자들로 하여금 정치적·도덕적·법적 선 역시 넘어서는, 그리하여 팔레스타인과의 취약한 공존을 짓밟는 결정을 가속화하게 했다. 오늘날 이 행진은 팔레스타인인에 대한 테러와 이스라엘 군대와의 폭력적인 대치라는 지뢰밭으로 참가자들을 이끌고 있는 것으로 보인다.

일부 사람들이 행진을 땅의 소유권을 선언하는 정치적 도구로 사용한다면, 조깅 또한 또 다른 방식으로 더 빠르게 우리를 다시 과거와 연결하는 데 도움을 줄 수 있다.

나는 데냐(Denyah) 지구에 있는 삼촌 집에서 일찍 일어나서는 주변 언덕에서 조깅을 하기로 결정한다. 인적이 전혀 없는 근처의 마지막 길을 따라 속보로 걷다 보니, 키 큰 풀이 드문드문 나 있고 다양한 크

---

* 요르단강 서안지구, 가자지구, 골란고원에 유대인 정착촌을 건설하기 위해 헌신한 이스라엘의 초국가주의 정통 유대교의 우파 근본주의자 집단._옮긴이

** 대이스라엘은 이스라엘의 역사적 국경 또는 이스라엘이 바라는 국경을 영토회복적 방식으로 지칭하기 위해 쓰이는 용어이다. 흔히 골란고원, 서안지구, 가자지구와 함께 국제적으로 이스라엘 국가의 일부로 인정되는 영토를 말하나, 간혹 나일강에서 유프라테스강에 이르는 훨씬 더 넓은 지역을 이르기도 한다._옮긴이

기, 모양, 색깔의 돌이 깔려 있는 좁고 경사진 길이 교차하는 야생 지대에 도착한다. 지형이 험해서 몇 번이나 넘어질 뻔하는 바람에 나의 아이팟이 풀밭으로 날아가기도 한다. 잠시 후 나는 가파른 오르막길에 도달해서 그 등고선을 따라 몸을 구부리고 속도를 내서 달려가지만 내가 어디로 가고 있는지는 확실하지 않다. 내가 언덕 꼭대기에 도착할 때쯤에 나는 이른바 '몰입상태'에 빠져서 영원히 조깅할 수 있을 것처럼 느낀다.

왼쪽을 바라보니 갑자기 그것들이 보인다. 저기 있다! 와디 건너편에! 카르멜산의 인류 진화 유적 동굴들이. 나는 멈춰 선다. 나의 심장이 쿵쾅거린다. 나는 숨을 고르려고 애쓴다. 아이팟을 끄고 나의 눈을 따갑게 하는 땀을 닦는다. 이곳은 경의를 표하는 침묵과 맑은 시야가 필요한 곳처럼 보인다. 나는 오래전에 이들 동굴에서 나온 고고학적 발견물들을 다룬 글을 읽은 적이 있는데(Garrod, 1962를 보라), 거기서 본, 카르멜산의 인류가 이곳에서 바라보았을 경치—푸른 지중해—를 묘사한 한 장의 흑백 그림을 기억한다. 나는 작은 원을 그리며 걸으면서 심박수를 정상으로 되돌리기 위해 노력하는 동시에 내가 대체 왜 이곳에 오게 되었는지를 설명해 보기 위해 애쓴다. 내가 전에 이곳에 와본 적이 전혀 없기 때문에, 나는 모종의 유전적 기억이 내 몸을 관통하여 '자연스럽게' 나의 발을 그 근원지로 이끌었다는, 이상하면서도 흥미진진한 생각을 하고 있다. 내가 아무 생각 없이 그 기억을 따라 우리의 선사 시대의 기원을 직접적으로 그리고 가시적으로 추적하는 그 장소로 그냥 갔단 말인가, 아니면 더위 때문인가? 해가 빠르게 떠오르고 기온이 상승하고 있다. 축축하고 끈적끈적하고 갈증 나고 약간 어지럽다. 집, 현재, 그리고 이성으로 돌아갈 시간이다. 하지만 귀뚜라미들의 시끄러운 합창소리가 나로 하여금 다시 생각하게 한다. 나는 평평한 큰 바위에 앉아 먼바다를 바라보며 다른 시간에 있는 같은 장소를 상상해 본다.

몸 작동시키기

> 부츠와 신발은 …… 발을 가두어 발의 자유로운 움직임을 제한하고 발의 촉각을 둔화시킨다.(Ingold, 2004: 319)

> 개인적 몸과 사회적 몸은 밀접하게 서로 관련되어 있으며, 둘 다 동일한 원칙에 따라 질서 지어져 있다.(Alex, 2008: 539)

나는 이스라엘 친구들로부터 저녁 파티에 초대받고 어떤 복장이 적절할지에 대해 생각하고 있다. 유럽에서는 어른들이 일반적으로 수수하고 무난한 정장 차림을 하는 것과 달리, 이곳에서는 모두가 편안한 티셔츠, 반팔셔츠, 반바지, 청바지, 스커트를 입는 것으로 보인다. 이러한 복장은 이 지역의 따뜻한 기후에 맞추어진 것이지만, 오즈는 사브라 스타일의 이면에 자리하고 있는 이데올로기적 부호에 대해 설명한다.

> 개척자의 복장에는 톨스토이적인 속성이 부여되어 있었다. 초라하고 낡은, 때로는 의도적으로 그렇게 보이도록 하는 복장은 사회적 가면 벗음, 자신이 추구하는 가치의 순수성, 그리고 영성을 은연중에 나타내는 것이었다. …… 이것들은 프롤레타리아의 상징이었다. …… 카키색과

> 파란색 셔츠(관례적으로 바지 바깥에 내어 입는다)는 같은 계열의 진한 색조를 띠는 거친 천으로 만들어졌는데, 이는 단순함, 겸손, 이상주의를 표현했다.(Oz, 2000: 231~232)

신발류—겉으로는 옷차림의 사소한 부분에 불과하지만—에서도 역시 이데올로기적 부호가 작동한다. 유럽에서는 끊임없이 변화하는 복잡한 신발 위계질서가 하나의 '구별 짓기' 기제로 작동하는 것과 대조적으로, 이스라엘 사람들은 단순한 샌들('성서' 샌들이라고 불리는)을 신고 걷거나 특히 키부츠에서는 맨발로 걷는다. 하지만 오즈가 지적하듯이, 이 스타일도 마찬가지로 이데올로기적 가정을 담고 있다. 즉, "맨발은 또한 땅과 직접 접촉하여 발바닥을 통해 이스라엘 땅에 깃든 정신을 흡수하는 것을 의미한다"(Oz, 2000: 233).

우리가 자란 유럽의 감각 지향은 조신하게 몸을 가리고 리비도를 철저하게 억압할 것을 요구했지만, 이스라엘 사람들은 몸을 자랑스럽게 드러내고 리비도에 대해 자주 언급하는 등 이 둘에 대해 편하게 생각하는 것으로 보였다. 비알레(Biale)가 설명하듯이, 몸과 섹슈얼리티에 대한 이러한 성향은 이데올로기적 원칙을 육체화하고 있었다.

> 시온주의는 유대인들에게 에로틱 혁명—즉, 강건한 새로운 유대인 남성을 창조하는 것은 물론 삶의 모든 영역에서 남녀 간의 완전한 평등을 위해 전통 유대교에서의 여성 불평등을 근절할 것—을 약속했다. 동양의 팔레스타인은 초기 시온주의자들에게 유럽에서의 질식상태로부터, 즉 전통적 억압과 부르주아적 억압으로부터 감각을 해방시켜 주겠다고 약속했다.(Biale, 1992: 284)

1898년에 개최된 제2차 시온주의자 대회의 한 유명한 연설에서 주요 시온주의 철학자 가운데 한 사람인 막스 노르다우(Max Nordau)는 국가 건설과 정체성 바꾸기 프로젝트를 위해 새로운 몸을 만들 필요가 있다는 점을 역설했다.

> 좁은 유대인 거리에서 우리의 불쌍한 팔다리는 곧 편안하게 움직일 수 없게 되었다. 햇볕이 들지 않는 어두컴컴한 집에서 우리의 눈은 겁을 먹고 깜빡거리기 시작했다. 끊임없는 박해에 대한 두려움은 우리의 힘찬 목소리를 겁에 질려 속삭이는 듯한 소리로 바꾸어놓았다.…… 우리의 가장 오래된 전통을 이어가자. 다시 한번 가슴이 두툼하고 건장하고 예리한 눈을 가진 남자가 되자.(Presner, 2003: 282에서 인용)

시온주의의 감각 지향은 신체를 가리고 억압하기보다는 신체를 일, 전쟁, 기량, 쾌락 등의 수단으로 형상화했다. 네더르베인 피에테르세(Nederveen Pieterse, 1993: 38)가 논급하듯이, "우선 젊은 국가의 도상학에는 다윗의 단단한 체형이 등장하는데, 이는 이스라엘 국가 프로젝트가 담고 있는 '젊음'을 육체화하고 있는 말랐지만 강인한 키부츠 인물을 상징한다." 하잔(Hazan, 2001: 13~14) 또한 다음과 같이 설명한다. "거의 모든 민족 구원의 신화—이를테면 젊음의 찬양, 군사주의, 다산, 출산 및 죽음(특히 전투에서의)—에서 신체가 눈에 띄었다. …… 시온주의의 문화적 공간은 노동자, 군인, 그리고 용감한 아내와 어머니의 몸이 거주하는 영토였다."

이를테면 잭슨(Jackson, 1983: 329)은 자세에 대해 언급하면서 "똑바로 서는 것(uprighteness)은 …… 세계와의 정신적-물리적 관계를 정의

한다고 할 수 있다"라고 제시한다. 자세와 신체 사용의 변화는 우리가 세계와 맺는 정신적-물리적 관계를 변화시켜 "새로운 경험을 유도하고 새로운 생각을 유발할 수 있으며"(ackson, 1983: 334), 또한 새로운 자아, 따라서 새로운 사회적·심리적 가능성도 유발할 수 있다. 시온주의자의 감각 지향에서 디아스포라는 유랑이나 지리적 '분산'(다시 말해 유대 민족이 여러 나라에 흩어져 있다는 것) 이상을 의미했다. 디아스포라는 또한 정신과 육체 사이의 내적 분산으로도 해석되었다. 따라서 유대인 정체성의 '영토화'(Boyarin, 1997: 218)는 또한 이러한 내적 분단을 '봉합'했고, 또한 해방된 유대인 정신을 해방된 유대인 신체에 접목하여 유대인 정신이 이스라엘의 토양에서, 즉 이스라엘의 사회적 몸에서 성장하게 하는 진화적 공생관계를 확립했다. "사막에 꽃 피우기"라는 슬로건으로 간결하게 요약되는, 분투적인 토지 경작은 단순한 농업 프로젝트가 아니라 하나의 사회적·심리적 프로젝트이기도 했다. 이러한 지리적·육체적·사회적·심리적 '움직임'을 통해 책의 사람들(the people of the book)*은 다시 한번 몸의 사람들(the people of the body)**이 된다.

상호작용 만지기

촉각은 한 가지 중요한 점에서 다른 지각 양식과 다르다. 그것은 항상

* 유대교의 신자들을 의미한다._옮긴이

** 유대교의 장소를 육체화하고 있는 사람들을 의미한다._옮긴이

> 상호적인 경험이다. 다시 말해 "당신이 만지는 것은 그것이 무엇이든 그것도 당신을 만진다." 촉각의 이러한 측면은 촉각을 사랑과 공격 같은 가까운 거리에 있는 관계에서 두드러지는 감각으로 만드는 동시에 접촉의 부재는 사회적 경계와 배제를 낳는다.(Alex, 2008: 23)

내가 친구들이 주최한 저녁 식사에 참석할 때면, 친구들은 내게 이스라엘 사람들은 유럽인이나 미국인보다 훨씬 더 가까이 다가서고 대화할 때 자주 몸을 만진다는 것을 조심스럽게 상기시킨다. 그러면 나는 개인 공간과 적절한 접촉과 관련하여 내가 가지고 있는 습관을 조정하려고 노력한다. 만지는 것은 세상을 파악하고 정체성을 확립하며 사회적 관계를 정의하는 데서 핵심적인 역할을 한다. 주테(Jutte, 2005)가 말하듯이, 촉각은 다양한 시대와 문화에서 자주 감각 위계질서의 최상위에 위치 지어져 왔다. 우리가 촉각을 통해 물리적 세계, 타인, 그리고 우리 자신과 지속적·직접적으로 접촉하기 때문에, 이러한 지위 부여는 전혀 놀라운 일이 아닐 것이다. 그러나 촉각의 이러한 특권적 지위를 설명하는 직접적인 심리적·생물학적·신경학적 이유를 넘어 만지기와 몸짓하기는 이데올로기적 메시지도 전달한다. 이를테면 알렉스(Alex)는 선거 기간 동안 정치적 동지들이 하는 '어깨동무' 자세에 대해 논의한다. "이러한 밀착 접촉은 친한 남성 친구들에게만 제한되는 촉각 제스처를 이용하여 당원 간의 단합과 평등을 보여줌으로써 형제애를 전달한다"(Alex, 2008: 538). 이와 유사하게 잠포니(Zamponi)는 무솔리니(Mussolini) 이탈리아의 '파시즘 광경'에 대한 포괄적인 연구에서 이데올로기를 몸짓으로 육체화하고 있는 형태를 보여주는 보다 극단적인 사례를 제공한다.

> 바서만(Wasserman)에게 완벽한 로마식 경례는 파시스트의 결단력, 단호함, 진지함, 그리고 정권의 위계질서의 인정과 수용을 보여주는 것이었다. 따라서 경례는 파시스트적 특질을 보여주는 확실한 증거의 하나였다. …… 이 해석의 틀 안에서 악수는 자연스럽게 파시스트 원칙을 더럽히는 것, 즉 엄청난 배신으로 간주되었다. …… 심지어는 고위 인사들의 방문을 알리는 공식 사진도 악수하는 모습을 보여주지 않기 위해 보정되었다.(Zamponi, 1997: 112~113)

시온주의의 감각 질서는 또한 일상의 상호작용 의례에서 '양식 있는' 촉각 및 몸짓을 수행하게 한다. 이러한 새로운 지향은 첫 번째 조치로 유럽 이민자들에게 부르주아적인 것으로 간주되는 디아스포라 에티켓과 매너를 버리도록 권유했다(Oz, 2000을 보라). 과거로부터 해방된 새로운 이스라엘인의 몸은 이제 더 과감하게 공간을 조작하고 더 자발적으로 타인과 접촉하고 평등주의적 관계를 더욱 자신 있게 드러내는 데 필요한 유연함과 융통성을 발전시킬 수 있게 되었다. 시온주의의 감각 질서 속에서는 상호작용하는 시민 사이에 존재하는 물리적 공간을 메우는 것이 계급, 젠더, 문화집단 간의 사회경제적 격차를 줄이는 데 도움을 줄 수 있다. 이 방정식은 생각하는 것만큼 단순하지 않다. 그리고 알렉스는 다음과 같이 지적한다.

> 공동체의 사회적 몸은 개인의 몸을 통해 매개된다. 촉각의 살아 있는 경험, 즉 근접성의 감각적 경험, 다시 말해 피부와 온기의 경험은 다양한 촉각적 만남에 내재된 의미와 결합하여 개인이 추상적 원리를 구성하고 사회적 관계를 분류하는 데 도움을 준다. 개인들은 이 같은 분류

와 그에 수반되는 관계에 담긴 감정을 촉각을 통해 개별적으로 느낀다.(Alex, 2008: 539)

저녁 식사가 끝나고 두 친구가 나를 텔아비브 중앙 기차역으로 차로 데려다준다. 나는 그곳에서 하이파로 가는 마지막 야간열차를 탈 예정이다. 로닛(Ronit)은 역 앞에 SUV를 주차한다. 우리는 서로에게 기대어 오랫동안 포옹한다. 나는 차 문을 열고 인도에 발을 디디고 다른 동승자들 쪽으로 몸을 돌려 마지막 작별 인사를 한다. 로닛은 약간 슬픈 듯이 말한다. "연락하고 지내자. 너무 오랜만이었어." 나는 그렇게 하겠다고 약속하지만, 나는 또한 이스라엘에서 '연락하고 지내는 것(staying in touch)'은 문자 그대로 서로 접촉을 유지하는 것이며 이메일, 페이스북, 세컨드라이프 또는 다른 가상의 '접촉'을 통해서는 이루어질 수 없다는 것도 알고 있다. 방문 이후 그들이 나에게 끊임없이 상기시켜 주었듯이, 연락하고 지내기 위해서는 지속적이고 육체화된 노력이 필요하다.

후기

특정한 장소 감각과 시간 감각을 불러일으키기 위해 이 장에서 제시한 여정은 독자들에게는 문화적으로나 인식론적으로 낯설 수 있다. 그렇게 하면서 내가 바란 것은 소박한 것이었다. 이 자전적인 민족지적 노트는 **이론화**보다는 **생동감을 불어넣는 것**을 목적으로 했다. 시간과 공간에 생동감을 불어넣는다는 것은 육체화된 탐험에서 마주하는 움푹한 곳, 갈라진 곳, 틀어진 곳, 탈주로를 통해, 상상력이 지닌 수행 능력을 통해, 친밀한 만남의 끈적거림을 통해, 말과 스토리텔링이 지닌 매혹 능력을 통해 그러한 감각을 살아나게 만드는 것을 의미한다(Dewsbury, 2000; Thrift, 2003; Thrift and Dewsbury, 2000). 우리는 다른 어떤 장에서보다 이 장에서 우리의 감각 연구를 통해 제4장에서 제시한 감각학 선언을 수행하기 위해 노력했다. 물론 우리가 장소를 감지하고자 시도한 최초의 저자들인 것은 아니다(우리가 이 장에서 인용한 연구들 외에도 Beer, 2007; Bhatti, Church, Claremont and Stenner, 2009; Choo, 2004; Edensor, 2007; Harrison, 2000; Heatherington, 1999; Helmreich, 2007; Panopoulos, 2003; Tilley, 2006b; Wylie, 2002; 2005를 보라). 육체화된 지리학이 제출한 감각학이 그 가능성을 엿보이면서, 최근에 시간과 장소에 관한 많은 연구가 특히 (과거에 이 분야를 지배했던) 사회환경에 대한 사실주의적·유클리드적인 묘사에 도전하기 시작했으며, 재현적 접근 방식 이상의 것을 추구하고 나섰다(Lorimer, 2005; 2007; 2008).

로더웨이(Rodaway, 1994)에 따르면, 감각지리학은 공간 경험에서 모든 감각이 수행하는 역할을 설명하고 해석하는 과정을 통해 세계에 대해 감각한다는 것이 어떤 의미를 갖는지에 관심을 불러일으키고자 한다. 로더웨이가 볼 때, 감각은 우리가 세계와 맺는 하나의 관계이자 장소가 구조화되고 정의되는 수단이다. 따라서 감각지리학은 "감각의 자극 또는 감각에 의한 인식을 통해 지리가 어떻게 이해되는지를 연구하는 것"이다(Rodaway, 1994: 5). 'sense'라는 단어가 갖는 의미의 이중성에 대한 로더웨이의 이해는 중요한 이중성 또는 애매성을 제시한다는 점에서 시사하는 바가 크다.

1. ‘making sense’에서처럼 sense는 정돈(order)과 이해(understanding)를 가리킨다. 이것이 바로 의미(meaning)로서의 sense이다.
2. sense 또는 ‘senses’는 촉각, 후각, 미각, 시각, 청각, 균형 감각과 같은 특정한 감각 양식을 가리킬 수도 있다. 이것이 바로 하나의 감각작용(sensation) 또는 느낌(feeling)으로서의 sense이다.

이 두 측면은 밀접하게 관련되어 있으며, 종종 서로에 의해 암시되기도 한다. sense(s)는 하나의 정보의 원천으로서의 세상에 다가가는 동시에 그렇게 수집된 세상을 이해하는 것이다. 이러한 감각적 경험과 이해는 이전의 경험과 기대에 기반하고 있으며, 그것들 각각은 감각 능력, 교육 훈련, 문화적 조건에 달려 있다.

> ‘sense’라는 용어가 갖는 애매성—특정한 감각기관(감각작용)과 더 넓은 정신적 구성물(의미)을 지칭하는—은 직접적인 경험과 은유적 외삽 간의 관계이기도 하다. 많은 지리학자가 이 은유 차원을 탐구해 왔다. …… 감각을 은유적으로 사용하는 이유는 부분적으로는 일상의 지리적 경험이 갖는 다감각적 특성과 개별 감각 간의 복잡하고 애매한 관계 때문이다. …… sense는 감각작용과 의미를 뜻하고, 그렇기에 문자 그대로의 그리고 은유로서의 sense라는 용어는 감각과 현실에 대한 더 심층적인 질문을 낳는다. 그러므로 감각지리학은 단순히 감각의 경험과 감각이 지리적 경험의 구성에서 수행하는 역할을 기술하기만 할 수는 없고, 사람-환경 관계의 본성에 대한 그리고 무엇이 주어진 특정한 시간과 공간에서 특정 사회(또는 문화)의 지리적 현실을 구성하는지에 대한 보다 근본적인 질문을 고찰하기도 해야 한다.(Rodaway, 1994: 5~6)

오늘날의 감각지리학은 이푸 투안(Yi-Fu Tuan)(이를테면, Tuan, 2001)과 폴 로더웨이(Paul Rodaway, 1994)의 유산에 크게 빚지고 있다. 이들은 공간과 시간이 신체가 살아가고 구성되고 참여하는 데서 수행하는 심대한 역할을 처음으로 강조했다. 시간과 공간의 이러한 측면을 고려할 때, 공간과 시간은 단순한 추상 개념으로만 이해될 수 없으며, 오히려 공간성과 시간성의 측면에서 바라보아야 한다. 따라서 최근의 연구들은 사람들이 공간적 실체와 시간적 실체를 추상화하고 (마치 공간적 실체와 시간적 실체가 비물질적인 것이기나 한 것처럼, 그리고 경험은 단순히 원초적이고 의미는 자발적 행동과 문화의 느닷없는 담론적 활성화에 의해 생성되기를 기다리고 있는 것이기나 한 것처럼) 그것들에 의미를 부여함으로써 정신적·상징적으로 시간과 공간을 '구성'한다고 제시하는 것이 어째서 잘못인지를 지적해 왔다. 그 대신에 신체 작업에 대한 우리의 관점은 몸과 자아가 항상 세계 속에 '위치 지어'지고(Ingold, 2000을 보라), 이 초기의 세계-내-존재가 장소**와** 주체성, 생성 방식**과** 앎의 방식, 이해 방식**과** 행동 방식, 감각하기 방식**과** 의미부여 방식의 양측 모두를 감각적으로 형성한다고 시사한다. 감각하기를 수행활동으로 바라보는 이러한 접근방식은 철학적으로 잘 확립되어 있다. 메를로-퐁티(Merleau-Ponty, 1962) 그리고 보다 최근에는 세레스(Serres, 2008)와 같은 현상학자들은 감각하기가 언어적 성찰성을 초월하는 얼마간 육체화된 의도성과 지적 능력에 의해 지배받는다고 주장해 왔다. 듀이(Dewey, 1934) 그리고 보다 최근에는 로더웨이(Rodaway, 1994)와 잉골드(Ingold, 2000)도 이와 유사하게 '자연'에 대한 신체의 인식을 자아성, 육체화, 장소를 상호 생성하는 하나의 능동적이고 숙련된 수행 성향으로 간주할 것을 주장해 왔다.

따라서 우리는 이러한 자전적인 민족지적 여행을 일종의 신체 작업으로 이해할 수 있다. 여행한다는 것은 일한다(work)는 것을 의미한다. 'travel'이라는 단어가 '고생', '노동'을 의미하는 프랑스어 travail에서 유래한다는 것은 우연이 아니다. 여행한다는 것은 자신을 자연의 힘에 맡기고 도전하게 하고 어떻게든 적응하게 함으로써, 그리고 환경을 지배하고 통제하고 이해하고 환경에 익숙해지고 환경을 느끼고 이해함으로써 자신의 환경에 의미를 부여하는 것이다. 여행한다는 것은 또한 고군분투한다는 것, 견뎌낸다는 것, 고통을 경험한다는 것, 위험을 무릅쓴다는 것, 기후 요소에 대처하기 위해 애쓴다는 것을 의미하며, 이는 불가피하게 때때로 실패, 고통, 또는 불편을 초래할 수밖에 없다. 여행은 또한 세상의 향기를 흡수하는 것, 새로운 또는 옛 지인들과 악수하는 것, 대지의 맛을 보는 것, 연락하는 것, 그리고 그 과정에서 장소를 창조하는 것이다.

07

감각 질서

나(사이먼)는 유럽으로 날아가는 비행기 안에 앉아서 영화를 보는 대신 책을 읽고 있다. 나의 몇 줄 뒤에 앉은 한 여성이 몇 초마다 조금은 너무 크게 낄낄 웃는다. 유아용 영화가 재미있어서 그런 것 같지만, 다른 관객은 아무도 웃지 않는다. 따라서 나는 그녀가 너무 큰 소리로 웃을 뿐만 아니라 충분한 이유 없이 웃는다고 결론을 내린다. 비행기에서는 무엇을 기준으로 삼아 소음을 판단할까? 엔진의 굉음, 플라스틱 접시들의 덜걱거리는 소리, 음식 카트 바퀴의 삐걱거리는 소리, 머리 위 짐칸 문이 쾅 하고 닫히는 소리, 승무원을 부르는 끊임없이 울리는 벨소리, 아무 때나 전혀 쓸데없는 사실을 자랑스럽게 늘어놓아 남의 잠을 깨우는 기장의 증폭된 목소리를 감안하면, 어떤 사람의 목소리가 너무 시끄럽다고 생각하는 것이 조금은 이상해 보일 수도 있다. 그러나 여전히 시끄럽기는 하다.

나는 인내심을 가지고 그 여자가 낄낄 웃는 것을 무시하려고 애쓰지만 소용이 없다. 높은음의 소리가 그치지 않고 계속된다. 화가 난 나는 불편하기 짝이 없는 자리에서 일어나 뒤돌아서서 불쾌한 표정으로 웃음소리가 나는 방향을 바라본다. 모든 얼굴이 같은 방향을 향하고 있는 비행기에서 그러한 비정상적인 고개 움직임은 시선을 끈다. 몇몇 승객이 올려다본다. 그들의 익명의 눈이 나의 눈과 마주치자, 나는 낄낄 웃는 소리가 너무 시끄럽고 올바르지도 않다고 생각되는 여성 쪽으로 나의 눈을 천천히 돌린다. 웃음소리가 멈추고 나는 다시 독서를 시작한다.

* * *

널리 합의된 명시적인 규칙에서부터 일상적인 시간과 장소를 규제하는 미묘하고 명문화되지 않은 그리고 때로는 심지어 모호한 행동 지침에 이르기까지 온갖 종류의 규범과 규칙이 우리가 사회질서라고 부르는 것을 구성한다. 우리가 감각적으로 행동하는 방식도 이러한 규칙, 규범, 규정, 그리고 심지어는 법률의 지배를 받는다. 이를테면 비행기 객실을 생각해 보라. 사회적 규범은 우리 목소리의 데시벨 수준뿐만 아니라 우리 목소리의 음색도 규정한다. 이를테면 지하철역이나 통근 나루터의 승객 라운지에서 기타를 치며 노래를 부르는 것은 괜찮지만 비행기 안에서 같은 행동을 하면 질책 받을 수 있다. 아니면 접촉과 근육운동을 예로 들어보자. 두 연인이 손을 잡고 유람선 갑판을 오르내리는 모습을 보고는 누구도 움찔하지 않지만, 비행기 통로에서 같은 행동을 한다면 웃음과 조롱, 아마도 심지어는 비난을 불러일으킬 것이다.

물론 이들 규범 모두는 감각작용보다 훨씬 더 많은 것에 대해 말하지만, 감각은 거의 모든 규범적 상황과 걸려 있다. 소음 조례에서부터 식수 자원 관리에 이르기까지, 공공장소에서의 부적절한 성행위에서부터 일방통행로 진입 금지에 이르기까지, 우리가 이동하는 방식, 우리가 우리의 신체를 노출하는 방식, 우리가 내는 냄새, 우리가 하는 활동의 양 등은 끊임없이 감시와 규제를 받는다. 실제로 우리는 서로의 존재를 **감각하기**(sense) 때문에, 주어진 상황에서 우리가 감각하는 방식이 실제로 **합당한지**(make sense)에 대해 항상 주의를 기울여야 한다. 이 장에서 다루는 문제가 바로 이것, 즉 감각 질서와 관련된 문제이다.

우리가 말하는 **감각 질서**(또는 **신체 질서**)는 느슨하게 말하면 인간의 감각기관과 관련된 상호작용 질서의 규범적 측면을 의미한다. 이를테면 서구 사회에서는 시각이 일반적으로 가장 중요한 감각으로 간주되기 때문에 시각 문화가 그러한 사회의 가치체계에서 지배적인 역할을 하게 되었다. 감각 질서에 대해 언급하는 것이 우리가 처음인 것은 아니지만(이를테면 Classen, 1990; 1993을 보라), 많은 문헌에서 이 개념은 다소 다른 의미로 사용되어 왔다. 이를테면 클라센(Classen, 1990; 1993)은 특정 사회에서 감각에 대해 사유하는 방식에 위계질서가 존재한다는 것을 나타내기 위해 감각 '모델'이라는 말을 써왔다.

> 모든 문화는 각 문화가 서로 다른 감각에 부여하는 상대적 중요성에 기초하는 고유한 감각 모델을 가지고 있다. 그러한 감각 모델은 한 문화의 언어, 신념, 관습에 표현되어 있다. 이를테면 우리의 문화와 같은 시각주의적 문화에서 사람들은 "worldview"와 "I see what you mean"과 같은 표현을 사용한다. 우리와 다른 감각 지향을 가진 문화에서는 사람

들은 "world harmony"에 대해 말하거나 "I smell what you mean"이라고 말하기도 한다. 이러한 감각 편향은 한 문화가 세계를 인식하고 상호작용하는 방식에 심대한 영향을 미친다. 월터 옹(Walter Ong, 1982: 6)은 "우리가 특정 문화 내에서 감각기관과 관련하여 활용되는 지식을 충분히 가지고 있다면, 아마도 그 문화를 사실상 모든 측면에서 전체적으로 정의할 수 있을 것"이라고까지 말한다. 이것은 …… 과장된 진술일 수 있지만, 다른 사회가 세계에 대해 가지고 있는 관념이 우리의 시각주의 패러다임과 잘 맞지 않을 수 있다는 점을 인정할 경우 우리가 다른 사회를 더 잘 이해할 수 있다는 옹의 지적은 의심할 바 없이 타당하다.(Classen, 1990: 722~723)

그러나 이 장에서 우리는 감각 질서에 대해 약간 다른, 그리고 어쩌면 더 사회학적인 관점에서 접근하고, 감각 질서를 구성하는 신체 규칙을 규정하고 실행하고 체험하고 현실화하는 과정을 보다 드러내놓고 강조한다. 우리는 먼저 감각 질서가 의미하는 바를 좀 더 자세히 소개하고, 그다음으로 감각 질서가 인종, 젠더, 계급의 층위에 따라 어떻게 층화되어 있는지에 우리의 주위를 집중한다.

공통 감각과 감각 질서

감각 질서는 특정한 상황에서 무엇이 이치에 맞는지(make sense)를 규정하고 공통 감각/상식(common sense)을 구체적으로 표현한다. 'common sense'라는 용어는 흥미로운 표현이다. common sense는 감각작용을 이해하는(make sense) 널리 공유된 방식과 사회적으로 승인된 인식, 신념, 감각작용을 지배하는 기본 질서 둘 다를 가리킨다. 번잡하고 시끄러운 도심 거리를 걷다가 모퉁이를 돌아섰는데 50명 정도 되는 사람이 손가락 인형의 입을 통해 노래를 부르고 있는 한 남자를 둘러싸고 있는 광경과 갑자기 마주쳤다고 생각해 보라. 그건 거리 악사의 공연이 틀림없다. 당연하지 않는가? 그건 상식이다! 지나가는 군중의 시선을 의식하지 않고 불안해하지도 않고 그들을 조심하며 피하지 않고 그렇게 큰 소리로 그리고 그토록 이상한 음색으로 노래를 부를 수 있는 사람이 또 누가 있는가?

상식/공통 감각은 습관적인 감각적 지각으로 이루어진다. 상식은 특정한 감각 조건은 그 조건을 좋거나 나쁘게, 옳거나 그르게, 아름답거나 추하게, 어쩌면 심지어는 문명적이거나 야만적이게, 건강하거나 아프게, 사회적 지위가 높거나 낮게 만드는, 겉으로 보기에 '자연적인' 또는 '본질적인' 속성을 가지고 있다고 가정한다. 하지만 이러한 상식적인 연상이 '자연적'이라는 우리의 믿음에도 불구하고, 이러한 연상은 필시 학습된 것(Herz, 2006), 문화적인 것, 그리고 심지어는 이데올로기적인 것이다. 상식/공통 감각은 감각 질서의 신비를 푸는 열쇠이다.

감각 질서에 대한 우리의 이해는 고프먼이 제시한 '상호작용 질서(interaction order)'라는 관념에서 영감을 받았다. 고프먼(Goffman, 1983: 2)의 상호작용 질서는 "우리의 대부분의 일상생활이 타인을 직접적으로 마주한 상황에서 이루어진다"는 사실을 지배하는 미묘한 동학을 해명하기 위해 "몸 대 몸이라는 출발점"을 상정한다. 상호작용 질서는 미묘하다. 따라서 우리는 그것을 의미 있게 분리해 내기가 쉽지 않다. 상호작용 질서는 감정적 질서와 도덕적 질서에 의해 매개된다. 고프먼에 따르면, "우리는 항상 그 질서를 드러내 보이는 것을 촉진하거나 가로막는 위치에, 그리고 심지어는 우리의 관찰자들을 잘못 판단하게 만들기도 하는 위치에 있다"고 할 정도까지 "감정, 기분, 인지, 신체의 지향, 근육의 수고는 서로 내재적으로 관련되어 있다"(Goffman, 1983: 3). 감각 질서의 동학도 마찬가지이다. 신체 규칙과 그 규칙의 실행이 우리의 상호작용 댄스를 섬세하게 조율하고, 우리는 그 상호작용 댄스를 통해 감정 질서 및 도덕 질서를 만들어내고 고치며, 일반적으로는 상대방과 타협한다. 또한 신체 규칙은 시간과 공간 속에서, 이를테면 서로 직접 영향을 미치는 협소한 환경(이를테면 비행기 안), 역사와 문화, 그리고 엘리아스(Elias, 1978)가 논의한 신체적 처신의 문명화 모두 속에서 만들어진다. 따라서 감각 질서는 공식적인 부분 조례(이를테면 개 짖는 소리, '냄새 없는' 구역 등에 관한 정책 및 법률)와 비공식적인 통제 메커니즘(이를테면 기분 상한 시민의 화난 표정)을 통해 규제된다. 일탈 하위문화를 다룬 많은 연구가 예증하듯이, 신체 질서에 대한 일탈, 저항, 협상, 다툼이 흔하게 일어나기 때문에 감각 질서는 결코 영구적이지 않다. 게다가 감각 질서는 결코 안정적이지도 않다. 수년에 걸쳐 외모를 바꿔온 사람이라면 누구나 지체 없이 증언하는 것처럼, 선호와 충성 체계 역시 변한다.

감각 질서 수행하기

감각 질서는 현실에서 어떻게 작동하는가? 감각 질서는 공통 감각에 기초하고 있기 때문에, 대체로 우리의 자각의 배경으로 작동하고 있기 때문에, 그리고 아주 자주 논쟁의 여지가 없기 때문에, 일상생활에서는 대부분 부재하는 존재(absent presence)이다. 즉, 감각 질서는 존재하지만 방해를 받기 전까지는, 다시 말해 맑은 날 내리치는 천둥소리, 백색 소음을 마비시키는 벽을 뚫고 들리는 짜증나는 웃음소리, 또는 거실에서 갑자기 나는 유해한 냄새의 경우처럼 갑자기 살아 움직일 때까지는 알지 못한다. 그리고 우리로 하여금 감각 질서가 어떻게 수행되는지, 즉 어떻게 구성되어 생명을 부여받는지를 이해할 수 있게 해주는 것도 바로 그러한 교란이다. 교란은 규칙을 위반하여 감각 질서를 드러내주는 중요한 행위, 즉 감각 행위(sensory act)이다.

'감각 행위'란 감각작용이 **행하는** 것을 가리킨다. 감각 행위는 극적인 의미를 부여받은 움직임, 즉 복잡한 커뮤니케이션 생태계에서 다른 움직임을 유발하는 힘을 부여받은 움직임이다. 감각 행위는 언어행위(speech act)*와 관련되어 있지만 그것과 동의어는 아니다. 오스틴(Austin, 1962)과 설(Searle, 1968)의 고전적인 연구 덕분에, 우리는 사람들이 말하는 것을 통해 무언가를 '행'한다는 것을 알고 있다. 그러나 말

* 존 오스틴(John L. Austin)과 존 설(John R. Searle)에 의해 체계화된 언어행위이론은 언어가 단순히 정보를 전달하는 것을 넘어 발화 자체로 특정한 행위를 수행한다고 보는 이론이다. 즉, 말하는 행위 자체가 어떤 행동을 의미하거나 결과를 초래한다고 본다. 오스틴에 따르면, 언어행위는 '발화행위(locutionary act)'와 '발화수반행위(illocutionary act)', '발화효과행위(perlocutionary act)'로 이루어진다. 발화행위는 발화하는 행위 자체를 의미한다. 이를테면 "비가 온다"라는 말을 하는 행위이다. 발화수반행위는 발화를 통해 의도하는 행위, 즉 말 속에 담긴 의도된 행위를 말한다. 이를테면 "비가 온다"라는 말은 "외출하지 마세요"라는 권유나 "비가 와서 우산을 가져가야겠네요"라는 정보를 전달하는 의도를 가질 수 있다. 발화효과행위는 발화로 인해 실제로 발생하는 결과나 효과를 의미한다. 이를테면 우리는 "비가 온다"라는 말을 듣고 실제로 우산을 챙기거나 외출을 취소하는 행위를 할 수 있다._옮긴이

소리를 듣는 것만이 아니라 모든 감각작용이 수행적이다. 따라서 감각 행위에는 언어행위보다 더 많은 것이 포함된다. 언어행위는 항상 상징적이다. 즉, 언어행위의 의미는 단어 및 기타 발화의 추상적 의미를 규정하는 관례에 기반한다. 반면에 감각 행위는 상징적이지 않을 수도 있고, 자발적이지 않을 수도 있고, 인간이 아닌 행위자에 의해 만들어질 수도 있다(푸른 하늘에서 치는 천둥이나 개 짖는 소리를 생각해 보라).

모든 감각작용이 행위를 하는 것은 아니다. 감각작용이 언제 행위를 하는지, 그리고 그러한 감각작용이 언제 추가적인 행위를 유발하거나 유발하지 않는지는 감각작용 자체의 물질적 특성, 감각작용이 구체적으로 일어나는 환경, 개인들이 그러한 감각작용을 경험하고 그 감각작용의 의미를 발견하고 그러한 감각작용에 반응하는 데 이용할 수 있는 축적된 감각 지식 등 다양한 요인이 어떻게 조합되는지에 달려 있다. 따라서 감각작용은 다른 사람이 그 감각작용을 의식적·성찰적으로 자각할 때(Csordas, 1993을 보라), 그 감각작용에 의미 그리고/또는 감정성을 부여할 때, 그리고 환경을 조작함으로써 그 감각작용에 반응할 때 행위를 한다. 이것이 바로 감각 행위가 신체 작업을 불러일으키는 방식이다. 즉, 감각작용은 결코 인간 행동을 결정하지 않는다. 감각작용은 항상 수행 잠재력을 가지고 있지만, 그러한 잠재력은 신체 작업을 통해서만 실현된다.

감각 행위는 우리가 발화(elocution)라고 부르는 하나의 흥미로운 물질적 속성을 가지고 있다. 전통적으로 말하면, 발화는 효과적인 말하기를 특징짓는 형식을 일컫는다. 이를테면 우리는 능숙한 연설가에 대해 발화 재능을 가지고 있다고 말한다(Conquergood, 2000). 그러나 보다 일반적으로 많은 감각작용은 발화가 갖는 힘을 가질 수 있다. **어떤 발화적 감각작용은 힘을 발휘한다. 그러한 감각작용은 특히 생생하고 강렬하고 기억을 떠올리게 하고 주의를 집중시킨다.** 이를테면 100미터 달리기의 시작을 알리는 권총 발사 소리와 같은 상징적인 소리나 잠자는 동안 우리를 놀라게 하는 천둥소리와 같은 비상징적인 소리를 생각해 보라. 이들 감각작용은 무시하기 어렵다. 우리는 그것에 반응하지 않기로 결정할 수도 있지만, 그러한 결정은 우리가 그것에 이미 주목했다는 것을 의미한다.

이들 예시가 시사하듯이, 발화가 갖는 힘은 상황에 달려 있다. 일례로 열대우림의 소리 환경을 생각해 보라. 펠드(Feld, 1982)가 파푸아뉴기니(Papua New Guinea)의 칼룰리족(Kaluli)에 대한 자신의 민족지적 저술에서 보여주었듯이, 열대우림 안에서는 끊임없이 지저귀는 새소리와 쏟아지고 흘러내리는 물소리가 마치 뚫고 지나갈 수 없는 (알아들을 수 없는) 소음의 벽을 이루고 있는 것처럼 느껴진다. 하지만 칼룰리족은 새를 직접 볼 수 없는 경우가 많음에도 불구하고, 자신의 지저귀는 소리를 소리 배경 이상으로 순간적으로 '높게 끌어올리는' 새의 능력에 집중함으로써 새의 존재를 식별할 수 있다. 새가 소리를 '높게 끌어올리는' 것(새의 발화)과 그러한 소리가 갖는 문화적 의미는 수행의 극적인 효과로, 칼룰리족이 그 새 소리의 물질적 속성을 경험하는 데서 기반을 이룬다.

물질적 속성은 중요하지만, 개인이 그러한 속성에 성찰적으로 주의를 기울이지 않는 한, 즉 **관심을 기울이지** 않는 한, 별 의미를 지니지 못한다. 우리는 미드(Mead, 1934)의 연구를 따라 의미가 행위 자체의 물질적·기호적 속성에 존재하는 만큼이나 행위에 대한 반응에도 존재한다고 생각한다. 따라서 발화는 분명히 감각작용의 중요한 물질적 차원이고, 발화 효과(perlocution), 즉 발화의 감정적 결과 역시 그러하다. 신체의 주목 양식(Csordas, 1993)이라는 개념에 따를 때, 발화 행위는 신체 질서를 극적으로 '위반'(Turner and Schechner, 1988)할 수 있는 독특한 잠재력을 가지고 있다. 이것은 발화의 중요한 속성의 하나로, 즉 주목을 끌기 위한 주장—다시 말해 모종의 조작을 기다리는 감정적 반응을 유발하는 주장—을 하는 방법이다(Mead, 1934; Turner and Schechner, 1988). 이것이 바로 발화 행위의 수행력으로, 감각 질서의 교란과 불안정화가 어떻게 일어나는지를 설명한다. 하지만 이것이 전부는 아니다. 감각 질서가 어떻게 작동하는지를 더 잘 이해하기 위해서는 감각작용이 어떻게 이루어지는지를 이해해야 한다.

감각작용이 이루어지는 방식

감각작용이 갖는 유의미한 속성을 이해하는 것은 감각 질서의 작동방식을 파악하는 데서 매우 중요하다. 앞에서 언급한, 일상에서의 냄새 맡기와 향기에 대한 우리의 연구(제5장을 보라)는 우리에게 감각작용이 갖는 기호적 중요성을 보여주는 풍부한 사례를 제공한다. 이러한 감각작용이 보여주는 것은 '날(raw)' 신체 경험은 결코 그렇게 날것 그대로의 경험이 아니라는 것이다. 우리가 감각하는 것은 항상 유의미한 속성을 지닌 '유전자'를 지니고 있다. 이것들이 바로 우리가 '신체의 확대(somatic escalation)'(Waskul and Vannini, 2008)라고 부르는 동학—감각 경험이 갖는 명시적·함축적 의미가 하나의 직접적인 '상식적 지각' 속에 묻혀버림으로써 감각작용이 직접적으로 그리고 동시에 하나의 추상적인 평가 개념을 표상하고 의미하게 되는 상태—이다. 애슐리의 다음과 같은 진술을 살펴보라.

> 나는 냄새가 어떤 집이 위생적인지, 잘 관리되고 있는지, 그리하여 그 결과 가족이 자신들을 잘 돌보고 있는지를 손님들에게 즉각 전달한다고 생각한다. 내가 여기서 상정하고 있는 것이 바로 그 집의 문명화된 정도이다. 그러니까 그 집의 사회적 지위 말이다. 더러운 냄새가 나는 집은 아주 낮은 계급의 집이다. 이는 개인도 마찬가지이다. 집 안에서 나는 냄새에 주의를 기울이지 않을 경우 위생 문제가 발생하거나 병에 걸리거나 낙인이 찍힐 수 있다. 위생과 자존심은 함께 간다.

애슐리는 특정 냄새를 위생(또는 위생의 결여)과 '즉각' 연관시키고, 위생을 자신과 타인에 대한 돌봄, 계급, 지위, 건강, 문명과 연관시킨다. 애슐리만이 이러한 감상을 느끼는 것은 아니다. 이를테면 칼라(Karla, 32세)는 자녀에게서 나는 나쁜 냄새를 어머니의 사랑 노동이라는 부호와 연결시키면서, 자신이 가장 싫어하는 냄새에 대해 이렇게 쓰고 있다. "내가 밤에 아이들에게 이불을 덮어줄 때 아이들에게서 나는, 아이들을 목욕시켰어야만 한다고 생각하게 하는 냄새. 그들의 머리카락에서 나는 냄새. 그 냄새는 나로 하여금 어머니의 의무를 소홀히 한 것처럼 느끼게 한다." 실제로 감각적 지각은 자주 문화적 가치와 연관되어 있다(Fine, 1995; Zerubavel, 1996). 파인(Fine, 1995: 246)이 쓰고 있듯이, "감각적 판단은 사회적 관계, 대면 협상, 사회구조, 조직에 근거를 두고 있다." 이러한 감각적 판단은 겉으로 보기에 '직접적이고' 강력한 신체적 의미를 갖는 하나의 가치 판단이다. 우리는 악취를 **본질적으로**

나쁘고 더럽고 병든 것으로 쉽게 인식하며, 그리하여 특정 냄새를 내는 **대상**과 그 대상이 냄새를 내는 **방식**을 혼동한다.

이들 냄새와 같은 지표(index)의 지각은 신체의 확대로 이어지는 경향이 강하다. 이 현상에 대한 퍼스의 일반적인 설명은 특히 시사하는 바가 크다. 그에 따르면, 지표는 대상과 그 표현 간의 "진정한 관계"(Peirce, 1931: vol 2. 92)이며, 이 관계는 겉으로 보기에 "사실의 문제"(Peirce, 1931: vol 4. 447)로, "실재하고"(Peirce, 1931: vol 5. 75), "전적으로 물리적"이고(Peirce, 1931: vol 1. 372), "명확하고"(Peirce, 1931: vol 4. 531), 실제로 "맹목적 충동"(Peirce, 1931: vol 2. 306)에 의해 작동한다. 지표는 겉으로 보기에 거짓말을 할 수 없다. 그러나 실제로는 지표는 문화 동학을 자연화하기 위해 상정된 이상적인 상태일 뿐이다. 메리(Mary, 59세)의 다음과 같은 '상식적인' 진술을 살펴보라. "나는 개인적·신체적 의미에서 좋은 냄새를 맡는 것을 청결한 것, 즉 개인적 위생 상태가 좋다는 것과 연관시킨다. 좋은 냄새가 나지 않는 것은 성적으로뿐만 아니라 다른 모든 면에서도 전혀 매력이 없는 것이다." 메리가 체취를 청결, 성적 매력, 개인의 전반적인 매력과 문화적으로 연관 짓는 것은 이러한 인식을 '공통 감각/상식'으로 보이게 만듦으로써 그러한 인식을 자연화한다. 그녀의 진술은 신체의 확대를 보여주는 전형적인 사례이다. 우리는 (이 경우에) 체취를 직접적으로 심미적·도덕적 평가의 대상으로 삼는다. 몸에서 좋은 냄새가 날 때, 그것은 '자연스럽게' 청결, 건강 및 위생, 성적 매력, 그리고 인간의 가치와 품위 전반을 함축적으로 의미한다.

감각 지표는 그 지표의 원천뿐만 아니라 그 지표가 갖는 규범적인 도덕적·심미적 **가치**도 즉각 명시적으로 드러낸다. 이 경우 바르트(Barthes, 1974: 9)가 지적하듯이, "명시적 의미(denotation)는 첫 번째 의미인 것이 아니라 그러한 체하는 것이다. 이러한 착각하에서 명시적 의미는 궁극적으로 마지막 함축적 의미(connotation)(독해를 확증해 주는 동시에 종결시키는 것처럼 보이는 의미)—[기호가] 언어의 본질(즉, 자연으로서의 언어)로 돌아가는 것처럼 보이게 하는 상급의 신화—에 불과하다." 신체의 확대는 한마디로 자연화 과정, 구체적으로 말하면, 한 문화 내에 깊이 참호를 구축하고 있는 매우 개성기술적인 여러 추상적 해석을 하나의 착각으로 바꾸는 과정, 즉 지각을 해석작업이 필요 없는 자연적인 것이라고 보게 하는 과정이다. 이 착각은 대상과 그 대상이 만들어내는 감각이 직접적이고 '공통 감각'이고 동일하고 명확하다고 주장한다. 볼로시노프(Volosinov, 1973: 105)가 올바르게 지적했듯이, "의미는 평가에 의해 만들어진다. …… 의미는 항상 가치 판단으로 물들어 있다."

우리가 어떤 감각을 '불쾌하다'고 판단하고 다른 감각작용을 '유쾌하다'고 판단한다는 사실은 규범적으로 심미적·도덕적인 신체 규칙에 의해 제약받는 어떤 질서를 분명하게 암시한다. 우리는 메리 더글러스(Mary Douglas)의 말을 빌려, 불쾌한 감각작용은 이러한 신체 규칙을 위반하는 감각작용이라고 주장한다. 그러한 감각작용은 "질서가 부적절한 요소를 거부하는 것을 포함하는 한, 우리가 물질을 체계적으로 질서 짓고 분류한 것이 낳은 부산물"이다(Douglas, 1970: 48). 신체의 확대는 항상 우리가 감각에 의미를 부여할 때 의존하는 신체 규칙을 동반한다. 요약하면, 신체 규칙은 맥락에 따라 다르며, 따라서 다양하다. 그리고 그러한 신체 규칙의 적용은 일관적이지만 가변적이다.

감각 질서는 **강도**와 관련하여 협상을 통해 구축된 구조를 포함한다. 이를테면 우리는 때때로 냄새가 너무 강하다고 인식하거나 향이 약하다고 인식한다. 몇몇 정보 제공자는 향기로운 냄새를 풍기고 싶은 자신의 욕망과 자신이 바르는 향수의 향이 지나치게 강하지 않을까 하는 우려 사이에서 느끼는 긴장을 드러냈다. 니콜은 "나는 매력적이면서도 너무 강하지 않은 향수를 바르는 것을 좋아한다"라고 기술한다. 케이트는 한 친구가 해당 신체 규칙을 상기시켜 주었을 때 즉각 그 규칙을 따랐다가 실례할 뻔했던 일, 즉 후각 강도 일탈을 범할 뻔했던 일을 회상한다. "나는 저녁에 한 친구와 식사를 하러 나가기 전에 (시누이가 준 샘플) 향수를 시험 삼아 발라보았다. 그 친구가 향이 너무 강하다고 말했고, 그래서 나는 그것을 씻어냈다."

감각 질서에는 **맥락**과 관련하여 협상을 통해 구축된 구조도 포함되어 있다. 이를테면 우리가 특정한 냄새에 얼마나 민감하게 반응하는지는 우리가 그곳에서 그 냄새를 맡는 감각작용을 맥락에 적합한 것으로 지각하는지 아니면 그렇지 않다고 지각하는지에 달려 있다. 미셸(Michelle, 30세)이 제시하듯이, 시저 샐러드에서 나는 마늘 냄새는 매력적일 수 있지만, 친구의 차 안에서 나는 같은 냄새는 매우 다른 반응을 불러일으켰다.

> 나는 (아주 오래전에) 얼스 레스토랑에 가서 점심으로 시저 샐러드를 먹은 적이 있었다. 아마도 17살이나 18살이었던 것 같다. 그때 나는 그 샐러드를 정말 맛있게 먹었다. 나는 밀폐된 공간(친구의 차)에 앉고 나서야 마늘 냄새가 나의 모공에서 뿜어져 나온다는 것을 인지했다. 친구가 그 말을 했을 때, 마늘 냄새가 더욱 확실하게 느껴졌다. 기분이 몹시 나빠졌다. 우리는 껌이나 민트를 사러 가는 것이 좋을 것 같다는 데 동의했다.

우리는 때때로 그 맥락에 적절할 경우 일반적으로 불쾌해하는 감각작용을 기분 좋은 것으로 여기기도 한다. 밀러(Miller, 1997: 247)가 제시하듯이, 불쾌한 냄새도 적절한 상황에서는 참을 수 있다. "강한 치즈[냄새]는 대변이나 발에서 나는 것으로 생각되는 악취보다 훨씬 더 참을 수 있다."

마지막으로, 감각 질서는 **도덕적/심미적 특성**의 평가와 관련된 신체 규칙에 의해서도 구조화된다. 이를테면 우리는 많은 냄새를 즉각 긍정적 또는 부정적으로, 다시 말해 좋은 냄새 또는 나쁜 냄새로 평가하는데, 이러한 평가는 중립적이지 않다. 다시 말해 냄새가 좋은 것은 좋은 것이고 냄새가 나쁜 것은 나쁜 것이다(Herz, 2006; Synnott, 1993). 이를테면 재키(Jackie, 36세)는 다음과 같이 기술하고 있다. "당신이 사회적 상황에 있을 때에는 체취를 통제하거나 조작하여 당신이 당신에게서 나는 좋지 않은 체취에 기반해서 평가받지 않도록 하는 것이 중요하다. 강하거나 나쁜 체취는 불결하거나 지저분하다는 것을 보여주는 표시로 받아들여질 수 있다."

도덕적·심미적으로 매우 불쾌한 냄새에는 몸에서 나는 냄새, 공적 공간을 불쾌하게 만드는 냄새, 타인의 후각을 공격하는 냄새 등이 있다. 짐멜(Simmel, 1997: 658)이 쓰고 있듯이, "우리가 어떤 사람의 체취를 맡을 수 있다는 것은 그 사람의 가장 깊숙이까지를 지각하는 것"이며, 어떤 체취는 너무나도 근본적이어서 그 사람을 "선택하게 하거나 [그 사람과] 거리를 두게" 한다. 특히 불쾌함은 구취, 구토물, 방귀, 소변, 대변 등 소화기관의 양쪽 끝에서 발생하고 퍼지는 냄새가 갖는 도덕적·심미적 특성이다. 신체의 내부와 외부에 속하는 것에 대해서는 문화적으로 기대하는 것이 있으며, 그러한 기대를 위반하는 냄새는 오염되거나 더럽혀진 것으로 간주된다(Weinberg and Williams, 2005). 배설물은 "보편적으로 혐오 물질"로 간주되기 때문에(Rozin, Haidt and McCauley, 1993: 579), 우리의 연구에 참여한 사람들 가운데서도 여럿이 방귀와 배설물 냄새가 특히 도덕적·심미적 특성을 오염시킨다고 제시한다. "장기간의 허리 골절과 골반 골절 상태가 초래한 결과의 일환으로 나의 장 기능이 때때로 영향을 받기도 한다. …… 정말로 그렇다! 그것이 방귀를 뀌게 할 수도 있다. 업무 회의나 작은 행사에서 이런 사회적 난관을 겪을 때면 나는 아주 당혹스럽기 짝이 없다"(프랭크, 생략 부호는 응답자가 원래 해놓은 것이다).

자신의 배설물 냄새가 다른 사람의 후각을 공격하도록 놔두는 것은 "순간적으로 통제력을 상실했음을 의미한다"(Goffman, 1963: 69; 또한 Weinberg and Williams, 2005도 보라). 이러한 종류의 통제력—그리고 그러한 통제력의 상실 방지—은 후각적 인상관리의 표출적·인상적 차원을 분명하게 함축한다. 파인(Fine, 1995: 266)이 우아하고 간결하게 표현하듯이, "심미적 질서는 사회질서의 한 영역"이다. 그것은 통제이며, 이제 우리는 우리가 그러한 통제를 행사하는 방식을 살펴볼 것이다. 감각 질서의 통제와 그것으로부터의 일탈을 설명하기 위해 우리는 감각 질서를 필립이 겪은 소리 경험과 연결시킨다.

통제와 일탈: 감각의 정렬

나(필립)는 브리티시컬럼비아주 밴쿠버 아일랜드의 중앙에 위치해 있는 한 작은 타운에 살고 있다. 많은 사람이 말하듯이, 그곳 언덕 마을 레이디스미스(Ladysmith)는 밤에 편안하게 잠을 잘 수 있는 조용한 곳일 뿐만 아니라 경찰 사이렌이 여전히 사람들을 깜짝 놀라게 하고 갈매기와 스텔라 까마귀의 울음소리가 여전히 가장 큰 소음 중의 하나로 남아 있는 안전하고 친근한 곳이기도 하다. 다양한 종류의 새들이 시사하듯이, 우리 타운은 해양 생물과 산림 생물이 독특하게 어우러진 곳이기도 하다. 바람이 부는 날에는 레이디스미스의 북쪽과 서쪽의 산악 지대를 둘러싸고 있는 삼나무, 전나무, 솔송나무로 우거진 숲의 가장자리에서 썰물 때 나는 굴 향을 맡을 수 있다. 우리 동네 대부분은 동쪽으로는 오이스터 베이(Oyster Bay)와 직접 마주하고 있으면서 남쪽과 북쪽으로는 섬과 작은 만들이 어우러져 있는 쪽과 접해 있다. 오이스터 베이는 우리 타운이 바닷물과 만나는 곳이기도 하며, 수면 약간 위로 시끄러운 캐나다 대륙횡단 고속도로(Trans-Canada Highway)가 지나간다.

우리 중 많은 사람이 아침이면 그 길을 따라 다른 곳으로 출근하지만, 역시 많은 사람이 다툼을 경멸하지 않는 유일한 곳으로 보이는 영역과 안전한 거리를 유지하며 타운에 머무른다. 1번 고속도로에서 단지 한 블록 떨어진 곳에 있는 훨씬 조용한 1번가 상점들은 매일 일정한 질서 내에서 커피와 도넛을 즐기며 볼일 보는 사람들로 북적거리는 반면, 좀 더 멀리 떨어진 언덕 위 동네의 거리에서는 시간을 지켜서 오가는 스쿨버스, 모퉁이에 있는 가게에 모여 있는 청소년들, 은퇴한 주인을 충실히 산책시키는 개, 이어폰을 꽂고 홀로 조깅하는 사람들이 목격된다. 여름철 가장 건조할 때에는 퓨마나 흑곰이 숲에서 나와 새끼 고양이나 쓰레기통을 색다른 먹이로 취급한다. 우리 대부분은 크리스마스 점등 퍼레이드 불꽃놀이를 위해서만이 아니라 홍분과 스릴을 느끼고자 할 때에도 우리의 타운에서 멀리까지 나가야 한다.

레이디스미스보다 크지 않은 타운에서 태어나고 자란 나는 소도시 문화의 의례와 관행에 익숙하다. 그러나 5년 전 이곳으로 이사를 오고 나서야 캐나다 (그리고 어쩌면 북미) 문화—다시 말해 내가 살던 지역과 같은 지역들이 상당히 지지하는 **고요함의 문화**—를 특징짓던 독특한 (그리고 그리 분석되지 않은) 소리 특성을 예민하게 감지할 수 있게 되었다. 만약 당신이 내가 어떤 특정한 날짜에 소리를 기록해 놓은 현장 일지를 잠깐 들여다본다면, 아마도 당신은 그곳에서 잔디 깎는 기계의 귀에 거슬리는 굉음, 멀리서 들리는 전기톱질 소리와 망치질 소리, 고등학생들의 소란스럽지만 얼마간 누그러진 하교하는 소리, 대형 트럭이 지나가는 소리, 잃어버린 연못을 필사적으로 찾는 개구리가 가끔 내는 "개굴개굴" 소리, 붉은색 먹이를 찾는 벌새의 열광적인 날갯짓 소리 등 인간, 자연(동물 및 기타 환경), 또는 기계가 그곳에 존재한다는 것을 알리는 끔찍할 정도로 많은 소리 목록 말고는 아무것도 발견하지 못할 것이다. 이것은 대부분의 민족지학자가 꿈꾸는 것이 전혀 아닐 것이다.

나는 오늘 밤에 집으로 돌아가는 길에 6번가 대신 5번가를 탐험하기로 결정한다. 하지만 그곳에는 전혀 놀랄 만한 일이 없다. 그곳에는 우리 동네의 소리 질서에서 벗어나 있는 것이 아무것도 없다. 지난 3개월 동안 나의 코트와 포장된 도로를 계속해서 두드리는 이슬비 소리, 웅덩이의 물이 집수구로 계속 흘러드는 소리, 캐나다 국기의 금속 걸쇠를 가끔 그 기둥에 세게 부딪히게 만드는 바람 소리 등이 나의 외로운 소리 산책에서 가장 충실한 동반자였다. 다른 소리를 듣기 위해서는 더 깊이 귀를 기울이고 청각적 상상력을 펼쳐야 한다. 공적이면서도 또한 매우 사적인 캐나다의 거리 위가 아니라 개인의 집 안에 있는 사람들과 그들이 내는 소음을 마음속에 그려보라. 어두운 거리에서 보이는 작지만 아늑한 집의 희미한 조명이 켜져 있는 거실을 마음속으로 그려보라. 식탁에 둘러앉아 헬리콥터 관련 뉴스와 권총 관련 이야기로 넘쳐나는 대도시 미디어의 광경과 소리에 사로잡혀 있는 가족을 마음에 그려보라. 그들의 집 앞에서 충실하게 그리고 조용히 임무가 내려지기를 기다리고 있는 차를 상상해 보라. 내가 다가오며 내는 발소리에 마음을 빼앗겨 목줄을 울타리까지 쭉 잡아당기고 킁킁거리면서 내 냄새를 맡지만 짖을 필요까지는 없다고 느끼는, 비에 젖은 잡종견 한 마리를 마음에 그려보라. 넓은 포장된 진입로와 육중한 나무 문(적어도 어떤 방문객이 계속해서 노크하고 있는 것으로 미루어 판단할 때 초인종이 작동하지 않는 것으로 보이는 바로 내 앞에 있는 문)으로, 그리고 덧문이나 야단스러운 베네치아 블라인드가 쳐져 있지 않은 창문으로 서로 소리를 차단하고 있는 격리된 가정집을 상상해 보라. 동네의 절대적 고요함이라는 소리 규범이 잠시 중단된 채로 이루어지는(다시 말해 운전석의 안전벨트가 계속해서 삑삑 소리를 내자 부모들이 조심스럽게 자기 아이를 차에 태우면서 이루어지는), 짧고 드물게 그렇지만 규칙적으로 진입로에서 이루어지는 작은 모임을 마음속에 그려보라. 나의 의붓아들 제이콥(Jacob)처럼 외로운 사춘기 초반의 아이들은 의성어 폭발음으로 자신의 싸움 놀이 사운드트랙을 만든다. 호별 방문 배달 직원들은 의기양양하게 자신의 모든 식료품 백을 한꺼번에 다 들고 해치백과 차 트렁크를 쾅 닫고서 그 짐이 무거울 때면 가볍게 끙 하는 소리를 낸다. 그런 다음 포장되지 않은 자갈길에서 발을 질질 끌면서 차들 사이를 걷고 있어 차에 타고 있는 사람들의 호기심 어린 눈빛을 받고 있는 나를 상상해 보라.

그리고 자동차 통행 행렬이 벌이는 결코 끝나지 않는 로큰롤 콘서트도 들어보라. 먼저, 고속도로 위에서 차들이 붕붕거리는 소리의 리듬이 저 멀리에서 들려온다. 그 악기의 제조사와 모델별로 음정과 음색을 구분하기에는 내가 너무 멀리 떨어져 있다. 이번에는 불규칙적인 하나의 멜로디 층이 내게로 다가오는데, 내가 1번가 동맥의 정맥에 가까워질수록 템포가 빨라지고 고속도로 심장의 크레센도에 가까워질수록 올라간다. 아이러니하게도 이 첫 번째 트랙은 어렴풋하게 들리는 특색 없는 단조에도 불구하고 나에게 위안과 유대의식을 제공한다. 근처 작은 지방 공항을 향해 날아가는 프로펠러 비행기가 가끔 내는 굉음과 함께, 차들의 붕붕거리는 소리는 이동하는 사람들의 규칙적인 움직임, 즉 평상시의 활기 넘치는 삶, 다시 말해 안정적이고 평화롭고 질서정연하지만 가능성으로 가득한 삶을 끊임없이 상기시킨다. 반면 포장도로 위로 바퀴가 굴러가는 소리가 나의 귓속에서 점점 더 커지는 두 번째 트랙은 좀 더 위협적으로 느껴지고, 인도로 걸어가라고 끊임없이 경고한다. 우리를 깔보는 듯이 아주 크게 울리는 경적소리는 우리 동네의 평화를 깨겠다고 아주 무례하게 끊임없이 위협하지만, 결코 그것이 현실화되지는 않는다.

물론 오늘은 겨울과 고요함이 서로 어우러지고 있지만, 봄이나 여름 레시피에 몇 가지 소리 재료를 추가하더라도 우리 동네의 전체적인 소리의 맛은 크게 달라지지 않을 것이다. 한번 시도해 보라. 잔디 깎는 기계의 덜덜거리는 소리와 참새와 제비의 울음소리를 섞어 봄날 오후의 소리 풍경을 만들어보라. 해변 길 아래에서 아이들이 발로 즐겁게 바닷물을 튀기는 소리를 추가해 보라. 바람이 울부짖는 소리, 비의 신이 흘리는 눈물방울 소리, 멀리 떨어진 대륙 어딘가에서 이따금 청각을 마비시키곤 하는 눈 내리는 소리를 제거해 보라. 추가로 10여 명의 달리기하는 사람들이 숨을 헐떡거리며 뛰어가는 소리, 젊은 엄마들이 아기의 울음소리나 자장가에서 일시적으로 벗어나서 유모차를 밀며 말없이 행복하게 산책하는 소리를 넣어보라. 토요일 오후에는 반복되는 망치 두드리는 소리, 톱질하는 소리, 부드러운 스펀지로 아머올(Armor All)을 바를 때 나는 끽끽거리는 소리, 머플러 작업이 필요한 오래된 쉐보레 자동차가 이따금 내는 쿨럭거리는 소리로 소리 풍경을 장식해 보라. 당신은 지금까지 우리 동네에 배열된 소리와 그 소리를 만들고 유지하는 소리 행위가 내는 소리를 **들어**왔다.

* * *

신체 질서는 하나의 심미적 구조이다. 신체 질서는 개인과 공동체가 심미적 기준, 성향, 의도, 사회 규범에 근거하여 욕망하고 규정하는 신체적 느낌을 가리킨다. 신체 질서는 위반—이를테면 신체 질서를 위반하는 발화 행위—이 좋은 쪽으로든 나쁜 쪽으로든 그 질서를 무너뜨리지 않는 한 안정적이다. 신체 질서를 위반하는 발화 행위는 의미 있는 사회적·신체적 수행을 개시한다. 이러한 소리 행위에 대해 우리가 갖는 관심과 반응은 우리가 **신체적 정렬**(somatic alignment)이라고 부를 수 있는 교정 및 재통합 과정(Turner and Schechner, 1988)을 향해 전개되어 나가는 하나의 독특한 사회적 드라마이다. 소리의 경우에 이 신체적 정렬은 개인 그리고/또는 청각 공동체가 선호하는 감각 질서를 조화시키고 재배열하는 방향으로 이루어진다.

모든 사회는 주어진 다양한 상황에서 그것에 맞는 특정한 감각 질서를 규정한다. 신체 작업은 감각에 의거하여 의미를 만들어나가는

(sensuous making of meaning) 과정이다. 의미를 부여한다(make sense)는 것은 세계에 대해 신체적으로 알게 되고 해석하는 것에 관한 것일 뿐만 아니라 세계를 우리가 원하는 모양으로 만들고 개조하는 것에 관한 것이다. 다시 말해 의미를 부여한다는 것은 표현에 관한 것일 뿐만 아니라 조작적인 행위에 관한 것이기도 하다. 이를테면 한밤중에 우는 아이의 울음소리는 우리의 해석적 주의를 끄는 발화 소리 및 우리 안에서 불안감을 불러일으키는 발화 효과 행위이기만 한 것이 아니다. 그것은 또한 다른 행위—"쉿!"과 같은 소리 행위나 수유와 같은 다른 반응을 통해 원치 않는 소리를 제거하고 밤의 세계에 바람직한 소리 질서로 되돌리기 위해 침대에서 일어나 아이를 돌보는 행위—를 유발하는 행위이기도 하다. 이 경우 신체 작업은 그 행위의 발화적 특성과 발화 효과에 근거하여 다른 소리들 가운데서 특정 소리를 골라내는 것에 자리하고 있다. 우리는 감각 세계에서 행위하며 특정 상황의 신체 질서에 대해 협상하여 그것을 조작함으로써 이상에 부합하게 정렬한다.

정렬은 신체 질서의 위반과 그에 따른 위기에 대한 하나의 대응으로, 즉 빅터 터너(Turner and Schechner, 1988을 보라)라면 아마도 교정의 한 형태로 바라보았을 수도 있는 행위로 발생할 수 있다. 그러나 정렬은 단지 부정적인 상태에 대한 하나의 해결책이 아니다. 어떤 위반은 긍정적인 가치를 지닌 행위일 수도 있다. 이를테면 격전을 벌이는 한 농구 경기의 종료를 알리는 큰 사이렌 소리는 앞서가고 있는 팀을 응원하는 불안한 팬에게 큰 안도감을 줄 수 있다. 따라서 정렬은 '(재)통합' 상태—개인들이 바라는 조화에 의해 특징지어지는 기간—를 특징짓는다.

스토크스와 휴잇(Stokes and Hewitt, 1976: 838)은 정렬 및 정렬하기를

"이러저러한 종류의 문제 상황에 직면하여 의미 있는 상호작용을 회복하거나 보장하기 위해 실행하는 주로 언어적인 노력"이라고 설명한다. 그러나 우리가 의도하는 바와 같이, 정렬은 언어적 노력에 관한 것만은 아니며 또한 반드시 문제 상황에 관한 것만도 아니다. 정렬은 상징적일 수도 도상적일 수도 지표적일 수도 있으며, 비언어적 행위를 통해서도 이루어질 수 있다. 정렬행위(aligning action)라는 개념에 의해 우리는 계속 변화하는 신체 질서가 감각 행위를 통해 순간의 욕구를 충족시키기 위해 어떻게 구성되고 재구성되는지를 파악할 수 있다. 우리는 감각 행위를 통해 "문화적으로 적절한 것에 대한 문화적 기대나 정의에서 벗어나는 행위"(Stokes and Hewitt, 1976: 838)에 대응하여 신체 질서의 그래픽 이퀄라이저(graphic equalizer)*를 계속해서 조정하고 재조정한다.

그럼에도 불구하고 정렬행위라는 개념은 우리에게 문화와 행동 간의 관계를, 우리의 경우를 사례로 삼아 더 정확하게 말하면 감각 질서와 감각 행위 간의 관계—그리고 그 둘 간의 정렬—를 알 수 있게 해준다. 감각 행위를 정렬하는 행위는 참여자들이 자신들의 감각 풍경을 정리하고 감각 질서를 회복할 수 있게 하는 하나의 연합행위이다. 감각 행위는 우리가 개별 행동 노선을 맞추어 하나로 만들어가는 지속적인 협상 과정의 일부를 이룬다. 연합행위의 한 형태로서의 감각 행위는 협상된다. 다시 말해 우리는 그 감각 행위를 저지할 수도 있고, 그만둘 수도 있고, 변경시킬 수도 있고, 잘못 이해할 수도 있고, 또는 그 행위

* 원래는 스튜디오의 음향, 모니터 스피커의 주파수 특성 조정 등에 사용하는 전자 장치나 컴퓨터 프로그램을 일컫는 말이다._옮긴이

에 대해 다른 의견을 가질 수도 있다. 게다가 감각 행위는 기존 신체 질서가 존재하지 않는 새로운 소리 상황을 만들어낼 수도 있다. 협상은 때로는 가능하지만 때로는 덜 가능하다. 이를테면 믿기 힘들겠지만 필립은 동네가 너무 시끄럽다고 생각했기 때문에 결국 동네를 떠나 훨씬 더 조용한 섬으로 이사했다. 그러나 사회적 제약이 심한 곳에서는 이러한 수준의 선택이 항상 가능한 것은 아니다. 이 주제에 대해서는 다음 절에서 논의하고자 한다.

감각 낙인

지금까지 우리는 감각 질서를 다소 가변적인 실체로 제시해 왔다. 어쨌거나 우리는 무력한 존재가 아니며, 우리가 살고 있는 생활세계를 틀 짓는 데서 중요한 역할을 한다. 하지만 많은 상황에서 우리는 문화가 영향력을 잃고 신체 규칙이 유연성을 발휘하지 못하는 경우를 경험한다. 이러한 경우에 감각 질서를 위반한 것으로 의심되는 개인과 집단은 그들의 감각 일탈이 유발하는 **낙인**을 안고 살아가야 하며, 그들의 그러한 사회적 지위가 초래하는 결과를 감수해야 한다. 사회생활은 사회정의의 차원에서 발생하는 이 같은 감각 불균형—계급, 인종, 민족, 젠더 및 여타 유형의 사회적 지위와 매우 자주 교차하는 불균형—의 사례들로 가득하다.

이를테면 알렉스(Alex, 2008)는 인도에서의 촉각 정치에 관한 논의에서 촉각이 포함과 배제로 특징지어지는 사회적 관계에 터하고 있음을 보여준다. 카스트, 젠더, 나이는 인도 사회에서 매우 중요하며, 알렉스에 따르면, 접촉은 이들 사회적 표지(social marker)가 갖는 구조적 중요성을 승인하고 강화하고 경험하는 데서 중요한 역할을 한다.

> 남아시아에서 접촉은 오염과 정화라는 속성 모두를 전달할 수 있다고 믿기 때문에 특별한 의미를 지닌다. '불가촉천민(Untouchable)'이라는 용어는 이 개념에서 유래하며, 그 단어 자체는 비교적 최근에 생겨났지만 접촉에 의한 오염 현상은 훨씬 더 오래 전으로 거슬러 올라간다. '불가촉천민이라는 신분'은 종종 인도 사회구조를 특징짓는 핵심 개념 중 하나로 기술되어 왔다. 이 용어가 사회집단을 분류하기 위해 사용된 것은 허버트 리슬리(Herbert Risley) 경이 1901년 인도 인구조사에서 하위 카스트 집단을 범주화하고 계층화하려고 노력했던 것으로 거슬러 올라간다. …… 그러나 이 용어의 대응물을 산스크리트어에서 발견할 수 있는데, 그것이 바로 '비접촉 슈드라(not-to-be-touched Shudra)'를 뜻하는 산스크리트 말 아프리샤 슈드라(aprishya shudra)이다. 카스트 공동체를 행정적으로 범주화하는 과정에서 '불가촉천민'이라는 용어는 처음에는 사회적 범주로, 그리고 그다음에는 정치적 범주로 사용되었다. 하지만 우리는 '불가촉천민이라는 신분'의 배후 개념을 종교적 영역에서 발견할 수 있는데, 거기에서 그 개념은 신분과 관련되어 관례적으로 규정된 더럽혀짐에 대한 가정에 의거하고 있다. 다르마샤스트라(Dharmashastra)에는 어떤 만남이 어느 정도까지 오염시키는지를 명확하게 진술하는 더럽혀짐에 대한 규칙이 여러 구절에 나와 있다. 그 구절들에서는 두 신체 간의 물리적 접촉을 명시적으로 언급한다. 그러나 더러움은 간접적인 접촉에 의해서도, 이를테면 어떤 다른 사람이 만진 물건을 만짐으로써, 즉 오염된 물질이나 신체 부위를 만짐으로써도

> 전염될 수 있다. 낮은 카스트에 속하는 사람의 그림자가 오염을 유발하는 것으로 여겨졌을 뿐만 아니라, 시선 역시 접촉의 일종으로 간주되는데, 그중에서도 '악의에 찬 눈초리(evil eye)'가 가장 극단적인 형태를 이루는 것으로 간주된다.(Alex, 2008: 526~527)

이를테면 중세 시대에는 마법사와 이단자를 악취로 탐지할 수 있다고 믿었다(Summers, 1956: 44). 심지어 닥터 수스(Doctor Seuss, 1957: n.p.)는 그린치(Grinch)*에 대해 "너를 가장 잘 묘사하는 세 단어는 악취가 난다(stink), 악취가 났다(stank), 악취가 났었다(stunk)이다"라고 썼다. 중세 유럽에서 페스트의 원인과 관련한 이론에서 가장 널리 받아들여진 것 중 하나는 병원성 부패물의 냄새가 그 원인이었다는 것이었다(Classen, Howes and Synnott, 1993). 그리고 다음과 같은 언급으로 미루어 볼 때, 마틴 루터(Martin Luther)도 이에 동의한 듯이 보인다. 전염병은 "공기를 오염시키거나 그렇지 않으면 호흡을 통해 가난한 사람들을 감염시키고, 그들의 몸에 도덕적 독을 주입한다"(Norton, 1975: 20에서 인용). '냄새나는 사람', 그리고 싫은 사람이 내는 더러운 불쾌한 냄새가 도덕적·심미적 특성을 오염시키는 것으로서의 악취를 구성한다는 것은 분명하다. 실제로 셰익스피어는 소네트 69(Sonnet 69)에서 도덕적 타락을 악취에 생생하게 비유하고 있다.

> 그대의 어여쁜 꽃에 잡초의 역한 냄새가 더해진다.

---

* 닥터 수스의 그림책 『그린치는 어떻게 크리스마스를 훔쳤나!(How the Grinch Stole Christmas!)』의 주인공이다._옮긴이

대체 왜 그대의 향기는 그대의 모습과 다른가.

그건 그대가 자라난 토양의 똥거름 때문이다.(Booth, 1977)

이러한 도덕적·심미적 판단은 우리가 냄새에 관해 수집한 자료에서도 똑같이 뚜렷하게 나타났다. 베스(Beth, 31세)는 그러한 의견을 강경하게 표현한다. "나는 공공장소에서 냄새를 맡고 싶지 않다! 나는 공공장소에서 나쁜 냄새가 난다는 것은 수치스러운 일이라고 생각한다." 실제로 여러 정보 제공자가 자신의 말 속에서 밝히고 있듯이, "특정 냄새는 그것이 실제 냄새이든 아니면 그저 주장된 냄새이든 간에 때때로 사회질서 내에서 특정 개인과 집단의 도덕적 깨끗함을 나타내는 지표로 사용되기도 하며, 그 결과는 실제로 실재한다"(Largey and Watson, 1972: 1022). 요컨대 냄새나는 신체는 불쾌한 신체이며(Hyde, 2006), 신체 규칙을 준수하지 않거나 기대되는 후각 인상을 유지하지 못할 경우 사람들은 낙인찍힐 수 있다. 수많은 사람이 자신이 다른 사람을 그가 풍기는 냄새에 기초하여 판단한다는 것을 인정했다. 그리고 수전이 실토하듯이, 불쾌한 냄새는 후각적 낙인을 초래한다. "나는 어떤 사람에게서 아무튼 나쁜 냄새가 나면, 그것이 입 냄새이든 아니면 다른 어떤 냄새이든 간에, 그 사람을 부정적으로 평가한다. 나는 그들의 냄새가 정상적이거나 좋을 때에는 보통 그들의 냄새를 인지하지 못하지만, 그렇지 않을 때는 분명히 알아차린다." 수전의 이러한 감상은 어떤 사람—이를테면 에이미와 같은—이 향기로운 냄새에 대해서는 그다지 신경 쓰지 않지만 끔찍한 냄새가 날 가능성에 대해서는 상당히 걱정하는 이유를 잘 설명해 줄 수 있다. "내가 **좋은** 냄새를 맡는 것이 꼭 중요한 것은 아니지만, 나는 나쁜 냄새를 맡고 싶지 않다는 것은 매우 의식한다"(강조는 원진술자).

감각 낙인찍기에서는 하나의 중요한 젠더 동학에 주목하는 것이 중요하다. 여성은 자신들이 남성보다 상대적으로 더 자주 감각적 아브젝시옹(abjection, 혐오감)을 경험하며, 이것이 전적으로 여성적인 육체화된 경험과 자주 연관되어 있다고 보고한다. 이를테면 앨리슨은 출산 후 자신의 몸에서 나는 냄새를 이해할 수 없을 정도로 경멸했다.

> 나는 출산 후 내 몸에서 나는 냄새가 몹시 싫었다. 분만 후 몇 주 동안 나의 피부, 머리카락, 옷에서 전에는 맡아본 적이 없는 독특한 냄새가 났다. 나는 당시 내 몸에서 일어나고 있던 호르몬 변화를 지적함으로써만 그것을 설명할 수 있다. 나는 주변 사람들에게 나에게서 나는 냄새를 맡을 수 있는지 물어봤지만 아무도 냄새를 맡을 수 없었다. 그 냄새는 약 3주 정도만 지속되고 사라졌지만, 둘째 아이 때에도 그런 현상이 다시 나타날지가 궁금하다. 당시에는 모유 수유 중이었고 아이가 젖을 잘 먹고 나와 신체적으로 친밀해지는 데 방해가 될 수 있는 향을 피부에 바르고 싶지 않았기 때문에 내가 할 수 있는 일은 그리 많지 않았다. 나는 냄새 때문에 짜증이 나고 좌절했지만 냄새가 사라지기를 바랐고, 그렇게 되었다.

낙인찍기의 이러한 측면은 우리로 하여금 젠더와 성적 특성화 동학에 대해 좀 더 논의하게 한다.

감각적 성차별과 외모지상주의

일상생활은 우리 모두를 감각적 아브젝시옹의 위험에 빠질 수 있게 하지만, 우리의 자료는 그 위험—그리고 그로 인해 찍힌 낙인이 초래하는 결과—이 여성 가운데서 가장 크다고 시사한다. 여성은 보다 철저하게 신체 감시—이는 물론 신체 사회통제의 하나이다—를 받는다. 진화론적 설명과 페르몬에 의거한 설명이 이러한 젠더화된 동학을 명확히 밝히고 있는 것처럼 보이기는 하지만, 그러한 젠더화된 동학을 구조화하는 의미부여(sense-making) 규칙 및 신체 규칙 모두의 사회문화적 그리고 실제로는 정치적 구조를 떠나서는 그러한 동학의 그 어떤 것도 완전히 이해할 수 없다(Stoddart, 1990을 보라). 냄새와 냄새 맡기의 맥락은 명백한 감각적 성차별이 서구 세계의 과거와 현재의 감각 질서를 어떻게 틀 짓는지를 보여주는 많은 사례를 우리에게 제공해 준다.

이를테면 많은 문학적 설명은 남성이 여성의 냄새를 즐긴다는 것을 보여준다. 에드먼드 스펜서(Edmund Spenser)는 그의 소네트 64에서 (말 그대로) 한층 화려한 묘사의 하나를 제공한다.

> 그녀(내가 발견한 여신)의 입술에 키스하러 다가가자
> 아름답고 고운 꽃들로 가득한 정원의 향기가 나는 것 같았다.
> 꽃에서 나는 향기로운 냄새는
> 소녀들이 연인을 위한 내밀한 공간을 치장하는 데 알맞다.
> 그녀의 입술에서는 카네이션 냄새가 났고,
> 그녀의 발그스레한 두 뺨은 장미처럼 붉다.
> 그녀의 새하얀 이마는 봉오리 맺은 초롱꽃 같고,

> 그녀의 사랑스러운 두 눈은 새로 피어난 패랭이꽃 같다.
> 그녀의 예쁜 가슴은 딸기 화단 같고,
> 그녀의 목은 한 다발의 매발톱꽃 같다.
> 그녀의 가슴은 잎이 떨어지기 전의 백합 같고,
> 그녀의 젖꼭지는 갓 피어난 재스민 같다.
> 이 향기로운 꽃들이 아주 향기로운 냄새를 풍기지만,
> 그녀의 달콤한 내음은 그 모든 향기를 능가했다.(Spenser, 1989: 638~639)

그러나 분명히 이 담론에는 훨씬 더 악취 나는 또 다른 측면이 자리하고 있다. 중요한 것은 "창녀를 뜻하는 스페인어 puta는 프랑스어 putain과 함께 악취 나는(putrid)이라는 뜻의 라틴어에서 파생된 단어"라는 것이다(Classen, Howes and Synnott, 1993: 162). 실제로 해블록 엘리스(Havelock Ellis, 1928: 64)는 사제들이 냄새로 어떤 여자가 처녀인지 아닌지를 알 수 있다고 주장한 몇 가지 상황을 인용한다. 엄격하게 후각적이지는 않지만, 이러한 성차별적이고 여성 혐오적인 믿음의 실체는 다음과 같은 1770년 영국 법보다 더 명확하게 진술될 수 없었을 것이다.

> 이 법이 시행된 이후부터 향기, 화장품, 화장용 세제를 사용하여 폐하의 신민을 유혹하고 결혼하는 모든 여성은 나이, 신분, 직업, 지위를 불문하고 처녀이든, 하녀이든, 과부이든 간에 …… 현재 시행 중인 주술 금지법에 따라 처벌받게 될 것이다.(Thompson, 1969: 151)

'여성의 향기'는, 때로는 시적으로 표현되기도 하고 때로는 강제적으

로 법제화되기도 하지만, 여성성을 남성의 욕망과 불안 둘 다의 대상으로 감각적으로 구성한다. 이 두 묘사는 권력과 문화자본에 관해 많은 것을 말해준다.

여성(또는 이 문제라면 남성)의 지각된 냄새와 향수의 사용은 별개의 문제이다. 역사적으로 남성과 여성의 탈취/착취 의례에서 일어난 변화는 서구의 젠더리즘(genderism)과 후각의 지위 자체에서 일어난 중요한 변화를 반영한다. 19세기 이전에는 남녀 모두 향수를 널리 사용했다. 하지만 계몽주의 시대부터 향수와 후각 모두는 동시에 평가절하되고 여성화되었다(Classen, Howes and Synnott, 1993). 물론 남성을 위한 향수와 여성을 위한 향수는 여전히 남아 있지만, 그 향들은 뚜렷하게 젠더화되었다. 특히 꽃향기와 같은 특정 향기는 전적으로 여성적인 향기로 간주되었는데, 이는 꽃밭이 여성으로 젠더화된 영역이었다는 (그리고 여전히 그러하다는) 점을 고려할 때 이해할 수 있는 분류이다(Classen, Howes and Synnott, 1993). 사향, 소나무, 삼나무와 같은 더 강렬한 향은 남성적인 것으로 간주되었는데, 이는 다시 '숲'의 젠더화된 상징성을 반영한다(Classen, Howes and Synnott, 1993). 하지만 남성들은 점점 더 후각적 중립성에 의지했다. "진짜 남자"는 향수를 쓰지 않는데, 그 이유는 향수는 천박하고 "'천박한 생물'에게만 적합하기 때문이다"(Classen, Howes and Synnott, 1993: 83). 하지만 계몽주의(Enlightenment)는 그 자체로 훨씬 더 은밀하게 후각에 영향을 미친 것으로 보인다.

> 후각은 본질적인 진리를 전달하거나 획득하는 수단으로서의 가치를 점점 더 상실해 왔다. …… 대신 시각은 발견과 지식을 위한 탁월한 수단이자 은유가 되었다. 다시 말해 과학에 특히 뛰어난 감각이 되었다. 따

> 라서 시각은 점점 더 (탐험가, 과학자, 정치가, 또는 산업가로서의) 자신의 예리한 시선을 통해 세계를 발견하고 지배하는 것으로 인식되는 남성과 연관 지어졌다. 후각은 이제 직관과 감상, 즉 가정생활과 유혹의 감각으로 여겨졌으며, 이 모든 것이 여성과 연관되어 있었다. 후각은 한편으로는 지도, 현미경, 돈이었고, 다른 한편으로는 포푸리, 음식물, 향수였다. 하지만 중요한 것은 후각은 여성과 같이 현대 서구 문화에 의해 경시되고 착취당하는 두 존재 범주인 '야만인'과 동물의 감각이기도 했다는 것이다.(Classen, Howes and Synnott, 1993: 84)

더 나아가 후각과 젠더의 구성 및 지각은 자주 섹스 및 섹슈얼리티와 교차한다. 비치(Beach)는 질 냄새와 물고기 간의 인지된 유사성에 기초하여 남서태평양 사회의 최음 의례에 대해 다음과 같이 기술한다.

> 남성들은 낚싯줄의 목줄에 빨간 꽈리 열매를 달아 물고기를 유인한다. 이 방식으로 물고기를 잡고 난 다음에는 꽈리 열매에 물고기를 유인하는 것과 동일한 방식으로 여성을 유인하는 힘이 있다고 믿는다. 여성의 질은 달아난 물고기처럼 꽈리 열매 소유자에게 끌리게 될 것이다.(Beach, 1965: 183~184)

광고를 관찰한 사람이라면 누구나 알 수 있듯이, 이러한 '원시적' 후각 의례가 현대의 많은 '마법'을 틀 짓고 있다(Miner, 1956). 현대의 최음제는 후각을 통해 작용하는 것들로, 치약, 면도 로션, 향수, 입 냄새 제거 박하사탕, 비누, 헤어케어 제품 등으로 시장에서 통상적으로 판매되고 있다. 클레롤(Clairol)의 허브 에센스 계열의 샴푸는 가장 생생한 사례의 하나로, 이 샴푸를 사용하는 것은 "완전히 유기적인 경험"으로 광고되고, 그것은 하나의 진정한 **오르가슴**의 경험이라고 직설적으로 묘사된다. 그러나 후각, 젠더, 섹스 간의 연관성은 최음제의 구성에서뿐만 아니라 성욕 억제제의 구성에서도 찾을 수 있다. 원하는 섹스는 좋은 냄새가 나고 좋은 냄새가 섹시하다면, 원치 않는 섹스는 나쁜 냄새가 나고 악취는 불쾌감을 준다. 라지와 왓슨(Largey and Watson, 1972: 1030)이 지적하듯이, 성행위가 자주 문제 있는 것으로 간주되는 교도소에서는 수감자의 성욕을 억제하기 위해 교도관이 유황을 사용하는데, 이는 우리가 후각과 섹슈얼리티의 의미를 구성하는 방식에 대해 많은 것을 말해주는 관행이다.

물론 냄새는 힘없는 사람들이 불평등, 고정관념, 편견에 저항하고 도전하는 데 사용하는 하나의 기제일 수 있다. 이를테면 남성은 종종 후각의 가장 큰 오염원으로 묘사된다.

> 특히 텔레비전 광고는 여자보다 남자가 구취가 심하고 강력한 겨드랑이 탈취제가 필요하며 발에서 냄새가 나서 신발에 냄새를 먹는 숯 필터를 깔아야 하고 옷깃 주변에는 땀 얼룩이 져 있다는 것을 '보여준다'. 이를테면 '시크릿(Secret)'이라는 탈취제는 "남성에게도 충분히 강하지만 여성도 쓸 수 있다"라고 광고하는데, 이는 남자에게서 나는 냄새가 더 강하다는, 즉 더 심하다는 것을 암시한다.(Synnott, 1993: 201)

하지만 남자의 냄새는 몸 전체에 분산되어 있다. 시놋(Synnott, 1993)에 따르면, 여자의 냄새는 이와 대조적으로 성기에 기호학적으로 집중되어 있다. 이러한 문화적 구성이 여자에게서 나쁜 냄새가 난다는 인식에 기반하는 여성 위생 산업 전체를 가능하게 만들어준다. 상업 자본주의의 장사꾼들은 젠더화된 후각에 대한 오랜 문화적 정의를 이용하여 '문제'뿐만 아니라 그 해결책도 발명하여 시장에서 판매하고 있다. 거리가 "질 냄새에 시달리는 사람들로 넘쳐나"(Greer, 1987: 64)지도 않고 실제로 남성 겨드랑이의 악취로 가득 차 있지도 않다는 점을 고려할 때 이것은 터무니없는 사태이다.

감각적 계급 층화

젠더는 사회계층화에서 유력한 요인의 하나이지만, 유일한 요인은 결코 아니다. 많은 사회적 요인이 계급 차이와 관련되어 있는데, 감각 경험의 차이도 예외는 아니다. 많은 소설가가 땀 냄새는 하층계급 그리고/또는 낮은 신분을 함의한다고 지적해 왔다(Largey and Watson, 1972). 이를테면 서머싯 몸(Somerset Maugham, 1930: 140)은 "아침 목욕은 태생, 부, 교육보다 더 효과적으로 계급을 구분한다. …… 위생 시설의 발명은 인간에게서 평등 의식을 파괴했다"라고 썼다. 그리고 조지 오웰(George Orwell, 1937: 159)은 "서구에서 계급 구분의 진짜 비밀은 …… 세 개의 끔찍한 단어로 요약된다. …… 하층계급은 냄새가 난다"라고 썼다.

사회계급은 자주 인종, 민족, 종교적 소속과 같은 다른 사회적 지위 표지와 교차한다. 오스테르반(Oosterbaan, 2009)과 같은 연구자들은 민족지학적 수단들을 이용하여 이들 사회적 정체성이 표시되고 강화되는 방식과 서로 다른 집단 사이에서 상이한 방식의 감각적 선호, 경험, 관행에 의해 사회적 경계가 구축되는 방식을 이해해 왔다. 오스테르르반은 다음과 같이 기술한다.

> 나는 빈민가에 있는 나의 작은 아파트에서 처음 며칠 동안은 거의 잠을 잘 수 없었다. 날씨도 매우 덥고 습했지만, 그날 밤 내가 잠을 자지 못한 것은 그 빈민가의 축제에서 나오는 시끄러운 음악소리와 소음 때문이었다. 나는 주중에 빈민가로 이사했고, 첫 금요일 저녁에 주말의 시작을 알리는 많은 다양한 축제를 보고 들었다. 하나님의 성회(Assembleia de Deus) 소속인 서로 다른 오순절 교회들이 문을 활짝 열고 있었고, 나는 그들의 음악과 노래를 똑똑하게 들을 수 있었다. 자동차와 트럭이 지나가기에 충분할 만큼 넓은 유일한 포장도로에 있는 작은 가게는 오후부터 파고지(pagode) 음악을 틀어놓고 있었고, 큰 거리의 술집 주인들은 대부분 포로(forro) 음악을 틀어놓고 있었다. 그 금요일 밤에는 밤새도록 펑크(funk) 음악 소리가 들렸다. 펑크 음악은 너무 시끄러워서 코파카바나에서도 그 비트가 들릴 정도였다. 토요일에는 피곤했지만, 한편으로는 꽤 신이 났다. 빈민가의 삶은 한순간도 멈추지 않는 것처럼, 그리고 사람들이 한 주의 끝을 함께 축하하는 것처럼 보였다. 나는 곧 함께함에 대해 가지고 있던 잘못된 생각에서 깨어나게 되었다.
>
> 빈민가에서 들리는 다양한 음악과 소리는 확고한 정체성 정치를 체현하고 있었으며, 특정 음악에 대한 선호는 그 음악이 열광적인 팬들의 사회-정치적 입장을 압축적으로 표현하는 능력과 구분되지 않는 경우가 많았다. 일반적으로 포로는 브라질 북동부에서 최근 이주해 온 이민자인 노르데스티노(nordestino)의 음악인 반면, 파고지는 이른바 '진정한(authentic)' 주민의 음악으로 알려져 있었다. 펑크는 젊은이들의 음악이었던 반면, 가스펠(gospel)은 복음주의자들의 음악이었다. 오순절

교회에 자주 나가는 사람들 대부분은 파고지 음악이 연주되는 작은 바를 가지 않으려고 했고, 공공장소에서 그 음악이나 다른 종류의 음악에 맞춰 춤을 추려 하지도 않았다. 반대로 하나님의 성회의 열려 있는 문이 많은 주민이 가스펠 음악을 매우 사랑한다는 것을 의미하지도 않았다.(Oosterbaan, 2009: 81~82)

이들 사례 모두가 예증하듯이, 부르주아계급의 몽환적인 향내와 노동계급의 사향 냄새 악취는 사회적 적대감을 불러일으키는 후각적 구성물이다. 노동계급 남성은 "좋은 냄새를 풍기는 것"을 아마도 사내답지 못함과 연관시키는 반면, 화이트칼라 남성은 악취 나는 땀을 흘리거나 "농부 같은 냄새"를 풍기는 사람들에게 혐오감을 표현할 것이다. 다시 말해 '흙 묻는 더러운' 일과 화이트칼라 또는 부르주아의 향기로운 '인공적인 냄새를 내는' 그리고/또는 통합적인 노동 간에 계급 구분이 생겨난다(Largey and Watson, 1972: 1021, 1026). 냄새에 대한 이러한 계급주의적 구성은 얼마간은 위생 개혁 및 그와 관련된 정치에 의해 설명될 수밖에 없다.

18세기 후반과 19세기에 유럽 도시에서 위생 개혁 운동이 일어나기 시작했고, 그 결과 클라센, 하우스, 시놋(Classen, Howes and Synnott, 1993: 78~84)이 '후각 혁명(olfactory revolution)'이라고 명명한 것이 발생했다. 공장의 증가와 도시 인구의 급격한 증가는 쓰레기와 폐기물 처리라는 엄청난 문제를 낳았을 뿐만 아니라 지독한 악취의 확산까지 초래했다. 콜레라와 발진티푸스의 빈번한 유행으로 인해 개혁의 필요성은 더욱 절실해졌고, "열성적인 개혁가들은 자신들의 글이 변화를 가져오는 데 도움이 되기를 바라면서 도시의 오물과 악취를 생생하게 자세히 기록하는 작업에 몰두했다"(Classen, Howes and Synnott, 1993: 78). 결국 전염병의 피해는 위생 개혁을 가져왔고, 하수로 및 배수로의 망이 확장됨에 따라 도시는 점차 쾌적해졌다. 그 결과 "악취는 더 이상 불쾌하지만 삶의 불가피한 부분으로 여겨지지 않게 되었다. 이제 악취는 비록 공중 보건에 대해서는 아니더라도 공중의 감성에 대한 용납할 수 없는 모욕으로, 근절될 수 있고 또 근절되어야 하는 것이 되었다"(Classen, Howes and Synnott, 1993: 81).

이러한 공중의 감각 혁명과 함께 개인의 청결에서도 혁명이 일어났다. 실제로 18세기 이전에 목욕은 청결 의례라기보다는 관능적이고 퇴폐적인 행위로 여겨졌다(Classen, Howes and Synnott, 1993). 이를테면 영국의 엘리자베스 1세는 "필요하든 그렇지 않든 간에" 한 달에 한 번 목욕을 했다고 전해진다(Wright, 2003: 75). 공중의 감각 혁명은 개인의 청결에서 동시에 일어난 변화를 반영해 나가게 될 것이었다. 하지만 청결이라는 새로운 덕목은 모두에게 균등하게 배분되지 않았다. 상층계급과 중간계급이 몸과 집 그리고 거리에서 오물과 악취를 제거하기 시작하면서, 그들은 동등한 자원을 갖지 못한 하층계급과 노동계급을 점점 더 많이 의식하게 되었다.

> 가난한 사람들은 돈 많은 계급처럼 집 안의 기능과 냄새를 침실, 욕실, 부엌, 식당 등 개별적인 공간으로 나누지 않았다(그리고 나눌 수도 없었다). 따라서 빈민층의 복작거리는 집에서는 냄새가 구별 없이 뒤섞였고, 이는 후각적 난잡함과 도덕적 난잡함을 연관시키는, 더욱 민감해진 부르주아들로 하여금 가난한 사람들에 대해 더욱 혐오감을 느끼게 했다.(Classen, Howes and Synnott, 1993: 82)

빅토리아 시대의 한 향수 제조자는 "하층민들은 나쁜 냄새에 거의 주의를 기울이지 않는다. 사실 그들은 '코를 가지고 있지만 냄새는 맡지 않는다'"(Piesse, 1891: 32)라고 썼다. 이처럼 다양한 물질적·역사적·사회적·문화적 이유에서 사회계급은 자신의 독특한 계층화된 향기를 가지고 있었다.

가난한 사람들의 (상상된) 부패가 오물 및 악취와 연관 지어진다면, 귀족의 부패는 진한 향수 속에서 후각적으로 감지되었다. 이와 대조적으로 신흥 중간계급은 후각적 중립이라는 현명한 중간 지대에서 틈새를 찾았다(Classen, Howes and Synnott, 1993: 83). 그리하여 사회계급의 냄새 관리 의례에 부착된 태도와 꼬리표는 이러한 구분을 또 다른 방식으로 미묘하게 표현하는 수단이 되었다. 이를테면 하층계급은 '싸구려' 향수를 사용한다고 표현되는 반면, 상층계급은 신분 상징으로 기능하는 값비싼 향수를 사용함으로써 자신의 지위를 유지한다고 표현된다(Largey and Watson, 1972). 이것 역시 광고주들이 자주 이용하는 사실이다. 그렇지만 다음과 같은 점은 분명하다. "냄새의 분포는 그것이 체취에 따른 것이든 아니면 향수의 품질과 가격에 따른 것이든 간에 사회의 계급구조를 상징한다. 우리는 문자 그대로뿐만 아니라 비유적 의미에서도 서로의 냄새를 맡는다"(Synnott, 1993: 195).

실제로 우리가 연구한 사람들 역시 일반적으로 계급을 후각과 연관시켰다. "냄새는 계급 …… 경계를 만들고 강화하는 강력한 상징적 수단을 제공한다"(Classen, Howes and Synnott, 1993: 169)는 점에서 냄새는 글자 그대로 '계급적'이다.

내가 기억하는 가장 불쾌한 냄새는 씻지 않은 사람들이 풍기는 냄새이다. 그것은 실제로 체취라고도 할 수 없다. 그것은 온통 기름에 찌든 불결한 냄새에 가깝다. 나는 이 냄새를 내가 길거리에서 마주치는 인상이 험한 (아마도 노숙자일 것 같은) 사람들과 연관시킨다. 나는 실제로 이 냄새가 단순한 체취보다 더 불쾌하다고 느낀다. 체취도 유쾌하지는 않지만, 나는 체취의 경우는 이따금 발생하는 위생 문제와 더 많이 연관시킨다. 이 씻지 않은 냄새가 더 고약한 까닭은 내가 그 냄새를 극히 불결한 사람과 연관시키기 때문이다.(에이미)

결론적 생각: 권력, 그리고 육체화된 감각 질서의 정치

우리는 마지막으로 권력/지식에 초점을 맞추어 감각 질서에 대해 성찰함으로써 이 장을 마무리하고자 한다. 우리는 이 장에서 내내 감각 질서가 어떻게 구성되고 수행되는지, 어떻게 의미를 갖는지, 어떻게 다양한 형태의 통제를 요구하는지, 그리고 어떻게 (낙인을 통해) 처벌로 이어질 뿐만 아니라 (사회적 계층화를 통해) 편견과 부정의를 낳는지를 숙고해 왔다. 우리가 아직 고찰하지 않은 것은 감각작용이 어떻게 그와 관련된 지식을 박탈함으로써 독점적인 것이 될 수 있는가 하는 것이다. 다시 말해, 좋은 기분은 누구에게나 허용되는 것이 아니다. 감각 질서는 특정 감각작용 및 그에 대한 정보에 접근하는 것을 강력하게 규제한다. 이는 감각 질서가 육체 권력을 행사하는 중요한 방식이며, 음핵의 발견과 이용에 관한 우리의 연구는 이 동학에 관한 사례를 제공한다.

앞에서 말했듯이, 우리가 수행한 그 연구에 참여한 여성 가운데서 사회화 대행자들로부터 생식 기관에 대해 많은 정보를 제공받은 여성은 거의 없었다. 의도적이든 아니면 말을 하지 않음을 통해서이든 간에 해부학적 지식을 전달하지 않는 것은 소유와 소유권에 대한 질문을 던지게 한다. 문제가 되는 것은 지식의 소유뿐만이 아니다. 경우에 따라서는 클리토리스 자체에 대한 소유권과 접촉의 정치도 문제가 된다. "대부분의 여성의 섹슈얼리티 경험은 매우 파트너 중심적이며"(Plante, 2006: 143), '그녀의' 클리토리스라고 주장되는 것도 마찬가지일 수 있다. 사라는 다음과 같이 고백한다. "나는 오르가슴을 느끼기 위해서는 클리토리스를 자극해 줘야 한다는 것을 인정하기가 쉽지 않았다. 남자 친구가 기분 나빠 하지는 않을까 하는 걱정 때문이었다."

더 놀라운 것은 킴벌리와 제니퍼의 사례이다. 그녀들은 둘 다 **남자 친구**가 예상치 못한 순간에 자신에게서 클리토리스를 발견하기 전까지 자신에게 클리토리스가 있다는 사실을 알지 못했다. 킴벌리는 다음과 같이 설명한다. "내가 클리토리스를 발견한 것은 열다섯 살 때였다. 한 남자와 1년 동안 사귀었는데 그 남자가 나에게 오럴섹스를 했다. 내가 아는 건 그가 내 클리토리스(어렸을 때 오줌이 나오는 곳이라고 생각했던 곳)를 혀로 핥았는데 정말 기분이 좋았다는 것뿐이다." 여성의 욕망에 관한 누락된 또는 양가적인 담론(Tolman, 1994)은 클리토리스를 다른 사람의 재산—여성의 몸에서 분리되어 "남성의 성적 관심과 매력의 빛과 그림자 속에 존재하는"(Plante, 2006: 128) 여성 신체의 일부—으로 만들 가능성이 있다. 실제로 제니퍼는 스무 살에 "나의 섹스 파트너가 클리토리스를 자극했고 그것은 기분이 좋았지만, 나는 아직 스스로 그것을 탐색해 본 적은 없다"라고 시인한다. 그녀는 자신의 클리토리스를 자신에게 쾌락을 가져다주는 신체의 일부로 인지하지만, **다른 사람**

에게만 접근을 허용한다. 그녀는 자신이 그녀 **자신**의 신체적 감각작용에 대한 접근을 제한하고 있음을 드러냄으로써 자기 자신이 그러한 감각작용을 거부하고 있음을 분명하게 밝히고 있다.

> 나는 쾌락을 위해 나의 클리토리스를 만진 적이 전혀 없다고 정직하게 말할 수 있다. 나는 질에 스스로 물체를 삽입한 적이 **한 번** 있다. 나는 매우 불편함을 느꼈고, 그것으로부터 그 어떤 쾌감도 얻지 못했다. 내가 열여섯 살 때쯤이었다. 그 경험을 떠올려 보면, 나는 클리토리스 자극에 대해 생각조차 해본 적이 없는 것 같다. 나는 그것이 내가 내 성기에 대해 얼마나 잘 몰랐고 이해하지 못했는지를 보여주는 것이라고 생각한다. 거의 5년이 지났고, 나는 다시 자위를 한 적이 없다. …… 언젠가 자위를 즐길 날이 오면 나도 자위를 즐기고 싶다. 이상하게 들리겠지만, 나는 자위를 할 계획인데 아직 실행에 옮기지 못했다. 스스로 내 몸을 탐험하고 싶지만, 한편으로는 망설여진다. 가까운 시일 내에 극복할 작정이다. …… 자위를 통해 몸을 탐험하고 싶다고 생각하지만, 나는 실제로는 그러지 않는다. 대신 나는 망설이고 그 경험을 미룬다. 그러면 나는 내가 어리석고 순진하다는 생각이 든다. 나는 내가 그렇다는 게 싫다.(제니퍼; 강조는 원진술자)

상징적인 클리토리스 절제가 여성의 클리토리스 소유권을 타인에게 이전할 수 있는 것처럼, 언어와 담론은 그녀에게 자신의 클리토리스에 대한 권한을 부여할 수 있으며, 이것이 바로 다음과 같은 제시카의 매우 다른 이야기가 말해주는 것이다.

> 나는 페미니스트 작가들로부터 클리토리스의 역할에 대해 배웠다. 10대 때 나는 성에 대해 자유분방하고 긍정적으로 생각하는 또래 친구들과 어울렸다. 우리는 모든 것에 대해 많은 이야기를 나눴고, 나는 그러한 편안하고 판단을 내리지 않는 환경으로 인해 나의 사고를 확장할 수 있었다. 몇몇 친구들이 내게 베티 닷슨(Betty Dodson)의 책과 다른 페미니즘 저작들—이를테면 잉가 무스키오(Inga Muscio)의 『컨트(Cunt)』, 이브 엔슬러(Eve Ensler)의 『버자이너 모놀로그(Vagina Monologues)』, 『우리의 몸(Our Bodies)』, 『우리 자신(Ourselves)』 등—을 소개해 주었다. 나는 그 작품들에 매료되었다. 그 책들은 역겨운 성교육을 재미있고 활기차고 대전환을 가져오는 것으로 바꾸어놓았다. 그 책들은 자신의 성생활과 욕망에 대해 변명하지 않았고, 그것에 대해 다소 거칠게 표현했다. 그것은 특히 반항적인 10대였던 나에게 큰 감명을 주었다. 그 책들은 나에게 섹슈얼리티를 인식하는 방식과 관련하여 새로운 개념을, 즉 자부심을 가질 만한 것을 제공해 주었다. 가장 중요한 것은 그 책들이 나로 하여금 호기심을 가질 수 있게 해주었다는 것, 다시 말해 호기심을 갖는 것을 **멋진** 일로 만들어주었다는 것이다. 그 책들은 자위가 교육과 자유의 행위로서 갖는 중요성과 관련하여 깊은 인상을 남겼다(자위는 자신의 몸과 욕망에 대해 배우는 데 도움을 주고 다른 사람에게 의존하지 않게 해준다). 나는 그 작가들과 나의 친구들을 통해 내 클리토리스를 더 잘 이해하게 되었다. 그건 정말 **다행**이었다.(제시카; 강조는 원진술자)

성기의 정치에 대한 시의적절한 교육을 통해 힘을 얻은 제시카와 그녀의 친구들은 **자신들만의 방식으로** 클리토리스를 재정의했다. 점령당한 클리토리스와는 대조적으로, 제시카는 강한 독립심("나는 어느 누구에게도 의존하지 않는다")과 여성 성기에 대한 감사("이렇게 강렬하고 강력하며 미학적인 것은 결코 본 적이 없다. 그 순간 나는 내 성기에 대해 생각하는 방식이 바뀌었고, 지금도 경외감을 느낀다")를 공개적으로 표현하고, "아이들로 하여금 신체의 경이로움에 대해 눈을 멀게 하는 것은 감정적 성기 절단이다"라고 결론짓는다. 우리는 제시카가 들려준 이러한 적극적인 감각 권한 부여에 관한 이야기에 근거하여 다음과 같은 사실을 상기시키는 것으로 이 장을 긍정적으로 마무리하고자 한다. 감각 질서가 우리에게 반하여 작동할 경우 그러한 모든 상황에서 우리는 그 감각 질서를 전복시킬 수 있다.

08

미디어, 소비자, 그리고 물질문화

카툰이 현실을 지나치게 우스꽝스럽게 단순화한다면, 니켈로디언(Nickelodeon)의 일곱 살짜리 도라 마르케즈(Dora Marquez)*는 자신을 우스꽝스럽게 표현함으로써 성공한다. 지나치게 단순하게 스케치된 도라와 다른 캐릭터들은 생생한 3차원 아크릴 배경을 바탕으로 비록 조화되지 않는 것은 아니지만 현저하게 대비되는 2차원적 존재로 그려진다. 대부분 원색으로 구성된 팔레트에 한정적·맹목적으로 집착하는 것은 나(데니스)를 매우 불안하게 한다. 불가해한 일이지만, 도라의 가장 큰 신체적 특징은 엄청 큰 축구공 모양의 머리와 (커다란 갈색 홍채로 가득 찬) 마찬가지로 큰 반원형 눈이다. 도라는 항상 쾌활하고

* 상업 케이블 방송국 니켈오디언(Nickelodeon)에서 방영된 프로그램 〈탐험소녀 도라(Dora The Explorer)〉에서 주인공으로 등장하는 라틴계 미국인 소녀 캐릭터._옮긴이

친구도 많지만, 인간 친구는 거의 없다. 그리고 그녀는 대부분의 시간을 가장 친한 친구인 재주 부리는 원숭이 부츠(Boots)와 큰 소리로 떠드는 젠더가 불명확한 백팩과 함께 보내는 것을 좋아한다.

〈탐험소녀 도라〉의 한 에피소드에서 도라는 어린 시청자들에게 자신이 모험하는 도중에 마주치는 다양한 문제를 해결하는 데 도움을 줄 것을 반복해서 간청한다. 이를 위해 도라는 시청자가 자신의 여러 질문에 답할 수 있도록 편리한 일시 정지 기능을 제공한다.

"여우 스위퍼(Swiper)가 보이나요?" [일시 정지. 도라가 움직이지 않고 서서 눈을 두 번 깜박인다.] "어디?" [일시 정지. 움직이지 않음. 깜박임, 깜박임.]

세 살과 다섯 살짜리 아이를 둔 부모로서, 둘 중 한 명(보통은 둘 다)이 도라의 끊임없는 질문에 답할 때마다 나의 사회학적 감수성이 심각하게 악화된다. 나의 아이들은 지금도 충분히 텔레비전을 보고 있는데, 텔레비전에 나오는 캐릭터들과 이야기까지 하는 것은 너무 지나치다. 정말 해도 너무한다. 더구나 도라의 목소리는 나를 미치게 만든다. 그녀는 끊임없이 소리를 지른다. 나는 시끄러운 술집에서 바로 옆에 있는 사람에게 (때로는 귀에 대고) 소리를 질러야 했던 적이 있는데, 도라는 항상 그렇게 말한다. 도라가 귀가 안 좋아서 그러는 것 같다. 도라는 시청자들에게 끊임없이 "더 크게 말해 줘!"라고 요구한다. 그런 까닭에 내가 텔레비전 앞에서 아이들과 있을 때면 다음과 같은 순간과 자주 마주친다.

> 도라: "부츠의 탱탱볼 보여?"[일시 정지. 움직이지 않음. 깜박임, 깜박임.]

나의 아이들[소파에 앉아 텔레비전 화면을 가리키며]: "저기, 저기, 바로 여기!"

도라: "어디?" [일시 정지. 움직이지 않음. 깜박임, 깜박임.]

나의 아이들 [더 큰 목소리로, 부츠의 공이 '숨어 있는' 정확한 지점을 만지려고 화면으로 달려가며]: "저기, 저기, 바로 여기!"

도라[팔을 공중으로 치켜들고 뛰어오르며]: "더 크게 말해!"

나의 아이들[크게 괴성을 지르고 이제는 화면을 탕탕 치면서]: "바로 여기, 바로 여기!"

나는 방에서 나가야 한다고 생각한다.

* * *

우리를 짜증나게 하든 매혹하든 간에, 미치게 만들든 애타게 하든 간에, 아니면 때로는 아주 따분하게 하든 간에, 미디어 문화, 소비문화, 일상생활은 감각의 자극에 크게 의존한다. 우리의 소비 욕구를 자극하는 것을 목적으로 하는 커뮤니케이션 미디어와 문화산업은 실제로 물질문화—일단의 대상, 서비스, 환상—를 생산하는 일을 한다. 오늘날의 물질문화는 문명의 역사에서 그 어느 때보다도 인간의 감각적 쾌락 추구에 부응하고자 한다. 이러한 동학에 초점을 맞추는 학자들은 매혹적인 이미지가 갖는 힘, 향과 향기의 상품화, 요리가 갖는 즐거움의 확장, 촉각의 상품화는 물론 (MP3 플레이어에서 휴대폰에 이르기까지) 우리의 청각을 만족시키고 확장하는 제품과 서비스의 폭발적인 증가와 같은 인기 있는 토픽들을 오랫동안 조사하고 현대세계에서 감각이 갖는 의미를 재정의해 왔다. 하지만 그러한 트렌드는 그간 연구자들이 간과해 온 다른 흥미로운 관행과 감각들 역시 규정해 왔다.

균형 감각—평형감각 또는 전정감각이라고도 칭해진다—을 예로 들어보자. 균형 감각은 방향, 가속도, 자세의 균형을 감지하고 조절하는 감각이다. 우리는 소비문화에서 이 균형 감각이 이용되는 가장 명확한 사례 중 일부를 일반적으로 개인의 건강/웰빙과 여가의 맥락에서 발견할 수 있다. 이를테면 동양에서 수입되어 서양 소비자의 욕구와 원망에 맞게 철저하게 다시 꾸려진 요가는 신체적·정신적 균형을 추구하는 데 중점을 둔다. 자세의 균형은 곡예나 서커스와 같은 맥락에서도 (화려한 극화를 통해) 이용된다[이는 태양의 서커스(Cirque du Soleil)가 거둔 놀라운 상업적 성공에 대해 생각해 보는 것만으로도 충분히 알 수 있다]. 가속도 감각 역시 현대 소비주의에서 핵심적인 위치를 차지하고 있다. 강력한 힘을 내는 오토바이에서부터 고속 스포츠카에 이르기까지, 스릴 넘치는 롤러코스터에서부터 스키나 스케이트보드 같은 저돌적인 스포츠에 이르기까지, 가속하는 것은 표면적으로는 재미를 만끽하고 위험한 삶을 즐기는 것이다(Gottschalk, 1999를 보라).

또 다른 것으로, 우리에게 더위와 추위를 감지하고 조절할 수 있게 해주는 감각인 열감각을 예로 들어보자. 열감각에 부응하는 소비주의적 관행은 셀 수 없이 많다. 여행 및 관광 산업은 온화한 기후와 햇살 가득한 해변, 따뜻한 물과 겨울 휴양지(또는 어쩌면 부드러운 가루눈이 내리고 시원한 산들바람이 부는 여름 산악 휴양지)를 마케팅하는 것에 의존한다. 마찬가지로 의류 및 의복 산업도 편안한 담요와 이불, 방수 등산화, 아웃도어 스포츠 장비를 통해 체온을 조절하려는 욕구와 원망에 의존한다. 하지만 냉각과 가열이 아마도 열감각에 기초한 문화를 상업적으로 표현하는 것의 가장 전형적인 형태일 것이다. 실내 난방은 불만큼이나 오래되었지만, 현대 기술은 이제 일 년 중 가장 추운 달과 가장 따뜻한 달의 집 온도를 과학적으로 정밀하게 조절할 수 있으며, 종종 사람의 개입을 거의 필요로 하지 않는다. 이러한 열감각과 관련된 편리함은 소비문화의 극히 전형적인 특징이며, 이로 인해 발생하는 에너지 낭비도 마찬가지이다.

다음으로, 우리로 하여금 공간 속에서 우리 몸의 움직임을 감지하고 조절할 수 있게 해주는 감각인 자기수용감각을 살펴보자. 소비문화의 맥락에서 이 감각을 가장 좁게 이해할 경우 물리치료요법 사업을 검토할 수도 있지만, 운동감각과 관련된 모든 것을 포함하는 넓은 개념으로 자기수용감각을 이해하면 우리는 곧 모든 스포츠와 운동—직접 수행하든 아니면 구경꾼으로서 바라보든 간에—이 이 감각을 중심으로 이루어진다는 것을 깨닫게 된다. 자기수용감각 중에서 겉으로 보기에 가장 상업적이지 않아 보이는 운동인 걷기에서조차도 소비주의가 점점 더 확대되고 있다. 걷기에는 적절한 신발, 편안한 복장, 보도나 공원 산책로, 물병 등이 필요하다. 나이키(Nike)는 이제 혼자 조깅하는 즐거움을 강화하기 위해 아이팟과 함께 작동하는 특별한 신발을 생산한다. 이 신발은 음악을 재생하고 이동 거리, 속도 등을 시각적으로 표현한다.

걷기도 통증의 한 원인이 될 수 있으며, 이는 우리를 통각—우리에게 통증을 경험하고 관리할 수 있게 해주는 감각—으로 이끈다. 통증을 가능한 한 많이 그리고 빨리 줄이는 것을 목적으로 하는 소비관행과 과학적-상업적 복합체의 사례는 너무 많아서 우리가 여기에 그 사례들을 나열할 필요까지는 없다.

요약하면, 이 간략한 개요에서 우리가 알 수 있는 것은 감각에 관한 사회과학적 연구는 미디어 문화, 소비문화, 물질문화의 맥락에서 수행되는 신체 작업을 심층적으로 조사하지 않고는 완성될 수 없다는 것이다. 이것이 바로 우리가 이 장에서 다룰 대상이다.

감각 지향 자극하기

> 왜냐하면 의미는 …… 몸의 감각적 삶에 여전히 뿌리를 두고 있기 때문이다. 따라서 의미는 퇴색되거나 사라지지 않고는 직접적인 지각적 경험의 토양으로부터 완전히 분리될 수 없다.(Abram, 1997: 80)

나(데니스)는 팝콘 두 작은 컵, 탄산음료 두 작은 잔, 나눠 먹을 수 있을 만큼 큰 사탕 한 박스에 20달러를 마지못해 지불한다. 안타깝게도 이 터무니없이 비싼 간식거리는 현대 영화관 경험의 예상되는 일부가 되었다. 비용에 울화가 치밀어 오르지만, 그것은 기꺼이 지불할 각오가 되어 있는 대가이다. 왜냐하면 일부 영화는 극장에서 꼭 봐야**만** 하기 때문이다. 나는 스스로에게 여러 번 그렇게 말했었다. 하지만 내가 틀렸다는 것이 일반적으로 증명되었다. 그리고 그것은 영화 산업만의 잘못이 아니다. 냉난방이 되는 극장은 넓고 편안하다. 너무 높은 천장이 처음에는 나를 너무 작게 느끼게 만들지만, 영화 상영 전과 상영하는 동안에 흐릿한 조명이 천장을 낮춰 아늑한 분위기를 연출한다. 편리한 컵 홀더를 갖추고 있는, 쿠션이 좋고 푹신한 짙은 적갈색 좌석이 특히 훌륭하다. 그러나 그 극장은 스낵을 넣을 홀더를 제공하지 않아서 설탕으로 만든 것들의 잔해가 바닥에 흩어져 있다. 이것 또한 영화관의 또 다른 불편함으로 받아들여져 왔다. 바닥에는 녹고 있는 얼음 조각과 비극적 최후를 맞은 음료수들이 뒤범벅되어 있어서 밟을 때마다 소리를 내는데, 이는 버터 바른 팝콘이 내는 압도적인 향만큼이나 영화 관람 경험의 일부이다.

매우 실망스럽게도 이 영화 관람 경험도 나의 다른 모든 영화관에 대한 기억과 똑같이 시작된다. 영화가 시작되자 곧 바사삭, 바사삭, 바사삭 하는 소리가 들리기 시작한다. 이 소리가 처음부터 아주 시끄럽거나 분명하게 들리는 경우는 좀처럼 없다. 바사삭, 바사삭, 바사삭. 나는 처음에는 무시하지만, 나의 조용한 노력은 역설적인 결과로 실패한다. 바사삭, 바사삭, 바사삭. 내가 무시하려고 하면 할수록 (또다시 바사삭, 바사삭, 바사삭거리고) 나는 그 소리를 더 많이 지각한다. 바사삭, 바사삭, 바사삭. 바로 뒤에서 나는, 또 다른 팝콘 한 알을 집기 위해 커다란 팝콘 통에 손을 넣는 그렇게 희미하지는 않은 소리를 듣는다. '신이시여, 나는 그들이 그 커다란 팝콘 통에 손을 넣지 않기를 바랍니다'라고 마음속으로 말하지만, 나는 이미 내 기도가 응답받지 못할 것이라는 것을 알고 있다. 바사삭, 바사삭, 바사삭. 어둠이 소리를 더욱 크게 만드는 것 같다. 바사삭, 바사삭, 바사삭 하는 소리가 나고 곧 세 번의 쪽쪽 거리는 소리(누군가가 버터 묻은 자신의 짭짤한 손가락을 가장 동물적인 방식으로 닦는다는 것을 알려주는 오디오 흔적)가 난다. 그리고 그다음으로 종이컵에 담긴 얼음 조각들이 달그락거리는 독특한 소리와 빨대를 통해 탄산음료를 후루룩거리며 마시는 소리가 이어진다. 다시 바사삭, 바사삭, 바사삭. 이번에는 내 뒤 왼쪽에서 들린다. 그다음에는 팝콘이 부서지는 소름 끼치는 소리가 순식간에 나를 둘러싸고 합창하듯 울린다. 바사삭, 바사삭, 바사삭. 다시 한번 소음을 무시하려고 하지만, 그건 이미 진 싸움이다. 영화가 아닌 바사삭거리는 소리가 나의 예민한 청각적 주의를 사로잡았다. 나의 오른쪽에 앉은 몇 사람으로부터 바사삭거리는 소리가 들린다. 팝콘 부서지는 소리가 점점 더 세지고 있다. 바사삭! 바사삭! 바사삭! 그리고 그 잔향이 거의 끊임없이 반향효과를 만들어내면서 소음에 대한 나의 지각력은 증폭된다. 바사삭, 바사삭, 바사삭. 영화가 시작된 지 30분이 지나자, 바사삭거리는 소리는 비이성적인 분노를 불러일으킬 정도로 나를 짜증나게 했다. 이는 부분적으로는 소리 자체 때문이기도 하지만, 또한 내가 그 소리에 너무 신경을 씀으로써 유발된 좌절감 때문이기도 하다.

* * *

우리는 우리의 감각을 통해 세계, 타인, 그리고 자신을 경험한다. 다시 말해 "감각을 통해 그리고 신체 속에 자리하고 있는 감정과 느낌을 통해 사회적 현실이 틀 지어진다"(Gabriele, 2008: 240). 따라서 "사회적 유대의 형성은 사회적 역할을 맡는 문제이기만 한 것이 아니다. …… 사회적 유대는 몸 사이에서 그리고 몸을 통해 형성된다"(Hsu, 2008: 248). 감각하는 것은 사고하는 것이고, 우리의 감각을 자극하는 것은 뇌와 정신이 끊임없이 작동하게 한다. 즉, 그것은 신호를 보내게 하고, 표현하게 하고, 해석하게 하고, 조정하게 하고, 행위를 준비하게 하고, 때로는 행위하게 한다. 감각을 적절하게 자극하는 것은 뇌가 올바르게 작동하는 데, 정신이 발달하는 데, 끝없이 이어지는 일상생활 속에서 자아가 출현하고 자신의 행위를 다른 사람의 행위를 맞추는 데 필요하다. 거츠는 다음과 같이 말한다.

> 감각적 경험과 감각적 의미의 그물망 속에서 우리의 일상생활이 이루어지기 때문에, 다시 말해 우리가 그 그물망 속에서 다른 사람, 다른 존재, 무생물, 풍경[그리고 또한 소리 풍경, 냄새 풍경, 촉각 풍경 등등]과 관계를 맺기 때문에, 그러한 감각적 경험과 감각적 의미의 그물망이 …… 상호작용, 웰빙, 건강을 구성하는 조건에서 중요한 토대를 형성한다.(Geurts, 2002: 243~244)

사회신경과학에서 이루어진 연구들(Beer, 2007; Damasio, 1994; Franks, 2010; Gazzaniga, 1985; Goleman, 2006; LeDoux, 2002)이 시사하듯이, 감각이 부적절하게 자극받을 때, 그리고 감각작용을 올바르게 처리하는 능력이 손상될 때, 사람들은 자주 심리적·사회적으로 무력화된다.

그러나 감각하기('감각형성') 또한 분명히 사회-역사적 힘에 의해 틀지어지고, "한 사회의 인식론, 그 사회의 문화적 정체성의 발전, 그 사회의 세계-내-존재의 형태와 깊이 관련되어 있다"(Geurts, 2002: 235~236). 따라서 서로 다른 문화는 서로 다른 '감각 지향'을 진전시킨다. 거츠에 따르면, 감각 지향은

> 사람들로 하여금 다른 사람에게 집중하고 주의를 기울이게 하는 독특한 방식을 [말한다]. 우리는 서로 보고, 서로 듣고, 서로 냄새를 맡기도 하고 맡지 않기도 하며, 서로 만지기도 하고 만지지 않기도 한다. 이는 문화적 맥락마다 다를 수 있다. 따라서 우리가 보기, 듣기, 냄새 맡기, 맛보기 등의 의미를 사회화하는 방식은 우리가 세계-내-존재 양식이나 세계를 경험하고 조직하는 개별 시스템을 습득하는 방식에서 하나의 중요한 측면을 이룬다.(Geurts, 2002: 235~236)

따라서 감각 지향은 "'문화와 정신이 서로를 구성하는 방식'에서 하나의 중요한 차원을 이루며, …… 사람들이 자신과 타자 간의 상호주관적 동학과 경계를 감지하는 데서 중요한 역할을 한다"(Geurts, 2002: 235~236).

사회질서가 감각 지향을 틀 짓는 방식은 많은 사회과학자가 성찰해 온 주제였으며, 그들의 저술은 도시화(이를테면 짐멜), 합리화(이를테면 베버), 자본주의적 생산양식(이를테면 마르크스), 성적 억압(이를테면 프로이트), 처벌(이를테면 푸코), 자연환경과의 새로운 관계(이를테면 Morin and Kern, 1993; Shepard, 1992) 등 근대성을 특징짓는 다양한 사회적 변화가 낳은 감각적 결과에 대해 기초적인 통찰을 제공한다. 이러한 거시적 사회변화의 감각적 결과 중 많은 것이 대체로 의도하지 않은 것이지만, 이를테면 비알레(Biale, 1992), 엘리아스(Elias, 1978), 프뤼크만(Frykman, 1994), 잠포니(Zamponi, 1997) 같은 학자들은 서로 다른 정치적 프로젝트, 경제적 이익, 헤게모니 투쟁을 강화하고자 하는 다양한 제도들이 감각 지향을 의도적으로 동원하고 바꿀 수 있다는 것을 보여준다.

현대 감각 연구자들도 다양한 주제를 다루어 왔는데, 그 중 대표적인 것으로는 자동차 기술의 마케팅에 관한 연구(Sheller, 2004), 도시 거주자의 휴대용 뮤직 플레이어 활용에 관한 연구(Bull, 2000; 2008), 영화에서의 감각 자극에 관한 연구(Marks, 1999), 음악의 사회화(Ferzacca, 2006)와 음식 비평에 관한 연구(Ochs, Pontecorvo and Fasulo, 1996), 도시 동물원에서의 자연의 미학화에 관한 연구(Elliot, 2006), 비디오 게임의 맥락에서 촉각의 담론적 재구성에 관한 연구(Parisi, 2008), 박물관 소장품의 식민주의적 물신화에 관한 연구(Edwards, Gosden and Phillips,

2006), 다중 감각적 편안함을 위한 건축 설계에 관한 재고(Malnar and Vodvarka, 2004) 등을 들 수 있다. 실제로 미디어 문화, 소비문화, 물질문화에 관한 감각적 연구를 다 합치면 이 책에서 우리가 주목하는 다른 모든 주제에 관한 연구의 세 배는 될 것이라고 말하더라도 과장은 아닐 것이다.

우리는 이러한 문헌의 특히 생생한 사례의 하나를 마이클 불(Michael Bull)의 연구에서 찾을 수 있다. 불(Bull, 2000)은 『도시 소리 차단하기(Sounding out the City)』에서 공적 공간에서 휴대용 음악 재생 장치를 사용하는 도시 거주자들의 관행을 조사하고, 지난 몇 년 동안 음식을 먹고 옷을 입는 것만큼이나 대중화된 이 소비행동의 사회문화적 의미를 심도 있게 성찰한다. 서구 세계의 도시는 이어폰을 통해 주변의 소리로부터 자신을 고립시키는 (모든 연령대의) 사람들로 가득 차 있는 것으로 보인다. 이어폰은 (이제는 구식이 된) 워크맨이나 CD 플레이어, 또는 MP3 플레이어나 음악 재생 스마트폰 등 어떤 기기에 꽂든 간에 직접적인 신체적 도시 경험에서 주변 소리를 효과적으로 차단함으로써 사용자를 사적인 소리 풍경에 접속시킨다. 하지만 이러한 감각 지향은 완전한 고립을 목표로 하지 않는다. 음악 재생 기기는 우리로 하여금 그러한 기술을 이용하는 사람들이 항해하는 공간에 대해 새롭고 질적으로 다르게 (이를테면 시각적으로) 이해할 수 있게 해준다.

이 모든 연구를 검토하기에는 공간이 부족하기 때문에, 그리고 그간 우리가 수행한 연구를 통해 미디어 문화, 소비문화, 물질문화에 대한 많은 유용한 정보를 전달할 수 있다고 믿기 때문에, 여기서 우리는 현대의 감각 지향에 영향을 미치는 두 가지 서로 다른 원천, 즉 초소비(hyperconsumption)와 가상화(virtualization)에 대해 간략하게 분석하는 데 집중하고자 한다. 아래에서 우리는 사회신경과학이라는 새로운 분야에서 도출된 통찰력에 바탕하여, 가상화가 우리의 감각 지향에, 그리하여 육체화된 자아의식에 미치는 효과를 더욱 심도 있게 분석한다.

하이퍼모더니즘

> 무엇이 우리를 틀 짓고 우리에게 활기를 불어넣는지에 대한 모든 인식, 우리가 무엇인지에 대한 모든 인식, 세상(우리의 모든 표상)에 대한 모든 이해가 이제는 상당 부분 기계에 의존하고 있다. 우주에 대한 우리의 현재 인식 내에서 기계 없는 자연 질서는 더 이상 존재하지 않는다. 이것이 바로 기술적 현실(technological reality)이다.(Dyens, 2001: 11)

> '인간의 확장'으로서의 미디어가 갖는 중요성은 미디어가 감각 기관을 외부 세계로 확장하는 능력을 갖고 있다는 데 있는 것이 아니라 오히려 신체적 습관의 기술적 조건화에 의해 감각중추가 재구성된다는 데 있다. 중요한 것은 기술적 확장에 의해 이루어지는 지각 행위의 재형성이지 확장 그 자체가 아니다.(Parisi, 2008: 309)

현시대에 대한 우리의 논의는 현시대를 '초근대적(hypermodern)'이라고 칭하는 많은 현대 프랑스 사회과학자로부터 영향을 받고 있다. 그 가운데 가장 탁월한 인물로는 니콜 오베르(Nicole Aubert, 2005), 프랑수아 아셔(Francois Ascher, 2005a; 2005b), 로베르 카스텔(Robert Castell, 2005),

장 쿠르뉘(Jean Cournut, 2005), 빈센트 드 골레작(Vincent de Gaulejac, 2005), 그리고 질 리포베츠키(Gilles Lipovetsky, 1983; 2005; 2006) 등을 들 수 있다. 'hyper'라는 접두사의 의미는 다양하지만, 그럼에도 불구하고 이들 저자는 그것의 핵심적 측면들에 대해서는 의견의 일치를 보이는 것 같다. 이를테면 오베르는 강렬함, 순간성, 긴급함, 즉각적인 만족, 과잉 등의 경험을 강조함으로써 **초**근대성(hypermodernity)을 **탈**근대성(postmodernity)과 구분한다. 오베르는 다음과 같이 설명한다.

> 그것[탈근대성]을 초근대성이라는 용어로 대체함으로써, 우리는 현대 개인들이 살고 있는 사회가 변화해 왔다는 사실을 강조한다. 우리는 근대성의 토대와의 단절이 아닌 근대적인 것의 악화와 급진화에 강조점을 둔다. …… 초근대성의 본질적인 양식은 과잉(excess), 즉 현대세계에서의 사건들의 과다함(overabundance)이다. 현재를 이해하기 어렵게 만드는 것은 진보 관념의 붕괴가 아니라 바로 이러한 사건들의 과다함이다.(Aubert, 2005: 14~15)

쿠르뉘 역시 지적했듯이, 초근대적인 것은 "과잉으로의 유혹과 그것을 달성하기 위한 수단 간의 공모"에 의해 특징지어질 수 있다. "우리는 유혹이 그토록 강렬하다면 그것은 분명 우리 시대가 그것을 달성할 수 있는 충분한 수단을 제공하고 **적극적으로 장려하기** 때문이라는 점을 인정해야 한다"(Cournut, 2005: 64; 강조 추가).

학자들은 직업적 압박, 개인주의, 혁신, 정보, 위험, 경쟁, 커뮤니케이션, 소비 등 아주 다양한 영역에서 그러한 과잉을 입증해 왔다. 이 장에서는 주로 감각하기와 미디어 문화, 소비문화, 물질문화를 다루기 때문에, 우리는 여기서는 초소비와 가상화에 초점을 맞출 것이다. 역설적이게도 초소비가 즐거운 감각적 **자극**을 배달하는 상품과 서비스에 대한 욕망에 의지한다면, 가상화는 주로 감각적 **시뮬레이션**에 의지한다. 물론 이 구분은 생각보다 훨씬 더 모호하다. 왜냐하면 (1) 가상화는 우리로 하여금 온라인에 접속할 수 있게 해주는 고가의 물질적 장치를 구매할 것을 요구하고, (2) 원래 정보를 수집하고 공유하기 위해 설계된 가상 '네트워크'가 초소비의 중심 노드가 되었기 때문이다. 다른 한편 우리가 아래에서 개관하듯이, 두 가지 모두가 문제 있는 (그렇지만 서로 다른) 방식으로 우리의 감각 지향을 재구성한다. 초소비는 **감각의 포화·강화·분할**을 촉진하고, 가상화는 **감각의 위축과 단절**을 촉진한다.

초소비: 감각의 포화·강화·분할

초근대 시대의 핵심 특징이 과잉의 체제라면, 이 과잉이 소비양식—또는 리포베츠키(Lipovetsky, 1983; 1987; 2005; 2006)가 '초소비'라고 부르는 것—보다 더 분명하게 드러나는 곳은 어디에도 없다. 이 초소비는 한편에서는 외견상 새로운 상품과 서비스의 끝없는 생산에 의해 특징지어진다면, 다른 한편으로는 "부단하고 즉각적인 소비"를 모토로 하는 미디어 장치로 특징지어진다. 이 초소비를 특징짓는 첫째 모습은 일상생활과 의식이 상업적 메시지로 포화된다는 것이다. 라이스(Leiss), 클라인(Klein), 잘리(Jhally), 보테릴(Botterill)은 이를 다음과 같이 기술한다.

> 2003년 전 세계 광고 시장은 4710억 달러 규모였으며, 그중 절반 이상인 2492억 달러가 미국에서 이루어진 광고 지출이었다. …… 수치는 변동하지만, 광고 대행사는 미국에서 약 16만 5000명, 런던에서 2만 명의 직원을 고용하고 있다. 홍보 커뮤니케이션은 우리의 문화 환경에 스며들어 융합되어, 우리의 TV 시청을 잠시 중단시키고, 잡지와 신문을 가득 채우고, 인터넷 서핑, 영화, 비디오 게임에서 갑자기 튀어나온다. 한마디로 광고는 일상생활의 일부로 받아들여져 왔다.(Leiss, Klein, Jhally and Botterill, 2005: 3)

또한 리포베츠키(Lipovetsky, 2006)는 초소비는 현대 소비의 역사에서 이전 단계와는 다른 동기를 부추긴다고 제시한다. 초소비는 초개인주의적이고, 경험 자체를 추구하고, 감정적이다. 왜냐하면 오늘날 소비자는 타인과의 관계에서 독특함을 느끼기 위해서가 아니라 당당한 자아라는 환상을 충족시키기 위해 상품을 구매하기 때문이다. 초근대적 시대에는 "자신을 위한 소비가 타인을 위한 소비를 대체해 왔다"(Lipovetsky, 2006: 39). 현시대에 생산된 많은 상품(이를테면 아이팟, 개인용 컴퓨터, 아이패드, 비디오 게임, 노트북, 휴대폰, 첨단 자동차 기기 등)은 공유용이 아닌 개인용으로 설계되었으며, 소유자들은 끊임없이 변하는 자신의 독특한 요구사항을 충족시키고 자신의 '퍼스낼리티'를 표현하기 위해 그 기기를 더욱 정밀하게 재설정할 수 있다.

텔레비전, 라디오, 인터넷, 교육기업, 상업기업과 기타 기업이 점점 더 통합되고 24시간 연중무휴로 운영됨에 따라 초소비는 '터보 소비(turboconsumption)'가 되었고, 참을성이 없는 안달 난 소비자는 "내가 원하는 것을, 내가 원하는 시간에, 내가 원하는 장소에서" 갖기를 바란다(Lipovetsky, 2006: 102; Gottschalk, 1999; 2006; 2009를 보라). 바우만(Bauman, 2001; 2004; 2007)도 소비자의 동기가 필요(need)에서 욕망(desire), 그리고 소망(wish)으로 바뀌는 그 같은 과정을 추적해 왔다. 바우만은 다음과 같이 지적한다.

> 욕망은 이제 그 유용성을 상실해 왔다. 다시 말해 소비자를 현 상태에 열중하게 해온 욕망은 더 이상 보조를 맞출 수 없다. 시장에서 소비 물품이 증가하는 수준으로 소비자 수요를 가속화하기 위해서는 더 강력하고 무엇보다도 다양한 용도로 사용되는 자극제가 필요하다. '소망'은 대체물을 몹시 요구하는 것이다. 그것은 쾌락 원칙(pleasure principle)의 해방을 완성하여 현실 원칙(reality-principle)에 남아 있는 마지막 장애물을 제거한다.(Bauman, 2001: 14)

글로벌 가상 쇼핑몰을 통해 새로운 즉각적 소비가 가능해짐에 따라 '소망' 단계는 곧 '충동(impulse)' 단계로 대체될지도 모른다. 이러한 정향은 최근 문자 메시지가 주요 통신 수단으로 부상한 것에서 이미 확인된다. 작년에 사람들이 주고받은 수조 건에 달하는 메시지는 이러한 변화를 잘 보여준다. 오베르(Aubert, 2005), 드 골레작(de Gaulejac, 2005), 엔리케스(Enriquez, 2005), 고셰(Gauchet, 2005) 및 여타 초근대 이론가들에게서 초소비주의적 논리와 (초근대적 주체를 특징짓는) 과대망상적 경향 간에는 명백한 '선택적 친화성'이 존재한다.

초소비주의 논리를 특징짓는 둘째 모습은 감각 경험의 강화라는 널리 알려진 것과 관련되며, 리포베츠키가 지적하듯이, 현대 상품의 디자인과 질감이 그러한 측면을 구체화한다.

> 자동차, 휴대폰, 전차, 컴퓨터, 카메라, 전기면도기. 이것들의 디자인은 둥긂, 즉 유기적이며 감각적인 모양을 떠오르게 한다. …… 상품은 단순히 효율적으로 기능하는 것 이상을 해야 한다. 다시 말해 상품은 감각적 쾌락을 불러일으키고, 고품질의 청각적 또는 후각적 경험을 제공하거나 아니면 더욱 즐거운 촉각적 경험을 제공해야 한다. …… 이에 내재하는 논리는 상품은 기능을 시사하는 것은 물론 그 상품에 상정된 속성이나 감각 경험을 강화시킬 필요가 있다는 것이다.(Lipovetsky, 2006: 210~211)

새로운 상품의 모양, 질감, 디자인이 주는 감각적 즐거움이 강화되었다는 찬사는 우리에게 그러한 상품의 구매를 독려하는 광고 메시지에서도 반복된다. 이를테면 어떤 아이팟은 고음질 음악을 들려주기만 하는 것이 아니라 나를 춤추게도 한다. 어떤 화장수는 백단향을 풍기기만 하는 것이 아니라 격한 에로티시즘을 촉발시키기도 한다. 어떤 자동차는 편안하고 연비가 좋기만 한 것이 아니라 언덕을 흔들어 꽃을 피우게 하기도 한다. 어떤 커피 한 잔은 꽤 맛있기만 한 것이 아니라 나를 토스카나 광장 한가운데 있는 야외 카페로 데려다주기도 한다. 어떤 탈취제는 우리가 '바닷바람' 냄새라고 말하는 화학적 향을 방출하기만 하는 것이 아니라 교외에 있는 비밀의 공간을 열대 해변으로 바꾸어놓기도 한다. 이러한 조건하에서는 날 감각작용(raw sensation)이 의미부여(sense-making)(그리하여 사고하기)를 대체하고, 센세이셔널한 것(the sensational)이 센시컬한 것(the sensical)을 대체하며(Barus-Michel, 2005: 242), 초근대적 개인은 '의미의 상실(the loss of the sense)'과 '무의미성(senselessness)'에 직면한다(Aubert, 2005: 28).[1] 또한 의미부여는 기억과 복잡하게 얽혀 있으며, 감각 경험을 강화한다고 약속하는 이러한 상품들은 기억을 크게 바꾸어놓을 수 있다. 세레마타키스가 지적하듯이, "따라서 각각의 상품 형태는 그 자체로 생성되는 경험과 기억을 만들어내는 것으로 소개된다. 그러한 경험과 기억이 이전의 감각 경험을 대신하고 대체하고 향상시킬 것으로 단언된다"(Serematakis, 1994: 8).

초소비주의 논리의 셋째 특징적 모습은 감각의 분할(the segmentation of the senses)로, 이는 근대 시대에 이미 시작된 추세이다. 세레마타키스가 지적하듯이, "근대 세계에서 감각은 서로 분리되어 실용적 도구로, 그리고 상품화의 매체이자 대상으로 재기능화되고 외부화된다. …… 그 결과가 바로 감각 기관의 사사화(私事化)이다"(Serematakis, 1994: 9~10). 이러한 추세가 강화되면서 초소비주의는 인간의 신체를 고립된 여러 신체 부위, 생물학적 기능, 감각으로 잘게 나누고, 그것들 각각을 우리 존재의 모든 섬유조직, 정신의 모든 영역, 신체의 모든 부분을 변화시킬 수 있는 상품 및 서비스와 '연결'시킨다. 이를테면 모발에는 로레알(L'Oreal), 탈모에는 로게인(Rogaine), 입술에는 메이블린(Maybeline), 피부에는 커버걸(Cover Girl), 속눈썹에는 레브론(Revlon), 눈에는 레누(Renu), 코에는 아프린(Afrin), 목에는 리콜라(Riccola), 치아에는 크레스트(Crest), 입 냄새에는 리스테린(Listerine), 입에는 스타벅스(Starbucks), 위에는 피자헛(Pizza Hut), 소화에는 펩토비졸(Pepto Bismol), 땀에는 액스(Axe), 우울증에는 프로작(Prozac), 영양에는 슬림패스트(SlimFast), 감염에는 바지실(Vagisil), 발기에는 비아그라(Viagra)를 연결시킨다.

---

1) 'perte du sens'는 영어로는 'loss of senses', 'senselessness', 그리고 'disorientation'으로 번역될 수 있다.

요약하면, 이처럼 초소비주의가 조장하는 감각 지향은 감각적 즐거움을 찬양하고 감각작용의 강화를 약속하고 감각중추를 개인주의적이고 즐거운 경험을 받아들이는 수많은 수용기관으로 쪼개는 상업적 메시지, 상품, 서비스들로 점점 더 가득 차가고 있다. 그렇게 되는 과정에서 그러한 감각 지향은 역설적이게도 자신의 몸과 감각중추로부터 자신이 단절되어 있다는 의식을 만들어낼 수도 있다. 우리가 아래에서 논의하듯이, 가상화는 우리와 외부 환경이 맺는 관계의 방향을 바꾸어놓는 또 다른 감각적 변화를 만들어낸다.

가상화: 감각의 위축과 단절

> 우리에게 세상의 현실에 대한 정보를 제공하는 화면은 그 현실을 보고 알게 되는 충격에 대항하는 화면이기도 하다. …… 어떤 현실은 지각되지만 그것의 의미는 탈현실화된다. …… 영향력이 없는 이미지는 눈에 보이는 것으로부터 분리감과 거리감을 유발한다.(Robbins, 1994: 460)

> 한 문화의 감각 질서는 우리를 인간으로 만드는 가장 기본적인 요소의 하나이다.(Geurts, 2002: 5)

우리는 일상생활에서 타인 및 물질적 대상과 상호작용할 때 감각을 작동시킴으로써 세상과 자아의 물질성을 경험한다. 우리는 사람들이 일상의 사물을 조작하고 틀 짓는다는 사실은 일반적으로 별 어려움 없이 이해하지만, 일상의 사물이 우리 자신 또한 틀 짓는다는 관념은 보통 즉각 이해하기가 쉽지 않다. 사람과 사물 간의 이러한 상호 효과에 대해 논의하면서, 오언스(Owens)는 우리에게 다음과 같은 점을 상기시킨다. "인간의 행동은 사물을 해석하고 조작하기만 하는 것이 아니라 다시 사물에 의해 틀지어지기도 한다. 일반적으로 이 과정은 우리에게서 특정한 반응을 유발하는 대상의 측면—이를테면 유용성이나 지각된 잠재력—으로부터 발생하는 것으로 이해된다"(Owens, 2007: 567).

초근대 시기에 우리의 감각 지향을 재구성하는 또 다른 특징적 측면이 바로 가상화이다. 가상화는 일반적으로 컴퓨터 매개 통신(computer-mediated communication: CMC)이라는 총괄적인 용어로 포괄되는 다양한 장치를 통해서 이루어지는 온라인 경험을 지칭하는 용어이다. 이 장치에는 우리가 물리적으로 부재하는 타인이나 사물과 상호작용하기 위해 일상적으로 활용하는 이메일, 휴대폰, PDA, 화상 회의 기술, 사회적 가상 세계(이를테면 세컨드 라이프) 및 여타 장치, 컴퓨터 프로그램, 그리고 플랫폼이 포함된다.

CMC의 주제를 요약하고자 하는 것은 헛수고이다. 이에 대한 학술 문헌은 기하급수적으로 증가하고 있고, 다양한 학문 분야에서 등장하고 있으며, 특정 기술, 주제, 사용자, 문화 및 환경에 따라 다양한 전문 분야로 세분화되고 있다. CMC는 또한 기술과 성능 자체가 빠르게 진화하고 융합되면서 급속하게 변화하고 있다. 이를테면 최신 휴대폰은 시청각 통신을 가능하게 하며, 이제 대부분의 휴대폰은 이메일, 웹 서핑, 사진 촬영, 음성 녹음, 동영상 촬영, 정보 처리 등 한때 컴퓨터나 별개의 여러 장치가 필요했던 기능들을 수행할 수 있다. 마찬가지로 한때 정보 처리 및 공유에 주로 사용되었던 개인용 컴퓨터는 시청각 통신과 끊임없이 성장하는 다양한 애플리케이션(또는 '앱')에도 사용될 수 있다. 이러한 기술들과 그 기술들이 가능하게 하는 활동들은 청각, 시각, 청각 감각뿐만 아니라 정신 기능까지 확장한다. 특히 우리가 다른 사람들과 상호작용할 때 가장 먼저 사용하는 것이 휴대폰과 컴퓨터인 까닭에 이 둘은 우리의 현시대와 문화 그리고 사회심리적 성향을 축약적으로 표현하는 동시에 틀 짓고 있다. 우리가 초근대 문화를 지배하는 최상위 논리에 대해서는 다른 곳에서 이미 기술한 적이 있지만(Gottschalk, 2009를 보라), 우리는 우리가 CMC 혁명의 범위, 속도, 깊이, 파급성에 대해 여전히 갈피를 잡지 못하고 있음을 인정할 수밖에 없다. 이 혁명은 광범위하게 이론화되고 연구되고 있지만, 우리가 얼마간 이해하게 될 때쯤이면 그것은 어김없이 이미 그 자신과 우리를 이미 변화시켜 놓았다. 에이브럼이 지적하듯이,

> 솔직히 우리는 우리가 전자 기술과 감각적으로 관계함으로 인해 우리의 지각과 사고가 어떻게 변화하는지를 명확하게 분별할 수 없다. 왜냐하면 그러한 변화를 분별하고자 하는 모든 사고 자체가 그것이 주제로 삼고 있는 것이 초래하는 바로 그 효과에 종속되기 때문이다. 그럼에도 불구하고 우리는 우리 의식의 형태가 우리의 감각에 관여하는 기술들과 함께 변화하고 있다는 것은 (돌이켜 볼 때, 비록 우리가 서양철학의 독특한 형태가 고대 그리스에서 인간의 감각과 알파벳의 만남 속에서 어떻게 탄생했는지를 이제야 분별하기 시작했지만) 확신할 수 있다.(Abram, 1997: 115)

우리는 여기서는 주로 개인용 컴퓨터 장치(하드웨어, 소프트웨어, 그리고 연결)에 의해 가능해진 가상화 경험에 대해 다룬다.

학자들을 비롯한 많은 사람이 CMC를 매체, 기술, 환경 등으로 논의해 왔으며, 우리가 어떤 은유를 사용할지는 궁극적으로 우리의 목적에 달려 있다. 여기서 우리는 CMC를 '환경' 또는 '공간'으로 접근할 것이다. 교실, 스트립쇼 극장, 엘리베이터, 감옥과 같은 물리적 공간이 그 안에 있는 사람들의 감각 지향과 심리사회적 성향을 틀 짓는 것처럼, CMC 장치를 구성하는 소프트웨어, 하드웨어, 키보드, 화면 및 여타 구성 요소들도 유사한 효과를 낸다. 술러(Suler, 1996)가 말하듯이, "사용자들은 컴퓨터를 켜거나 프로그램을 실행하거나 이메일을 쓰거나 온라인 서비스에 접속할 때, 의식적으로든 무의식적으로든 간에 매우 다양한 의미와 목적으로 가득한 '장소' 또는 '공간'에 들어가고 있다고 느끼는 경우가 많다."

그러한 환경에서 존재하기 위해서는 우리는 우리를 그러한 공간에 지속적으로 현존시켜야 하는데, 우리는 주로 소통의 주체, 상대, 주제가 됨으로써 그렇게 한다. 따라서 가상 환경은 개인들이 서로—또는 그 밖의 다른 어떤 것—를 직접 경험하지 않고 주로 서로에게 편지를 쓰고 사진이나 동영상, 오디오 클립을 공유하고 아바타로 상호 작용하는 방식으로 만나고 친구가 되고 개인적인 이야기를 나누고 싸우고 브레인스토밍하고 협력하고 (때로는) 성교하는 수많은 가상의 '장소'들로 구성된다. 상호작용은 일반적으로 육체화된 자아 사이에서가 아니라 시각적 표상 사이에서 이루어진다.

가상 세계는 우리로 하여금 흩어져 있는 수많은 타인과 즉시 접촉할 수 있게 해주고 그들을 읽고/듣고/볼 수 있고 그들에게 보일 수 있게 해줌으로써, 그리고 우리로 하여금 가상으로 그리고 순간적으로 무수한 환경으로 '여행'할 수 있게 해줌으로써, 정신/자아를 물리적 껍질에서 확실하게 분리하여 정신/자아에 엄청난 권한을 부여해 왔다. 하지만 자신의 정신을 '생'방송하고 방대한 정보에 접근하는 이 새로운 능력은 곧바로 우리가 당연하게 여겼던 감각 지향을 근본적으로 재구성할 것을 요구한다.

역설적이게도 초소비는 감각적 즐거움을 강화하는 것을 목표로 하는 반면, 가상 환경은 감각중추를 위축시키고 단절시킨다. CMC 장치는 나로 하여금 흩어져 있는 수많은 타인과 즉각적으로 상호작용하고 무한한 장소를 '방문'하고 무한한 소리를 듣고 가상의 세계에서 원격으로 사물을 조작하는 것을 가능하게 해주지만, 나는 시각, 청각, 촉각, 이 세 가지 감각만을 사용하여 CMC에 참여할 수 있다. 거기서는 후각, 미각, 운동감각, 프로세믹스(proxemics),* 평형감각은 작동하지 않으며, 내가 마주하는 것과의 실제적인 신체적 접촉도 전혀 일어나지 않는다. 거기서 사람들은 손을 제외하고 몸 전체가 고정되었을 수도 있고, 귀머거리/벙어리가 되었을 수도 있고, 미각이나 후각을 모두 잃었을 수도 있지만, 그 경험은 거의 같을 것이다.

컴퓨터 화면에서 "어떤 일이 일어나게 하는 것"으로부터 큰 즐거움을 얻을 수 있다는 것에는 의심의 여지가 없다. 하지만 터치스크린과 같은 최근의 기술 발명품들이 시각과 디지털의 통합이라는 새로운 경험을 제공함으로써 이러한 즐거움을 강화하는 반면(Parisi, 2008), CMC 장치는 촉각 감각작용을 평평한 표면 위에서 손가락을 미끄러뜨리거나 플라스틱 키를 누르거나 플라스틱 트랙볼을 굴리거나 플라스틱 트

* 프록세믹스는 인간이 공간을 사용하는 방식, 즉 사람 간의 거리와 공간 배치가 사회적 상호작용과 의사소통에 미치는 영향을 연구하는 학문이다._옮긴이

리거를 당기거나 플라스틱 조이스틱을 돌리거나 작은 플라스틱 휠을 스크롤하는 것으로 축소시킨다. 다시 말해 CMC가 제공하는 촉각 감각작용은 단조롭고 제한적이며 반복적이다. 우리가 마우스, 키, 손가락으로 조작할 수 있는 **가상의** 대상은 매우 다양한 질감, 온도, 저항성, 속도, 무게, 크기 등을 부여받은 것으로 표현될 수 있지만, 그 대상들이 만들어내는 **물리적 감각작용**은 모두 동일하다. 가상현실 기술 분야에서는 이러한 단절을 없애고 그러한 대상이 인간의 몸속에, 몸 위에, 몸에 반하여 만들어낼 수 있는 감각작용을 충실하게 재현하는 방법을 찾기 위해 많은 노력을 기울이고 있다. 후각, 미각 및 기타 감각을 자극할 수 없다는 것은 이 기술에서 여전히 중요한 장애물로 남아 있다. 전체적으로 보면, 가상현실은 광경, 소리, 균형, 동작을 시뮬레이션하는 데 더 뛰어나다(Kurzweil, 1990; Rheingold, 1992를 보라).

촉각 감각작용이 플라스틱 물체와의 반복적인 디지털 접촉으로 축소되는 것은 인지적·신체적 스킬의 발달에 중대한 영향을 미친다. 프랭크스(Franks)가 상기시키듯이,

> 미드(Mead)는 …… 자신의 행위이론에서 촉각에 제1의 감각 기관으로서의 최고의 우선권을 부여했다. 이제 우리는 촉각과 손 감각이 인간 뇌에서 감각 피질의 단연코 가장 큰 부분을 차지한다는 것을 알고 있다. 미드는 물론 다마지오(Damasio)도 지각을 행위의 준비로 생각했으며, 잠재의식적 근육 운동(subliminal muscular movement)*이 행위

* 실제의 신체 움직임 없이 정신적 이미지를 통해 근육이 활성화되는 것을 말한다._옮긴이

를 준비하는 과정에서 지각과 함께 이루어진다고 보았다.(Franks, 2003: 624)

신경심리학에서의 연구도 시사하듯이,

> 언어 그리고 그렇기에 사고는 육체화된 행위—특히 손으로 하는 촉각적 접촉 행동과 관련된 활동—에서 발생하고 그러한 행위의 구조를 담고 있다. 인지의미론(cognitive semantics)*이라는 새로운 분야는 우리 지식의 많은 부분이 정적이거나 명제적인 것이 아니라 우리의 신체 행동 패턴과 대상의 무차별적인 조작 요구에 기반하고 그것들에 의해 구조화된다는 중요한 주장을 한다.(Franks, 2003: 624)

이러한 축소의 사회적·감정적 결과 또한 광범위하다. 알렉스(Alex, 2008: 523)는 몬터규(Montagu)의 연구를 인용하며, 터치는 "안정감과 소속감을 주기 때문에 인간이 지닌 욕구와 유사하다"는 점을 상기시킨다. 시놋(Synnott, 1993: 156)이 볼 때, "터치는 웰빙에 필수적일 뿐만 아니라 존재에도 필수적이다." 프랭크스(Franks, 2003: 625)가 시사하듯이, "물리적 세계가 자신에 대해 우리가 가하는 조작에 어떻게 반응하는지와 관련하여 우리가 공유하는 경험은 여전히 상호주관성의 하

* 인지의미론은 의미를 정신과 분리된 하나의 추상적 체계로 보는 것이 아니라 인간의 인지, 경험, 지각의 산물로 보는 언어학의 한 분야이다. 인간이 세상을 인식하고 상호작용하는 방식이 단어와 문장의 의미에 어떻게 영향을 미치는지를 연구한다._옮긴이

나의 중요한 원천으로 남아 있다." 따라서 가상의 감각 질서에서 이루어지는 촉각적 감각작용의 재구성은 필연적으로 그러한 상호주관성이 형성될 기회를 감소시키는 결과를 초래할 것이 틀림없다.

그러나 가상화는 우리의 촉각적 참여를 단지 위축시키기만 하는 것이 아니라 감각작용들을 서로 분리시키기도 한다. 가상 세계에서는 동일한 디지털 동작이 즉시 화면상에서 갖가지의 시각적 사건으로 전화되면서 촉각적 감각작용이 시각적 감각작용과 분리된다. 그러므로 우리가 사용하는 소프트웨어에 따라, 하나의 키를 누르는 것은 텍스트에 하나의 스페이스를 추가하는 것처럼 하나의 무해한 사건으로 쉽게 전화되기도 하고, 비디오 게임에서 은하계 핵 공격을 개시하는 것처럼 극적인 사건으로 전화되기도 하며, 엉뚱한 수신자에게 이메일을 보내는 것처럼 순간적으로 당황스러운 사건으로 전화될 수도 있고, 또는 하드드라이브의 한 폴더에 있는 모든 파일을 삭제하는 것처럼 영구적인 재앙적 사건으로 전화될 수도 있다. 유사한 디지털 동작이 각기 다른 '현실성(realness)'과 사회적 결과를 갖는 갖가지 시각적 사건을 촉발할 수 있다는 사실은 중요한 의미를 가지는 것으로 보인다. 왜냐하면 이는 서로 다른 유형의 신체적 참여, 압박, 동작 등이 일반적으로 서로 다른 결과를 낳는다는 상식적인 이해를 완전히 무시하기 때문이다. 촉각의 중요성을 고려할 때, (디지털) 행위와 그 결과의 시각적 표상 간의 근본적인 단절은 탈현실화(derealization)를 정상화할 수 있고, 우리가 다른 방식으로 '감각을 형성하는/이해하는(make sense)' 능력 또한 저해할 수 있다.

소리의 영역에서도 유사한 단절이 발생한다. 컴퓨터의 음향 환경은 사용자의 선호에 맞추어 설정할 수 있기 때문에, 우리가 컴퓨터의 스피커에서 듣는 소리, 우리가 컴퓨터 화면에서 보는 것, 그리고 우리의 디지털 동작(플라스틱 키를 누르는 소리는 제외하고) 간에는 어떤 필연적인 상응 관계도 존재하지 않는다. 이를테면 힌두교 사이트를 방문하거나 중세 일본을 배경으로 한 비디오 게임을 하면서 우리는 비발디의 음악을 들을 수 있다. 모든 시각적 표현이 모든 소리 또는 모든 촉각적 동작과 결합될 수 있다.

유사한 단절이 운동감각도 특징짓는다. 가상 세계는 우리의 눈으로 하여금 다양한 시각에서 무수한 표상을 볼 수 있게 해주지만, 신체는 본질적으로 여전히 고정되어 있다. 우리는 단지 키를 클릭함으로써 위성에서 보여주는 동네 모습에서 거리 수준의 뷰로 아무런 노력도 없이 이동할 수 있다. 세컨드라이프와 같은 사회적 가상공간에서는 키를 클릭함으로써 비행이나 다이빙, 달리기나 앉기, 키스나 권투를 시뮬레이션할 수 있다.[2] 역사의 대부분 동안 우리의 감각 경험은 시각, 동작, 그리고 공간 속에서의 몸의 위치 간의 일치를 가정했지만, 가상화는 그러한 연결을 완전히 풀어버렸다. 이제 '현실성'의 경험은 더 이상 물리적 감각작용의 종합에서 비롯되는 것이 아니라 화면의 해상도와 화면이 디지털 동작을 시각적 사건으로 변환하는 속도에 달려 있다.

가상의 감각 지향이 대부분의 감각 기관은 위축시키는 반면, 시각에는 특권을 부여한다. 우리는 매일 매혹적인 시각적 표현과 '특수 효과'

2) 화면 속 플레이어의 움직임을 그대로 재현하는 게임을 특징으로 하는 위(Wii)는 이러한 단절을 해소하는 흥미로운 기술적 발전이다. 다른 한편 이 움직임은 물리적인 물체의 저항을 받지 않는다.

를 제공하는 더욱 정교해진 기기들이 출시되기를 손꼽아 기다리고 있다. 마찬가지로 현란한 시각적 감각을 주요 매력으로 하는 3D 영화 제작이 증가하는 것은 드보르(Debord, 1983)가 '스펙터클의 사회(society of the spectacle)'라고 부르는 새로운 단계에 접어들었음을 시사한다. 엔리케스(Enriquez, 2005)가 시사하듯이, 시각적 자극에 대한 이러한 갈망과 그가 '도착적 개인(perverse individual)'이라고 부르는 현 순간에 대한 하나의 중요한 적응 양식 간에는 흥미로운 친화성이 존재한다. 그가 지적하듯이, 도착적 개인의 유일한 원동력은 (그저 성적 쾌락만이 아닌) 감각적 쾌락(jouissance)이며, 이 감각적 쾌락의 주요 감각 기관이 시각이다. 초소비와 가상화의 화면에 완벽하게 적응한

> 도착적 개인은 **눈에 보이는** 것에만 관심이 있다. 그의 가장 예민한 감각은 **응시**(gaze)이다. …… 그는 보이지 않는 것, 불투명한 것, 정의하기 어려운 것, 애매하거나 모호한 것은 인식하지 않고 인식하고 싶어 하지도 않는다. …… 이러한 상황에서 세상은 그의 눈에 보이고 그가 이용할 수 있는 무언가여야 하지 이해될 필요는 없다. …… 더 나쁜 것은 현실의 일부가 더 이상 어떤 감정도 촉발하지 않는 하나의 일반적인 광경으로 축소되었다는 것이다.(Enriquez, 2005: 48~49; 강조는 원저자)

게다가 가상 경험의 매우 자기중심적이고 사용자 정의 가능한 시각적 성질은 사람들이 사회생활을 수행하고 (거츠가 시사하듯이) 좋은 정신건강 상태를 유지하는 데서 매우 필수적인 감성을 공유할 가능성을 감소시킨다.

웰빙 상태는 '사물'에 대한 어떤 사람의 감각작용과 지각이 주변 사람들의 지각과 일치하는지, 또는 다양한 감각 대상(sensibilia)에 대한 개인의 해석이 다른 사람들이 동일한 자극원에 대해 가지고 있는 정신적 표상과 일치하는지에 달려 있다. 이는 일종의 감성 공유를 함축한다. 그리고 이 스펙트럼의 반대편에 있는 정신이상(insanity)에는 (다른 조건들 가운데에서도) 이 영역에서 불일치가 발생하는 것, 즉 분별 있다(sensible)고 여겨지는 상태에서 벗어나 있는 것, 의도한 것 및 의도한 상태의 영역에서 일치를 이루지 못하는 상황이 포함된다.(Geurts, 2002: 239)

초소비와 가상화는 서로 다른 방식으로 그리고 외견상 모순적인 것처럼 보이는 방식으로 새로운 감각 지향을 진전시킨다. 초소비가 서로 다른 여러 감각적 즐거움을 찬양하는 반면, 가상화는 주로 시각적 즐거움을 증진시킨다. 초소비가 각각의 개별 감각적 즐거움을 강화해 준다고 약속하는 반면, 가상화는 감각을 위축시키고, 그러한 감각들의 작동을 서로로부터 그리고 물리적 감각작용으로부터 분리시킨다. 초소비는 신체를 매우 다양한 개별 신체 기관, 감각, 그리고 생물학적 기능으로 분절하는 반면, 가상화는 시뮬레이션된 감각작용이 무한하게 변형될 수 있게 한다.[3] 이러한 상태에서 온라인에 접속하는 모든 사람

3) 이러한 단절의 가능한 예외 중 하나(이는 Waskul, 2003에 기록되어 있다)가 성적 만남을 위한 사이트에서 다른 사람들과 가상으로 상호작용하는 동안 자위행위를 행하는 것과 관계되어 있다. 거기서는 비록 자기 자신을 만지고 있을 뿐이지만 보고 듣고 경험하는 것 간에는 실제로 통합이 존재한다.

은 감각작용이 그 어떤 지시 대상과도 완전히 분리되는 그리고 그 어떤 두 사람도 가상 세계에 대해 유사한 감각적 경험을 공유할 수 없는 자신만의 가상의 감각중추에 거주한다. 이와 대조적으로, 짐멜은 다음과 같이 지적한다.

> 나는 모든 사람이 하늘과 태양을 동시에 볼 수 있다는 사실은 모든 종교가 함축하는 연합의 본질적인 요소라고 믿는다. …… 이러한 사실이 한편에서는 모든 종교에서 인간 주체가 갖는 편협함과 특수성을 초월하게 해주고, 다른 한편에서는 모든 종교가 마찬가지로 갖는 요소인 신자들의 연합을 뒷받침하거나 지지한다.(Simmel, 1997: 116~117)

우리는 가상화가 현재로서는 상상할 수 없는 방식으로 우리의 감각 지향을 틀 지을 것이라고 믿으면서, 아래에서는 가상화가 초래할 것으로 보이는 중요한 세 가지 결과—근거 없고 무의미한(nonsensical) 표현, 혼란에 빠진 시간 감각(disoriented chronoception), 감각적 기억 상실(sensory amnesia)—를 검토한다.

무의미하고 근거 없는 표현

가상화는 타인과 상호작용하는 그리고 지식을 발견하고 개발하는 엄청난 기회를 제공한다. 레비(Lévy, 1997)가 시사하듯이, 가상 환경은 적절하게 이용될 경우 '지능 공동체(intelligent community)'와 '집단 지능(collective intelligence)'을 발전시키는 주요한 장소가 된다. 하지만 레비의 예리하고 낙관적인 테제에 대해 수정해야 하는 한 가지 사항은 인간 지능이 "**인지생태계**(cognitive ecology)라고 불리는 …… 생물학적·기술적·문화적 전체의 일부"라는 것이다(Dyens, 2001: 48; 강조는 원저자). 따라서 지능은 복잡한 통합된 감각중추—즉, 생물학적 차원—에 여전히 기반하고 있음이 틀림없다. 신경학자 다마지오(Damasio, 1994)가 볼 때, 지능은 유기체가 외부 환경을 자신에게, 자신을 그 환경 속에서, 그리고 자신을 자신에게 표현하는 능력으로 이해될 수 있다. 다이언스(Dyens) 또한 다음과 같이 설명한다.

> 우리가 정신 능력을 획득한 것은 우리의 신체 상태가 우리의 면역계와 신경계에 의해 지속적으로 모니터되고 관리되어야 하기 때문이다. 면역계와 신경계는 모두 다양한 신체 상태를 '읽고' 그 판독 결과에 반응한다. …… 그러나 그렇게 하기 위해서는 면역계와 신경계 모두 신체로부터 스스로를 '분리'해야 하고, 그리하여 다양한 작용과 반작용을 통해 신체를 하나의 외화된 대상으로 표현해야 한다.(Dyens, 2001: 25)

하지만 그러한 표현들은 생태적으로 특화된 영역에 터하고 있다. 그 이유는 두 가지이다. 첫째는 "신체적 조건과 환경 간의 상호작용이 …… 표현을 만들어내기" 때문이고, 둘째는 표현을 만들어내기 위해서는 "생물체가 자신의 환경과 관련하여 자신을 가시화할 수 있어야 하기" 때문이다(Dyens, 2001: 26). 따라서 생태학적으로 특화된 신체적 감각작용은 표현의 원천이며, 표현은 생물학적 환경과의/속에서(with/in) 감각된 관계에서 발생한다. 미드 또한 시사했듯이, 자연환경에 대한 우리의 반응에 대해 우리가 내리는 해석은 의미 형성에 필수적이다(Weigert, 1997을 보라). 이 논리에 따르면, 가상화에 의해 촉진되는, 본질적으로

탈구된 감각 지향은 무의미하고 근거 없는 표현을 만들어낼 수 있다. 다마지오가 볼 때,

> 따라서 환경을 인식하는 것은 단지 뇌가 주어진 자극으로부터 직접적인 신호를 받는 문제인 것만이 아니며, 그 모습을 그저 있는 그대로 받아들이는 것은 더더욱 아니다. 유기체는 가능한 한 접속이 잘 이루어질 수 있도록 스스로를 적극적으로 변화시켰다. …… 아마도 그에 못지않게 중요한 것으로, 유기체와 환경 간에 일어나는 상호작용은 대부분 유기체가 항상성, 즉 기능적 균형 상태를 유지하기 위해서는 그러한 상호작용이 필요하기 때문에 발생한다. 유기체는 …… 환경을 **감각**해야만(냄새 맡고 맛보고 만지고 듣고 보아야만) 그 감각한 것에 반응하여 적절한 행동을 취할 수 있다.(Damasio, 1994: 225; 강조는 원저자)

오늘날에는 우리의 표현이 주로 시각적 시뮬레이션에 의해 자극받고 생태학적 맥락에서 탈구되어 있기 때문에, 우리는 또한 그러한 맥락이 소거된 표현을 개발하게 될 위험이 있다. 인터넷이 하나의 가상 '환경'인 것은 사실이지만, 차이코(Chayko, 2008)의 용어로 표현하면, 인터넷은 사람들의 정신과 (대부분 문자와 그래픽으로 이루어진) 표현 속에만 존재하는 하나의 '인지적 실체(cognitive entity)' 또는 '사회정신적 공간(sociomental space)'이다. 인터넷은 구체적인 물리적 존재가 아니며, 순간적이고 개별화되고 단절적이고 시뮬레이션된 시각적·청각적·촉각적 감각작용만을 낳는다. 안타깝게도 열대 해변, 눈 덮인 산, 열대 우림을 고화질로 시뮬레이션하는 기술이 향상되고 있는 바로 이 순간에 그러한 장소들이 지구에서 사라지고 있다. 정교화된 프로그램

들은 '자연'이 제공하는 시각적·청각적 즐거움을 인위적으로 시뮬레이션할 수 있다. 하지만 그러한 프로그램들은 자주 고통스럽고 때로는 돌이킬 수 없는, 그 파괴가 초래하는 신체적 결과—즉, 산업재(industrial ash)를 흡입하는 것, 끈적끈적한 기름 웅덩이에 발을 딛는 것, 유독 가스로 인해 실명되는 것, 오염된 강둑에서 탈수 증상을 겪는 것, 화학 물질 냄새에 메스꺼움을 느끼는 것, 쓰레기로 뒤덮인 파도를 서핑하는 것, 피부 자극 물질로 인해 가려움을 겪는 것, 맛없는 유전자 변형 식품을 씹는 것 등—를 시뮬레이션할 수 없다. 또한 그러한 감각작용을 피하기 위해 그리고 그러한 결과를 보상하거나 증상을 최소화하기 위해 우리가 수행하는 데 필요한 필수적인 신체 작업도 시뮬레이션할 수 없다.

이러한 탈구는 사회적·심리적 비용을 추가적으로 초래한다. 고셰(Gauchet)가 지적하듯이, 그동안 우리가 공간 속에서 자신이 차지하고 있는 위치를 확실하게 감각하는 것은 우리로 하여금 우리의 환경 및 우리의 주변 사람들과 조화를 이루게끔 하는 특정한 지혜를 산출해 왔다. 오늘날에는 "당신은 주변 사람들을 무시할 수 있는 변수로 인식한다. 당신은 실제로 그들을 당신의 현실 세계의 일부로 보지 않는다"(Gauchet, 2005: 298). 항상 '다른 곳'이 존재하기 때문에 우리는 지금 여기를 일상적으로 무시하는데, 이러한 우리의 경험은 우리가 우리와 물리적으로 인접해 있는 것을 감각하는 방식을 결정적으로 변화시킨다.

이러한 경향은 최근 GPS 장치가 급격히 확산된 것을 통해 가장 구체적으로 예증될 수 있을 것으로 보인다. 따라서 우리는 우리의 방향 감각 및 공간 지향 감각에 의존하거나, 정신적 능력, 표현, 기억을 이용하거나, 태양의 위치, 도로 표지판, 랜드마크, 또는 변화하는 풍경을 살펴보기보다는 이제 점점 더 우리가 운전하는 바로 그 공간을 시뮬레이션하는 GPS 화면을 보고 "반 마일 지점에서 좌회전하세요"라는 GPS의 명령을 따른다. 이때에도 우리는 또한 우리의 주의를 주변 환경이 아니라 방향, 즉각적인 피드백, 그리고 화려한 그래픽을 제공하는 화면으로 돌린다. GPS 장치가 확실히 유용하고 낯선 도로에서 길을 잃는 사람들의 수를 줄여줄 수 있지만, GPS 화면에 이처럼 일상적으로 의존하는 것이 우리가 스스로 감각하고 방향을 인식하고 지시하고 기억하는 능력을 감퇴시키지는 않을까? '감각'은 공간 지향뿐만 아니라 감각 능력과 정신 능력, 분별력, 그리고 의미도 가리키기 때문에, 우리가 여행하는 지리적 공간에서 이 같은 감각 능력, 지향 능력, 지시 능력, 기억 능력 등을 점차 상실하는 것이 혹시 우리가 살고 있는 사회적·심리적 공간에서도 유사한 결과를 낳지는 않을까?

혼란에 빠진 시간 감각

가상의 감각 지향은 우리의 위치 감각뿐만 아니라 **시간 감각**—즉, 우리의 시간 경험—까지 재구성한다. 시간 감각은 일반적으로 보다 전통적인 감각 리스트에서는 언급되지 않지만, 이제 우리는 이 감각을 그 리스트에 포함시키는 것을 고려해야 할 것이다. 왜냐하면 어쨌든 간에 시간 감각이 우리의 일상적인 육체화된 행위(상호작용)에 스며들고 영향을 미치고 방향을 제시하기 때문이다.

이를테면 웨이거트(Weigert, 1997)는 우리의 제한된 감각 장치가 우리의 행동이 환경에 미치는 결과를 감각하고 그 결과에 적응하는 방식으로 대응하는 것을 방해한다고 주장한다. 우리가 우리의 행동이 환경에 미치는 결과를 '감각'하거나 기록할 수 없는 까닭은 그러한 결과가 자주 누적 효과를 통해, 티핑 포인트를 거치면서, 그리고 우리 대부분이 간파할 수 없는 기간을 통해 우리가 감지할 수 없는 방식으로 진전되기 때문이다. 물론 과학자들은 시뮬레이션을 통해 그러한 긴 시간을 몇 초 단위로 축약하고 일반적으로 먼 미래에 일어날 것으로 예상되는 일들을 시각적으로 표현할 수 있다. 그러나 그것들은 감각작용이 경험한 것이 아니라 여전히 극적인 시뮬레이션일 뿐이다. 반면 가상 환경에 의해 부호화되는 감각 지향은 정반대의 논리에 의해 조직화된다. 거기서는 매우 시각적인 표현들이 우리의 디지털 충동을 구체화하고, 즉각적으로 따라서 그 자체로 만족시킨다. 가리키고 클릭하고 다운로드하라. CMC 장치의 마케팅 슬로건이 시사하듯이, '실물 같은' 이미지와 기하급수적으로 빨라지는 '반응' 속도를 제공한다는 약속이 여전히 핵심적인 판매 포인트로 남아 있는 것으로 보인다. 그리하여 역설적이게도 자연환경은 실재하지만, 우리는 우리의 일상 행동이 자연환경에 미치는 결과를 쉽게 감각할 수 없다. 가상 환경은 실재하지 않음에도 불구하고, 우리는 그것을 즉각 경험하고 그러한 즉각적 감각이 제공하는 즐거움을 즐길 수 있다. 가상 환경에서 우리가 수행할 수 있는 그러한 행위들은 물리적 한계와 물리 법칙을 초월한다는 사실 또한 과소평가해서는 안 된다. 왜냐하면 그러한 경험은 우리로 하여금 감각 장비와 주관적 경험 간의 관계에 대해 재고하게 하기 때문이다.

가상의 감각 지향을 특징짓는 이러한 혼란에 빠진 시간 감각은 온라인과 오프라인 모두에서 현기증 나는 일상생활 **속도**로 인해 더욱 탈안정화된다. 역사학자 고셰(Gauchet, 2005: 295)는 "시간 경험의 강도가 이보다 더 강했던 적은 없었다"라고 말한다. 그리고 사이먼(Simon)이 이전의 한 논문에서 논의했듯이(Gottschalk, 1999), 이러한 속도는 우리의 주관적 경험, 상호작용, 주의력에 극적인 영향을 미치는 외적 압력과 내적 압력 둘 다로 감각될 수 있다. 연구 결과들에 따르면, 그러한 감각된 압력에 주의를 기울이는 것은 신경적·신체적·심리적·사회적 비용을 유발한다(Aubert, 2005; Cournut, 2005를 보라).

감각적 기억 상실

> 기억은 …… 육체화된 행위와 (다중적인 의미를 지닌) 대상에 의해 활성화되는 문화적으로 매개되는 하나의 관행이다. 기억에 대한 이러한 물질적 접근방식은 감각을 시간 속에 위치시키고, 메타감각 능력으로서의 그리고 감각기관 그 자체로서의 기억에 대해 이야기한다.(Serematakis, 1994: 90)

가상 세계를 특징짓는 감각 지향은 기억 또한 재구성한다. 이를테면 다섯 가지의 최소한의 감각을 세 가지 감각으로 축소하는 것은 단순한 수학적 뺄셈의 문제가 아니라 감각중추에서 일어나는 질적 변형의 문제이다. 세레마타키스가 우리에게 상기시키듯이,

> 한 감각의 기억은 다른 감각에 저장된다. 촉각의 기억은 소리에, 청각의 기억은 맛에, 시각의 기억은 소리에 저장된다. …… 감각을 깨운다는 것은 기억 능력, 즉 실체적 기억의 능력을 깨우는 것이다. 알아챈다는 것은 생각해 내는 것으로, 어떤 사람이 감각을 통해, 즉 물질을 통해

생각해 내는 것이다.(Serematakis, 1994: 28)

당연한 이야기이지만, 몹시 추운 12월 오후 브뤼셀 시내 쇼핑가의 노점상에게서 따뜻한 군밤을 사 먹었던 기억은 하나의 강렬한 다감각적 경험이다. 그 기억에는 대상의 조작, 시각/청각/미각/후각/프로세믹스, 청바지를 뚫고 들어오는 찬바람의 느낌, 깜빡이는 네온사인 불빛, 군중의 자극적인 와글거리는 소리, 불규칙하게 가다 서다 하는 차량들, 그리고 밀집한 군중 속을 걸으면서 딱딱한 밤 껍질을 까는 운동감각 기술을 시도할 때 본의 아니게 부딪치며 발생하는 보행자들의 가벼운 신체 접촉 등이 결합되어 있다. 세레마타키스가 상기시키듯이, 기억은 "육체화된 행위와 (다중적인 의미를 지닌) 대상에 의해 활성화되는 문화적으로 매개되는 하나의 관행"이다(Serematakis, 1994: 9). 이에 반해 우리가 점점 더 가상의 감각 지향에 적응함에 따라, 우리는 감각 기억을 가상 기억으로 무심코 대체하기 시작할 수 있다. 다이언스는 우리에게 이렇게 묻는다. "우리에게 양심과 존재감을 부여하는 기억이 데이터베이스에서만 살아남는다면 어떤 일이 일어날까? 그것은 우리를 어떻게 변화시킬까? 오늘날 우리의 기억은 우리 자신의 해독에서 비롯되는 경우가 거의 없으며, 거의 전적으로 기계에 의해 기록된 사건들이다"(Dyens, 2001: 36). 심리학자 클라크(Clark, 2003: 4)가 말하듯이, 누군가의 컴퓨터가 파괴되는 것이 '뇌 손상'처럼 느껴질 수 있다는 것은 놀라운 일이 아니다.

게다가 우리가 앞서 살펴본 바와 같이, 탈현실화 의식을 유발할 수 있는 가상의 감각 지향은 기억을 변형시켜 이제는 기억에 '실제로는' 일어난 적이 없는 경험들을 포함하게 만들 수도 있다. 기억(그리고 기억화 과정 자체)은 더 이상 그 기억에 상응하는 신체 감각작용에 의해 자극받지 않기 때문에, 가상의 감각 지향은 둘 간의 관계를 절단한다. 더 나아가 기억은 지속되는 자아 구성 및 자기 평가 프로젝트에서 하나의 핵심적 측면을 이루기 때문에(Waskul, Vannini and Wilson, 2009를 보라), 이러한 기억의 변형은 미시적 수준과 거시적 수준 모두에서 그러한 복잡한 육체화 과정과 상호작용 과정을 손상시킨다. 세레마타키스에 따르면,

> 전체 지역 문화에서 감각적 전제, 기억, 그리고 역사가 제거되고 있으며, 그 결과 사회적 정체성을 재생산하는 능력에서 변화가 일어날 수 있다. 이러한 경제적 과정은 문화적 정체성을 재생산하는 능력이 상호성, 미학, 그리고 물질적 대상의 감각적 층위에 터하고 있는 하나의 물질적 관행이라는 것을 보여준다.(Serematakis, 1994: 3)

요약하면, 몇몇 감각기관의 불균일한 그리고 때로는 조화되지 않는 자극에 의해 인도되는 가상의 감각 지향은 우리가 정확하게 감각작용을 할 수 있는 능력을 저하시킨다. 물리적 감각작용으로부터 분리되고 생태적 맥락에서 탈구되고 시간 속에서 혼란에 빠진 가상의 감각 지향은 우리가 우리 자신을 자신에게, 환경을 우리 자신에게, 그리고 환경 속에 존재하는 우리 자신을 적응적으로 표현하는 능력을 저하시킨다. 최근 연구를 요약하면, 그중에서도 특히 코넬리(Connelly, 2010)와 리첼(Ritchel, 2010a; 2010b)은 가상 환경에 장시간 몰입하는 것과 CMC 장치에 의해 지속적으로 방해받는 것은 이해력, 집중력, 기억력에 부정적인 영향을 미친다고 보고한다. 그러나 세레마타키스(Serematakis, 1994: 9)

는 우리가 이러한 (겉으로 보기에) 순수한 인지적 재능을 상실하는 것을 넘어 감각뿐만 아니라 '감각의 기억'도 잃을 수 있다고 덧붙인다. 다시 말해 기술로 인해 유발된 감각적 기억 상실과 기억의 삭제가 일어날 수도 있다는 것이다. 그녀가 우리에게 상기시키듯이, 기억은 또한 신체적 감각작용과 항상 얽혀 있는 하나의 '감각기관'이다.

결론

이 장에서 내내 우리는 감각에 관한 사회과학 연구의 미래뿐만 아니라 인류의 미래까지 염두에 두고 복잡한 주제와 씨름해 왔다. 우리 세 사람은 거의 전적으로 전자 통신을 통해 이루어지는 매우 소중한 우정을 공유하고 있으며, 그렇기 때문에 전자 매체에 대한 그리고 현대 기술 문화의 감각 지향에 대한 우리의 성찰은 어떤 위선적인 관점에서 나온 것이 아니다. 우리는 "서로 연락을 유지하고(in touch with each other)" 있다는 것이 서로 접촉할 수 없다는(unable to touch each other) 것을 자주 의미하는 세상이 제시하는 묘한 약속과 위협(즉, 매혹적인 가능성과 해로운 결과)을 충분히 인지하고 있다. 하지만 우리는 회의적인 태도를 얼마간 유지하고자 한다. 실용주의자인 우리는 기술적 유토피언도 아니고 디스토피언도 아니다. 기술은 서로 연결되어 있는 다수의 사용 패턴이 무수한 방식으로 전개될 수 있고 또 실제로 전개되는 사회적 조직일 뿐이다.

따라서 이 장에서의 우리의 목적은 우리가 가고 있는 길을 독자의 귀에 대고 살짝 알려주는 것이 아니었다. 오히려 우리는 구멍을 만들어서 미래의 방향에서 오는 빛이 현재 시기로 스며들 수 있게 하기 위해 노력했다. 우리는 감각이 뉴런에 의해 기록되는 물리적 자극 그 이상이라는 점을 개관하면서 이 책을 시작했다. 우리는 이 진술을 고수한다. 그러나 우리는 우리의 감각과 감각작용이 이루어지는 신경과학적 토대로 다시 돌아감으로써 사회학, 인류학, 그리고 여타 문화과학들이 생물학의 시작점에서 멈춰 서지 않는다는 것을 독자에게 알려주고 싶을 뿐이다. 일상생활에서 감각적 성향이 진화함에 따라 이들 학문은 앞으로 인간 세계의 **사회성과 물질성**에 동시에 초점을 맞출 수밖에 없게 한다. 사회성은 사회학과 인류학이 다루는 방법을 잘 알고 있는 분야이다. 그러나 물질성이 개재되면 우리는 자신감을 잃기 시작한다. 급변하는 기술 세계의 맥락에서 인체의 생물학적 기반이 우리가 운용하는 사회적·문화적 영역과 더 깊게 그리고 새로운 방식으로 교차하기 시작함에 따라 우리의 사회과학도 이에 적응해야 한다. 따라서 **인간을 넘어서**(more-than-human)*는 감각 연구는 우리 학문의 작지만 영감을 주는 변두리들에서 발전하고 있는, 아직은 초기 단계에 있는 비인간 중심적인 연구노선을 따라야 한다.

감각 연구에서 '인간을 넘어서'는 접근방식은 감각중추가 변하고 있다는 것을 받아들여야 한다. 무엇보다, 이 새로운 관점에 통합해야 하는 중요한 인식 중 하나가 기술이나 생물학이 감각작용의 사회성을 결

* '인간을 넘어서'라는 표현은 인간 존재가 동물, 식물, 기술, 자연계와 같은 비인간 존재와 깊이 얽혀 있음을 인정하는 개념적 용어로, 이들 비인간 존재와 체계를 중요한 행위자로 간주해야 한다고 주장함으로써 인간중심주의적 관점에 도전한다._옮긴이

정하지 않는다는 것이다. 이것이 바로 이 장에서 어떤 특정 행위자도 비난하지 않은 이유이다. 주류 TV 뉴스 방송이나 학부생의 서투른 에세이가 흔히 그리하듯이, '기술', '기업', '언론' 등과 같은 모호하게 정의된 마녀와 악당을 비난하는 것은 어리석다고 할 정도로 현실에 눈감는 것이다. 그 대신 우리는 복잡하고 때로는 모순적인 힘, 결합, 연결, 관계, 대리자들로 이루어지는 다중 행위자들의 **조합체**(assemblage)가 감각중추를 매일, 매 행위에서, 매 경험에서 변화시킨다고 암시해 왔다. 간단히 말하면, 이것이 바로 우리가 처음부터 '신체 작업'이라는 관념을 통해 표현하고자 했던 것이다. 신체 작업이라는 관념이 우리에게 가르쳐주듯이, 세상을 감각하는 것은 세상을 조합해 내는 방식을 구축하고 또 그것을 고쳐나가는 하나의 방식이다. 세상을 감각하는 것은 세상을 여러 성찰적 동학으로 통합하는 하나의 방식이며, 그렇기 때문에 세상에 대한 우리의 경험은 결코 정적이지 않고 항상 유동적이다. 실제로 신체 작업은 그 자체로 작업이다. 즉, 신체 작업은 관행이자 수행으로, 이 신체 작업을 행하고 조합하는 것 자체가 바로 우리의 사회적 관계의 물질성을 주조한다. 당신도, 사이먼도, 필립도, 데니스도 혼자 신체 작업을 하는 것이 아니다. 오히려 우리 모두는 모든 시점에서 때로는 우리를 연결하고 때로는 우리를 서로로부터 분리하는 사회-물질적(socio-material) 끈에 의해 묶여 있다. 그리고 이 끈이 우리의 감각을 그리고 우리의 공동 세계를 감각하는/이해하는 우리의 방식을 단순한 추상적 매체 이상의 것으로 그리고 우리가 통제할 수 없는 '하드웨어에 내장된' 기술 이상의 것으로 만들어준다.

비판적 실용주의자들인 우리는 이러한 깨달음을 긍정적으로 바라본다. 왜냐하면 어쨌거나 이러한 깨달음은 우리에게 우리가 해야 할 일이 있으며 우리가 우리 자신을 위해 그 일을 할 수 있다는 것을 알려 주기 때문이다.

참고문헌

Abram, D. 1997. *The Spell of the Sensuous*. New York: Vintage.

Abramson, P. and S. Pinkerton. 1995. *With Pleasure: Thoughts on the Nature of Human Sexuality*. New York: Oxford University Press.

Adams, M. 2009. "Hearing the City: Reflections on Soundwalking." *Qualitative Researcher*, 10: 6~9.

Adams, M. and S. Guy. 2007. "Editorial: Senses and the City." *The Senses and Society*, 2: 133~136.

Akou, H.M. 2007. "Building a New World Fashion: Islamic Dress in the Twenty-First Century." *Fashion Theory: The Journal of Dress, Body, and Culture*, 11: 403~421.

Alex, G. 2008. "A Sense of Belonging and Exclusion: 'Touchability' and 'Untouchability' in Tamil Nadu." *Ethnos*, 73: 523~543.

Almagor, U. 1987. "The Cycle and Stagnation of Smells: Pastoralists-Fishermen Relationships in an East African Society." *RES: Anthropology and Aesthetics*, 13: 106~121.

______. 1990. "Odors and Private Language: Observations on the Phenomenology of Scent." *Human Studies*, 13: 253~274.

Amit-Kokhavi, H. 2006. "Haifa—Sea and Mountain, Arab Past and Jewish Present, as Reflected by Four Writers." *Israel Studies*, 11: 142~167.

Ascher, F. 2005a. *Le Mangeur Hypermoderne: Une Figure de l'Individu Eclectique*. Paris: Odile-Jacob.

______. 2005b. *La Société Hypermoderne*. Paris: Broché.

Aubert, N. (ed.). 2005. *L'Individu Hypermoderne*. Paris: Erès.

Austin, J. 1962. *How to Do Things with Words*. Oxford: Oxford University

Press.

Azaryahu, M. 2000. "McIsrael? On the 'Americanization of Israel.'" *Israel Studies*, 5: 41~64.

Bagley, C. 2008. "Educational Ethnography as Performance Art: Towards a Sensuous Feeling and Knowing." *Qualitative Research*, 8: 53~72.

Ball, H. 2008. "Quilts." In G. Knowles and A. Cole (eds.), *Handbook of the Arts in Qualitative Research*, 363~368. Thousand Oaks, CA: SAGE.

Banes, S. and A. Lepecki (eds.). 2006. *The Senses in Performance*. New York: Routledge.

Bar-On, D. 2008. *The Others within Us: Constructing Jewish-Israeli Identity*. Cambridge: Cambridge University Press.

Barthes, R. 1974. *S/Z*. London: Cape.

______. 1997. "Toward a Psychosociology of Contemporary Food Consumption." In C. Maurer, M. Counihan, and P. Van Esterik (eds.), *Food and Culture: A Reader*, 20~27. New York: Routledge.

Barus-Michel, J. 2005. "L'Hypermodernité, Dépassement ou Perversion de la Modernité?" In N. Aubert (ed.), *L'Individu Hypermoderne*, 239~248. Paris: Erès.

Basso, E. 1981. "A Musical View of the Universe: Kalapalo Myth and Ritual as Religious Performance." *Journal of American Folklore*, 94: 273~292.

Baudrillard, J. 1989. *America*. London: Verso.

Bauman, Z. 2001. "Consuming Life." *Journal of Consumer Culture*, 1: 9~29.

______. 2004. "The Consumerist Syndrome in Contemporary Society: An Interview with Zygmunt Bauman by Chris C. Rojek." *Journal of Consumer Culture*, 4: 291~312.

______. 2007. "Collateral Casualties of Consumerism." *Journal of Consumer Culture*, 7: 25~56.

Beach, F. 1965. *Sex and Behavior*. New York: Anchor.

Beardsworth, A. and T. Keil. 1997. *Sociology on the Menu: An Invitation to the Study of Food and Society*. New York: Routledge.

Becker, H. 1951. "The Professional Dance Musician and His Audience." *American Journal of Sociology*, 57: 136~144.

______. 1963. *Outsiders*. New York: Free Press.

______. 2000. "What Sociology Should Look Like." *Contemporary Sociology*, 29: 333~336.

Beer, D. 2007. "Tune-out: Music, Soundscapes, and the Urban Mise-en-Scene." *Information, Communication, and Society*, 10: 846~866.

Ben David, O. 1997. "*Tiyul* (Hike) as an Act of Consecration of Space." In E. Ben-Ari and Y. Bilu (eds.), *Grasping Land: Space and Place in Contemporary Israeli Discourse and Experience*, 129~145. Albany: State University of New York Press.

Bennett, P. 1993. "Critical Clitoridectomy: Female Sexual Imagery and Feminist Psychoanalytic Theory." *Signs: Journal of Women in Culture and Society*, 18: 235~259.

Bhatti, M., A. Church, A. Claremont, and P. Stenner. 2009. "'I Love Being in the Garden': Enchanting Encounters in Everyday Life." *Social and Cultural Geography*, 10: 61~76.

Bial, H. (ed.). 2004. *The Performance Studies Reader.* New York: Routledge.

Biale, D. 1992. "Zionism as an Erotic Revolution." In H. Eilberg-Schwartz (ed.), *People of the Body: Jews and Judaism from an Embodied Perspective*, 283~307. Albany: State University of New York Press.

Bichard, J.A., J. Hanson, and C. Greed. 2008. "Please Wash Your Hands." *Senses and Society*, 3: 79~84.

Blumenfeld-Jones, D. 2008. "Dance, Choreography, and Social Science Research." In G. Knowles and A. Cole (eds.), *Handbook of the Arts in Qualitative Research*, 175~184. Thousand Oaks, CA: SAGE.

Blumer, H. 1969. *Symbolic Interactionism: Perspective and Method.* Berkeley: University of California Press.

Booth, S. 1977. *Shakespeare's Sonnets.* New Haven, CT: Yale University Press.

Boyarin, J. 1997. "Return of the Repressed? A Response from New York." In E. Ben-Ari and Y. Bilu (eds.), *Grasping Land: Space and Place in Contemporary Israeli Discourse and Experience*, 217~230. Albany: State University of New York Press.

Brady, I. 2004. "In Defense of the Sensual: Meaning Construction in Ethnography and Poetics." *Qualitative Inquiry*, 10: 622~644.

Bresler, L. 2008. "The Music Lesson." In G. Knowles and A. Cole (eds.),

Handbook of the Arts in Qualitative Research, 225~238. Thousand Oaks, CA: SAGE.

Brissett, D. and C. Edgley (eds.). 1990. *Life as Theater*. Minneapolis: University of Minnesota Press.

Bull, M. 2000. *Sounding out the City: Personal Stereos and the Management of Everyday Life*. Oxford: Berg.

______. 2008. *Sound Moves: iPod Culture and Urban Experience*. New York: Routledge.

Bull, M. and L. Back. 2003. *The Auditory Culture Reader*. Oxford: Berg.

Bull, M., P. Gilroy, D. Howes, and D. Kahn. 2006. "Introducing Sensory Studies." *Senses and Society*, 1: 5~8.

Cahill, S. 1985. "Meanwhile Backstage: Public Bathrooms and Interaction Order." *Urban Life*, 14: 33~58.

Castell, R. 2005. "La Face Cachée de l'Individu Hypermoderne: L'Individu par Défaut." In N. Aubert (ed.), *L'Individu Hypermoderne*, 119~128. Paris: Erès.

Chau, A.Y. 2008. "The Sensorial Production of the Social." *Ethnos*, 73: 485~504.

Chayko, M. 2008. *Portable Communities: The Social Dynamics of Online and Mobile Communication*. Albany: State University of New York Press.

Choo, S. 2004. "Eating Satay Babi: Sensory Perception of Transnational Movement." *Journal of Intercultural Studies*, 25: 203~213.

Chuengsatiansup, K. 1999. "Sense, Symbol, and Soma: Illness Experience and the Soundscape of Everyday Life." *Culture, Medicine, and Psychiatry*, 23: 273~301.

Clark, A. 2003. *Natural Born Cyborgs: Mind, Technologies, and the Future of Human Intelligence*. New York: Oxford University Press.

Classen, C. 1990. "Sweet Colors, Fragrant Songs: Sensory Models of the Andes and the Amazon." *American Ethnologist*, 17: 722~735.

______. 1992. "The Odor of the Other: Olfactory Symbolism and Cultural Categories." *Ethnos*, 20: 133~166.

______. 1993. *Inca Cosmology and the Human Body*. Salt Lake City: University of Utah Press.

______. 1997. "Engendering Perception: Gender Ideologies and Sensory

Hierarchies in Western History." *Body and Society*, 3: 1~19.

______. 1998. *The Colour of Angels: Cosmology, Gender, and the Aesthetic Imagination*. New York: Routledge.

______. 1999. "Other Ways to Wisdom: Learning through the Senses across Cultures." *International Review of Education*, 45(3/4): 269~280.

______ (ed.). 2005. *The Book of Touch*. Oxford: Berg.

Classen, C., D. Howes, and A. Synnott. 1993. *Aroma: The Cultural History of Smell*. New York: Routledge.

Clifford, J. and G. Marcus (eds.). 1986. *Writing Culture: The Poetics and Politics of Ethnography*. Berkeley: University of California Press.

Cohen, E. 2006. "The Broken Cycle: Smell in a Bangkok Lane." In J. Drobnick (ed.), *The Smell Culture Reader*, 118~127. Oxford: Berg.

Cole, A. and M. McIntyre. 2008. "Installation Art-as-Research." In G. Knowles and A. Cole (eds.), *Handbook of the Arts in Qualitative Research*, 287~297. Thousand Oaks, CA: SAGE.

Coleridge, S.T. 1817. *Biographical Sketches of my Literary Life and Opinions*. London: Rest-Fenner.

Connelly, M. 2010. "More Americans Sense a Downside to an Always Plugged-in Existence." *New York Times*, June 6.

Connerton, P. 1989. *How Societies Remember*. Cambridge: Cambridge University Press.

Conquergood, D. 1991. "Rethinking Ethnography: Towards a Critical Cultural Politics." *Communication Monographs*, 58: 179~194.

______. 2000. "Rethinking Elocution: The Trope of the Talking Book and Other Figures of Speech." *Text and Performance Quarterly*, 20: 325~341.

Costall, A. 1995. "Socializing Affordances." *Theory Psychology*, 5: 467~481.

Cournut, J. 2005. "Les Défoncés." In N. Aubert (ed.), *L'Individu Hypermoderne*, 61~71. Paris: Erès.

Crang, M. 2003. "Qualitative Methods: Touchy, Feely, Look, See?" *Progress in Human Geography*, 27: 494~504.

Crossley, N. 2001. *The Social Body*. London: SAGE.

______. 2006. *Reflexive Embodiment in Contemporary Society*. London: Open University Press.

Csordas, T. 1990. "Introduction." In T. Csordas (ed.), *Embodiment and Experience: The Existential Ground of Culture and the Self*, 1~25. Cambridge: Cambridge University Press.

______. 1993. "Somatic Modes of Attention." *Cultural Anthropology*, 18: 135~156.

Damasio, A. 1994. *Descartes' Error: Emotion, Reason, and the Human Brain*. New York: Penguin.

Davis, F. 1979. *Yearning for Yesterday: A Sociology of Nostalgia*. New York: Free Press.

Davis, M. 1983. *Smut: Erotic Reality/Obscene Ideology*. Chicago: University of Chicago Press.

Debord, G. 1983. *The Society of the Spectacle*. Detroit, MI: Black and Red.

de Garis, L. 1999. "Experiments in Pro Wrestling: Toward a Performative and Sensuous Sport Ethnography." *Sociology of Sport Journal*, 16: 65~74.

de Gaulejac, V. 2005. "Le Sujet Manqué: L'Individu Face aux Contradictions de l'Hypermodernité." In N. Aubert (ed.), *L'Individu Hypermoderne*, 129~143. Paris: Erès.

De la Fuente, E. 2007. "On the Promise of a Sociological Aesthetics." *Distinktion*, 15: 91~110.

DeNora, T. 1997. "Music and Erotic Agency—Sonic Resources and Social-Sexual Action." *Body and Society*, 3: 43~65.

______. 2000. *Music in Everyday Life*. Cambridge: Cambridge University Press.

Denzin, N. 1996. *Interpretive Ethnography: Ethnographic Practices for the Twenty-First Century*. Thousand Oaks, CA: SAGE.

Descartes, R. 2010 [1641]. *Meditations on First Philosophy*. New York: CreateSpace.

Desjarlais, R. 2003. *Sensory Biographies: Lives and Deaths among Nepal's Yolmo Buddhists*. Berkeley: University of California Press.

Devall, B. and G. Sessions. 1985. *Deep Ecology: Living as if Nature Mattered*. Salt Lake City, UT: Peregrine Smith Books.

Dewey, J. 1929. *Experience and Nature*. Chicago: Open Court.

______. 1934. *Art as Experience*. New York: Minton.

______. 1967 [1887]. *John Dewey: The Early Works 1882-1898*. Herbert Schneider

(ed.). Carbondale: Southern Illinois University Press.
______. 2002 [1922]. *Human Nature and Conduct.* Amherst, NY: Prometheus.
Dewsbury, J.D. 2000. "Performativity and the Event: Enacting a Philosophy of Difference." *Environment and Planning D*, 18: 473~496.
Dobres, M. 2002. "Meaning in the Making: Agency and the Social Embodiment of Technology and Art." In M.B. Schiffer (ed.), *Anthropological Perspectives on Technology*, 47~67. Albuquerque: University of New Mexico Press.
Doctor Seuss. 1957. *How the Grinch Stole Christmas!* New York: Random House.
Douglas, M. 1970. *Purity and Danger.* Harmondsworth: Penguin Books.
Drobnick, J. (ed.). 2006. *The Smell Culture Reader.* New York: Berg.
Dyens, O. 2001. *Metal and Flesh: Technology Takes Over.* Cambridge, MA: MIT Press.
Edensor, T. 2000. "Walking in the British Countryside: Reflexivity, Embodied Practices, and Ways to Escape." *Body and Society*, 9: 164~180.
______. 2003. "M6: Junction 19-16: Defamiliarizing the Mundane Roadscape." *Space and Culture*, 6: 151~168.
______. 2007. "Sensing the Ruin." *Senses and Society*, 2: 217~232.
Edwards, E. and K. Bhaumik 2008. *Visual Sense: A Cultural Reader.* Oxford: Berg.
Edwards, E., C. Gosden and R. Phillips. 2006. "Introduction." In E. Edwards, C. Gosden, and R. Phillips (eds.), *Sensible Objects: Colonialism, Museums, and Material Culture*, 1~33. Oxford: Berg.
Elias, N. 1978. *The History of Manners.* New York: Pantheon.
Elliot, N.L. 2006. "See it, Sense it, Save it: Economies of Multisensuality in Contemporary Zoos." *Senses and Society*, 1: 203~224.
Ellis, C. 2004. *The Ethnographic I.* Walnut Creek, CA: AltaMira Press.
Ellis, H. 1928. *Studies in the Psychology of Sex.* Volume 7. New York: Random House.
Engen, T. 1991. *Odor Sensation and Memory.* New York: Praeger.
Enriquez, E. 2005. "L'Idéal Type de L'Individu Hypermoderne: L'Individu Pervers?" In N. Aubert (ed.), *L'Individu Hypermoderne*, 38~57. Paris:

Erès.

Even-Zohara, I. 1981. "The Emergence of a Native Hebrew Culture in Palestine: 1882-1948." *Journal of Israeli History*, 2: 167~184.

Feld, S. 1982. *Sound and Sentiment: Birds, Weeping, Poetics, and Song in Kaluli Expression.* Philadelphia: University of Pennsylvania Press.

Feld, S. and K. Basso (eds.). 1996. *Senses of Place.* Albuquerque, NM: School of American Research.

Ferzacca, S. 2006. "Learning How to Listen: Kroncong Music in a Javanese Neighborhood." *Senses and Society*, 1: 331~358.

Fine, G.A. 1987. *With the Boys: Little League Baseball and Preadolescent Culture.* Chicago: University of Chicago Press.

______. 1995. "Wittgenstein's Kitchen: Sharing Meaning in Restaurant Work." *Theory and Society*, 24: 245~269.

______. 1996. *Kitchens: The Culture of Restaurant Work.* Berkeley: University of California Press.

______. 2003. *Morel Tales: The Culture of Mushrooming.* Champaign: University of Illinois Press.

Fine, G.A. and T. Hallett. 2003. "Dust: A Study in Sociological Miniaturism." *Sociological Quarterly*, 44: 1~15.

Finnegan, R. 2002. *Communicating: The Multiple Modes of Human Interconnection.* New York: Routledge.

Fischler, C. 1988. "Food, Self and Identity." *Social Science Information*, 27: 275~292.

Frank, A. 1995. *The Wounded Storyteller: Body, Illness, and Ethics.* Chicago: University of Chicago Press.

Franks, D. 2003. "Mutual Interests, Different Lenses: Current Neuroscience and Symbolic Interaction." *Symbolic Interaction*, 26: 613~630.

______. 2010. *Neurosociology: The Nexus between Neuroscience and Social Psychology.* Richmond, VA: Springer.

Frykman, J. 1994. "On the Move: The Struggle for the Body in Sweden in the 1930s." In N. Serematakis (ed.), *The Senses Still: Perception and Memory as Material Culture in Modernity*, 63~85. Boulder, CO: Westview.

Futrell, R., P. Simi, and S. Gottschalk. 2006. "Understanding Music in Movements: The White Power Movement Music Scene." *Sociological Quarterly*, 47: 275~304.

Gagnon, J. and W. Simon. 1973. *Sexual Conduct*. Chicago: Aldine.

Gallegos, D. and A. McHoul. 2006. "'It's not about Good Taste. It's about Tastes Good': Bourdieu, and Campbell's Soup ... and beyond." *Senses and Society*, 1: 165~181.

Garrod, D. 1962. "The Middle Palaeolithic of the Near East and the Problem of Mount Carmel Man." *Journal of the Royal Anthropological Institute of Great Britain and Ireland*, 92: 232~259.

Gauchet, M. 2005. "Vers une Mutation Anthropologique?" In N. Aubert (ed.), *L'Individu Hypermoderne*, 291~301. Paris: Erès.

Gazzaniga, M.S. 1985. *The Social Brain*. New York: Basic Books.

Geertz, C. 1973. *The Interpretation of Cultures*. New York: Basic Books.

Gell, A. 1998. *Art and Agency*. Oxford: Oxford University Press.

______. 2006. "Magic, Perfume, Dream." In J. Drobnick (ed.), *The Smell Culture Reader*, 400~410. Oxford: Berg.

Geurts, K. 2002. *Culture and the Senses: Bodily Ways of Knowing in an African Community*. Berkeley: University of California Press.

______. 2003. "On Rocks, Walks, and Talks in West Africa: Cultural Categories and an Anthropology of the Senses." *Ethnos*, 30: 178~198.

Gibson, J. 1979. *The Ecological Approach to Perception*. London: Houghton Mifflin.

______. 1983. *The Senses Considered as Perceptual Systems*. Detroit, MI: Greenwood Press.

Gilbert, A. (ed.) 1995. *Compendium of Olfactory Research*. Dubuque, IA: Kendall.

Goffman, E. 1955. "On Face-Work: An Analysis of Ritual Elements in Social Interaction." *Psychiatry: Interpersonal and Biological Processes*, 18: 213~231.

______. 1959. *The Presentation of Self in Everyday Life*. Garden City, NY: Doubleday.

______. 1963. *Stigma: Notes on the Management of Spoiled Identity*.

Englewood Cliffs, NJ: Prentice-Hall.
______. 1967. *Interaction Ritual: Essays in Face-to-Face Behavior.* Chicago: Aldine.
______. 1971. *Strategic Interaction.* Philadelphia: University of Pennsylvania Press.
______. 1974. *Frame Analysis.* New York: Harper.
______. 1979. *Gender Advertisements.* New York: Harper Colophon.
______. 1983. "The Interaction Order." *American Sociological Review*, 48: 1~17.
______. 1989. "On Fieldwork." *Journal of Contemporary Ethnography*, 18: 123~132.
Goleman, D. 2006. *Social Intelligence.* New York: Bantam.
Gottschalk, S. 1999. "Speed Culture: Fast Strategies in TV Commercials." *Qualitative Sociology*, 22: 311~329.
______. 2006. "Prozac, Postmodernism and Politics." In L. Rubin (ed.), *Psychotropic Drugs and Popular Culture: Essays on Medicine, Mental Health and the Media*, 61~84. Jefferson, NC: McFarland.
______. 2009. "Hypermodern Consumption and Megalomania: Superlatives in Commercials." *Journal of Consumer Culture*, 9: 307~327.
Greer, G. 1987. *The Mad Woman's Underclothes.* London: Pan/Picador.
Grimes, R. 1995. *Readings in Ritual Studies.* Englewood Cliffs, NJ: Prentice-Hall.
Hall, T., B. Lashua, and A. Coffey. 2008. "Sound and the Everyday in Qualitative Research." *Qualitative Inquiry*, 14: 1019~1040.
Harrison, P. 2000. "Making Sense: Embodiment and the Sensibilities of the Everyday." *Environment and Planning D*, 18: 497~517.
Harvey, S.A. 2006. *Scenting Salvation: Ancient Christianity and the Olfactory Imagination.* Berkeley: University of California Press.
Hazan, H. 2001. *Simulated Dreams: Israeli Youth and Virtual Zionism.* New York: Berghahn Books.
Heatherington, T. 1999. "Street Tactics: Catholic Ritual and the Senses of the Past in Central Sardinia." *Ethnology*, 38: 315~334.
Heidegger, M. 1993. *Basic Writings.* New York: HarperCollins.
Heiman, J.R. 1975. "Responses to Erotica: An Exploration of Physiological and Psychological Correlates of Human Sexual Response." *Dissertation*

Abstracts International, 36(5B): 2472.

Helman, A. 2002. "'Even the Dogs in the Street Bark in Hebrew': National Ideology and Everyday Culture in Tel-Aviv." *Jewish Quarterly Review*, 92: 359~382.

Helmreich, S. 2007. "An Anthropologist Underwater: Immersive Soundscapes, Submarine Cyborgs, and Transductive Ethnography." *American Ethnologist*, 34: 621~641.

Hennion, A. 2004. "Pragmatics of Taste." In M. Jacobs and N. Hanrahan (eds.), *The Blackwell Companion to the Sociology of Culture*, 131~144. Oxford: Blackwell.

______. 2007. "Those Things that Hold us Together: Taste and Sociology." *Cultural Sociology*, 1: 97~114.

Henslin, J. and M. Biggs. 1971. "Dramaturgical Desexualization: The Sociology of the Vaginal Examination." In J. Henslin (ed.), *Studies in the Sociology of Sex*, 243~272. New York: Appleton-Century-Crofts.

Herz, R. 2006. "I Know What I Like: Understanding Odor Preferences." In J. Drobnick (ed.), *The Smell Culture Reader*, 75~94. Oxford: Berg.

Hirsch, A. 2006. "Nostalgia: The Odours of Childhood and Society." In J. Drobnick (ed.), *The Smell Culture Reader*, 134~152. Oxford: Berg.

Hochschild, A. 1983. *The Managed Heart: Commercialization of Human Feeling*. Berkeley: University of California Press.

Hockey, J. 2006. "Sensing the Run: The Senses and Distant Running." *Senses and Society*, 1: 183~201.

Hockey, J. and J.A. Collinson. 2007. "Grasping the Phenomenology of Sporting Bodies." *International Review for the Sociology of Sport*, 42: 115~131.

Hoffer, P.C. 2003. *Sensory World in Early America*. Baltimore, MD: Johns Hopkins University Press.

Howes, D. 1987. "Olfaction and Transition: An Essay on the Ritual Uses of Smell." *Canadian Review of Sociology and Anthropology*, 24: 398~416.

______ (ed.). 1991. *The Varieties of Sensory Experience: A Sourcebook in the Anthropology of the Senses*. Toronto: University of Toronto Press.

______. 2003. *Sensual Relations: Engaging the Senses in Culture and Social Theory*. Ann Arbor: University of Michigan Press.

______. 2005. *Empire of the Senses: The Sensual Culture Reader.* Oxford: Berg.

______ (ed.). 2009. *The Sixth Sense Reader.* Oxford: Berg.

Hsu, E. 2008. "The Senses and the Social: An Introduction." *Ethnos*, 73: 433~443.

Huxley, A. 1942. *The Art of Seeing.* London: Chatto.

Hyde, A. 2006. "Offensive Bodies." In J. Drobnick (ed.), *The Smell Culture Reader*, 95~112. Oxford: Berg.

Imai, H. 2008. "Senses on the Move: Multisensory Encounters with Street Vendors in the Japanese Urban Alleyway Roji." *Senses and Society*, 3: 329~338.

Ingold, T. 2000. *Perception of the Environment: Essays in Livelihood, Dwelling, and Skill.* London: Routledge.

______. 2004. "Culture on the Ground: The World Perceived through the Feet." *Journal of Material Culture*, 9: 315~340.

Ingold, T. and J.L. Vergunst (eds.). 2008. *Ways of Walking: Ethnography and Practice on Foot.* Aldershot: Ashgate.

Jackson, A. 1968. "Sound and Ritual." *Man*, 3 (NS): 293~300.

Jackson, M. 1983. "Knowledge of the Body." *Man*, 18: 327~345.

James, W. 1983 [1890]. *Principles of Psychology.* Cambridge, MA: Harvard University Press.

Jenks, C. and T. Neves. 2000. "A Walk on the Wild Side: Urban Ethnography Meets the Flâneur." *Cultural Values*, 4: 1~17.

Jonaitis, A. 2006. "Smoked Fish and Fermented Oil: Taste and Smell among the Kwakwaka'wakw." In E. Edwards, C. Gosden, and R. Phillips (eds.), *Sensible Objects: Colonialism, Museums, and Material Culture*, 141~168. Oxford: Berg.

Jutte, R. 2005. *A History of the Senses: From Antiquity to Cyberspace.* Cambridge: Polity Press.

Kaufman, H. 2005. "Jewish Sports in the Diaspora, Yishuv, and Israel: Between Nationalism and Politics." *Israel Studies*, 10: 147~167.

Kessler, S. and W. McKenna. 1978. *Gender: An Ethnomethodological Approach.* Chicago: University of Chicago Press.

Kirshenblatt-Gimblett, B. 1999. "Food as a Performance Medium." *Performance*

Research, 4: 1~30.

Kleiner, S. 2009. "Thinking with the Mind, Syncing with the Body: Ballet as Symbolic and Non-Symbolic Interaction." *Symbolic Interaction*, 32: 236~259.

Knowles, G. and A. Cole (eds.). 2008. *Handbook of the Arts in Qualitative Research*. Thousand Oaks, CA: SAGE.

Korsmeyer, C. (ed.). 2005. *The Taste Culture Reader*. Oxford: Berg.

Kress, G. and T. Van Leeuwen. 1996. *Reading Images: The Grammar of Visual Design*. London: Routledge.

Kurzweil, R. 1990. *The Age of Intelligent Machines*. Cambridge, MA: MIT Press.

Laderman, C. and M. Roseman (eds.). 1996. *The Performance of Healing*. New York: Routledge.

Lankauskas, G. 2006. "Sensuous (Re)Collections: The Sight and Taste of Socialism at Grutas Statue Park, Lithuania." *Senses and Society*, 1: 27~52.

Largey, G. and D. Watson. 1972. "The Sociology of Odours." *American Journal of Sociology*, 77: 1021~1034.

Law, J. and A. Mol. 1995. "Notes on Materiality and Sociality." *Sociological Review*, 43: 274~294.

Law, L. 2001. "Home Cooking: Filipino Women and the Geographies of the Senses in Hong Kong." *Cultural Geographies*, 8: 264~284.

Leder, D. 1990. *The Absent Body*. Chicago: University of Chicago Press.

LeDoux, J. 2002. *The Synaptic Self: How Our Brains Become Who We Are*. New York: Penguin Books.

Leiss, W., S. Klein, S. Jhally, and J. Botterill. 2005. *Social Communication in Advertising: Consumption in the Mediated Marketplace*. Third edition. New York: Routledge.

Leont'ev, A. 1981. *Problems of the Development of the Mind*. Moscow: Progress Publishers.

Lepecki, S. and A. Banes. 2006. "Introduction." In A. Banes and S. Lepecki (eds.), *The Senses in Performance*, 1~17. New York: Routledge.

Lévy, P. 1997. *Collective Intelligence: Mankind's Emerging World in Cyberspace*. New York: Plenum.

Lindstrom, M. 2005. *Brand Sense: Build Powerful Brands through Touch, Taste, Sight, and Sound.* New York: Simon and Schuster.

Lingis, A. 1996. *Sensation: Intelligibility in Sensibility.* New York: Humanity Books.

Lipovetsky, G. 1983. *L'Ere du Vide: Essais sur l'Individualisme Contemporain.* Paris: Gallimard.

______. 1987. "La Pub Sort Ses Griffes." *Le Débat*, 43:126~140.

______. 2005. *Hypermodern Times.* Cambridge: Polity Press.

______. 2006. *Le Bonheur Paradoxal: Essai sur la Société d'Hyperconsommation.* Paris: Gallimard.

Lorimer, H. 2005. "Cultural Geography: The Busyness of Being 'More-Than-Representational.'" *Progress in Human Geography*, 29: 83~95.

______. 2007. "Cultural Geography: Worldly Shapes, Differently Arranged." *Progress in Human Geography*, 31: 89~100.

______. 2008. "Cultural Geography: Non-Representational Conditions and Concerns." *Progress in Human Geography*, 32: 551~559.

Low, K. 2005. "Ruminations on Smell as a Sociocultural Phenomenon." *Current Sociology*, 53: 397~417.

______. 2006. "Presenting the Self, the Social Body, and the Olfactory: Managing Smells in Everyday Life Experiences." *Sociological Perspectives*, 49: 607~631.

Mags, A. and S. Guy. 2007. "Senses and the City." *Senses and Society*, 2: 133~136.

Mags, A., G. Moore, T. Cox, B. Croxford, M. Refaee, and S. Sharpies. 2007. "The 24-Hour City: Residents' Sensorial Experiences." *Senses and Society*, 2: 201~215.

Makagon, D. and M. Neumann. 2009. *Audio Documentary and the Ethnographic Experience.* Thousand Oaks, CA: SAGE.

Malnar, J. and F. Vodvarka. 2004. *Sensory Design.* Minneapolis: University of Minnesota Press.

Marks, L. 1999. *The Skin of the Film: Intercultural Cinema, Embodiment, and the Senses.* Durham, NC: Duke University Press.

Marx, K. 1967 [1844]. *The Economic and Philosophic Manuscripts of 1844.* Available online at http://www.marxists.org/archive/marx/index.htm

(last accessed July 10, 2010).

Masters, W. and V. Johnson. 1966. *Human Sexual Response*. Philadelphia, PA: Lippincott Williams and Wilkins.

Maugham, S. 1930. *On a Chinese Screen*. New York: Doran.

McCarthy, D. 1984. "Toward a Sociology of the Physical World." *Studies in Symbolic Interaction*, 5: 105~121.

McKenzie, C. 2008. "Radio in/for Research: Creating Knowledge Waves." In G. Knowles and A. Cole (eds.), *Handbook of the Arts in Qualitative Research*, 337~349. Thousand Oaks, CA: SAGE.

Mead, G.H. 1929. *The Philosophy of the Present*. Chicago: University of Chicago Press.

______. 1934. *Mind, Self, and Society*. C. Morris (ed.). Chicago: University of Chicago Press.

______. 1938. *The Philosophy of the Act*. Chicago: University of Chicago Press.

Merleau-Ponty, M. 1962. *Phenomenology of Perception*. London: Routledge.

Middleton, J. 2010. "Sense and the City: Exploring the Embodied Geographies of Urban Walking." *Social and Cultural Geography*, 11: 575~596.

Miller, D. 1987. *Material Culture and Mass Consumption*. Oxford: Blackwell.

Miller, I. 1997. *The Anatomy of Disgust*. Cambridge, MA: Harvard University Press.

Miner, H. 1956. "Body Ritual among the Nacirema." *American Anthropologist*, 58(3): 503~507.

Mitchell, R. Jr. 2002. *Dancing at Armageddon: Survivalism and Chaos in Modern Times*. Chicago: University of Chicago Press.

Morin, E. and A.B. Kern. 1993. *Terre-Patrie*. Paris: Seuil.

Mosher, D.L., M. Barton-Henry, and S. Green. 1988. "Subjective Sexual Arousal and Involvement: Development of Multiple Indicators." *Journal of Sex Research*, 25: 412~425.

Nederveen Pieterse, J. 1993. "Aesthetics of Power: Time and Body Politics." *Third Text*, 7: 33~42.

Ness, S.A.A. 2004. "Being a Body in a Cultural Way: Understanding the Cultural in the Embodiment of Dance." In H. Thomas and J. Ahmed (eds.), *Cultural Bodies: Ethnography and Theory*, 123~144. Oxford: Blackwell.

Nocke, A. 2006. "Israel and the Emergence of Mediterranean Identity: Expressions of Locality in Music and Literature." *Israel Studies*, 11: 143~173.

Norton, T. 1975. *Ordinals of Alchemy*. Oxford: Oxford University Press.

Nuckolls, J. 1999. *Sounds Like Life: Sound-Symbolic Grammar, Performance, and Cognition*. New York: Oxford University Press.

Ochs, E., C. Pontecorvo, and A. Fasulo. 1996. "Socializing Taste." *Ethnos*, 61: 7~46.

Ogletree, S.M. and H.J. Ginsburg. 2000. "Kept under the Hood: Neglect of the Clitoris in Common Vernacular." *Sex Roles*, 43: 917~926.

O'Hanlon, M. 1989. *Reading the Skin: Adornment, Display, and Society among the Wahgi*. London: British Museum.

Ong, W. 1982. *Orality and Literacy: The Technologizing of the Word*. New York: Routledge.

Oosterbaan, M. 2009. "Sonic Supremacy: Sound, Space and Charisma in a Favela in Rio de Janeiro." *Critique of Anthropology*, 29: 81~104.

Orwell, G. 1937. *The Road to Wigan Pier*. London: Victor Gollancz.

Owens, E. 2007. "Nonbiologic Objects as Actors." *Symbolic Interaction*, 30: 567~584.

Oz, Almog. 2000. *The Sabra: The Creation of the New Jew*. Berkeley: University of California Press.

Oz, Amos. 2009. *The Amos Oz Reader*. Boston, MA: Houghton Mifflin Harcourt.

Panopoulos, P. 2003. "Animal Bells as Symbols: Sound and Hearing in a Greek Island Village." *Journal of the Royal Anthropological Institute*, 9: 639~656.

Parisi, D. 2008. "'Fingerbombing,' or 'Touching is Good': The Cultural Construction of Technologized Touch." *Senses and Society*, 3: 307~327.

Paterson, M. 2009. "Haptic Geographies: Ethnography, Haptic Knowledges, and Sensuous Dispositions." *Progress in Human Geography*, 33: 766~788.

Peek, P. 1994. "The Sounds of Silence: Cross-World Communications and the Auditory Arts in African Societies." *American Ethnologist*, 21: 474~494.

Peirce, C.S. 1931. *Collected Writings*. Volumes 1-8. Cambridge, MA: Harvard University Press.

Pelias, R. 1999. *Writing Performance: Poeticizing the Researcher's Body*. Carbondale: Southern Illinois University Press.

Penslar, D. 2003. "Transmitting Jewish Culture: Radio in Israel." *Jewish Social Studies*, 10: 1~29.

Peynaud, E. 2005. "Tasting Problems and Errors of Perception." In C. Korsmeyer (ed.), *The Taste Culture Reader*, 272~278. Oxford: Berg.

Piesse, C.H. 1891. *Piesse's Art of Perfumery*. London: Piesse & Ludin.

Pilowsky, A.L. 1985. "Yiddish alongside the Revival of Hebrew: Public Polemics on the Status of Yiddish in Eretz Israel 1907-1921." In J. Fishman (ed.), *Readings in the Sociology of Jewish Languages*, 104~124. Amsterdam: E.J. Brill.

Pink, S. 2006. *The Future of Visual Anthropology: Engaging the Senses*. London: Routledge.

______. 2008. "An Urban Tour: The Sensory Sociality of Ethnographic Place-Making." *Ethnography*, 9: 175~196.

Plante, R. 2006. *Sexualities in Context: A Social Perspective*. Boulder, CO: Westview.

Porteous, D. 2006. "Smellscape." In J. Drobnick (ed.), *The Smell Culture Reader*, 89~106. Oxford: Berg.

Potter, C. 2008. "Senses of Motion, Senses of Self: Becoming a Dancer." *Ethnos*, 73: 444~465.

Presner, T. 2003. "'Clear Heads, Solid Stomachs, and Hard Muscles': Max Nordau and the Aesthetics of Jewish Regeneration." *Modernism/Modernity*, 10: 269~296.

______. 2006. "Muscle Jews and Airplanes: Modernist Mythologies, the Great War, and the Politics of Regeneration." *Modernism/Modernity*, 13: 701~728.

Proust, M. 2001 [1913-1927]. *In Search of Lost Time*. New York: Random House.

Rapoport, T., E. Lomsky-Feder, and A. Heider. 2002. "Recollection and Relocation in Immigration: Russian-Jewish Immigrants Normalize Their Anti-Semitic Experiences." *Symbolic Interaction*, 25: 175~198.

Regan, P. 1997. "The Impact of Male Sexual Request Style on Perceptions of Sexual Interactions: The Mediational Role of Beliefs about Female

Sexual Desire." *Basic and Applied Social Psychology*, 19: 519~532.

Regan, P. and E. Berscheid. 1999. *Lust: What We Know about Human Sexual Desire*. Thousand Oaks, CA: SAGE.

Regev, M. 1996. "Musica Mizrakhit, Israeli Rock and National Culture in Israel Popular Music." *Middle East Issues*, 15: 275~284.

Rheingold, H. 1992. *Virtual Reality*. New York: Touchstone.

Rice, T. 2003. "Soundselves: An Acoustemology of Sound and Self in the Edinburgh Royal Infirmary." *Anthropology Today*, 19: 4~10.

Ritchel, M. 2010a. "Digital Devices Deprive Brain of Needed Downtime." *New York Times*, August 24.

______. 2010b. "Hooked on Gadgets and Paying a Mental Price." *New York Times*, June 6.

Robbins, K. 1994. "Forces of Consumption: From the Symbolic to the Psychotic." *Media Culture and Society*, 16: 449~468.

Rochberg-Halton, E. 1982. "Qualitative Immediacy and the Communicative Act." *Qualitative Sociology*, 5: 162~181.

Rodaway, P. 1994. *Sensuous Geographies: Body, Sense, and Place*. London: Routledge.

Roseman, M. 1993. *Healing Sounds from the Malaysian Rainforest: Temiar Music and Medicine*. Thousand Oaks: University of California Press.

Rozin, P., J. Haidt, and C. McCauley. 1993. "Digust." In M. Lewis and J. Havilland (eds.), *Handbook of Emotions*, 575~594. New York: Guilford Press.

Rye, B.J. and G. Meaney. 2007. "The Pursuit of Sexual Pleasure." *Sexuality and Culture*, 11: 28~51.

Schab, F. and R. Crowder (eds.). 1995. *Memory for Odors*. Mahwah, NJ: Lawrence Erlbaum.

Schechner, R. 2002. *Performance Studies: An Introduction*. New York: Routledge.

______. 2003. *Performance Theory*. New York: Routledge.

______. 2006. "Rasaesthetics." In S. Banes and A. Lepecki (eds.), *The Senses in Performance*, 19~34. New York: Routledge.

Schieffelin, E. 1985. "Performance and the Cultural Construction of Reality."

American Ethnologist, 12: 707~724.

Schwartz, B. 1991. "Social Change and Collective Memory: The Democratization of George Washington." *American Sociological Review*, 56: 221~236.

Schwartz, B., Y. Zerubavel, and B. Barnett. 1996. "The Recovery of Masada: A Study in Collective Memory." *Sociological Quarterly*, 27: 147~164.

Searle, J. 1968. *Speech Acts: A Study in the Philosophy of Language*. Cambridge: Cambridge University Press.

Seeger, A. 1975. "The Meaning of Body Ornaments: A Suya Example." *Ethnology*, 14: 211~224.

______. 1979. "What Can We Learn When They Sing? Vocal Genres of the Suya Indians of Central Brazil." *Ethnomusicology*, 23: 373~394.

Seremetakis, N. (ed.). 1994. *The Senses Still: Perception as Memory and Material Culture in Modernity*. Boulder, CO: Westview.

Serres, M. 2008. *Five Senses*. New York: Continuum.

Sheller, M. 2004. "Automotive Emotions: Feeling the Car." *Theory Culture and Society*, 21: 221~242.

Shepard, P. 1992. *Nature and Madness*. San Francisco, CA: Sierra Club Books.

Shilling, C. 1993. *The Body and Social Theory*. London: SAGE.

Simmel, G. 1950. *The Sociology of Georg Simmel*. K. Wolff (ed.). New York: Free Press.

______. 1997. *Simmel on Culture*. David Frisby and Mike Featherstone (eds.). Thousand Oaks, CA: SAGE.

Smith, M. 2007. *Sensory History: An Introduction*. Oxford: Berg.

Snow, D. and L. Anderson. 1987. "Identity Work among the Homeless." *American Journal of Sociology*, 92: 1336~1371.

Sparkes, A.C. 2009. "Ethnography and the Senses: Challenges and Possibilities." *Qualitative Research in Sport and Exercise*, 1: 21~35.

Spenser, E. 1989. *The Yale Edition of the Shorter Poems of Edmund Spenser*. New Haven, CT: Yale University Press.

Sprinzak, E. 1987. "From Messianic Pioneering to Vigilante Terrorism: The Case of the Gush Emunim Underground." *Journal of Strategic Studies*, 10: 194~216.

Sterne, J. 2001. "Mediate Auscultation, the Stethoscope, and the Autopsy of the

Living: Medicine's Acoustic Culture." *Journal of Medical Humanities*, 22: 115~136.

Stoddart, D.M. 1990. *The Scented Ape*. Cambridge: Cambridge University Press.

Stokes, R. and P. Hewitt. 1976. "Aligning Actions." *American Sociological Review*, 41: 838~849.

Stoller, P. 1984. "Sound in Songhay Cultural Experience." *American Ethnologist*, 11: 559~570.

______. 1989. *Taste of Ethnographic Things: The Senses in Anthropology*. Philadelphia: University of Pennsylvania Press.

______. 1997. *Sensuous Scholarship*. Philadelphia: University of Pennsylvania Press.

______. 2004. "Sensuous Ethnography, African Persuasion, and Social Knowledge." *Qualitative Inquiry*, 10: 817~835.

Stone, G. 1962. "Appearance and the Self." In A. Rose (ed.), *Human Behavior and Social Processes*, 86~118. Boston, MA: Houghton Mifflin.

Stroeken, K. 2008. "Sensory Shifts and Synaesthetics in Sukuma Healing." *Ethnos*, 73: 466~484.

Suler, J. 1996. "Psychology of Cyberspace." Available online at http://www.enotalone.com/article/2454.html (last accessed December 30, 2010).

Sullivan, L. 1986. "Sound and Senses: Toward a Hermeneutic of Performance." *History of Religions*, 26: 1~33.

______. 2008. "Painting as Research: Create and Critique." In G. Knowles and A. Cole (eds.), *Handbook of the Arts in Qualitative Research: Perspectives, Methodologies, Examples, and Issues*, 239~250. Thousand Oaks, CA: SAGE.

Summers, M. 1956. *The History of Witchcraft and Demonology*. New York: University Books.

Sutton, D. 2001. *Remembrance of Repasts: An Anthropology of Food and Memory*. Oxford: Berg.

Synnott, A. 1991. "A Sociology of Smell." *Canadian Review of Sociology and Anthropology*, 28: 437~459.

______. 1993. *The Body Social: Symbolism, Self, and Society*. London: Routledge.

Tarr, R. 1996. *South West Coast Path: Minehead to Padstow*. London: Aurum Press.

Thompson, C. 1969 [1927]. *The Mystery and Lure of Perfume*. Detroit, MI: Singing Tree.

Thrift, N. 2003. "Performance and …" *Environment and Planning A*, 35: 2019~2024.

______. 2008. *Non-Representational Theory: Space, Politics, Affect*. London: Routledge.

Thrift, N. and J.D. Dewsbury. 2000. "Dead Geographies and How to Make Them Live." *Environment and Planning D*, 18: 411~432.

Tilley, C. 2006a. "Objectification." In C. Tilley, W. Keane, S. Kuechler-Fogden, M. Rowlands, and P. Spyer (eds.), *Handbook of Material Culture*, 60~73. London: SAGE.

______. 2006b. "The Sensory Dimensions of Gardening." *Senses and Society*, 3: 311~330.

Tolman, D. 1994. "Doing Desire: Adolescent Girls' Struggles for/with Sexuality." *Gender and Society*, 8(3): 324~342.

Tuan, Y.F. 2001. *Space and Place: The Perspective of Experience*. Minneapolis: University of Minnesota Press.

Turner, V. 1969. *The Ritual Process: Structure and Anti-Structure*. Ithaca, NY: Cornell University Press.

______. 1974. *Dramas, Fields, and Metaphors: Symbolic Action in Human Society*. Ithaca, NY: Cornell University Press.

Turner, V. and R. Schechner. 1988. *The Anthropology of Performance*. New York: PAJ.

Tyler, S. 1986. "Postmodern Ethnography: From Document of the Occult, to Occult Document." In J. Cliford and G. Marcus (eds.), *Writing Culture: The Poetics and Politics of Ethnography*, 122~140. Berkeley: University of California Press.

Urry, J. 2000. *Sociology beyond Societies*. New York: Routledge.

______. 2007. *Mobilities*. Cambridge: Polity Press.

van Gennep, A. 1909. *The Rites of Passage*. London: Routledge and Kegan Paul.

Van Leeuwen, T. 1999. *Speech, Music, Sound*. London: Palgrave Macmillan.

Van Maanen, J. 1988. *Tales of the Field: On Writing Ethnography*. Chicago: University of Chicago Press.

Vannini, P. and A. McCright. 2004. "To Die for: The Semiotic Seductive Power of the Tanned Body." *Symbolic Interaction*, 27: 309~332.

Vannini, P. and D. Waskul. 2006. "Body Image beyond Dualism." In D. Waskul and P. Vannini (eds.), *Body/Embodiment: Symbolic Interaction and the Sociology of the Body*, 183~200. Aldershot: Ashgate.

Vannini, P., D. Waskul, S. Gottschalk, and T. Ellis. Forthcoming. "Making Sense of the Weather: Dwelling and Weathering on Canada's Rain Coast." *Space and Culture*.

Volosinov, V. 1973. *Marxism and the Philosophy of Language*. New York: Seminar Press.

Warren, S. 2008. "Empirical Challenges in Organizational Aesthetics Research: Towards a Sensual Methodology." *Organization Studies*, 29: 559~580.

Waskul, D. 2003. *Self-Games and Body-Play: Personhood in Online Chat and Cybersex*. New York: Peter Lang.

______. 2009. "'My Boyfriend Loves it When I Come Home from This Class': Pedagogy, Titillation, and New Media Technologies." *Sexualities*, 12: 654~661.

Waskul, D. and P. Van der Riet. 2002. "The Abject Embodiment of Cancer Patients: Dignity, Selfhood, and the Grotesque Body." *Symbolic Interaction*, 25: 487~513.

Waskul, D. and P. Vannini. 2008. "Smell, Odor, and Somatic Work: Sense-Making and Sensory Management." *Social Psychology Quarterly*, 71: 53~71.

Waskul, D. and M. Waskul. 2009. "Paddle and Portage: The *Travail* of BWCA Canoe Travel." In P. Vannini (ed.), *The Cultures of Alternative Mobility*, 21~37. Aldershot: Ashgate.

Waskul, D., P. Vannini, and D. Wiesen. 2007. "Women and Their Clitoris: Personal Discovery, Signification, and Use." *Symbolic Interaction*, 30: 151~174.

Waskul, D., P. Vannini, and J. Wilson. 2009. "The Aroma of Recollection:

Olfaction, Nostalgia, and the Shaping of the Sensuous Self." *Senses and Society*, 4: 5~22.

Weigert, A.J. 1997. *Self, Interaction, and Natural Environment: Refocusing our Eyesight.* Albany: State University of New York Press.

Weinberg, M. and C. Williams. 2005. "Fecal Matters: Habitus, Embodiments, and Deviance." *Social Problems*, 52: 315~336.

Weinstein, D. 2000. *Heavy Metal.* New York: Da Capo Press.

Weinstein, E. and P. Deutschberger. 1963. "Some Dimensions of Altercasting." *Sociometry,* 26: 454~466.

Weissbrod, L. 1982. "Gush Emunim Ideology: From Religious Doctrine to Political Action." *Middle Eastern Studies*, 18: 265~275.

______. 1996. "Gush Emunim and the Peace Process: Modern Religious Fundamentalism in Crisis." *Israel Affairs*, 3: 86~103.

Welters, L. 1995. "Ethnicity in Greek Dress." In J. Eicher (ed.), *Ethnicity and Dress*, 53~77. Oxford: Berg.

Wernick, A. 1997. "Resort to Nostalgia: Mountains, Memories, and Myths of Time." In M. Nava, A. Blake, I. MacRury, and B. Richards (eds.), *Buy This Book: Studies in Advertising and Consumption*, 207~223. New York: Routledge.

Wiggins, S. 2002. "Talking with Your Mouth Full: Gustatory Mmms and the Embodiment of Pleasure." *Research on Language and Social Interaction*, 35: 311~336.

Williams, G. and S. Bendelow. 1998. *The Lived Body: Sociological Themes, Embodied Issues.* London: Routledge.

Willis, P. 1978. *Profane Culture.* London: Routledge.

Wright. L. 2003. *Clean and Decent: The Fascinating History of the Bathroom and Water Closet.* New York: Penguin.

Wylie, J. 2002. "An Essay on Ascending Glastonbury Tor." *Geoforum*, 33: 441~454.

______. 2005. "A Single Day's Walking: Narrating Self and Landscape on the South West Coast Path." *Transactions of the Institute of British Geographers*, 30(NS): 234~247.

Zamponi, S. 1997. *Fascist Spectacle: The Aesthetics of Power in Mussolini's*

Italy. Berkeley: University of California Press.

Zerubavel, E. 1991. *The Fine Line: Making Distinctions in Everyday Life*. Chicago: University of Chicago Press.

______. 1996. "Lumping and Splitting: Notes on Social Classification." *Sociological Forum*, 11: 421~433.

찾아보기

주제어

ㄱ

가상 환경 319~320
가상화 311, 317, 323, 326~327
감각 19~20, 43, 116, 119, 183, 251
　감각 경험 45
　감각 낙인찍기 282
　감각 부호 38
　감각 양식 38
　감각 혁명 291
　감각과 계급 288
　감각과 젠더 283
　감각의 분할 315
　감각의 사회화 101, 103
　감각의 젠더화 69
　언어로서의 감각 53
감각 공동체 22
감각 일탈 278
감각 전기 65
감각 지각 38
감각 지향 306
　가상의 감각 지향 324, 332, 334
감각 질서 19, 257~258, 260, 267~269
감각 행위 261~262, 277~278
감각사회학 29, 32
감각인류학 27, 33, 35
감각작용 43, 92, 141, 182, 197, 262
　감각작용의 의례화 96
　의례적 감각작용 180
감각적 '자료수집 방법' 143
감각적 글쓰기 159
감각지리학 136, 251, 253
감각하기 44, 253
감각학 35, 131~133, 137, 141~142, 156
감각형성 37, 40
공감각 18
공통 감각 18, 258~259
구조주의 34
균형 감각 301
기억 92, 187~188, 192, 194, 199, 333~334, 336

ㄴ

나누기 22
내수용 감각 20
냄새 185

ㄷ

드라마 98
　사회적 드라마 98~99, 109~111
　심미적 드라마 98

ㅁ

맛의 화용론 125
몸의 사회학 32
미각 116, 124
민족시학 137

ㅂ

발화 262
 발화 행위 264
분기 197

ㅅ

사회신경과학 306
상징인류학 34
상호작용 질서 259
성찰성 163~164
 육체적 성찰성 73
수행 89~90
 수행성 96, 98
습관 45, 180
시 138~139
시각적 민족지학 134
시간 감각 331~332
신체
 신체의 주목 양식 74, 264
 신체의 확대 264, 267
 신체적 설명 117
 신체적 앎의 방식 53, 82
 신체적 정렬 275
신체 경력 176, 179
신체 규칙 44, 260, 267
신체 이력 65
신체 작업 36, 40, 44~45, 57, 63, 90, 100, 131, 141, 167, 178, 275, 338
신체 질서 275
신화 100

ㅇ

언어행위 261~262
연합행위 277
열감각 62, 301
외수용 감각 19
운동감각 55~56
의례 91, 179, 192
 성찰적 의례 179
 신체적 의례 179
 의례화 92, 94~95
 의미부여 의례 181, 187, 192, 198
의미부여 183
의미의 섬 21
의식 100
이원론적 존재론 24

ㅈ

자기수용감각 56, 302
자아 176~178
 감각적 자아 176, 178~179
 육체화된 자아 176
 소리 자아 177
 자아성 183
전정감각 55
정렬 276
정렬행위 277
주체성 177
 감각적 주체성 176
지능 328
 감각 지능 131, 140
지표 266
 감각 지표 266
질적 즉각성 46, 54

ㅊ

청각 230
초근대성 310

초소비 311~312, 320, 326
초소비주의 313, 315~316
촉각 51, 248, 278

ㅌ

통각 62, 302

ㅍ

평형감각 56

ㅎ

합치기 22
향수 194~195, 201
화행 96
회상 200
후각 182, 185, 201, 285
후각 혁명 290

인명

거츠, 캐서린(Kathryn Geurts) 60, 305~306
고셰, 마르셀(Marcel Gauchet) 313, 332, 330
고프먼, 어빙(Erving Goffman) 30, 98, 115, 202, 204, 208, 259
그라임스, 로널드(Ronald Grimes) 95
그리드, 클라라(Clara Greed) 95
기어츠, 클리퍼드(Clifford Geertz) 34
노르다우, 막스(Max Nordau) 246
노케, 알렉산드라(Alexandra Nocke) 234
다마지오, 안토니오(Antonio Damasio) 328~329
다이언스, 올리버(Ollivier Dyens) 328, 334
닥터 수스(Doctor Seuss) 280
더글러스, 메리(Mary Douglas) 267
데스잘레이스, 로버트(Robert Desjarlais) 66
데이비드, 벤(Ben David) 241
데이비스, 프레드(Fred Davis) 72, 201
데카르트, 르네(Rene Descartes) 37
덴진, 노먼(Norman Denzin) 31
듀이, 존(John Dewey) 25, 29, 45~46, 187, 192~194, 196~197
드 골레작, 빈센트(Vincent de Gaulejac) 310, 313
드보르, 기(Guy Debord) 325
라이스, 윌리엄(William Leiss) 311
라이스, 톰(Tom Rice) 177
라지, 게일(Gale Largey) 30, 287
레더, 드류(Drew Leder) 24
레비, 피에르(Pierre Lévy) 327
레비-스트로스, 클로드(Claude Levi-Strauss) 34
로, 리사(Lisa Law) 183~184
로, 켈빈(Kelvin Low) 182
로더웨이, 폴(Paul Rodaway) 136, 251, 253
로흐베르크-할튼, 유진(Eugene Rochberg-Halton) 46
리첼, 맷(Matt Richtel) 335
리포베츠키, 질(Gilles Lipovetsky) 310~313
마르크스, 카를(Karl Marx) 174, 307
마커스, 조지(George Marcus) 34
매그스, 애덤스(Adams Mags) 239
매스터스, 윌리엄(William Masters) 74
매케나, 웬디(Wendy McKenna) 69
메를로퐁티, 모리스(Maurice Merleau-Ponty) 30, 45, 253
몬터규(Montagu) 322

몸, 서머싯(Somerset Maugham) 288
미드, 조지 허버트(George Herbert Mead) 29, 46, 191, 178, 199, 263, 328
미첼, 리처드 주니어(Richard Jr. Mitchell) 46~47
밀러, 이안(Ian Miller) 269
바르트, 롤랑(Roland Barthes) 266
바소, 엘렌(Ellen Basso) 102, 104, 218
바우만, 지그문트(Zygmunt Bauman) 313
반데어 리트, 파멜라(Pamela Van der Riet) 139
베버, 막스(Max Weber) 307
베커, 하워드(Howard Becker) 30~31, 45
보드리야르, 장(Jean Baudrillard) 229, 239
보테릴, 조지(George Botterill) 311
볼로시노프, 발렌틴(Valentin Volosinov) 267
불, 마이클(Michael Bull) 308
브래디, 이반(Ivan Brady) 138
비알, 헨리(Henry Bial) 98
비알레, 데이비드(David Biale) 245, 307
비처드, 조 앤(Jo-Anne Bichard) 95
설, 존(John Searle) 96~97, 261
세레마타키스, 나디아(Nadia Seremetakis) 117, 200, 315, 333~335
세레스, 미셸(Michel Serres) 253
셰익스피어, 윌리엄(William Shakespeare) 202, 280
셰크너, 리처드(Richard Schechner) 98, 108, 110
술러, 존(John Suler) 319
스토크스, 랜들(Randall Stokes) 276
스톤, 그레고리(Gregory Stone) 69
스톨러, 폴(Paul Stoller) 16, 35, 96, 101~102, 132~134, 137, 157
스파크스, 앤드루(Andrew Sparkes) 56, 59, 135
스펜서, 에드먼드(Edmund Spenser) 283
시거, 안드레아스(Andreas Seeger) 104
시놋, 앤서니(Anthony Synnott) 31, 67, 185, 203, 287, 290, 322
시펠린, 에드워드(Edward Schieffelin) 106
아밋-코카비, 한나(Hannah Amit-Kokhavi) 220
아셔, 프랑수아(Francois Ascher) 309
알렉스, 가브리엘레(Gabriele Alex) 248, 249, 278, 322
앨마고, 유리(Uri Almagor) 195, 198, 222
에니옹, 앙투안(Antoine Hennion) 124
에덴서, 팀(Tim Edensor) 92
에이브럼, 데이비드(David Abram) 217, 236, 318
엔리케스, 외젠(Eugène Enriquez) 313, 325
엘리스, 해블록(Havelock Ellis) 284
엘리아스, 노르베르트(Norbert Elias) 260, 307
오베르, 니콜(Nicole Aubert) 309~310, 313
오스테르반, 마르테인(Martijn Oosterbaan) 234, 288
오스틴, 존(John Austin) 96~97, 261
오언스, 에리카(Erica Owens) 317

오즈, 아모스(Amos Oz) 232
오즈, 알모그(Almog Oz) 233, 240, 244~245
와스쿨, 데니스(Dennis Waskul) 139
와일리, 존(John Wylie) 136, 165, 167, 240
왓슨, 데이비드(David Watson) 30, 287
요나티스, 앨도나(Aldona Jonaitis) 104
워닉, 앤드루(Andrew Wernick) 194
웨이거트, 앤드루(Andrew J. Weigert) 331
웰터스, 린다(Linda Welters) 70
위긴스, 샐리(Sally Wiggins) 229
이마이, 하이데(Heide Imai) 159, 161, 225, 240
이븐-조하라, 이타마르(Itamar Even-Zohara) 227
잉골드, 팀(Tim Ingold) 56, 253
잘리, 섯(Sut Jhally) 311
잠포니, 시모네타(Simonetta Zamponi) 248, 307
잭슨, 앤서니(Anthony Jackson) 95
잭슨, 마이클(Michael Jackson) 246
제루바벨, 야엘(Yael Zerubavel) 21~22
제임스, 윌리엄(William James) 29, 73
존슨, 버지니아(Virginia Johnson) 74
주테, 로버트(Robert Jutte) 248
짐멜, 게오르크(Georg Simmel) 29, 39, 269, 307, 327
차우, 애덤 유에(Adam Yuet Chau) 104~105
차이코, 메리(Mary Chayko) 329
초르다스, 토머스(Thomas Csordas) 34, 152
추, 사이먼(Simon Choo) 224, 229
카스텔, 로베르(Robert Castell) 309
커셴블랫-김블렛, 바바라(Barbara Kirshenblatt-Gimblett) 108
케슬러, 수잰(Suzanne Kessler) 69
코너턴, 폴(Paul Connerton) 198, 200
코넬리, 마이클(Michael Connelly) 335
코헨, 에릭(Erik Cohen) 180
콜러리지, 새뮤얼 테일러(Samuel Taylor Coleridge) 122
콜린슨, 재클린 앨런(Jacquelyn Allen Collinson) 57~58
쿠르뉘, 장(Jean Cournut) 310
크랭, 마이클(Michael Crang) 136
클라센, 콘스턴스(Constance Classen) 67~68, 182, 290, 257
클라이너, 시빌(Sibyl Kleiner) 57
클라인, 스티븐(Stephen Kline) 311
클라크, 앤디(Andy Clark) 334
타일러, 스티븐(Stephen Tyler) 34
터너, 빅터(Victor Turner) 99, 276
투안, 이푸(Yi-Fu Tuan) 253
파인, 개리 앨런(Gary Alan Fine) 31, 179, 265, 270
패터슨, 마크(Mark Paterson) 136
퍼스, 찰스 샌더스(Charles Sanders Peirce) 64, 266
페노, 에밀(Émile Peynaud) 116
펠드, 스티븐(Steven Feld) 218, 263
펠리아스, 로널드(Ronald Pelias) 157
포터, 캐롤린(Caroline Potter) 57
푸코, 미셸(Michel Foucault) 307
프뤼크만, 요나스(Jonas Frykman) 307
프랭크, 아서(Arthur Frank) 55
프랭크스, 데이비드(David Franks) 321~322

프로이트, 지그문트(Sigmund Freud) 307
피네건, 루스(Ruth Finnegan) 98
피슐러, 클로드(Claude Fischler) 223, 227~228
피에테르세, 네더르베인(Nederveen Pieterse) 246
핑크, 사라(Sara Pink) 134, 240
하우스, 데이비드(David Howes) 34, 94~95, 182, 198, 219, 290
하잔, 하임(Haim Hazan) 246
하키, 존(John Hockey) 57~58
핸슨, 줄리엔느(Julienne Hanson) 95
헉슬리, 올더스(Aldous Huxley) 40~41
헬만, 아낫(Anat Helman) 235
호퍼, 요하네스(Johannes Hofer) 194
휴잇, 존 P.(John P. Hewitt) 276

책 제목

『감각 경험의 다양성(The Varieties of Sensory Experience)』 27
『도시 소리 차단하기(Sounding out the City)』 308
『보기의 기술(The Art of Seeing)』 40
『젠더 광고(Gender Advertisements)』 30

옮긴이 후기

'감각사회학'이라는 부제가 붙어 있는 이 책의 원서 *The Senses in Self, Society, and Culture: A Sociology of the Senses*가 나의 눈을 사로잡은 지는 벌써 수해가 지났다. 당시는 음식 취향의 형성과정을 음식 감각과 음식 감정의 대립 속에서 추적하는 논문을 작성하고 나서 이 주제를 더욱 심층적으로 연구하고 싶은 욕심이 꿈틀댈 때였다. 특히 이 책이 나와 마찬가지로 우리가 대상을 감각하는 과정을 그 대상에 의미를 부여하는 과정으로 파악하고 있다는 것은 이 책의 구체적인 내용에 대한 나의 지적 호기심을 발동시키고도 남았다. 나의 연구에 중요한 책은 꼼꼼히 읽는 것을 넘어 번역하고 음미하면서 영감을 얻고 상상력을 발동시켜 보는 것이 몸에 배인 연구자이다 보니, 내가 이 책을 번역하는 작업에 착수하는 것은 필연적인 경로였다.

하지만 갑작스럽게 시작된 나의 병원 생활은 그간 밀려 있던 일부터 처리할 수밖에 없게 만들었다. 얼마간 몸이 회복되자 몸과는 달리 나의 머리는 미루어놓았던 연구를 재촉할 것을 명령했다. 우리 거시감정사회학 연구팀은 다시 대열을 정비하여 "거시감정사회학의 미시적 토대"로 감각을 사회학적으로 연구하는 작업에 착수하기로 결정했고, 우리는 한국연구재단으로부터 다시 공동연구 과제 지원을 받게 되었다. 이 책의 번역은 이 연구 프로젝트의 일환으로 진행된 것이다.

혹자는 『감각사회학』이라는 제목에 의아해하거나 심지어는 거부감을 느낄지도 모른다. 그런 까닭에 어떤 사람들은 뒤에 '사회학'이라는 글자만 붙이면 모두 사회학이 되느냐고 비아냥거리기도 한다. '감정사회학'이라는 용어도 모순되는 단어의 조합이라고 생각하기도 하니 '감각사회학'이라는 용어에 대해 이러한 의구심을 드러내는 것은 어쩌면 당연한지도 모른다. 이러한 사고는 사실 사회학에 대한 선입견에 기초한다. 사회학을 공부한 사람들도 사회학은 생물학적·신체적인 것과 구분되는 사회적인 것을 연구하는 학문이라고 생각하고 따라서 생물학적 사실 내지 신체적 사실은 사회학의 저편에 존재하는 것이라고 생각하기 쉽다. 사회학 내에서는 몸의 사회학이 성장하고 그 기반이 확고하게 구축되어 그러한 이분법적 구분이 무너진 것이 이미 오래되었지만, 감각사회학이라는 영역이 생소한 것은 여전히 사실일 것으로 보인다.

하지만 감각이 사회학에서 최근에야 그 영역에 들어온 것은 아니다. 고전사회학에서도 감각은, 비록 주변적인 자리를 차지하고 있었을지라도, 사회학과 함께했다. 거칠게 대비시키면, 유럽의 초기 사회학자들은 사회질서가 어떻게 감각 지향을 틀 짓는지를 지적해 왔으며, 미국의 초기 사회학자들은 감각하기 과정과 동시에 이루어지는 의미부여 과정을 통해 세계가 어떻게 조직화되는지를 성찰해 왔다. 이를 현대적으로 표현하면, 전자를 감각의 사회적 구성론이라고 한다면, 후자는 감각을 통한 사회형성론이라고 할 수 있을 것이다. 이 책의 저자들은 바로 사회학의 이러한 전통을 발굴하고 발전시켜 감각사회학의 토대를 마련하고자 한다.

저자들이 이 책에서 키워드로 상정하고 있는 개념은 '감각형성'과 '의미부여'라는 이중의 의미로 사용되고 있는 sense-making이라는 용어이다. 이 이중의 과정은 그들의 또 다른 핵심 개념인 감각적 '신체 작업'을 통해 이루어진다. 이 두 개념에 의지하여 이 책의 저자들이 펼치는 핵심 테제가 바로 우리의 감각작용은 생리적·자연적인 것이 아니라 사회적으로 만들어지고 매개되며 그 과정에서 우리는 동시에 사회적·문화적·기호학적 자원들을 활용하여 우리의 신체 자각을 해석하고 그것에 의미를 부여하며 우리의 삶을 형성해 나간다는 것이다. 다시 말해 이 책의 저자들은 '감각하기'라는 신체 작업을 매개체로 이용하여 사회학의 과업을 수행한다. 즉, 그들은 사회와 개인 사이를 감각 질서, 감각 의례, 감각 규칙, 감각 행위 등의 개념을 통해 연결해 나간다.

저자들의 이 같은 작업은, 그들이 밝히고 있듯이, 아직은 미성숙 상태에 있는 감각사회학 분야에서 지도 역할을 할 책을 세상에 내놓기 위한 것이었다. 이를 위해 저자들은 이 분야를 처음 접하는 초심자는 물론 전문 학자까지를 독자층으로 하여 이 책을 집필한다고 밝히고 있다. 그들은 또한 '감각적으로 글쓰기'라는 이름하에 자신들의 감각적 경험을 이야기식으로 묘사하는 것으로 논의를 시작하고 서술과 분석을 한데 엮어놓음으로써 독자의 주의를 자신들의 논리에 끌어들여 몰입시키고자 한다. 나 역시 전형적인 학술지 논문의 글쓰기 방식보다는 독자와 함께 호흡하고 독자들로 하여금 자신의 삶을 성찰하고 그 과정에서 자신의 삶과 자신이 속한 사회를 이해할 수 있게 하는 글쓰기 방식이 사회학자들에게도 절실히 요구된다는 데에는 이 책의 저자들과 공감한다. 그러나 저자와 독자 간에는 얼마간의 간극이 존재할 수밖에 없는데, 외국어로 된 저작의 경우에는 특히 더 그러하다. 이 간극을 조금이나마 좁혀주는 것이 또한 옮긴이의 역할이기도 하다.

사실 옮긴이 역시 이 책을 원서로 접했을 때 이 책에 쉽게 접근할 수 없었다. 그것은 우선은 감각 경험이 갖는 주관적 성격과 그 느낌에 대한 서로 다른 언어의 언어적 표현에 대한 언어적 감수성 차이 때문이었다. 독자도 마찬가지이겠지만, 특히 내가 경험하지 않은 그들의 주관적 감각 경험—와인 시음, 카누 타기, 이스라엘 감각하기 등—과 느낌을 그대로 감지하고 우리말로 적절히 표현하기란 쉽지 않았다. 많은 애를 썼지만, 그 미묘함까지 제대로 전달하는 데에는 미치지 못한 것으로 보인다. 독자의 이해를 바란다.

이 책 읽기에 따르는 또 다른 어려움은, 이 책에서 저자들이 자신들의 감각 경험을 분석하기 위해 곳곳에서 이론적 개념과 진술들을 끌어들이고 있는데, 이 분야에 친숙하지 않은 사람들은 이것을 따라가기가 쉽지 않다는 것이다. 저자들은 글의 흐름을 막지 않기 위해 비전문가에게는 그 의미가 즉각적으로 다가오지 않는 개념이나 깊은 성찰적 의미를 포함하고 있는 구절들을 아무런 설명 없이 인용하고 넘어간다. 옮긴이는 독자의 편의를 위해 최소한의 범위에서 옮긴이 주 형태로 개념 및 그 의미를 소개해 놓았다.

또한 옮긴이가 보기에는 이 책의 저자들은 자신들이 상징적 상호작용 이론의 전통을 잇고 있음을 거듭 강조하지만, 이 책에서만큼은 감각작용의 사회성에 대한 논의에 비해 의미부여를 통한 사회형성과정에 대한 논의는 아직은 치밀하게 전개되지 않고 있는 것으로 보인다.

옮긴이는 이 부분에 대한 학습 또한 진행하고 있기에 건강이 허락한다면 이 작업 역시 곧 독자와 공유할 수 있을 것으로 보인다.

나의 편집 파트너 신순남 팀장은 이번에도 본의 아니게 나와 감각사회학 여정을 함께하며 거칠고 울퉁불퉁한 길을 걷는 고된 일정을 소화해야 했다. 신 팀장에게는 항상 미안함과 고마움의 감정이 교차한다. 우리와 함께한 감각 읽기 여정에서 독자에게 괴로움이 있었다면 그 모든 책임은 나에게 있으며, 예상보다 수월했다면 그것은 모두 신 팀장이 대신 고생해 준 덕분이다. 이제 나도 이 여정에서 벗어나 잠시 쉬고 싶다.

2025년 겨울

추위 속 따뜻한 날에

박 형 신

지은이

필립 바니니(Phillip Vannini)는 민족지학자이자 영화제작자로, 캐나다 빅토리아에 있는 로열 로드 대학교(Royal Roads University)의 커뮤니케이션과 문화학부 교수이다. 캐나다 공공민족지학연구회 회장을 지냈다. *The Routledge International Handbook of Sensory Ethnography*, *In the Name of Wild*, *Doing Public Ethnography*, *Ferry Tales: Mobility, Place, and Time on Canada's West Coast* 등의 책을 쓰고 편집했다,

데니스 와스쿨(Dennis Waskul)은 만카토에 있는 미네소타 대학교 사회학 교수이다. 이 책 외에도 *Ghostly Encounters: The Hauntings of Everyday Life*, *Self-Games and Body-Play*라는 책을 썼고, *The Supernatural in History, Society, and Culture Symbol Interaction* 등 여러 책을 편집했다. 그는 몸, 감각, 섹슈얼리티, 컴퓨터 매개 커뮤니케이션의 사회학에 대한 많은 논문을 발표했다.

사이먼 고트샬크(Simon Gottschalk)는 라스베이거스에 있는 네바다 대학교의 사회학 교수이다. 상징적 상호작용 연구회 회장을 지냈다. 비판적 상징적 상호작용 이론과 질적 연구 방법을 결합하여 다양한 현상에서 사회-정신의 연계관계를 이해하는 것을 목적으로 삼아 연구하고 있다. 이 책 외에도 저서로 *The Terminal Self: Everyday Life in Hypermodern Times*가 있다.

옮긴이

박형신은 고려대학교 대학원에서 사회학 석사 및 박사학위를 취득했다. 그간 고려대학교에서 초빙교수, 연세대학교에서 연구교수 등으로 일했다. 지금은 고려대학교에서 강의하며, 숙명여자대학교 인문학연구소에서 음식 취향의 형성에 관한 연구를 진행하고 있다. 지은 책으로는『정치위기의 사회학』,『감정은 사회를 어떻게 움직이는가』(공저),『감정은 우리의 먹기를 어떻게 틀 짓는가』,『로맨스 이니그마』(공저) 등이 있고, 옮긴 책으로는『낭만적 유토피아 소비하기』,『어빙 고프먼의 사회이론』,『자본주의의 문화적 모순』,『탈감정사회』,『감정과 사회관계』 등이 있다.

한울아카데미 2625

감각사회학

자아, 사회, 문화에서의 감각

지은이 필립 바니니, 데니스 와스쿨, 사이먼 고트샬크
옮긴이 박형신
펴낸이 김종수
펴낸곳 한울엠플러스(주)
편집 신순남

초판 1쇄 인쇄 2025년 12월 15일
초판 1쇄 발행 2025년 12월 29일

주소 10881 경기도 파주시 광인사길 153 한울시소빌딩 3층
전화 031-955-0655
팩스 031-955-0656
홈페이지 www.hanulmplus.kr
등록번호 제406-2015-000143호

Printed in Korea.
ISBN 978-89-460-7624-2 93300(양장)
978-89-460-8418-6 93300(무선)

※ 이 번역 연구는 2024년 대한민국 교육부와 한국연구재단의 공동연구지원사업의 지원을 받아 수행되었습니다(NRF-2024S1A5A2A03036347).

※ 책값은 겉표지에 표시되어 있습니다.